지금, 천천히 고종을 읽는 이유

국가는 어떻게 폐망하는가?

* 이 책의 도판은 『세밀한 일러스트와 희귀 사진으로 본 근대 조선』에 실린 그림과 사진 중 일부를 가져온 것이며, LG연암문고의 허가를 받아 수록되었음을 밝힙니다.

* 도판 제공: 김장춘

지금, 천천히 고종을 읽는 이유

국가는 어떻게 폐망하는가

김용삼 역사 저술가

백년동안

차례

프롤로그:

'정신승리법' 외교의 부활

황준셴, 퍼시벌 로웰이 본 조선

조선 조정에 러시아를 조심하라는 메시지를 문서로 전한 사람이 황준셴(黃遵憲)이다. 1880년, 일본을 방문한 조선 수신사 김홍집에게 증정한 『조선책략(朝鮮策略)』에서 그는 말했다. 조선의 살 길은 중국과 친하고, 일본과 손잡으며, 미국과 이어지는 것이라고.

조선을 '고요한 아침의 나라'로 서양에 소개한 인물이 퍼시벌 로웰(Percival Lowell)이다. 그는 조선을 '잠자고 있는 나라'로 기록했다. 그의 관찰에 따르면 조선은 다른 세계 역시 자신들과 같은 환경에서 잠자고 있다고 믿었다. 때문에 조선은 안심하고 잠들었다. 조선에선 변화란 의미 없는 것이며, 시간은 정지해 있었다.

루쉰, 그리고 '아Q'

중국의 작가 루쉰(魯迅)을 다시 읽는다. 『아Q정전(正傳)』이다. 루쉰은 주인공 이름을 '아Q(阿Q)'라고 지었다. 아Q가 사는 곳은 중국 미장이란 시골 마을이다. 이 동네에서 변변한 직업도 없이 떠도는 날품팔이 룸펜 노총각이 아Q다.

어느 날 그는 동네 깡패들에게 머리채를 잡혀 돌담벼락에 머리를 짓찧는 폭행을 당했다. 그에게는 복수를 할 힘도, 능력도, 의지도 없다. 어떻게 하면 이 치욕에서 벗어날 수 있을까. 아Q는 재빨리 머리를 회전시킨다. 갑자기 무릎을 탁 친다. 자신이 처한 현실과는 정반대로, 머릿속에서 지어낸 자신의 존재를 현실이라고 믿는 방식을 고안해낸다. 방법은 이렇다.

"나에게 폭행을 한 동네 깡패들을 '아들놈'이라고 생각하고, 아들놈에게 한 대 얻어맞은 셈 치자."

그렇게 마음먹은 순간, 아Q는 얻어맞은 자신보다, 때린 아들놈을 불쌍하게 생각하기 시작했다. 비록 자신이 형식에선 졌지만 내용에선 승리했다고 확신한다. 현실에서는 졌지만, 정신적으로는 승리했다는 착각과 자위에 빠진 것이다. 너무나 기분이 좋아진 아Q는 자기가 고안해낸 정신분열증적 폭망 증세를 '정신승리법(spiritual victory)'이라고 명명했다.

인식과 발상의 전환을 통해 '정신승리법'에 도취되는 순간, 그런 착각에 빠진 존재는 패자가 아니라 승자가 된다. 아Q는 이러한 정신승리법을 발견하고, 그 세계에서 새로운 자아를 탐닉했다.

문치(文治)의 나라 조선

조선이란 나라는 붓을 든 학자(文人)들이 칼을 든 무인들을 제압하고 통치의 주체가 된, 세계 역사상 희귀한 문치(文治)의 나라였다. 글줄이나 읽고 문장 유려하게 쓸 줄 알거나 입으로 떠드는 사람은 사회적 예우와 존경을 받는다. 반면에 땀 흘려 기계 개발하거나 도자기 빚는 기술자, 이윤을 남기는 상업에 종사하는 계층은 인간 이하의 취급을 받는다.

오늘을 사는 우리 곁에도 사농공상(士農工商)의 신분구조는 질기게 남아 있다. 대학생의 60~70퍼센트가 공무원 시험, 고시 공부에 인생을 걸고 돌격하는 모습이 그 선명한 내용증명 아닌가.

조정에서 이루어지는 거의 모든 논쟁은 요즘 용어로 설명하면 권력투쟁이다. 그런데 투쟁 도구가 다른 나라와는 많이 다르다. 사무라이 세계에서 상대방을 제압하는 최고의 무기는 검술(무력)이다. 조선 양반 선비들의 촌철살인 무기는 중국 경전과 중국 역사서에 대한 해박한 지식(문필)이다. 계승범 같은 학자는 "총칼로 힘을 기르는 데 쓰일 에너지는 모두 이념적 권위 확보를 위해 투자되었다"고 토로한다(계승범, 『정지된 시간-조선의 대보단과 근대의 문턱』, 서강대학교 출판부, 2011, 95쪽).

지금 이 순간에도 한국 사회에서 가장 강력한 위력을 발휘하는 집단은 입으로 먹고사는 정치인, 말과 글로 권력을 등쳐먹는 먹물 학자와 지식인 집단, 국민으로부터 '쓰레기' 취급을 당하는 언론이다. 이들을 하나로 묶어내는 용어는 먹물, 즉 문치다.

'일본의 침략성'을 증명하기 위한 소도구

대한제국, 즉 조선이 망했다. '백성을 위한 정치'라는 유교 성리학 민본주의를 기둥으로 삼고, 문치로 일관했던 왕조가 518년 역사를 마감하고 일본의 식민통치를 받게 되었다. 나라가 망했으니 분명, 망국의 이유가 있었을 것이다.

우리 사회에서는 어느 누구를 막론하고 일제의 침략성을 망국의 첫째 원인으로 꼽는 데 주저하지 않는다. 이 대목에서 '일제의 만행'이 아닌 다른 이유를 댔다간, 당장 "너 친일파냐?"라는 공격이 날아온다.

일제의 침략성을 뒷받침하기 위해 몇 가지 소도구가 동원된다. 우선 조선은 자신들의 힘으로 자생적 근대화가 가능했을 것이라는 구름 잡는 주장이다. 그 연장선상에서 고종 계몽군주설이 화려하게 등장한다. 고종은 전력투구하여 자생적 근대화를 추구했으며, 나름의 성과를 내려는 순간, 일제가 침략 본성을 발휘하여 대한제국을 겁탈했다는 설이다.

이러한 가설을 현실화하기 위해 오랜 기간, 상당한 뜸을 들여 완성시킨 것이 항일 무장투쟁론이다. 일제의 침략에 저항하기 위해 거국적으로 벌였다는 항일 무장투쟁이 화려한 스포트라이트를 받는다. 단재 신채호, 약산 김원봉, 솔방울로 수류탄을 만드시고 낙엽으로 전투함을 만드시며 모래알로 쌀밥을 지으시는 신출귀몰 백두혈통의 항일 명장 김일성 장군의 투쟁성이 그 무엇을 초월하는 으뜸 가치로 세상을 지배한다.

'내 탓'이 아니라 '남의 탓'?

일진회는 단발흑의(短髮黑衣)로 상징된다. 누가 시켜서가 아니라, 일진회는 조정의 단발령에 적극 호응하여 자발적으로 상투를 잘랐다. 또, 활동성을 위해 흰 옷 벗어던지고 검은 옷을 착용했다.

일진회는 회원이 100만 명에 달했다고 자랑한다. 숫자가 10만이건, 100만이건 그렇다 치고, 우선 궁금한 사실이 있다. 대체 그들은 무슨 이유로 "대일본제국 천황 폐하"에게 한일합방을 요구하는 청원운동을 벌였을까?

1910년 8월 29일, 순종 황제가 나라의 주권과 통치권을 일본에 통째로 넘기는 조약을 공표했다. 초대 조선총독은 극렬 폭동을 우려하여 조선 주둔 일본군과 경찰·헌병에 비상경계령을 내리고 총원 출동 대기 태세에 들어갔다. 그런데 희한한 일이 벌어졌다.

삼천리 반도 금수강산이 쥐 죽은 듯 고요했다. 이 땅의 양반 선비, 백성 민초들은 무덤덤하게 하루를 보냈다. 어떠한 항의나 저항, 소요사태는 물론이요, 소극적인 사보타주나 태업, 파업, 철시 같은 것도 찾아보기 힘들었다. 어둠이 내려앉을 무렵, 조선 총독 데라우치 마사타케(寺內正毅)는 그제야 비상경계령을 해제하고 파안대소했다. 조선은 일본의 침략에 그토록 허무하게, 속절없이, 그 흔한 데모 한 번 해보지 못하고 백기 투항을 한 것이다.

한 시절 제국을 경영한 나라와, 제국의 식민 지배를 경험한 나라의 국민성은 완연히 다르다. 제국을 경영해본 나라의 국민성은 당당하고 긍정적이다. 반면, 식민 지배를 당했던 나라의 국민들은 굴곡이 심했던 자신들의 역사를 정면으로 응시하기가 두렵고 창피하다.

때문에 기회만 나면 탈출구와 핑계를 찾는다. 우리에게 닥쳤던 불행을 '내 탓'으로 여기지 않고 지정학적 요인이니, 냉전체제니 하면서 '남의 탓'으로 돌리면서 말이다.

헛된 우월의식

국가능력은 국가를 경영하는 집권층의 기강과 힘의 결집 능력이다. 왕조의 멸망은 집권층의 내부 분열에서부터 시작된다. 분열은 국가경영능력을 약화시키고, 관료조직을 파편화시킨다. 그 결과 외부의 군사적 도전에 취약해진다. 이 와중에 사회경제적 위기가 한꺼번에 닥친다.

이런 요인들이 복잡하게 맞물리면서 통제 불능의 혼란에 빠진다. 사회·경제적 위기는 왕조에 대한 충성심 상실, 민심 이반을 초래하여 각종 반란이 연쇄 폭발한다. 이것이 망국으로 향하는 나라의 공통현상이다.

한국인들의 의식구조 속에는 과학적·객관적·이론적 근거가 희박한 선민의식이 강렬하게 똬리를 틀고 있다. '천자(天子)의 나라' 중국에는 절대적으로 머리를 굽히지만, 일본은 '쪽발이 왜놈'이요, 동북의 여진은 '오랑캐'로 멸시·학대·차별한다.

대항해 시대의 소용돌이가 휘몰아친 1600년대를 전후로 조선은 하필이면 자신들이 극도로 하대하던 쪽발이 왜놈과 오랑캐들에게 집단 린치 가까운 침략을 당한다. 임진왜란과 정묘·병자호란이다.

오랑캐에게 설욕은 그다음 문제다. 우선 당장 항복의 후폭풍으로 자신들의 지배체제가 무너질 우려가 있다. 위기 상황을 극복하기 위해 조선 지도부는 세계와 교류통상의 문을 닫아걸고 폐쇄 고립의 길로 빠져든다. 나라가 망한 것은 자업자득이다.

범지구적으로 개방과 통상·교류의 토네이도가 일고 있는 대항해의 시대에 조선은 북벌이니 소중화(小中華)니 하면서 '환상의 세계'로 도피했다. 상황 분석을 해보면 임진왜란이나 병자호란은 모두 사전에 '피할 수 있었던 전쟁'이었다. 조선 지도부는 과거의 화려했던 영화에 젖어 이민족들에 대한 헛된 우월의식을 앞세우다 전쟁을 자초했다.

중화(中華)질서

조선 외교의 기본 질서는 중국에는 사대하고, 이웃 나라와는 교린하는 정책이었다. 책봉-조공을 중심으로 한 중화(中華)질서(Chinese World Order)는 상식으로 알고 있는 것처럼 선악으로 구분하기 힘든, 나름대로 세계사적 의미를 가진 제도였다.

자본주의와 산업문명에 근거를 둔 서양 제국주의는 세력이 비슷한 유럽 국가들 간에는 법적으로 평등한 국제질서를 발전시켰다. 반면에 서양 제국에 속하지 않는 약소사회에 대해서는 군함과 대포를 앞세워 착취적인 식민주의적 질서를 강제했다. 시장 쟁탈, 노동력 착취, 경제적 이권 확보를 위한 군사적 지배가 서양의 동양 약소국을 대하는 기본 패러다임이었다.

중화질서로 대변되는 동아시아의 전통적인 국제관계는 주권적 평등이 아니라 중국은 상국(上國), 주변국은 하국(下國)이라는 위계질서를 전제로 하고 있었다. 하지만 서양 제국이 비서양 약소사회를 대하는 것처럼 지배와 종속, 착취를 기본으로 하는 식민 질서가 아니었다. 사대교린은 정치적 지배나 경제적 착취를 수반하지 않는 도덕적·문화적 지배 시스템이었다.

겉모습은 속방이지만, 외교와 내치 면에서 완벽한 자율성을 가진 자발적 사대와 비착취적 보호가 중화질서의 특징이다. 중국의 속방으로 불리면서도 실질적인 내적 자율성을 가진 국가들과 중국 사이에 전쟁과 평화를 규율하는 일종의 '안보 레짐' 성격을 가진 외교제도가 중화질서였다(이삼성, 『동아시아의 전쟁과 평화1』, 한길사, 2016, 170쪽).

난세 대처법

조선 초기에 해당하는 15세기 중엽 이후 100년간 일본은 전국시대라는 혼란상을 겪었다. 이 태풍의 한복판을 뚫고 일본에서 난세의 영웅호걸들이 출현한다.

1575년 오다 노부나가(織田信長)는 도쿠가와 이에야스(徳川家康)와 연합하여 나가시노(長篠) 전투에 나섰다. 이 전투에서 철포(鐵砲), 즉 조총으로 무장한 오다·도쿠가와 연합군은 천하무적이라 불리던 다케다 신겐(武田信玄)의 기마대를 전멸시켰다. 포르투갈 상인을 통해 입수하여 국산화한 철포의 위력이 역사의 물줄기를 바꾼 것이다.

전국시대의 혼란을 끝내고 천하를 통일한 인물은 도요토미 히데요시(豊臣秀吉)였다. 그는 일본 통일 직후 조선 침략에 나섰다. 조선 지도층은 세계인식과 현실외교, 사상과 철학 모든 면에서 중화주의적 사고의 틀에서 한 치도 벗어나지 못했다. 당연하게도 서양에서 전래된 철포가 역사의 물줄기를 바꾸고 있다는 사실을 알지도 못했고, 알려고 하지도 않았다.

1543년 다네가시마(種子島)의 영주 다네가시마 도키타카(種子島時堯)가 포르투갈 상인에게 거금을 주고 철포 한 자루를 구입했다. 조선으로 치면 11대 국왕 중종이 승하하기 한 해 전의 일이다. 지불 금액은 명나라 은화인 영락전(永樂錢) 2,000냥. 현재의 원화 가치로 환산하면 10억 원이다. 거금에 놀란 포르투갈인은 도키타카에게 철포 한 자루를 더 증정했다. 철포 한 자루 가격이 5억 원이었던 셈이다. 영주의 나이 15세 때의 일이다.

도키타카 영주는 도검 장인에게 화승총을 제조할 것을 명했다. 도검 장인은 철포를 분해한 다음 역설계하여 동일하게 제조했다. 이 과정에서 총신에 나선형 구멍을 뚫어 나사를 고정시키는 기술이 없어 애를 태웠다. 이 모습을 본 포르투갈인이 "당신의 딸을 나에게 주면 기술을 전수하겠다"고 제안했다. 도검 장인의 16세 된 딸 와카사(若狹)는 국제결혼한 최초의 일본 여성이 되었다.

이후 일본 곳곳에서 철포가 대량생산되어 전국시대가 종식되고, 도쿠가와 막부라는 통일 정부 출범의 원동력이 된다.

도요토미 히데요시는 일본을 통일한 후 조선에 사절을 보내 철포 두 자루를 선물했다. 조선 역사상 최초로 조총이란 신무기가 이때 등장한다. 당대 조선 최고의 무장으로 꼽히던 신립과 이일은 그 결정적인 신무기를 창고에 처박아 놓은 채 까맣게 잊었다.

조총으로 무장한 일본의 군사력을 걱정한 위인은 문신 유성룡이었다. 유성룡의 걱정에 신립은 "그까짓 것, 걱정할 이유가 없소"라고 큰소리친다. 기가 찬 유성룡이 그 까닭을 묻자, 신립 장군의 말이 걸작이었다.

"왜병들이 조총을 가졌지만 그게 쏠 때마다 맞는답니까?"(유성룡, 이민수 옮김, 『징비록』, 을유문화사, 1994, 29쪽).

징비록에 쓰여 있는 내용이니 허튼 소리일 리 없다. 조선 최고의 무장이란 자가 이 정도의 참혹한 현실인식과 사고방식에 젖어 있었으니 임진왜란의 결과는 묻지 않아도 자명한 일이었다. 일본은 철포, 조선은 칼과 활로 대적하는 순간, 중화질서에 급격한 소용돌이가 몰아치면서 난세가 시작된다.

사전 예방 가능했던 임진왜란

조선 조정도 일본의 침략 의도를 어느 정도는 감지한 것 같다. "군사를 거느리고 명나라로 쳐들어가겠다"라는 도요토미 히데요시의 국서를 받아들자 황윤길과 김성일을 통신사로 일본에 파견한 것을 보면 그렇다. 그들이 1591년 봄 귀국하여 무슨 일을 했을까?

"일본의 침략은 있다" "없다"로 갑론을박 논전을 벌였다. 당연한 일이다. 당파가 다른 당인(黨人) 소속이었으니 말이다. 이들에게 일본이 조만간 침략할 것인지, 아닌지를 따지는 사실 확인(fact finding)은 중요 이슈가 아니었다. 나라의 안위보다 당파의 헤게모니가 더 중요한 가치였던 조선의 양반 사대부이기에 동인의 주장을 서인이, 서인의 주장을 동인이 동조할 이유는 조금도 없었다.

같은 해 일본 사신 히라 시게노부(平調信)가 부산포에 와서 중대 정보를 전한다. 지금 일본이 명나라와 통신하려 한다. 조선에서 명에 이 말을 전해준다면 아무 일도 없을 것이다. 그렇지 않으면 일본은 조만간 조선을 침략할 것이라고 알렸다. 마지막으로 사신은 "우리가 일부러 와서 알리는 것이니 잘 대처하기 바란다"고 신신당부하고 갔다.

조정 대신들은 이 사실을 보고받고도 "고얀 놈들" 콧방귀 한번 뀌고는 음풍농월했다. 국가의 안위가 걸린, 고도의 극비 정보를 씹어버린 것이다. 그사이, 부산포에 머물던 왜인들이 소문 없이 한두 명씩 빠져나갔다. 얼마 후 왜관이 텅 비었다.

허망한 일이긴 하지만, 임진왜란도 사전 외교를 통해 얼마든지 예방할 수 있었던 '예고된 전쟁'이었다. 조선 지도부는 당파 싸움에 도끼 자루만 썩히다가 침략을 자초했다.

인조반정… 왕조 자살의 길

국사학계에서는 광해군 정권을 무너뜨린 인조 쿠데타를 '반정(反正)'으로 정의한다. 유교적 정통론에 입각하여 '잘못된 정치행위를 바로잡기 위해' 혼군(昏君)을 폐하고 새 국왕을 세운 것은 정당한 정치행위라는 의미다. 인조반정이 정당성을 얻으려면 인조 치세기가 광해군 시대에 비해 백성들의 삶이 더 윤택해지고, 국가의 위엄과 자존이 월등 높아졌어야 마땅하다. 불행하게도 현실 역사는 그와는 정반대로 진행되었다.

광해군 치세기는 명·청(明淸) 교체의 전조가 시작된 난세의 초입이었다. 중원의 패자 명나라가 수명이 다하자 북쪽 오랑캐 여진족은 중원으로 쳐들어가 아예 명나라를 차지해버렸다. 일본은 대륙과 탯줄을 가른 후 도쿠가와 막부로 이행했고, 베트남 또한 스스로를 황제로 칭하고 독립을 선언했다. 오로지 조선만이 미몽을 헤맸다.

광해군은 조선의 역대 국왕 중 예외 중의 예외에 속하는 인물이었다. 현실적이고 실용적이며, 유연한 외교의 달인이었다. 허례허식이 아니라 실사구시(實事求是)에 바탕을 둔 리더였다는 뜻이다. 난세의 폭풍을 능란한 외교술로 피해가며 안전운항에 성공한 군주가 광해군이었다.

그런 광해군을 쿠데타로 몰아내고 인조 정권이 들어섰다. 명분을 목숨보다 더 중하게 따지는 조선이니, 시급히 해야 할 일이 있었다. 쿠데타 세력은 성리학적 가치관, 중화질서의 명분과 의리를 총동원하여 자신들의 반란을 정당화하는 작업에 착수했다.

성리학 원리주의 사회에서 그 모든 철학과 명분을 압도하는 가치관은 나라와 군주에 대한 충(忠), 부모에 대한 효(孝)다. 조선 입장에서 볼 때 중원대륙의 패자(霸者) 명나라는 누구도 거스를 수 없는 '아버지의 나라'였다.

광해군이 명나라에 알리지도 않고 비밀리에 오랑캐 두목 누르하치와

〈그림1〉 서양 언론이 묘사한 조선인의 모습, 『런던뉴스Illustrated London News』, 1865

화친을 도모한 것은 무지막지한 불충(不忠)이 된다. 게다가 광해군은 친아버지의 부인(광해군에게는 계모) 인목대비를 핍박했고, 그녀가 생산한 배 다른 아우 영창대군을 살해한 것은 인륜을 거스른 불효(不孝)였다.

반란 세력은 자신들의 쿠데타를 합리화하기 위해 광해군을 명나라에 불충·불효한 역적이요, 희대의 패륜아로 낙인찍었다. 새로 집권한 인조 정권이 취할 스탠스는 물어보나 마나였다. 명나라에 절대 충성하는 존명사대(尊明事大)·배청복명(排淸復明)의 외통수 길이었다.

인조 정권이 채택한 정책은 누가 봐도 국가 자살의 낭떠러지로 향하는 죽음의 길이었다. 그럼에도 불구하고, 반정 세력들은 서로서로 어깨동무하고 즐거이 그 길로 나아갔다.

'소중화'라는 마약

인조반정의 주역들은 주자성리학과 사대질서에 절어버린 위인들이었다. 명 · 청 교체기라는 난세에 명은 낙조가 드리운 '지는 해'요, 여진족(後金, 후에 淸)은 '떠오르는 태양'이었다. 반정세력들은 이 정도 국제 정세조차 파악할 만한 지적 능력이나 현실 인식이 고장난, 무뇌아 · 정신박약아 집단이었다.

1637년 인조가 삼전도에 나가 청 태종 홍타이지에게 세 번 머리를 조아리고 이마를 아홉 번 땅에 찧는 항복을 한 것이야 '지은 죄'가 워낙 많았으니 그렇다 치자. 50만 명에 이르는 백성들은 무슨 죄가 있어 전란의 와중에 굶어 죽고, 매 맞아 죽고, 포로로 끌려가 노예 살이를 하고, 정조를 짓밟혀야 했단 말인가. 『인조실록』은 국왕이 오랑캐에게 항복한 것은 체면이 서지 않는 장면이므로 이 부분을 '하성(下城)', 즉 남한산성에 내려왔다고 용어를 세탁했다.

1644년, 조선의 양반 사대부들이 그토록 흠모했던 명나라가 멸망하고 청이 중원대륙을 차지했다. 조선의 '정신적 아버지' 명을 멸망시키고 등장한 청은 조선 지도부가 야만인 · 오랑캐로 멸시하던 여진족(만주족)이 세운 나라 아닌가.

1662년 명나라를 복원하려던 세력들이 완전 타도되었고, 이때부터 청나라는 멸망은커녕 인류사에서 유례를 찾아보기 힘들 정도로 빛나는 성장을 구가하기 시작했다. 입으로만 '오랑캐 타도'를 외치던 북벌론자들은 너무나 강력해진 '오랑캐' 앞에서 입을 닫아야 했다. 조선 지도부는 더러운 야만인에게 머리 숙이고 사대해야 하는 굴욕적인 현실을 잊기 위해 '소중화'라는 마약에 탐닉한다. 구성 논리는 이렇게 정리된다.

“중원 문화가 오랑캐에 의해 파괴되었으니 우리가 중원 대륙, ‘아버지 나라’의 중화문명을 계승하는 존재다. 중화의 문명적 정통은 오랑캐의 나라 청이 아니라, 조선이 계승하고 있다. 따라서 우리는 청나라보다 우월한 정신과 문명을 보유하고 있는 소중화의 나라다.”

‘조선이 소중화의 나라’가 되었다는 뜻은 명나라가 공식적으로 패망하고 조선이 그 후계자가 되었음을 알리는 선언이었다. 조선이 명나라의 후계가 되어 중화 정통성을 이어받았으니 북벌을 해야 할 이유가 없었다. 조선은 정신적으로 대승을 거둔 것이다(박종인, 『대한민국 징비록』, 와이즈맵, 2019, 166쪽).

그들은 소중화 의지를 실천하기 위해 왕궁 깊숙한 곳에 ‘대보단(大報壇)’이란 사당을 지었다. 청나라의 존재가 시퍼렇게 살아 있는 상황에서, 그들에게 멸망당한 명나라 황제를 기리기 위해 사당을 지었으니 이것의 존재는 비밀이어야 했다. 조선 조정은 대보단의 존재를 청나라에 숨기기 위해 오늘날의 ‘관보(官報)’에 해당하는 ‘조보(朝報)’에 싣지 않았고, 담당 관청도 설치하지 않았다.

조선의 국왕·세자·문무백관은 청나라 감시의 눈을 피해 깊은 밤에 몰래 대보단에 모여 이미 죽어 유령이 된 명나라 황제에게 도둑 제사를 올렸다. 조선왕조는 대보단 제사를 통해 집단적 판타지의 세계에 확실하게 중독되었다.

고종과 민 왕후의 ‘망국’ 결단

외교 잘못하면 침략을 당하고, 백성들만 죽어난다. 이 교훈을 확실하게 보여준 사례가 정묘 · 병자호란뿐이었다면 얼마나 다행이었겠는가.

19세기 후반, 자멸 · 자폭 · 폭망 외교의 주인공은 고종과 그의 부인, 후에 명성황후로 추존된 왕비 민 씨였다.

폭망 외교의 주인공을 국왕 한 사람이 아니라 왕비까지 두 명으로 선정한 이유가 있다. 서울에 주재한 외교관들은 고종을 '왕비 민 씨의 손바닥 위에서 노는 손오공' 정도로 평했다. 고종이 자기 아버지 흥선대원군을 내쫓고 친정을 개시한 1873년 이래, 거의 모든 국가 외교의 기획자 혹은 결정권자는 고종이 아니라 왕비 민 씨였기 때문이다.

당시의 세계 정세는 패권국 영국과, 영국의 패권에 도전하는 러시아가 주인공이었다. 러시아가 '국익'을 실현하기 위해 바다로 밀고 나오려 할 때마다 영국은 그들의 앞길을 틀어막았다. 이것이 영국과 러시아가 전 지구적 차원에서 벌이는 '그레이트 게임(Great game)'의 핵심 이슈였다.

고종 부부는 세계질서의 패러다임을 이해할 수 있는 인지 능력이 완전 결여되어 있었다. 그들이 이처럼 엄중한 사실을 조금이라도 알았다면 그토록 집요한 러시아 추종 외교를 한 번쯤은 뒤돌아보고 반성할 기회가 있지 않았을까?

동아시아의 질서를 좌우하던 청나라가 영국과 두 차례 아편전쟁으로 그로기 상태가 되었다. 이 와중에 '쪽발이 왜놈'으로 멸시해왔던 일본이 한반도를 노리고 달려들기 시작한다. 정신적 고아 신세가 된 고종 부부는 미국이 새로운 아버지의 나라, 형님 나라가 될 수 있을 것으로 착각했다. 그들은 미국에 손을 내밀었으나 차갑게 거절당한다. 영국에게는 곳간 탈탈 털리는 압박과 모욕만 당했다.

이 세상 누가 소중화의 조선을 구해줄 것인가? 노심초사하던 와중에 청나라 외교총책 리훙장(李鴻章)이 조선에 보낸 책사 묄렌도르프가

'당신들을 구해줄 수호천사는 러시아'라고 속삭인다. 묄렌도르프의 감언이설에 속아 넘어간 고종과 민 왕후는 앞뒤 잴 것 없이 러시아와 손잡는다. 극비리에 두 차례나 밀약 체결도 추진한다.

황준셴이 "러시아를 조심하라. 러시아의 남진을 막기 위해 중국과 친하고, 일본과 손잡으며, 미국과 이어지라"고 『조선책략』이라는 책까지 써 줘가며 경고한 바 있다. 고종과 민 왕후는 그 조언과는 정반대의 길을 선택한 것이다.

국제적 평지풍파의 결과

고종과 민 왕후가 덜컥수를 둔 '러시아와 손잡기' 결단은 국제적 평지풍파를 일으켰다. 러시아 입장에선 횡재나 다름없었다. 한반도를 통해 영국의 방해를 받지 않고 태평양으로 나갈 수 있는 통로가 뻥 뚫렸기 때문이다. 전 지구적 차원에서 러시아가 바다로 나오는 길을 틀어막고 있던 영국이 이 사태를 관망한다면, 그것은 패권국 자격이 없는 것이다.

1885년 영국은 거문도를 점령한다. 이 조치는 "러시아, 너희들 조선을 통해 태평양으로 나오면, 그 즉시 물고기 밥으로 만들겠다"는 영국식 경고였다. 난감해진 러시아는 유럽 쪽 러시아와 극동 러시아를 해상로가 아닌, 육로로 연결하겠다고 선포한다. 이름하여 시베리아 횡단철도. 장장 9,334킬로미터의 철도 건설을 통해 유럽과 동아시아를 잇는 대역사가 시작된다.

시베리아 횡단철도가 완공되면, 러시아는 반드시 종착역을 연중 4계절 얼어붙지 않는 항구로 연결할 생각이었다. 그 대상지는 부산 혹은 마산이었다. 이를 위해 러시아는 조선에 건설되는 철도의 궤도(레일) 폭을 유럽형인 표준궤(4.5피트·약 133센티미터)가 아니라, 시베리아 횡단철도·동청철도와 동일한 광궤(5피트·약 150센티미터)로 건설하라고 조선 조정에 압력을 넣었다.

경부선 철도 건설이 진행되자 주한 러시아공사관에 근무하던 군사무관 스트렐비스키 대령은 1900년 9월 2일, 러시아 참모본부에 "경부선 철도는 세계적인 의미를 지니고 있다. 앞으로 언젠가는 동청철도 및 시베리아 철도와 연결될 것이기 때문"이라고 보고했다.

시베리아 횡단철도 건설 소식에 일본이 경악한다. 일본 입장에서 보면 비상사태가 발생한 것이다. 부산 혹은 마산에 러시아제국 깃발이 휘날리고, 코사크 기병대 말울음 소리가 현해탄 건너에서 들려오는 날이 바로 일본이 러시아에게 침략당하는 날이 될 것이 분명했다. 전쟁을 해서라도 러시아의 한반도로의 남진을 저지해야 한다는 일본의 입장은 영국의 이해와 정확하게 맞아떨어졌다. 1902년, 영일동맹은 그렇게 성사되었다.

영국은 한반도를 향한 러시아의 남진을 봉쇄하는 임무를 일본에게 맡긴다. 국제 관계에서 공짜 점심은 없는 법이다. 당연히 그 대가가 필요했다. 영국은 일본이 러시아를 물리친 다음, 대한제국의 관리를 일본이 담당하는 것을 묵인한다. 대한제국을 일본의 식민지로 넘기는 거래가 성립된 것이다.

일본은 영국을 대신하여 뤼순(旅順) 203고지에서, 랴오양(遼陽)과 봉천(瀋陽)에서, 쓰시마 해협에서 국운을 걸고 러시아와 싸웠다. 9만 명의 일본 군인이 전사하는 격전 끝에 일본이 간신히 승리했다. 러일전쟁의 결과 한반도를 통한 러시아의 남진은 저지되었고, 일본은 그 전리품으로 대한제국을 차지했다. 이것이 숨길 수 없는 망국의 민낯이다.

약자는 과연 선량한가?

이런 정도의 인식 수준을 가진 고종과 민 왕후를 개명군주니, "조선의 국모"니 운운하면서 미화 찬양하는 데 열을 올리는 사람들이 있다. 고종을 미화 찬양하느라 여념이 없는 분들에게 참고삼아 윤치호의 잠언 몇 가지를 소개한다.

"물 수 없다면 짖지도 마라."

"조선인은 10퍼센트의 이성과 90퍼센트의 감성으로 살아간다."

"만약에 거리를 누비면서 만세를 외쳐서 독립을 얻을 수 있다면, 이 세상에 남에게 종속될 국가나 민족은 하나도 없을 것이다."

"약자는 과연 선량한가?"

1

300년 정지된 조선의 '역사 시계'

일본이 '남만인(南蠻人)'이라 부르던 서양 사람과 처음 접촉한 것은 1543년이었다. 일본열도 최남단의 도시, 사쿠라지마 화산이 연기를 뿜는 가고시마(鹿兒島) 앞바다에 다네가시마(種子島)란 섬이 있다. 이곳은 구로시오(黑潮) 해류가 흘러오는 곳이다. 현재는 이 섬의 남부에 일본의 로켓 발사장인 다네가시마 우주센터가 위치하고 있다.

1543년 정크선 한 척이 다네가시마에 도착했다. 그 배에는 정해왕(淨海王)이라 불리던 중국 해적 왕지(王直)와 포르투갈인 페르낭 멘데스 핀투(Fernand Mendez Pinto), 프란시스코 제이모토(Francisco zeimoto), 안토니오 다 모타(Antonio da mota)를 비롯하여 100여 명이 타고 있었다. 섬의 다이묘(영주)는 당시 15세의 다네가시마 도키타카(種子島時尭)였다. 다이묘는 포르투갈인에게 거금을 주고 뎃포(鐵砲)라 불리는 화승총 두 자루를 구입했다.

도키타카가 화승총 구입을 위해 지불한 금액은 명나라에서 제조한 은화 영락전(永樂錢) 2,000냥이었다. 현재의 원화 가치로 환산하면 10억

원이다. 당시 10냥은 병사 한 명의 1년 봉록에 해당했다. 2,000냥이면 200명 군대를 1년 동안 유지할 수 있는 금액이다(조용준, 『메이지유신이 조선에 묻다-일본이 감추고 싶은 비밀들』, 도서출판 도도, 2019, 24~25쪽).

화승총이 물건으로 거래될 수 있다는 사실을 알지 못했던 포르투갈 상인 핀투와 제이모토는 화승총이 깜짝 놀랄 만한 가격에 팔리자 크게 기뻐했다.

도키타카가 구입한 무기는 아르카부스(arcabuz)라 불리는 전장식 화승총이었다. 화약과 총알을 총구에 밀어 넣은 다음 쇠막대로 다진 후 발사하는 원시적인 소총이었다. 소년 영주는 남만인으로부터 구입한 뎃포를 잠시도 손에서 놓지 않았다. 이 무기의 기능과 조작법을 열심히 배웠다.

딸을 외국인에게 바치고 총포 기술 습득

영주는 도검 제작자에게 이 희한한 문명의 이기(利器)를 복제하라고 명했다. 도검 장인 야이타 킨베(八板金兵衛)는 화승총을 분해한 다음 역설계하여 동일하게 제조했다. 화약 제조는 사사가와 고시로 우히데시게(笹川小四郎秀重)가 그 임무를 맡았다. 사사가와는 자기 집에 작업장을 만들고 포르투갈 상인의 도움을 받아 흑색화약 제조법을 배웠다. 그가 완성한 화약은 그 성능이 세계 최강이었다.

도검 장인 야이타는 총기 제조 과정에서 총신에 나선형 구멍을 뚫어 나사를 고정시키는 기술이 없어 애를 태웠다. 이때 포르투갈 상인 제이모토가 "당신의 딸을 나에게 주면 기술을 전수하겠다"고 제안했다. 그 결과 야이타의 16세 된 딸 와카사(若狹)는 제이모토와 국제결혼을 한 최초의 일본 여성이 되었다. 이것이 조총이라 불린 일본 철포 역사의 시작이다.

포르투갈인들은 첫 항해에서 화승총과 화약, 중국산 생사(生絲·명주실), 견직물, 사탕, 약품을 일본 은(銀)과 교환하여 큰 이익을 얻었다. 다네가시마에서 돌아온 사람들은 닝보(寧波)에 있는 포르투갈인들 사이에 화제가 되었다. 상품으로 생각하지도 못했던 화승총이 비싼 값에 판매된 데다가 유럽 제품이 날개 돋친 듯 팔렸다는 소문이 퍼졌다.

일본에 가면 큰돈을 벌 수 있다는 소식이 전해지면서 포르투갈 선박의 일본 러시가 일어났다. 매년 4월과 10월, 포르투갈 무역선들이 구로시오 해류를 타고 일본을 찾아왔다. 핀투와 함께 다네가시마에 왔던 중국 해적 왕지는 일본의 고토(五島)를 근거지로 삼아 중국과 일본 간 밀무역으로 이름을 떨쳤다. 당시 고토에는 수백 척의 배가 드나들며 교역했다.

1543년은 조선에서는 중종 재임 37년째였다. 이 해 조선에서는 관학 교육기관인 성균관과 향교에 대응하여 사학 교육기관인 백운동서원이 최초로 문을 연 날이다. 일본은 총포의 시대, 조선은 서원의 시대. 일본은 총포를 무기로 싸우고, 조선은 성리학 논리에 의거하여 입과 붓으로 싸우는 무(武)와 문(文)의 극적인 변화가 감지되기 시작한 해다.

1543년 일본 개국하다

5년 후인 1548년, 막부는 스페인과도 무역을 개시했다. 상인들 뒤를 따라 포르투갈 · 스페인 선교사들이 몰려들었다. 1549년 7월, 예수회 창립자의 한 사람인 스페인 신부 프란치스코 자비에르(Francisco Javier)가 말라카를 거쳐 가고시마에 상륙했다. 가고시마 영주는 포르투갈과의 무역을 위해 천주교 선교를 허용했다(한국18세기학회 엮음, 『18세기 한일문화교류의 양상』, 태학사, 2007, 197쪽).

일본에서는 규슈 일대에 출몰한 서양인들을 '남쪽에서 온 야만인'이란 뜻에서 남만인, 그들이 타고 온 배를 남만선이라 불렀다. 남만인들은 일본에 천주교와 화승총, 세계지도, 지구의(地球儀), 포도주, 카스텔라(castela), 서양 의학 등 다양한 문물을 전해주었다.

당시 일본의 실력자 오다 노부나가는 해외 문물에 호기심이 많은 인물이었다. 그를 비롯하여 전국의 다이묘들은 일본을 찾아오는 남만인들을 적극 반겼다. 오다 노부나가는 포르투갈인 복장을 즐겨 입었다. 그들이 전해준 포도주를 마시고, 서양 문물에 큰 흥미를 가졌다.

1569년 4월 28일, 오다 노부나가는 교토를 방문한 예수회 선교사 루이스 프로이스(Luís Fróis)에게 선교의 자유를 허용했다. 프로이스는 감사의 마음을 전하기 위해 콘페이토(confeito)라 불리는 사탕을 선물했다. 이것이 일본 별사탕의 시초다.

1580년 일본 최초로 세례를 받은 천주교 다이묘인 오무라 스미타다(大村純忠)는 자신의 영내에 있던 나가사키를 예수회 교회령으로 기부했다. 나가사키에 예수회 선교사들이 몰려들었다. 나가사키는 이내 '작은 로마'라고 불렸다(노성환, 「일본 나가사키현의 조선인 천주교도에 관한 연구」, 일어일문학 49집, 2011). 그로부터 수십 년, 나가사키와 마카오를 연결하는 국제 무역은 포르투갈의 독무대였다. 이 해상 루트를 따라 예수회 선교사뿐만 아니라, 프란치스코 수도회 선교사들도 나가사키로 쏟아져 들어왔다.

1582년 2월 20일, 규슈지역의 천주교 다이묘들이 13~14세의 일본 소년 이토 만쇼, 지지와 미겔, 하라 마르티노, 나카우라 줄리아노 4명을 로마에 파견했다. 예수회 선교사 알레산드로 발리냐노(Alessandro Valignano)가 나가사키의 히노에(日野江)성에 세운 신학교 학생 가운데 엄선된 사무라이 가문의 아들들이었다. 이들이 덴쇼(天正)견구(遣歐)소년사절단이다.

소년들을 로마에 파견한 이유는 스페인, 포르투갈 국왕에게 일본 선교에 관한 지원을 요청하고, 이들을 훈련시켜 일본 포교를 담당하도록 하기 위해서였다(이종찬, 『난학의 세계사』, 난마, 2014, 130~137쪽 참조).

소년사절단은 2년 후인 1584년 8월 포르투갈 리스본에 도착했고, 1585년 로마로 가서 교황 그레고리오 13세(Gregory XIII)에게 세례를 받았다. 그들은 구텐베르크식 활판인쇄기 한 대와 유럽지도를 구입하여 1590년 7월 21일 나가사키로 귀국했다. 그동안 일본에서 천주교 포교활동이 금지되었고, 자신들을 후원했던 영주들은 죽거나 실각했다.

귀국한 소년사절단원들은 어떤 인생을 살았을까? 이토 만쇼는 마카오로 유학을 갔다가 돌아와 병사했다. 하라 마르티노는 마카오에서 사망. 나카우라 줄리아노는 마카오로 갔다가 귀국하여 비밀리에 선교하던 중 체포되어 1632년 처형되었다. 지지와 미겔은 기독교를 버렸다(박종인, 앞의 책, 『대한민국 징비록』, 108~112쪽).

조선을 침략한 천주교 신자 고니시 유키나가

임진왜란 당시 조선 침략의 선봉장은 왜군 제1군 지휘관 고니시 유키나가(小西行長)였다. 고니시는 아우구스티누스라는 세례명을 가진 열렬한 천주교 신자였다. 그가 지휘하는 부대의 깃발에는 십자가가 새겨져 있었다.

고니시의 출생지는 '바다의 현관'이자, 무역의 중심지였던 오사카였다. 고니시 가문은 무역업과 창고업으로 실력을 쌓은 유력한 해상(海商)이었다. 항해술에 뛰어났고, 무장을 하고 해적질도 서슴지 않았다.

힘이 장사인 데다 지략이 출중했던 고니시는 아버지와 함께 세례를 받고 천주교 신자가 되었다. 고니시는 오사카를 드나드는 남만인과 예수회 선교사들을 통해 해외 사정에도 익숙했다.

1587년 도요토미 히데요시가 규슈를 정벌한 후 고니시는 가토 기요마사(加藤清正)와 함께 규슈 중부지역을 다스리는 다이묘가 되었다. 고니시는 임진왜란 때 침략군 제1군(병력 1만 8,700명)을 이끌고 현해탄을 건넜다. 고니시가 지휘한 제1진 소속 장교들 전원이 '기리시탄(크리스천)'이라 불리는 천주교 영주들이었다.

1592년 4월 13일 부산포에 상륙한 고니시 선봉대는 부산진성과 동래성을 차례로 휩쓴 다음 상주에서 이일의 조선 정규군 부대를 단숨에 궤멸시켰다. 충주에서는 신립의 기마부대를 조총부대로 전멸시켰다. 개전 20일 만인 5월 3일, 고니시 부대는 수도 서울에 선봉대로 입성했다.

1593년 웅천성에 주둔 중이던 고니시는 일본관구장 고메즈(P. Comez) 신부에게 종군신부 파견을 요청했다. 고메즈 신부는 1577년 일본에 와서 선교하던 스페인 마드리드 출신의 예수회 신부 세스피데스(Gregorio de Céspedes)를 조선에 파견했다. 세스피데스 신부는 조선에 건너와 1년 6개월 동안 고니시 부대를 종군하며 선교 활동을 했다.

고니시와 경쟁 관계였던 가토 기요마사는 열렬한 니치렌종(日蓮宗, 일본 불교의 한 종파) 신자였다. 고니시가 종군신부를 조선에 끌어들인 사실을 알게 된 가토는 도요토미 히데요시에게 이 내용을 알렸다. 세스피데스는 1595년 일본으로 소환된다.

일본으로 돌아간 세스피데스는 조선에서 끌려온 5만여 명의 포로 가운데 2,000여 명을 천주교에 귀의시켜 세례를 주었다. 고쿠라(小倉)에 교회를 세우고 포교활동을 하던 세스피데스는 1611년 그곳에서 사망했다.

1600년 10월 21일, 세키가하라 전투(関ヶ原の戦い)가 벌어졌다. 고니시 유키나가는 도요토미 히데요시 세력을 추종하는 서군으로 참전하여 도쿠가와 이에야스의 동군과 맞섰다. 이 전투에서 서군은 동군에게 패전하여 도쿠가와 막부 시대가 열렸다.

체포된 고니시에게 할복 기회가 주어졌다. 사무라이로서 할복은 영예로운 죽음이다. 하지만 그는 사무라이에 앞서 기리시탄이었다. 그는 천주교 교리와 어긋난다는 이유로 할복을 거부하고 참수형을 택했다. 죽을 때까지 그는 사무라이의 영예보다 기리시탄으로서의 명예를 지켰다.

동아시아에 나타난 네덜란드

세키가하라 전투가 벌어졌던 1600년, 네덜란드 무역선 리프더(Liefde)호가 규슈 오이타현 우스키(臼杵)에 도착했다. 세키가하라 전투에서 도요토미 추종세력을 격파하여 명실상부한 권력을 확보한 도쿠가와 이에야스는 리프더호의 선원 얀 요스턴, 영국인 윌리엄 애덤스(William Adams) 등을 막부의 수도 에도(도쿄)로 불렀다.

애덤스는 도쿠가와에게 수학과 세계지리, 세계 각국 사정을 설명하고, 영국식 선박 건조법을 전수했다. 그는 영지를 하사받고 일본에 정착했다. 일본 이름은 미우라 안진(三浦按針). 신분은 쇼군을 자유롭게 알현할 수 있고, 주군의 군기를 지키는 무사단의 상급 무사, 즉 하타모토(旗

本)였다.

도쿠가와도 오다 노부나가 못지않게 해외 문물에 관심이 많고, 해외 사정에 의식이 깨어 있는 인물이었다. 그는 외국인들을 외교와 무역 분야 고문으로 임명하고 네덜란드·영국과 무역을 추진했다. 쇼군의 고문으로 임명된 리프더호 선원들의 주선으로 1609년 네덜란드 동인도회사(Dutch East India Company), 1613년 영국 동인도회사(East India Company) 관계자들이 일본을 방문했다. 그리고 나가사키현 서북부의 히라도(平戶島)에 상관을 설치했다(이윤섭, 『일본 100년-문호개방에서 55년 체제까지 일본 제국주의 흥망사』, 아이필드, 2016, 11쪽).

네덜란드는 1581년 스페인으로부터 독립을 선언했다. 1588년, 영국은 스페인 무적함대를 격파했다. 그 후 세계사는 제해권을 확보한 네덜란드와 영국의 독무대였다. 1595년, 네덜란드는 인도에 진출하여 향료 무역을 개시하면서 막대한 부를 축적했다. 영국도 런던 상인들이 중심이 되어 1600년 동인도회사를 설립했다. 이 회사는 엘리자베스 1세로부터 동인도지역 무역 독점권을 얻었다.

이에 자극받은 네덜란드 정부는 1602년 세계 최초의 주식회사인 네덜란드 동인도회사를 설립하고, 이 회사에게 동양무역 독점권을 부여했다. 이 회사를 VOC라고 표기하는데, 이것은 '연합 동인도회사(United East India Company)'를 뜻하는 네덜란드어 'Verenigde Oostindische Compagnie'의 약자 표기다.

네덜란드 동인도회사는 아프리카 남단 희망봉에 식민지를 건설했다. 1619년에는 바타비아(현재의 자카르타)에 동양 무역 거점을 건설하고, 총독정청(總督政廳)을 설치했다. 이곳을 중심으로 일본과 교역하면서 아시아 무역에서 포르투갈과 스페인을 추월하기 시작했다.

네덜란드는 바타비아 상업기지를 중심으로 타이완 남부 타이난(臺南)의 젤란디아 성과 나가사키를 왕래하며 무역을 했다. 서양 총포와 서적 등을 일본에 수출하고, 일본 칠기와 도자기를 구매하여 유럽에 수출하는 국제 무역선단을 운영했다. 이 지역을 왕래하던 네덜란드 동인도회사 소속 무역선이 풍랑을 만나 조선에 표류해 왔다. 우리 역사에 등장하는 벨테브레이(박연), 하멜 일행도 네덜란드 동인도회사 소속원이었다.

영국도 1615년 일본과 무역을 시작했다. 영국과 네덜란드가 히라도에서 계속 충돌하자 막부는 1622년 영국 상관을 폐쇄했다.

16세기부터 해외로 진출한 일본인

16세기 일본은 개방과 무역의 시대였다. 일본에서 대량으로 은이 채굴되면서 국제 무역이 폭발한 것이다. 당시 전 세계에서 하이테크 제품의 생산지는 중국이었다. 일본은 동아시아에 진출한 스페인, 포르투갈, 네덜란드, 영국 상인과 류큐(琉球, 현재의 오키나와)왕국의 국제 무역상, 무장 상인 집단인 왜구(倭寇)를 통해 명나라로부터 비단 · 도자기 · 서적 등을 대량 수입했다.

일본은 히라도 상관을 통해 해외에 도기·칠기·병풍·쌀·보리·일본술·간장·차 등을 수출했다. 수입품은 생사·비단·견직물·목면·후추·설탕 등이었다.

도쿠가와 막부의 제1대 쇼군 도쿠가와 이에야스는 "서양 오랑캐에게 배울 것이 많다"면서 서양 학문을 대대적으로 받아들였다. 주류를 이룬 것은 네덜란드에서 유입된 '난가쿠(蘭學)'였다. 일본은 사실상 1600년 무렵에 개항을 했다. 1609년에는 쓰시마 영주를 중재자로 내세워 임진왜란으로 끊겼던 조선과의 외교·교역 관계도 회복했다.

도쿠가와 막부는 대외 무역을 자신들이 통제하기 위해 허가증을 받은 공식 무역선을 해외에 파견했다. 막부는 붉은 도장이 찍힌 무역 허가장을 발급했는데, 이것을 소지한 배를 '주인선(朱印船)'이라 불렀다.

주인선은 중국·베트남·태국·말레이시아·인도네시아까지 진출하여 무역을 했다. 베트남·태국·필리핀에는 니혼마치(日本町)라는 일본인 집단 거주지가 형성될 정도로 활발한 대외 교역이 이루어졌다.

일본은 태평양 건너 멕시코와의 무역에도 큰 관심이 있었다. 1613년 9월 15일, 센다이(仙台)번의 영주 다테 마사무네(伊達政宗)는 멕시코와의 교역루트를 뚫기 위해 사절단을 파견했다. 가신인 상급 무사 하세쿠라 쓰네나가(支倉常長)가 이끄는 180명 규모의 '게이초(慶長)유럽파견사절단'이다. 이들은 일본에서 건조한 길이 32미터, 너비 10미터, 500톤급 범선 '산 후안 바티스타(San Juan Bautista)'호를 타고 태평양을 건너 멕시코에 도착했다. 이어 대서양을 건너 스페인 마드리드에 도착, 멕시코의 종주국인 스페인 국왕 펠리페 2세(Felipe II)를 알현했다.

게이초 사절단의 마지막 목적지는 로마였다. 로마에서 교황 바오로 5세(Pope Paul V)를 알현한 사절단은 7년 후인 1620년 8월 24일 귀국했다(성희엽, 『조용한 혁명-메이지유신과 일본의 건국』, 소명출판, 2016, 132~133쪽 참조). 1582년 어린 일본 소년 네 명이 갔던 그 길을 30년 만에 지도자급 일본인이 다시 간 것이다.

예수회 신부 프란치스코 자비에르가 일본에서 포교하기 시작한 이래 천주교는 규슈지역 곳곳으로 전파되어 신자 수 30만을 헤아리게 되었

〈표1〉 도쿠가와 막부의 역대 쇼군

	성명	재임연도	재임	비고
1	도쿠가와 이에야스 (德川家康)	1603-1605	2년	· 도요토미 히데요시 사후 도쿠가와막부 설립
2	도쿠가와 히데타다 (德川秀忠)	1605-1623	18년	· 도쿠가와 이에야스의 3남. · 에도 개발하고 기독교 박해
3	도쿠가와 이에미쓰 (德川家光)	1623-1651	28년	· 도쿠가와 히데타다의 차남. · 쇄국령 강화, 다이묘들 참근교대 제도 도입, 나가사키에 데지마 축조하여 네덜란드 상관 허용
4	도쿠가와 이에쓰나 (德川家綱)	1651-1680	29년	· 최초의 수성(守城) 쇼군 · 로주(老中)들에게 정무 일임하여 관료조직 강화
5	도쿠가와 쓰나요시 (德川綱吉)	1680-1709	29년	· 무예보다 학문에 주력, 주자학 공부, 문치정치 시행 · 주신구라(忠臣蔵) 사건 발생
6	도쿠가와 이에노부 (德川家宣)	1709-1712	3년	· 5대 쇼군 쓰나요시의 양자가 되어 쇼군 직 계승 · 쓰나요시의 문치정치 계승 발전
7	도쿠가와 이에쓰구 (德川家継)	1713-1716	3년	· 병약하여 요절
8	도쿠가와 요시무네 (德川吉宗)	1716-1745	29년	· 막부를 중흥시킨 최초의 방계 쇼군 · 막번체제 개혁 위한 교호개혁(享保改革) 시행
9	도쿠가와 이에시게 (德川家重)	1745-1760	15년	· 언어장애가 심하고, 병약
10	도쿠가와 이에하루 (德川家治)	1760-1786	26년	· 학예와 서화에 재능
11	도쿠가와 이에나리 (德川家斉)	1787-1837	50년	· 일본 사상 최장기 집권 쇼군 · 잇따른 반란으로 막부 체제 붕괴 조짐
12	도쿠가와 이에요시 (德川家慶)	1837-1853	16년	· 페리 제독 내항 사건 발생 · 아베 마사히로 등 인재 등용
13	도쿠가와 이에사다 (德川家定)	1853-1858	5년	· 페리 함대 2차 내습, 미일 화친조약 체결
14	도쿠가와 이에모치 (德川家茂)	1858-1866	8년	· 고메이 천왕의 여동생 가즈노미야와 결혼 · 조슈 정벌 전쟁 중 오사카에서 사망
15	도쿠가와 요시노부 (德川慶喜)	1867-1868	1년	· 에도 막부의 마지막 쇼군 · 1867년 대정봉환(大政奉還) 단행

다. 서양 문물에 관대했던 제1대 쇼군 도쿠가와 이에야스는 서양 종교도 관용적으로 대했다. 그런데 막부에 저항하는 도요토미 히데요시 잔당들에게 천주교가 전래되면서 정치 문제로 불길이 옮겨붙었다. 이제 천주교 신자의 확산은 막부 반대 세력이 늘어난다는 뜻으로 해석되었다.

인내심이 한계에 달한 막부는 1613년, 천주교 금지령을 내렸다. 종교란 인간 이성만으로는 해석이 불가능한 영역이다. 오죽했으면 마르크스가 종교를 마약이라고 비판했겠는가. 제3대 쇼군 도쿠가와 이에미쓰(德川家光) 치세였던 1637년 10월, 규슈 시마바라(島原)에서 천주교 농민 3만 7,000여 명이 반란을 일으켰다.

죽음을 두려워하지 않는 신자들의 저항이 극렬하여 막부가 파견한 토벌대는 고전을 면치 못했다. 1638년 2월, 12만 명의 대병력과, 네덜란드 선박의 엄호사격으로 천신만고 끝에 기리시탄의 반란 진압에 성공했다. 이 와중에 천주교도 1만 1,000명이 처형되었고, 2만여 명은 배교를 거부하고 스스로 목숨을 끊었다.

큰 충격을 받은 막부는 일본 땅에서 천주교의 싹을 뽑아버리기로 작정했다. 쇼군 도쿠가와 이에미쓰는 "태양이 지구를 비추는 한, 어떤 서양 종교도 일본 땅을 밟을 수 없다. 스페인 왕이든 기독교의 신이든, 이를 위반하는 자는 자신의 목으로 대가를 치를 것이다"라고 공포했다.

기리시탄은 발견 즉시 극형에 처해졌다. 천주교는 지하로 잠복했고, 막부는 격렬하게 추진했던 대외 개방 정책을 폐기하고 쇄국으로 선회했다. 서양 신부가 승선하지 않은 중국·네덜란드 선박만 입항을 허가했다. 막부는 천주교를 전파하는 주범인 포르투갈·스페인 선박이 일본 항구에 입항하면 압류하여 파괴했다.

데지마는 해외로 열린 바람구멍

막부는 1634년, 나가사키 앞바다에 데지마(出島)라는 부채꼴 모양의 인공 섬을 조성했다. 이곳에 상관을 설치하고 막부 허가를 받은 외국 상인에게만 교역을 허가했다. 다음해인 1635년에는 주인선 무역을 폐지했다. 1639년에는 천주교 포교활동을 하던 포르투갈 신부와 상인을 마카오로 추방했다.

반면에 신교의 나라 네덜란드는 종교 전파나 영토 획득에 관심이 없는 사람들이라는 인식을 심어주는 데 성공했다. 막부는 1641년 네덜란드 동인도회사의 상관을 히라도에서 데지마로 옮겼다. 이후 데지마는 난가쿠의 성지가 되었다. 네덜란드 무역선을 통해 카메라·환등기·선글라스·메가폰·온도계·기압계 등 신기한 서양 문물이 수입됐다. 단절된 포르투갈과의 무역은 조선과의 무역을 확대하는 것으로 보충했다.

일본이 개국에서 쇄국으로 돌아서던 시기, 한반도를 둘러싸고 임진왜란(1592)과 병자호란(1636)의 전란이 발생했다. 이러한 전란은 동아시아에 급격한 권력교체를 불러왔다. 일본에서는 전국시대가 종식되고 도쿠가와 막부가 출범했다. 중국 대륙에서는 명·청이 교체되었다.

혼란의 전국시대를 통일한 도쿠가와 막부는 나가사키를 막부 직할령으로 선포하고, 이곳을 통해 해외 동향을 열심히 수집했다. 막부는 1741년 기독교 관련 서적을 제외한 서양서적 수입을 허용했다. 1745년에는 네덜란드어 교습을 허용했다.

막부의 쇄국정책은 그야말로 풍성한 말잔치에 불과했다. 데지마는 해외로 열린 바람구멍이었기 때문이다. 쇄국정책에도 불구하고 일본은 난가쿠를 통해 근대 의학과 자연과학·기술을 적극 수용했다. 세계지리와 서양사정 연구를 통해 일본인들의 인식을 세계로 확장하는 데 주력했다. 나가사키를 비롯하여 전국 곳곳에 개설된 난가쿠학교(蘭學校)에서 공부한 학생이 3,000명이 넘는다(같은 책, 148~149쪽).

난가쿠 학자들이 소개한 서구의 자연과학 지식과 기술·서양의학은 일본에 근대 과학정신과 실증적 방법론을 전해주었다. 막부 말기에는 난가쿠를 통해 근대성의 핵심 본질을 깨달은 사무라이들이 정치 변혁의 주도적 역할을 담당했다(같은 책, 148~149쪽).

8대 쇼군 도쿠가와 요시무네(德川吉宗)는 서양 문물에 관심이 많았다. 그는 네덜란드인에게 나이프와 포크 사용법, 권총 사격술을 배웠다. 요시무네는 서양서적 수입 금지를 완화하고, 조정의 신하 두 명에게 네덜란드어를 배우도록 명했다. 이후 서양서적이 대량 유입되어 일본어로 번역되었다.

조선은 지식독재의 나라

막부의 수도인 에도는 18세기에 인구 100만을 돌파했다. 베이징(北京)도 1825년 인구 100만을 넘어섰다. 1719년 제9차 조선통신사의 제술관(製述官)으로 일본을 다녀온 신유한은 "오사카에는 서적의 많음이 실로 천하장관이었다"고 기록했다. 그는 또 중국 난징(南京)에서 수입한 책이 1,000여 종, 민간에서 특이한 책과 각종 문집을 간행한 것이 조선의 100배가 넘는다고 전했다.

서점의 폭발은 일본뿐만이 아니라 중국도 비슷했다. 베이징 '문화의 거리'로 알려진 류리창(琉璃廠)은 조선 사신들이 서적을 구입하기 위해 자주 찾는 명소였다. 북학자 홍대용은 류리창에 서점이 일곱 군데가 있는데,

〈그림2〉 서양 배의 스크루가 돌아가는 것을 신기해하며 지켜보는 사람들, 『그래픽 The Graphic』, 1886

각 서점마다 3면 벽을 둘러싼 수십 층의 책꽂이에 수만 권의 책이 꽂혀 있다고 소개했다. 홍대용은 "고개를 들고 한참 있으면 책 이름을 다 보기도 전에 눈이 먼저 핑 돌아 침침해진다"고 전했다(이덕일, 『한국사 그들이 숨긴 진실』, 역사의 아침, 2009, 269쪽).

조선에서 서점 설치가 허락된 것은 1551년이다. 1554년에 간행된 어숙권의 『고사촬요(攷事撮要)』에 책의 시장 가격이 제시되어 있다. 하지만 나라가 망할 때까지 서점이 활성화되지 못했다. 퇴계 이황의 스승이었던 어득강이 서점 설치를 강력 주장했으나 "나라 안에서 한 번도 해보지 않은 풍속"이라는 비난이 쏟아졌다. 조선은 1880년대 초까지 서점이 하나도 없는 나라였다. 영조 시절인 1771년 7월 13일, '책쾌(冊儈)'라 불리던 서적 판매상들이 일망타진되어 다섯 명이 귀양 가고, 두 명은 목이 잘렸다.

이처럼 서점 설치를 불허하고, 서적 판매상을 학살한 이유는 무엇일까? 조선에서는 지식이 곧 권력이었다. 때문에 지식은 양반 지배층이 독점해야 하는 금단의 성역이었다. 조선은 지식독점을 통한 지식독재의 나라였다. 서점이 활성화되면 양반들이 상스러운 아랫것들과 지식을 공유해야 한다. 이는 성리학적 질서의 훼손이므로 서점이 쇠퇴할 수밖에 없었다.

서적의 유통이나 판매를 위해서는 판매를 담당하는 서점과 출판업자·서적상이 존재해야 한다. 조선 조정은 서적 발간 및 유통 업무에 대한 인·허가를 해주지 않아 일반인이 서적을 구입하고 싶어도 구할 방법이 없었다. 또 서적 가격이 조선시대의 구매력으로 볼 때 상상할 수 없을 정도로 비싸 상업적 유통이 불가능했다.

조선은 선비(士)가 지배계층을 구성하고 있는 나라였다. 선비가 과거에 급제하여 관료로 등용되면 대부(大夫)가 된다. 선비와 대부를 합쳐 사대부(士大夫)라 했다. 선비가 대부에 오르기 위한 과거 시험과목이 주자성리학이었다. 성리학은 『대학』과 『중용』이 필수 입문서다. 과거 시험을 준비하려면 이 책을 반드시 구해 달달 외야 한다.

한 관리의 상소문에 따르면 조선 중기에 『대학』이나 『중용』 같은 책의 가격은 품질 좋은 면포 3~4필, 『논어』는 면포 1필 반이었다. 당시 면포 1필은 쌀 일곱 말에 해당했다. 임진왜란 후 군역 대신 나라에 바친 군포가 한 해 2필이었다. 이것을 감당하지 못해 도망자가 속출한 정황을 보면 책값이 얼마나 비쌌는지 이해할 수 있을 것이다.

조선통신사가 일본에 문명을 전파했다고?

서적 구입은 어지간한 재력이 없으면 엄두를 내지 못할 정도의 고가 사치품에 속했다. 때문에 특권층을 형성한 극소수 양반 지배층을 제외한 대부분의 백성들은 문맹 상태로 방치되어 나라가 망했다. 서적 유통 상황이 이 지경이었으니 세계 최초의 금속활자 기술은 초토화될 수밖에 없었다. 1883년 일본을 방문한 박영효는 쓰키치(築地)활판제조소에서 개발한 한글 납 활자를 수입해다가 국영 인쇄소인 박문국(博文局)을 설립했다.

임진왜란 이후 조선은 1607년부터 1811년까지 총 12회 통신사를 일본에 파견했다. 우리는 흔히 조선통신사를 통해 조선의 선진학문이나 선진문화가 일본에 전파된 것으로 알고 있다. 하지만 이것은 우리의 주관적인 착각과 오류다. 역사적 사실은 우리가 알고 있는 내용과는 완연히 다르다.

데지마를 거점으로 활동하던 네덜란드 상관장도 에도를 방문했다. 동인도회사 정보망을 통해 수집한 세계 각국의 동향을 기록한 「풍설서」를 가지고 에도로 가서 막부에 관련 내용을 보고하기 위해서였다. 네덜란드 상관장의 에도 방문은 총 166회였다. 조선통신사의 에도 방문 횟수와 비교가 되지 않을 정도로 압도적인 방문 수치다.

일본은 이미 17~18세기 세계와의 교류를 통해 학문과 기술 수준이 우리가 상상할 수 없을 정도로 진보해 있었다. 주자성리학을 오래전에 폐기하고 고증학·양명학·난가쿠가 학문의 주류를 이루었다.

일본 교토대학 교수 후마 스스무(夫馬進)는 우리의 통념과는 반대로 일본의 학문과 기술이 조선통신사를 통해 조선에 전해졌다고 주장한다

(후마 스스무, 정태섭 외 옮김, 『연행사와 통신사』, 신서원, 2008, 101쪽). 실제로 통신사 수행원들이 남긴 기록에 따르면, 일본의 발전상에 대한 찬사가 상당수 발견된다.

마지막 통신사는 에도까지 가지도 못하고, 쓰시마에 머물다 귀국했다. 이유는 조선통신사는 비용만 많이 들 뿐 얻어야 할 정보가 전혀 없었기에, 쓰시마에서 적당히 대접한 후 귀국시킨 것이다. 일본 막부가 필요로 했던 기술과 정보, 해외 동향은 조선통신사가 아니라 네덜란드 상관장의 에도 행차를 통해 획득했음을 우리만 모르고 있다.

일본의 막부는 개혁 개방을 위해 발버둥 쳤다. 지방의 유력 번(藩)들도 막부 눈치를 보지 않고 부국강병을 위해 치열하게 경쟁했다. 재정 확보를 위해 상품작물을 개발했고, 각 번과의 무역을 통해 자본을 축적했다.

각 번의 다이묘 중에서 부국강병을 위해 전력투구한 대표적인 인물이 나베시마 나오마사(鍋島直正)였다. 1830년, 17세의 나이에 사가(佐賀)번의 영주에 오른 나베시마는 전임 번주였던 아버지의 사치와 자연재해(태풍)로 쑥대밭이 된 영지를 물려받았다.

당시 사가번은 막부 직할지였던 나가사키의 경비를 담당하고 있었다. 나베시마는 도자기의 유럽 수출로 활로를 찾았다. 그는 우수한 도공(陶工)들을 불러 모으고, 도자기 생산시설에 투자를 했다. 도자기 수출을 활성화하기 위해 나가사키에 교역회사도 설립했다. 나베시마가 불러 모은 도공은 임진왜란 때 조선에서 포로로 잡혀간 이삼평과 그의 후예들이었다.

난가쿠에 미친 사람, 나베시마 나오마사

나베시마는 의식이 세계로 열려 있는 인물이었다. 그는 일본을 서양의 침략으로부터 지켜내기 위해서는 서양의 최신 과학기술을 따라 배우는 것이 최선이라는 결론을 얻었다. 그는 번의 자금으로 고도칸(弘道館)이란 교육기관을 설립했다. 사가번 청년들에게 서양의 최신 과학기술을 교육시키기 위해서였다.

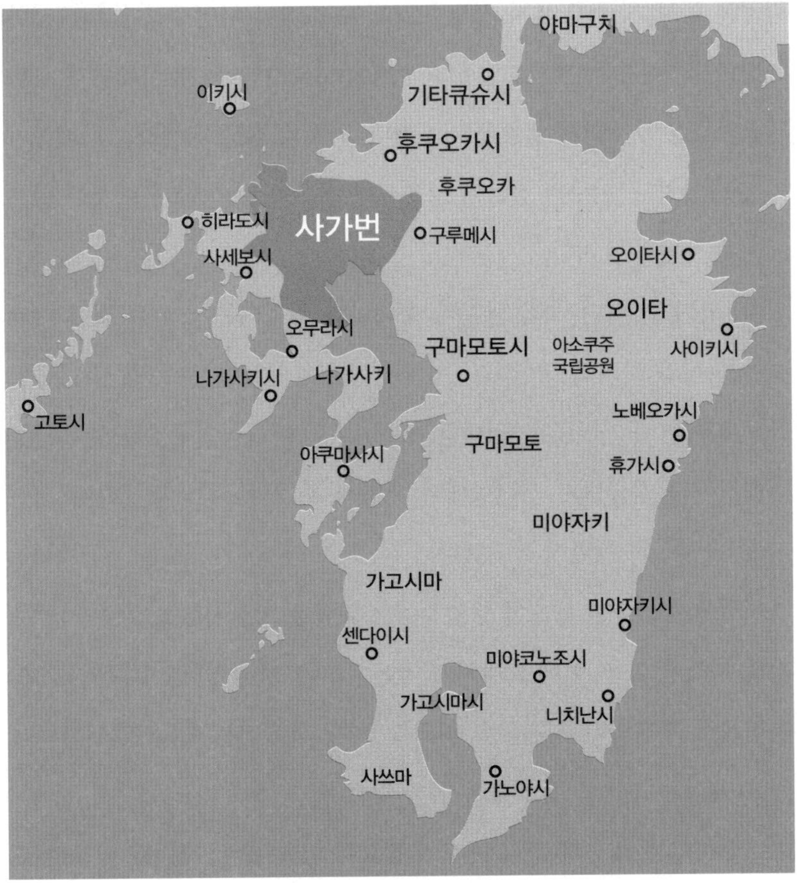

〈지도1〉 일본 사가번 일대 지도

고도칸 교육만으로는 부족하다고 판단한 나베시마는 1851년 번립 난가쿠 교육기관인 난가쿠료(蘭學寮)를 개교했다. 이때부터 나베시마는 '난벽(蘭癖) 영주', 즉 난가쿠에 미친 사람이라 불렸다. 일본의 역사소설가 시바 료타로(司馬遼太郎)는 나베시마를 사가번의 옛 이름을 따서 '히젠(肥前)의 요괴(妖怪)'라 칭했다.

이 무렵 일본 전역에서는 해마다 두창(痘瘡)·마마(媽媽)라 불리는 천연두가 유행하여 수많은 사람이 목숨을 잃었다. 다행히 목숨을 건져도 얼굴에 곰보 자국이 생겨 평생 고통받는 질병이 천연두였다. 나베시마는 천연두 예방주사를 수입했다. 예방주사의 개념조차 이해하지 못한 일본인들은 무서워서 접종을 거부했다. 최초의 접종 대상자는 나베시마의 장남이었다. 번주의 장남이 생체실험 대상이 된 셈이다. 이것이 일본 근대 종두법의 효시다.

아편전쟁이 터져 중국 남부가 쑥대밭이 되었다는 소식을 접한 나베시마는 서양 무기의 국산화가 시급하다고 판단했다. 그는 즉시 화술방(火術方)이란 무기연구소, 정련방(精錬方)이란 이화학연구소를 설치했다. 나베시마는 화술방과 정련방에서 서양식 무기와 증기기관·화약·전신기 등의 국산화 개발에 돌입했다.

영국에서 최신형 대포를 수입하여 전투력을 향상시켰고, 각종 서양무기를 분해한 다음, 이를 모방하여 국산 무기를 제작했다. 현대산업 개발 과정에서 후진국이 선진국을 따라잡을 때 사용되는 '리버스 엔지니어링(reverse engineering)' 방식을 도입한 것이다.

나베시마는 제철과 무기 제작에 필요한 금속 분야 장인들을 불러 모으기 위해 사가번의 신분제를 완전 철폐했다. 출신 성분과 관계없이 파격적으로 인재를 등용하자 일본 전역에서 고급 기술자들이 몰려들었다. 나베시마는 이들을 받아들여 교육기관에서 신학문을 배우고 익히게 한 다음 산업 분야에 투입했다.

무기의 대량생산을 위해서는 근대식 고로(용광로)가 필요했다. 1852년 나베시마는 반사로(反射爐)라는 근대식 용광로를 자체 개발하여 고품질 강철을 생산했다. 반사로 개발을 위해 도자기 굽는 가마의 내열 기술과, 근대식 고로 기술이 총동원되었다. 반사로에서 생산된 강철로 근대식 대포를 제작하여 자신들이 방어를 맡고 있는 나가사키 수비대에 배치했다.

1853년 페리 함대의 구로후네(黑船) 등장으로 일본 사회가 발칵 뒤집혔을 때, 나베시마는 즉각 네덜란드에 증기선 군함을 주문했다. 이 배가 네덜란드에서 건조되는 동안, 나베시마는 정련방에서 서양 기술을 도입하여 증기 엔진을 만들고, 그 엔진을 장착한 일본제 증기선을 개발했다. 당시 사가번의 군사력은 세계 최강인 프러시아에 필적할 정도였다고 시바 료타로는 평한다.

사쓰마의 근대화 추진한 시마즈 나리아키라(島津齊彬)

나베시마 나오마사가 반사로를 개발하여 강철 생산을 시작하자, 이웃한 사쓰마번의 영주 시마즈 나리아키라(島津齊彬)는 정신이 번쩍 들었다. 그 역시 둘째 가라면 서러워할 정도로 '난벽 영주'라 불렸던 개명한 지도자였다. 시마즈는 "나베시마도 했으니 우리도 할 수 있다. 제철을 연구하라"고 명했다. 그는 사가번의 화술방 · 정련방을 벤치마킹하여 자기 사저 뜰에 슈세이칸(集成館)이란 근대식 산업기지를 설치했다.

이로써 대포를 주조하고 탄약을 만드는 공장, 조선소와 유리공장, 방적공장 등 근대적 공업단지가 가고시마에 건설되었다. 이곳에 근무하는 종업원이 1,200명이나 되었다(이도형, 『망국과 흥국-19세기 말 한국과 일본』, 한국학술정보, 2012, 57쪽). 슈세이칸에 필요한 기계와 부품의 수입은 나가사키에 상사를 개설한 스코틀랜드 상인 토머스 글로버(Thomas Blake Glover), 홈 링거(Holme Ringer) 등이 유럽에서 구매하여 공급했다.

근대화를 위해서는 무엇보다 사람이 급선무였다. 시마즈는 사쓰마의 발전을 위해 도움이 되는 인재는 신분 따위를 완전 무시하고 파격적으로 발탁했다. 하급 무사 계급이었던 사이고 다카모리(西鄕隆盛), 오쿠보 도시미치(大久保利通) 같은 인재의 발굴은 시마즈의 용인술 덕분이다.

에도 막부가 미국과 화친조약을 체결하고 문호를 개방한 1854년, 사쓰마 영주 시마즈 나리아키라는 근대식 대포 16문을 탑재한 370톤짜리 군함을 건조하여 막부에 기증했다. 1868년 메이지 시대가 개막될 무렵 나베시마 나오마사, 시마즈 나리아키라 같은 개명한 리더들의 헌신적인 노력 덕분에 일본의 군사력은 서양 열강 세력의 중상위권 정도로 발전해 있었다.

개명한 두 영주는 수많은 기계와 기술을 서양에서 수입하기 위해 막대한 자금을 투입했다. 사가번과 사쓰마번의 재원은 도자기 수출이었다. 그 도자기는 임진왜란 때 포로로 끌려간 조선 도공 이삼평(아리타 야키), 심수관(사쓰마 야키)과 그 후예들이 만든 것이다.

당시 사가번은 연간 5만 6,700개의 아리타야키(有田燒)를 서양으로 수출했다. 도자기 수출로 벌어들인 돈을 현재 가치로 환산하면 200억 엔(약 2,080억 원)에 달했다. 이들은 서양에 도자기를 수출하여 번 돈으로 무기와 기계를 수입하여 근대화를 추진했다. 아리타 역사서에는 "이 대포도 군함도 아리타 도자기가 가져다준 것임을 기억하라"고 쓰여 있다.

아리타 야키의 고향인 아리타산 정상에는 도조(陶祖) 이삼평의 기념비가 서 있다. 비석 앞면에는 "일본의 보물을 만든다"는 구호, 뒷면에는 이삼평을 '대은인(大恩人)'으로 칭송하는 구호가 새겨져 있다.

이삼평은 일본에서 처음으로 백자를 만들어낸 장인이다. 이로 인해 사가의 아리타(有田)는 일본 전역에 도자기를 전파한 도자기 메카가 되었다. 조슈의 하기는 일본인들이 가장 좋아하는 찻사발(다완)의 산지가 되었다. 사쓰마의 나에시로가와(苗代川)도 사쓰마야키라는 도자기 브랜드로 명성을 날리게 되었다.

조슈·사쓰마·사가번이 주요 도자기 산지가 된 이유가 있다. 바로 이 세 번이 도쿠가와 막부 시절 전국의 266개 번 중에서 가장 부유하고 강한 세력을 형성하고 있었다. 이들은 임진왜란 때 가장 많은 병력을 동원하여 조선 침략에 앞장섰던 번이다. 이들은 조선에서 도공들을 포로로 잡아다가 도자기 산업을 일으켰다.

이들은 또 세키가하라 전투 당시 도쿠가와에게 맞섰던 서군 세력이었다는 공통점이 있다. 때문에 도쿠가와 막부에는 악감정을 품고 있었다. 이러한 감정이 결국 도쿠가와 막부를 타도하고 메이지유신으로 향하는 기폭제가 되었다.

비슷한 시절 조선의 도공들은 도자기의 서양 수출은 고사하고 양반들의 애완용 도자기를 빚는 수준에서 벗어나지 못했다. 1795년 8월 6일, 분원에서 국왕 정조에게 "기묘하게 기교를 부려 제작한 것들이 있다"고 보고했다. 정조는 "쓸데없고 긴요하지 않은 것은 일체 만들지 못하도록 엄금하라"는 어명을 내렸다.

이로써 조선의 도자기 산업은 초토화되었다. 그 결과 19세기 들어 조선 자기는 품질이 극도로 저하되어 일본 도공들은 조선 자기를 필리핀 일대에서 만든 그릇으로 착각할 정도였다. 만약 이삼평·심수관 같은 도공이 임진왜란 때 일본으로 포로가 되어 끌려가지 않았다면 그들의 이름이 역사에 남을 일은 절대로 없었을 것이다. 그것이 조선의 사농공상 신분계급, 무본억말(務本抑末) 정책이 가져온 비극이었다.

누르하치의 역사무대 등장

조선왕조실록에는 태국인 · 인도네시아 사람 · 이슬람교도 · 중국인 · 일본인, 그리고 만주지역에 흩어져 사는 야인(野人, 여진족) 등 많은 외국인이 조선에 귀화하여 살아가는 모습이 소개되어 있다. 조선 초기 실록에는 여진족 이야기가 자주 등장한다.

여진족은 만주 일대에 거주했던 퉁구스계 종족이다. 이들의 전신은 말갈(靺鞨)이다. 1635년 만주를 석권한 여진족은 부족 이름을 만주족으로 개칭했다. 주변 국가들은 여진족을 미개한 집단으로 차별했다. 하지만 전투력에 대해서는 모두가 인정했다. 여진족은 뛰어난 리더가 나타나면 핵심적인 전략병기를 도입하고 변화무쌍한 전술로 무장하여 강대한 세력을 형성하는 위협적인 존재였다.

여진족은 12세기 초, 금(金)나라를 세워 중국 대륙을 침략했다. 송나라는 유교를 바탕으로 백성들을 다스리는 문치의 나라였다. 군사력을 키우기보다는 문화 정치에 관심을 두었고 학문 장려에 힘썼다. 과도한 문관우대가 이 나라의 특징이었다. 그러다보니 금나라의 무력에 속수무책이었다.

남으로 피난한 송나라는 매년 막대한 식량과 자금, 보물을 제공하는 대가로 평화를 구걸했다. 이러한 정신적 아노미 상태에서 루쉰의 소설 주인공 '아Q'의 '정신승리법'을 정당화하기 위해 만들어진 것이 주자학(성리학)이었다.

즉 여진족 오랑캐의 무력은 우리보다 강하다. 하지만 저들은 문화가 없고, 문명이 무엇인지 모른다. 우리는 비록 군사력이 취약하여 오랑캐에게 머리를 숙이고 있지만 문화나 문명, 정신세계는 너희들보다 강하다는 명분론, 허위의식이 주자학의 본류를 관통하고 있다. 이러한 명분론과 허위의식으로 무장한 주자학이 조선에 들어와 맹위를 떨치면서 조선식 '정신승리법'의 원형을 창출하게 된다.

몽골족이 세운 원나라가 망하고 중국에 명나라가 들어서자, 여진족은 건주(建州)여진(지린성 일대), 해서(海西)여진(헤이룽장 일대), 야인(野人)여진(만주 최북방)으로 분열했다. 명나라는 여진족이 단결하지 못하도록 분열시켜 세력 다툼을 조장했다. 덕분에 건주여진은 5개 부족으로, 야인여진은 4개 부족으로 분열했다.

갈가리 찢어진 여진족들은 생존을 위해 조선에 머리를 숙였다. 좋은 말이 새끼를 낳으면 조선 조정에 바쳤고, 흉년이 들어 농사를 망치면 곡식을 빌렸다. 조선 초기, 동북 국경지역에서 조선과 여진 부족 간에 무력 충돌이 잦았다. 조선 조정은 이들을 회유하기 위해 일정한 세력을 형성하고 있는 여진족 추장 가족 중 신체 건강하고 무예가 뛰어난 자를 서울로 보내는 협약을 맺었다. 조선 조정은 이들이 서울에 오면 국왕을 호위하고 왕실 수비를 담당하는 시위대에 배치했다. 요즘 용어로 설명하면 청와대 경호실에 소속시켜 대통령 경호 임무를 맡긴 것이다.

여진족 동청례 장군, 왕실 호위대장에 올라

여진족 입장에서 볼 때 조선에서의 시위대 생활은 장래가 촉망되는 인재를 문명국 조선에 보내 선진 문물을 배우는 유학의 기회였다. 조선 입장에서는 말썽 많은 여진족과 무력충돌을 방지하고, 유사시 볼모로 삼는다는 계산이 깔려 있었다.

조선에 시위를 살기 위해 오는 여진족들은 활 잘 쏘고, 무예 뛰어나며, 말 잘 타는 용맹한 전사(戰士)들이었다. 조선 조정은 이들에게 융숭한 대접을 해주었다. 이 사실이 알려지면서 여진족 사회에서 '조선행' 붐이 일었다.

조선에 온 여진족 중 과거(무과)에 급제하여 관직에 오른 사례도 있었다. 여진족 중에서 조선의 최고위직에 오른 인물은 함경도 회령 출신의 동청례(童淸禮) 장군이다. 그는 조선에서 시위를 살았던 여진족 동소로 가무의 아들이었다. 조선에 귀화하여 성종 시절 무과에 급제했고, 연산군 때 왕실 경호대장에 올랐다.

동청례 장군은 연산군을 폐위하는 중종반정 쿠데타에 참여하여 공을 세웠다. 하지만 논공행상 과정에서 귀화인이라는 이유로 차별 대우를 받았다. 이에 대한 불만을 토로하다가 밀고되어 역모죄로 체포되었다. 중종 3년(1508) 12월 3일 동청례는 능지처참을 당했고, 그의 처자는 노비가 되었으며, 가산은 몰수당했다.

여진족이 제 세상 만난 것은 누르하치라는 걸출한 지도자를 만나면서부터다. 누르하치는 압록강 이북, 장백산맥 일대에 흩어져 살던 건주

여진 일개 부족의 추장이었다. 그는 고가의 국제 교역품이었던 모피와 조선 인삼의 독점 무역으로 부를 축적했다.

1583년 거병한 누르하치는 1588년 건주여진을 통일했다. 1616년(광해군 8년), 명과 국교를 단절하고 아이신 구룬(金國)을 건국했다. 12세기 만주에서 세력을 날렸던 금나라의 후예임을 선언한 것이다. 『광해군일기』에 따르면 함경 감사와 북병사의 장계에 "종성에서 헤아릴 수 없는 누르하치의 정병이 나왔다"는 기록이 보인다(광해군 8년 2월 23일). 이 시절부터 두만강 일대 국경지역에서 누르하치의 군대가 활발한 활동을 개시한 것으로 보인다.

누르하치는 1618년 군사 2만을 이끌고 만주의 전략적 요충지인 푸순(撫順)을 공격했다. 만주에서 군사행동을 통해 명의 패권에 도전한 것이다. 명 황제 만력제는 양하오(楊鎬)를 요동경략으로 임명하여 누르하치를 토벌하라고 명했다.

1619년 누르하치는 해서여진을 멸망시켰다. 1621년에는 선양(瀋陽)과 랴오양(遼陽)을 함락하여 랴오둥 전역으로 세력을 확장했다. 누르하치는 여진 각 부족을 정복하여 명실상부한 여진족 지도자로 부상했다. 1625년 선양으로 천도하고, 도시 이름을 '셩징(盛京)'으로 바꾸었다. 그리고 만주문자 창제, 법률 제정 등을 추진했다.

중화권 세력 약해지면 유목민 활개

1626년 2월, 누르하치는 만리장성 입구인 산하이관(山海關) 앞의 닝위안성(寧遠城) 공략에 나섰다. 하지만 닝위안성은 난공불락이었다. 홍이포 공격을 받고 부상한 누르하치는 그해 9월 30일 죽었다.

그의 사후 칸(汗, 황제)에 오른 인물은 누르하치의 여덟째 아들 홍타이지였다. 그는 1636년 부족 명칭을 '만주족'으로 개칭하고, 나라 이름을 후금에서 청(淸)으로 바꾸었다. 아이신 구룬을 여진인·몽골인·한인(漢人)이 공존하는 다민족 국가로 발전시킨 것이다. 1644년 명나라를 멸망시킨 청은 그 후 150년 동안 전성기를 구가했다.

만주족이 정복한 영토는 중국 전역은 물론 동몽골 칼라·서몽골 준가르·티베트·동투르키스탄 신장·카자흐 남부 일대까지 팽창했다. 18세기 중엽 청은 수많은 민족을 지배하고 광활한 강역을 경영하는 대제국이 되었다(이훈, 『만주족 이야기』, 너머북스, 2018, 6쪽). 만주족은 거대 제국을 건설하고, 장기간 효율적으로 경영하는 등 인류사에서 보기 드문 위업을 이루었다.

중국 역사는 중화권 한족과 북방 노마드(유목민) 세력 간의 쟁패다. 중화권 세력이 약해지면 북방의 노마드 세력이 기지개를 편다. 중화제국과 북방 노마드 세력 사이에 한반도가 끼일 경우 거란족의 침략, 여진족의 침략 등 언제나 노마드 세력의 침략을 받았다. 중화세력이 약화되면 한반도에서는 치명적인 안보위협 상태가 발생했다(이삼성, 앞의 책, 『동아시아의 전쟁과 평화1』, 223쪽).

떠오르는 태양과 같은 기세의 청나라와, 지는 해 명나라 사이에서 국가 생존을 영위해야 했던 광해군은 놀라울 정도의 실용 외교로 안보를 지켜냈다. 그는 만주를 석권한 여진족(후금)의 존재를 인정함으로써 후금과의 전쟁에 휘말리는 것을 피했다. 그런데 1623년 서인세력이 쿠데타를 일으켜 광해군을 폐위하고 인조 정권이 출범했다.

인조 쿠데타의 대의명분은 광해군이 명나라에 알리지 않고 오랑캐 두목 누르하치와 화친했다는 불충(不忠), 이복동생 영창대군을 죽이고 계모 인목대비를 유폐시킨 불효(不孝) 두 가지였다.

광해군은 임진왜란으로 피폐한 국가를 재건하고, 신흥세력 후금과의 실리 외교를 통해 현실론적 부국강병을 추구한 군주였다. 조선 역사상 부국강병에 힘을 쏟고, 외교에 특출한 능력을 발휘한 국왕이 과연 몇 명이나 존재했던가. 이런 존재가 결코 환영받을 수 없는 나라가 조선이었다는 사실이 비극의 원인이다.

인조반정으로 후금과의 현실 외교를 통해 전쟁을 예방한 '외교의 달인'이 실각하고, 망해가는 명을 섬겨야 한다는 시대착오적인 집단이 집권했다. 이후 조선의 비극은 예고된 것이나 마찬가지였다. 인조는 왕위에 오른 지 1년도 못 되어 이괄의 반란군이 쳐들어오는 바람에 서울을 탈출하여 피난을 갔다.

시대착오 친명배금 정책… 그 말로는?

이괄의 반란 당시 선봉 역할을 한 부대는 누르하치의 준동에 대비하기 위해 주둔시킨 1만여 명의 서북변경 방어군이었다. 이 알토란 같은 부대가 이괄의 난으로 도륙을 당해 해산되었다. 그 결과 이괄의 난으로부터 3년 후인 1627년, 여진족이 3만 군사를 이끌고 조선을 침략했다. 정묘호란이다. 최명길 등이 나서서 후금을 형님으로 모시는 조건으로 겨우 강화를 성사시켰다.

1636년, 국호를 청(淸)으로 바꾼 만주족은 청과 조선의 관계를 형과 아우 관계에서 주종관계(임금과 신하의 관계)로 바꿀 것을 요구했다. 오매불망 망해가는 명나라에 머리를 조아리는 인물들이 권력을 잡은 인조 정권이었으니, 당연히 이 제의는 거부되었다. 분개한 청 태종 홍타이지는 1636년 12월 1일, 직접 대군을 이끌고 조선을 침략했다. 병자호란이다.

청나라 대군의 침략 사실이 서울 조정에 보고된 것은 12월 13일이었다. 이때는 이미 홍타이지의 만주팔기 기마부대가 안주까지 진출했다. 12월 14일 청군은 송도(개성)를 통과했다. 인조는 다음날 새벽 강화도로 피난을 떠났다.

하지만 강화로 가는 길은 이미 청군 선발대가 차단하고 있었다. 갈 곳은 서울 동남쪽의 남한산성뿐이었다. 눈보라가 심하게 몰아치는 악천후를 뚫고 국왕 일행은 남한산성으로 발걸음을 돌렸다. 길이 얼어 말이 발을 딛지 못하자 인조는 말에서 내려 걸어야 했다. 인조가 황망하게 남한산성으로 피신하는 모습에 대해 『인조실록』은 "변란이 창졸간에 일어났으므로 군신 중에는 도보로 따르는 자도 있었고, 성 안 백성은 부자·형제·부부가 서로 흩어져 통곡소리가 하늘을 뒤흔들었다"고 기록하고 있다(인조 14년 12월 14일).

남한산성에서 농성 40일을 버티지 못하고 인조는 항복을 결심한다. 국왕의 항복 소식이 알려지자 이조참판(행정안전부 차관) 정온, 예조판서(교육부장관) 김상헌이 자결을 시도한다.

이왕 죽기로 작정했으면 확실히 죽는 것이 대장부다운 모습이다. 불행하게도 두 사람은 칼질에 서툰 먹물, 붓잡이였다. 평생 글줄이나 읽던 양반 선비들이기에 간을 두 동강 내고 창자를 끊어내며, 고통을 줄이기 위해 다른 사람이 뒤에서 목을 쳐주는 할복 같은 것은 꿈도 꾸지 못했다. 조선의 자존심을 대표한 문인 두 사람의 자결 방법은 몹시 어설프고 서툴렀다. 정온은 차고 있던 칼로 자기 배를 찔렀는데, 너무 살살 찔렀는지 목숨을 건졌다. 예조판서 김상헌은 여러 날 곡기를 끊은 다음 목을 맸는데, 불행인지 다행인지 자손들에게 구조되었다.

백성들이 무슨 죄인가?

1637년(인조 15년) 1월 30일, 조선 국왕 인조는 오랑캐 · 야만인이라고 그토록 업신여기던 오랑캐의 우두머리, 청 태종 홍타이지 앞에 나아가 무릎을 꿇었다. 그리고 '세 번 머리를 조아리고, 아홉 번 머리를 땅에 찧는(삼배구고두례 · 三拜九叩頭禮)' 치욕스러운 항복을 했다.

항복의 예를 마친 인조는 수많은 인질을 청나라 군영에 남겨두고 창덕궁으로 환궁하기 위해 송파 나루로 향했다. 나루터를 지키는 군졸은 대부분 죽고 빈 배 두 척만 남아 있었다. 대신들이 다투어 건너려고 국왕의 옷을 잡아당기며 배에 올랐다.

인조가 강을 건넌 뒤 청 태종이 군사를 이끌고 달려와 국왕의 행차를 호위했다. 포로로 붙잡힌 1만여 명의 백성들이 "임금이시여, 어찌하여 우리를 버리고 가시나이까" 하고 울부짖었다고 실록은 전하고 있다.

조선의 수도 서울은 참혹한 죽음의 도시로 변해 있었다. 『인조실록』은 "한성(서울)에 사는 백성이 가장 혹독하게 화를 당해 남아 있는 자라고는 10세 미만의 어린이와 나이 70이 넘은 사람들뿐인데, 대부분 굶주리고 얼어서 거의 죽게 되었다"고 기록하고 있다(인조 15년 2월 3일).

청나라는 철수 과정에서 소현세자와 봉림대군(후에 효종)을 인질로 끌고 갔다. 또 끝까지 오랑캐와 싸울 것을 주장했던 주전파(主戰派) 대신을 비롯하여 수많은 백성들을 포로로 잡아갔다. 야사(野史)는 병자호란 때 20만~50만 백성이 오랑캐에게 끌려갔다고 전한다. 실록은 "온 나라 백성들 중 태반이 연루되었다"고 기록하고 있다.

16세기 말부터 17세기 초, 동아시아는 정치적 소용돌이에 휩싸였다. 중국에선 만주족이 중원으로 쳐들어가 명-청 왕조가 교체되었다. 일본에서는 전국시대가 종식되고 도쿠가와 막부가 출범했다. 새로 등장한 세력들은 서양과 활발한 교역을 통해(일본), 혹은 정복전쟁을 통해(청) 막대한 부를 축적하기 시작했다.

이 무렵, 가장 확실하게 망했어야 할 나라는 조선이었다. 조선 지도부는 루쉰의 『아Q정전』식 정신승리법에 도취되어 일본과 만주족의 침략을 자초했다. 특히 만주족이 세운 청나라의 침략을 당했을 때는 제대로 싸워보지도 못하고 집단 린치 당하듯 얻어맞고 항복했다. 누군가는 패전의 책임을 져야 했다.

1637년 삼전도에서 조선 국왕이 항복했음에도 불구하고 조선왕조가 건재한 것은 일종의 불가사의다. 왕조는 무사했지만, 내부로는 골병이 들었다. 조선 지배 엘리트의 정신세계가 붕괴된 것이다.

인조 정권은 나라가 망하든 말든, 일관되게 명을 지지하는 시대착오적인 친명배금(親明背金)정책을 줄기차게 유지했다. 줄을 잘못 선 대가는 두 차례 만주족의 침략이었다. 1627년 정묘호란 침략을 당하자 인조 정권은 후금을 형님 나라로 모시는 '형제의 맹약'을 조건으로 강화했다. 이것은 반정의 정당성을 스스로 뒤엎는 일대 사건이었다.

북벌론의 등장

1637년에는 병자호란 침략을 무마하기 위해 이번에는 국왕이 직접 삼전도에 나가 항복했다. 조선의 양반 지배층은 조선 국왕이 오랑캐 두목에게 머리를 조아린 행위를 어떻게든 정당화 또는 합리화해야만 정권이 유지되는 난감한 상황에 처했다. 조선이 청 태종에게 항복한 지 7년 후인 1644년, 청이 명나라를 멸망시키고 중원의 패권을 차지했다. 이로써 명과 조선의 조공-책봉 관계는 종식되었다. 공식적으로는 청이 조선의 새로운 책봉국으로 등장했다.

조선 국왕이 삼전도에서 군부(君父)인 명을 공격하는 원수 앞에 나가 이마를 땅에 찧는 항복을 한 행위는 명에 대한 충효의 가치를 스스로 짓밟은 꼴이 된다. 그렇다고 이 행위를 "청군의 월등한 무력 때문에 불가피했다"는 상황논리로 얼버무릴 수도 없었다. 그런 논리를 인정하는 순간, 소작농이나 노비도 같은 논리를 내세워 더 이상 양반 지주나 주인에게 복종하지 않을 가능성이 있다. 이렇게 되면 성리학적 지배구조의 바탕 위에 서 있는 조선 왕조가 붕괴된다.

어떻게든 위기를 타개하기 위해서는 비록 나라는 망해 없어졌지만 명을 흠모하고, 그들을 멸망시킨 청에 적대하는 정책이 필요했다. 인조는 타이완을 거점으로 활동하던 정첸공(鄭成功) 세력, 명 패망 후 남중국에서 준동하던 명나라 부활 세력, 삼번의 난을 일으킨 우산구이(吳三桂) 세력, 서몽골 오이라트 부족연합체인 준가르 등에 사신을 보냈다. 그들과 조선이 힘을 합쳐 청나라를 협공하자고 제안하기 위해서였다.

심지어 인조는 조선이 일본과 정첸공 연합세력에 참여하여 일본 군대가 조선을 통과할 수 있도록 협조하고, 지원병을 제공하겠다고 약속했다(이삼성, 앞의 책, 『동아시아의 전쟁과 평화1』, 588쪽). 인조의 이런 시도는 청에게 발각되어 일장춘몽으로 끝나고 말았다.

조선의 양반 지배층은 청에 반기를 드는 주변 세력과의 합종연횡 계획에 실패하자, 이번에는 '북벌론'이라는 카드를 꺼내들었다. 청나라를 무력으로 정벌하겠다고 나선 것이다. 인조의 두 아들 소현세자와 봉림대군은 병자호란 때 볼모로 선양(瀋陽)에 끌려갔다. 1645년 왕자들이 볼모 생활에서 풀려나 8년 만에 귀국했다. 소현세자는 청나라와 너무 가깝게 지냈다는 이유로 귀국하자마자 독살당했다. 어부지리로 형 대신 봉림대군이 즉위했다. 그가 효종이다.

효종은 즉위하자마자 노론의 우두머리 송시열과 함께 선명한 북벌론을 들고 나와 정치적 주도권을 잡는 데 성공했다. 당시 청은 인구 1억 5,000만 명, 국력은 조선의 수천 배 규모였다. 3대 황제 순치제부터 강희제·옹정제·건륭제에 이르는 150년 황금기를 구가했다. 건륭제 시절 중앙정부 금고에는 8,000만 량(약 3,000톤)이나 되는 은이 축적되어 있었다.

이런 세계 강국을 정벌하겠다고 덤빈 나라가 조선이다. 효종은 표류해 온 네덜란드인 벨테브레이 일행에게 조총 개량과 대포 제작을 의뢰했다. 효종은 선양과 베이징에서 8년여 포로 생활을 할 때 청나라 군대에 종군한 경험이 있다. 당시의 체험을 바탕으로 청군을 대상으로 한 전술을 개발했다.

북벌론은 '환각의 전투'

조선이 북벌을 위해 강화했다는 군사력은 병력이 고작 1만 여 명이었다. 병력 1만 명으로 압록강 건너 베이징으로 단숨에 쳐들어가 청나라 오랑캐를 정벌할 수 있다고 믿는 사람은 없었다. 게다가 효종 시절 강화한 군대는 적군과 전투를 하는 야전부대가 아니라, 왕실 호위부대였다. 선명한 명분을 앞세워 북벌을 외치면서, 실제로는 왕실 경호를 위한 병력만 늘린 것이다. 조정 대신들은 이런 모습을 보면서 효종이 북벌을 앞세워 왕권을 강화하려는 의도를 눈치챘다.

삼전도에서 치욕스런 항복을 한 후 조선의 민심은 자못 불온했다. 50만 가까운 백성이 포로로 끌려갔으니 그 정황이 어떠했겠는가. "백성과 나라의 안녕을 지켜주지 못한 왕조를 타도하자"라는 선동 한 방이면 민심이 폭발하여 왕조가 와르르 무너질 수도 있었다.

동요하는 민심을 '조선왕조'라는 깃발 아래 묶어둘 강력한 선동 무기가 필요했다. 효종과 송시열은 이 점을 주목했다. 효종 시대를 풍미했던 북벌론은 청나라를 정벌하려는 것이 진짜 목적이 아니었다. 실제로는 병자호란 패배에 대한 책임 면피용이었다. 호란 이후 닥칠지 모르는 정치·경제적 위기를 틀어막고, 자신들의 지배력을 유지하기 위한 고도의 선전(프로파간다)이 북벌론이었다.

때문에 북벌론은 애초부터 현실성이 완전 결여된 '환각의 전투'였다. 이처럼 비현실적인 북벌론이 한 시대를 풍미할 수 있었던 이유는 청조 출범 초기, 중국에서 정첸공의 반란이나 삼번의 난 등이 연속으로 발생하여 조선에 대한 간섭이 느슨해진 덕분이었다.

강희제는 각종 반란을 완전 진압한 다음 확고한 국제질서를 정착시켰다. 청은 티베트·타이완·중앙아시아를 아우르는 강력한 대제국으로 부상했다. 청은 전통적인 중화질서인 조공-책봉체제를 그대로 유지했다. 소국은 대국을 섬기고, 대국은 소국을 사랑으로 어루만지는 '사대자소(事大字小)' 정책을 계승한 것이다. 강희제는 옆구리에 붙어 있는 좁쌀만 한 국력의 조선은 더 이상 청의 위협이 될 수 없다고 판단했다. 따라서 조선에 대한 간섭을 크게 줄이고 조선에 실질적인 자율성을 허용했다. 그 결과 청에 대한 복수는 현실 불가능한 과제가 되었다.

1680년대 이후 북벌 담론이 파괴력을 상실하자 조선의 양반 지배층은 새로운 어젠다 설정에 돌입했다. 즉 만주족이 세운 청은 중화의 중심이자 천자(天子)의 나라인 명나라를 멸망시킨 문명의 공적(共敵)이요 강도, 더러운 원수의 나라로 자리매김했다. 조선 사대부들은 오랑캐 청나라는 머지않은 장래에 멸망할 것이며, 이들이 중원대륙에서 만주 본거지로 쫓겨 가는 과정에서 조선과 또 한 번 전면전을 치를 것이라고 상상했다.

하지만 조선의 희망과는 달리 청은 점점 더 강대국이 되어갔다. 북벌의 대의에 동의했던 조선 지식인들도 북벌은 현실 가능성이 전혀 없는 미몽이란 사실을 깨달았다. 현실과 이상의 참담한 괴리를 겪은 조선 지배층은 정서적 공허함을 달래기 위해 상상의 날개를 활짝 펼친다.

급기야 이들의 무력감은 정신적 질병으로 발전했다. 이미 멸망하여 사라진 명나라에 의리를 지킨다는 배청복명·존명사대 등 비이성적이고 비현실적인 판타지의 세계로 도피한 것이다.

청나라는 사대의 대상이 아니라 '적대적 타자'

그들은 임진왜란 때 원군을 보내 조선을 구해준 명나라의 존재를 선명하게 등장시켰다. 조선은 사회 전체가 충효(忠孝)라는 수직적 지배구조로 구성되어 있다. 명은 부모의 나라이니 충의 대상인 동시에 효의 대상이다. 이미 망해 지구상에서 사라진 명나라에 대한 충효 질서를 유지하기 위해 조선은 외부세계로부터 스스로를 고립시켰다. 그리고 청을 부모의 원수로 부각시켰다. 명-청 교체기 청나라에 항복한 책임으로 인한 왕조교체의 위기를 이런 방식으로 무마시켜 통치력을 유지한 것이다.

조선 양반 지배층은 스스로를 '소중화(小中華)'로 자리매김했다. 중원이 오랑캐 만주족에게 더렵혀진 현실에서 중화 문물을 간직한 나라는 조선밖에 없다. 따라서 중화문명의 적통이자 계승자는 만주족 오랑캐가 세운 청이 아니라 조선이다. 따라서 조선이 이 세상 유일의 문명국이요, 중화국이라는 믿음이 소중화 사상의 핵심이었다.

1666년(현종 7년) 성리학자 김수홍은 '천하고금대총편람도(天下古今大摠便覽圖)'라는 세계지도를 작성했다. 그는 병자호란 때 강화에서 순절한 우의정 김상용의 손자이며, 호조참판을 역임했다. 그가 제작한 지도는 중원대륙과 주변세계를 그린 것이다. 세계의 중심에 중원대륙이 있고, 그 곁에 주변 세계가 배치되어 있다. 중원대륙의 주변 세계 가운데 조선이 유일하게 강조되어 있는 반면, 청의 본거지인 만주는 존재하지 않는다. 김수홍이 그린 천하는 중국 중심의 '중화세계'였다. 그의 현실 인식은 오랑캐의 탄생지인 만주와 연결될 수 없었다.

조선 지식인들은 중원대륙 '천자의 나라'에 정성스럽게 사대해온 역사를 자랑스러워했다. 한 시절 자신들에게 조공을 바치고 복속했던 만주족이 세운 나라가 중원대륙을 차지하자 조선 양반 지도부는 멘탈 붕괴 상태가 되었다. 그들은 겉으로는 오랑캐 청나라에게 머리를 숙였지만, 정신적으로는 청을 중화제국으로 인정하지 않았다. 명을 언급할 때는 중국, 혹은 중조(中朝)·황조(皇朝)·황명(皇明)이라 칭했지만, 청에 대해서는 결코 그런 용어를 사용하지 않았다.

중화문명의 유일한 계승자인 조선이 언젠가 중원대륙에 들어설 가상의 중화국가와 함께 중화세계를 재건한다는 발상이 등장한 것은 17세기다. 이 비전에는 '적대적 타자'인 청이라는 전제가 있었다. 청은 중국이 아니라 중원대륙을 차지한 오랑캐이며 문명의 파괴자다. 중국은 어디까지나 중원대륙의 중화문명 국가여야 한다. 이러한 현실인식 구조에서 청과 군신관계를 맺을 수밖에 없는 정치적 현실은 철저히 무시되었다(배우성, 『조선과 중화』, 돌베개, 2014, 93쪽).

조선의 정신병리적 존명의리(尊明義理) 가치를 현실화한 괴물이 대보단(大報壇)이다. 대보단의 원조는 1703년 충북 괴산군 청천면 화양리에 세워진 만동묘(萬東廟)다. 임진왜란 때 명나라 군대를 조선에 보내 왜군의 침략을 무찌르고 조선을 구해준 '재조지은(再造之恩)'의 황제가 만력제(萬曆帝)다. 만동묘는 만력제라 불리던 명나라 신종(神宗) 황제를 제사 지내기 위한 사당이었다.

임진왜란 때 왜군을 물리치는 과정에서 명군의 도움도 컸지만, 각지에서 봉기한 의병들의 게릴라전, 이순신이 이끄는 조선 수군의 활약이 결정적인 역할을 했다. 임진왜란이 끝나자 선조와 지배층은 논공행상 과정에서 심각한 딜레마에 빠졌다. 의병장 등 전공을 세운 세력을 포상하고 중용하면 이들이 자연스럽게 정국의 주도권을 쥐게 된다. 이렇게 되면 전쟁 내내 도망만 다닌 왕조의 권위가 심각하게 손상될 우려가 있었다.

조정은 일부 의병장에게 역모 혐의를 씌워 제거하고, 모든 공을 명나라에 돌리는 정치적 꼼수를 실행에 옮겼다. 군대를 파병하여 조선을 구해준 신종 황제의 은공을 갚기 위해 사당을 지어야 한다고 선동한 인물이 노론의 우두머리 송시열이었다.

만동묘·대보단이라는 정신적 괴물 등장

송시열은 장희빈의 아들인 왕자 윤(훗날 경종)의 세자 책봉을 반대하다가 사약을 받고 죽었다. 그는 죽기 전 "화양동서원에 신종과 명나라의 마지막 황제 의종(崇禎帝)의 사당을 세워 제사를 지내달라"는 유언을 남겼다. 송시열의 유언을 받들어 제자들이 건립한 사당이 만동묘다.

만동묘가 건립된 시기는 명나라가 멸망하여 지구상에서 사라진 지 59년 후였다. 이때는 이미 청나라가 세계 제국으로 부상하여 서양과 활발한 교역을 통해 막대한 부를 축적하고 있었다. 이런 시기에 조선의 지도자란 사람들은 유령이 되어 구천을 떠도는 명나라 황제에게 제사를 올리기 위해 사당을 지은 것이다.

만동묘 건립 소식을 접한 숙종은 이토록 중요한 이슈를 지방 선비 집단이 선점할 경우 국왕의 권위가 위축될 것을 우려했다. 이를 타개하려면 국왕이 직접 사당을 지어야 했다.

숙종은 만동묘가 세워진 다음 해인 1704년, 명나라 패망 60주년을 기리기 위해 국가와 왕실 차원에서 왕궁인 창덕궁 후원에 명나라 신종에게 제사를 올리는 대보단을 세웠다. 대보단은 '큰 은혜를 갚기 위해 쌓은 제단'이란 뜻이다. 명은 비록 망했지만, 끝까지 사대 의리를 지키는 조선, 성리학과 중화를 추구하는 나라라는 자위적 정서가 대보단 건립으로 표출된 것이다.

이때부터 시작된 국가 차원의 대보단 제사는 영조 시절 규모가 더 확대되었다. 그 결과 명을 건국하고 '조선'이라는 국호를 하사한 명 태조(洪武帝) 주원장, 명군을 보내준 신종 황제, 명의 마지막 황제 의종(崇禎帝)을 함께 모시는 제단으로 발전했다. 조선의 모든 국왕은 매년 적어도

〈그림3〉 서양 언론이 묘사한 조선인의 모습, 『런던뉴스Illustrated London News』, 1858

네 차례, 세자와 문무백관을 거느리고 대보단에 나가 이미 망해 없어진 명나라 세 황제의 기일에 맞춰 거국적으로 제사를 올렸다. 명나라의 세 황제는 자기 나라가 망한 후 250여 년, 조선 국왕과 대신들로부터 융숭한 제사를 대접받았다.

대보단 제례를 통해 조선 국왕은 문무백관이 지켜보는 가운데 명나라 황제들을 상대로 군신의리의 영원성과 절대성을 확실하게 보여주었다. 그 결과 신하에게도 국왕을 향해 동일한 의리를 실천하라는 강력한 압력을 넣는 데 성공했다(계승범, 앞의 책, 『정지된 시간-조선의 대보단과 근대의 문턱』, 254~255쪽).

대보단의 강화에 심혈을 기울인 국왕은 '계몽군주'로 유명한 정조였다. 그의 치세는 명나라가 멸망한 지 130년이 지난 시기였다. 게다가 쇠락의 기미조차 보이지 않는 청의 질서가 너무 튼튼하여 국내에서는 청이 이미 중화 문명을 이루었다는 새로운 인식이 제기되는 상황이었다.

정조 재임 시기에 청나라로부터 문물을 배워야 한다는 북학론도 대두했다. 또 서학으로 불린 천주교가 퍼져 조선을 지탱해오던 조상제례가 위협받던 시기다. 이런 시대적 분위기에도 불구하고 정조는 세 황제의 기일에 빠짐없이 문무백관을 거느리고 대보단에 가서 친히 제사를 올렸다.

정조가 개혁·계몽군주?

정조는 대보단 의식을 강화함으로써 현실적으로는 청의 질서 아래 살고 있지만, 정신적으로는 명의 질서 아래에서 살고자 했다. 이런 면모로 볼 때 정조는 주자학적 유교질서를 타파하려 한 개혁군주가 아니라, 주자학적 유교질서의 강화를 추진한 시대착오적인 군주였다.

정조가 재위기간 내내 심혈을 기울인 각종 편찬사업의 목적과 성격은 유교 전통 및 가치의 복원과 실현이었다. 그의 최대 관심은 미래 비전이 아니라 옛 질서의 회복과 고수였다. 그는 청나라가 주도하는 국제질서를 바람직한 것으로 보지 않았다. 비록 관념세계에서나 가능했을지몰라도 정조는 오매불망 명나라가 주도했던 중화질서로의 회귀를 꿈꾸었다(같은 책, 170쪽).

미안하고 안타까운 이야기지만, 정조는 일부 학자들의 주장처럼 계몽군주나 개혁군주가 아니었다. 밀려오는 신사조에 자신과 왕조를 적응시키기 위해 노력하기보다는, 신사조를 사회악으로 규정하고 억제하는 방향으로 나간 시대착오적인 군주였다. 이런 모습의 정조를 계몽군주로 추켜세우면서 18세기를 '조선의 르네상스'라고 미화 찬양하는 이유는 무엇일까?

명-청이 교체되면서 중국에서는 주자성리학의 대안으로 양명학과 고증학이 새롭게 대두했다. 중국은 도시경제와 장거리 상업의 발전, '자본주의의 맹아'라 불리는 부농경영이나 공장제 수공업 전개, 출판업 융성에 따른 정보량의 급격한 확산 현상이 폭발했다.

일본에서도 주자성리학이 시들해졌다. 세상이 주자학의 이론대로 움직이지 않았기 때문이다. 일본은 주자학의 사변적이고 형이상학적인 세계에서 탈피하여 실천윤리를 강조하는 양명학·고증학으로 눈을 돌렸다. 게다가 네덜란드에서 유입된 서양 학문인 난가쿠가 크게 성행했다. 일본은 나가사키의 데지마를 거점으로 네덜란드 동인도회사를 통해 유럽에 칠기와 도자기, 17세기 이후에는 은을 수출하여 국부를 창출하고 근대화를 위한 준비를 착실하게 진행했다.

이처럼 결정적인 시기에 조선의 양반 지도층은 변화를 거부하고 소중화의 인식체계로 빠져들었다. 조선은 주자학에 편집증적으로 집착했다. 주자학만이 정통이고 나머지는 모두 이단이라며 사문난적(斯文亂賊)으로 몰아 도륙을 냈다. 사문난적이란 '아름다운 글을 어지럽힌 도적'이란 뜻이다. 조선의 권력자인 사대부는 이것을 '경전을 주자와 다르게 해석하는 자'로 바꾸어 정적(政敵)을 처단하는 무기로 사용했다.

청에 파견된 조선 사신은 자신들이 오랑캐라고 멸시했던 사람들과 마주 앉아야 했다. 이들은 공식적인 접촉을 제외하고는 오랑캐 관리들과 대화를 기피했다. 덕분에 중국어 배우는 일은 개인적 차원에선 수치스러운 일로 여겼다.

소중화 세계관 고수 위해 쇄국정책

청나라 시절 중국 관료사회의 공식 언어는 만주어였다. 황제에게 보고되는 문서는 모두 만주어로 번역되었다. 조선에선 오랑캐 언어인 만주어를 구사하는 사람이 없었다. 굳이 오랑캐의 언어를 배우기 위해 노력도 하지 않았다. 덕분에 청나라의 정치 · 경제 · 사회 · 국제관계에 대한 고급 정보 수집은 불가능한 상황이 되었다.

현실 역사에서 오래전에 망해 없어진 나라를 떠받들고, 세계 제국으로 떠오른 청을 거부한 행위는 당대의 선진 문명 유입을 배척하는 결과를 야기했다. 조선 지도층은 300여 년 문을 닫아걸고 해외와 교류 통상을 엄금했다. 소중화의 세계관을 고수하기 위해 스스로 고립을 자초한 것이다.

이미 멸망해 사라진 명나라를 숭상하고, 유령이 된 황제들을 떠받드는 제사를 지내서 뭘 어쩌겠다는 것인가? 이런 질문은 주자성리학 원리주의에 사로잡혀 있던 양반 선비 집단에게 '도끼 맞을 소리'나 다름없는 망언이었다.

조선은 1876년 일본과 강화도조약을 체결하여 개항했다. 연이어 서양 국가들과도 수교를 하여 만국공법에 기초한 새로운 국제질서에 편입되었다. 중국과의 전통적인 책봉-조공 시스템에서 벗어난 후에도 국왕의 대보단 제례는 예정된 날짜에 어김없이 거행되었다.

대보단 제례가 공식으로 폐지된 것은 1894년 6월이다. 일본군이 서울을 무단 점령한 상태에서 추진된 갑오개혁에 의해 폐지되기까지 대보단 제사는 무려 190년 동안 조선왕조 정치 이데올로기의 중심 역할을 했다.

국가를 유지하는 권위의 원천은 무력과 이념(사상·학문·제도)에서 나온다. 하지만 조선은 이 점에서 예외 중의 예외에 속하는 나라였다. 중화제국 황제의 책봉을 받는 조선에서 모든 권위의 원천은 '한족 황제'로부터 나왔다. 명나라가 멸망한 지 250년이 지난 후에도, 조선의 국왕과 정치 엘리트들은 '명'이라는 '중화세계'와 절연하지 못했다. 근대화의 회오리가 몰아치는 현실 세계에서 유령의 옷자락을 부여잡고 "우리는 오랑캐 청나라에게 더럽혀진 국제 현실에 굴하지 않고 문화적 정체성을 간직한 채 꿋꿋이 살아가고 있노라"고 마스터베이션을 한 것이다.

이것이 명-청 교체기에 삼전도 항복의 아수라장 같은 상황을 겪으면서도 왕조가 교체되지 않고 통치 질서를 유지해온 비결이다. 대보단처럼 외국 황제를 국내 정치적 이유로, 국가 차원에서 제례로 규범화한 사례는 인류 문명사에서 찾기 힘든 기형 변태적 현상이었다.

대보단 제례가 조선 사회에 끼친 해악은 헤아릴 수 없을 정도다. 명나라를 흠모하는 주자학의 화이론(華夷論)적 세계관과 문명관을 고수한 250여 년 동안, 조선은 청을 통해 흘러오는 서양 선진문물을 거부하는 시대착오를 반복했다. 또 청나라가 새롭게 구축한 국제질서에의 참여도 완강하게 거부했다.

조선은 만주족이 중원대륙을 차지함으로써 중화사상과 절연하고, 새로운 자아의식을 출범시킬 수 있는 절호의 기회를 맞았다. 하지만 이들은 새로운 자아의식은커녕 죽어 유령이 된 명나라 황제들을 불러내 국가 차원에서 제사 지내고 소중화·존명의리라는 최악의 정신세계에 함몰되었다.

근대 문명 거부하고 최악의 정신세계에 함몰

한편에선 자신들의 시대착오를 은폐하기 위해 "자국사의 유구성과 독자성을 중시했다"고 주장했다. 사대를 하고 성리학과 중화를 추구하는 한 자국사의 독자성을 중시할 수는 없는 노릇이다. 그럼에도 조선 국왕과 정치 엘리트들은 열심히 마스터베이션을 하면서 시대착오적인 정신세계를 나라가 망할 때까지 유지했다.

조선의 지배층은 명 황제의 유령을 대신할 독자적인 권위체계를 창출하는 데 실패했다. 노력조차 하지 않았다. 만국공법에 기초한 새로운 국제질서가 눈앞에 닥쳐오는 근대화 시대에 직면해서도 여전히 명나라를 중심으로 한 과거 질서와 중화문명에 의탁했다. 그 결과 정치 이념과 사상 철학이 처절하게 붕괴되어 국가 멸망의 길로 추락했다.

조선의 '역사시계'는 1637년 삼전도의 항복과 명나라가 멸망한 1644년에 정지되었다. 그 결과 동시대에 쉬지 않고 문명의 시계를 돌려 국부를 쌓고 국력을 축적한 청나라·일본에 크게 뒤졌다. 19세기 말에 이르면 조선과 일본·중국과의 국력 차는 상상할 수 없을 정도로 크게 벌어졌다. 조선이 19세기 말 일본보다 30여 년 개항 시기가 늦어져 일본의 식민지가 됐다는 주장은 역사적 사실과는 크게 다른 착각이다.

한 가지를 더 추가한다. 세월이 흐르면서 '오랑캐 청나라'라는 적대적 타자는 '왜놈 일본'과 서양, 즉 미 제국주의로 대체되었다. 만주족 오랑캐에게 항복한 후 그 복수를 위해 말뿐인 북벌을 외치고, 망해서 사라진 명 황제의 유령에게 제사를 지내면서 형성된 적대적 타자에 대한 저항과 거부감은 한국인들의 강렬한 자주의식·민족정서·주체사상과 결합되어 '반일 종족주의'를 형성하게 되었다.

그 결과 여차하면 전 국민이 반일·반미 감정에 휘말려 촛불 들고 광화문 광장으로 뛰어나가 집단 광기를 일으키는 정서적 멘탈리티를 구성했다.

2

고종 시대의 개막

독일인 오페르트(Ernest Jacob Oppert)는 대원군의 아버지(남연군) 묘 도굴범으로 알려진 인물이다. 그는 1866년부터 조선과 상업 루트를 뚫기 위해 서해안을 답사하고, 충청도 주민들과 접촉하면서 미지의 나라를 연구했다. 그 결과 1880년 독일에서 『금단의 나라 조선』이라는 책을 출간했다.

이 책에서 오페르트는 조선이 가난한 결정적인 이유는 "정부의 억압적이고 폐쇄적인 정치체제" 때문으로 분석했다. 그는 조선에서는 국왕이 절대 권력을 가지고 지배하며, 부패한 관리들이 강도처럼 백성을 약탈 착취한다고 비판했다.

또 조선의 산업기술과 생산력, 근로 의욕이 아시아의 다른 나라들에 비해 형편없이 뒤진 이유는 조선 조정이 산업 발달에 무관심할 뿐만 아니라, 그것을 억제했기 때문이라고 분석했다. 그는 자신의 책에서 프랑스 신부로부터 들은 하나의 사례를 소개하고 있다. 손목시계가 고장 나서 조선 기술자에게 수리를 맡겼는데, 그 조선인은 손목시계를 한 번도

〈그림4〉 외국 선박을 구경하는 조선인들, 『그래픽The Graphic』, 1886

본 적이 없는 사람이었다. 그는 고장 난 시계를 잠시 살펴보더니 부품을 정확하게 재조립하여 바로 고쳤다. 오페르트는 이처럼 재능 있는 백성들이 찢어지게 가난한 이유는 억압적인 제도로 인해 개개인이 가진 재능과 역량을 제대로 발휘하지 못하기 때문이라고 질타했다.

그의 눈에 비친 조선은 극도로 가난한 나라, 관리들이 백성을 쥐어짜는 나라였다. 조선이 가난한 것은 백성의 문제가 아니라, 정부의 제도가 근본 원인이다. 오페르트는 조선이 제대로 된 제도를 시행하기만 하면 경제가 성장하여 가난에서 벗어나 잘 살 수 있는 나라라고 꿰뚫어 보았다.

먹물들의 천국

비슷한 시기에 조선을 다녀간 서양인 · 중국인 · 일본인들의 견해도 오페르트와 다르지 않았다. 청말의 학자 왕시지(王錫祺)가 1891년에 편찬한 세계 지리총서인 『소방호재여지총초(小方壺齋輿地叢抄)』의 조선 편에는 중국인이 바라본 조선의 모습이 소개되어 있다.

당시 중국은 자생적 근대화에 실패, 두 차례 아편전쟁에서 패하여 원명원이 약탈당하고, 막대한 배상금을 물어주는 등 충격을 겪고 있었다. 이런 상태에 있는 중국 지식인들도 조선에 대해서는 "세계 여러 나라 가운데 이만큼 빈약한 국가는 없을 것" "문사(文士)만을 중시하고 소금과 제철 등 이익을 얻는 분야에는 전혀 관심을 갖고 있지 않은 나라"라고 비판을 가했다.

청의 관료 마젠중(馬建忠)은 프랑스에 유학하여 법률을 전공하고, 파리에서 변호사 자격을 취득한 개화파였다. 리훙장과 함께 청일전쟁 강화를 위한 시모노세키조약 체결 당시 청국 측 대표단으로 활동했고, 1882년 조선에서 임오군란이 발생하자 청군을 이끌고 조선에 파견되어 대원군을 체포 압송해 간 인물이다.

그가 조선에 와서 체험한 구한말의 모습은 "땅은 기름지나 물자가 부족해 유통되지 않고, 상업이 발달하지 않아 국민이 빈곤하다"는 것이었다. 조선이 침체한 이유는 상업이 발달하지 못했기 때문이다. 상업의 침체는 조정의 정치적 무능 때문이다. 이것이 마젠중의 조선에 대한 분석과 진단이었다.

이쯤 되면 문제는 명확히 드러난다. 조선의 퇴화는 사농공상(士農工商)의 신분구조 덕분이다. "공자 왈 맹자 왈" 하며 글줄이나 읽는 성리학자들이 통치하는 조선은 '먹물(문인)들의 천국'이었다.

당시 조선의 대외관계나 국제무역은 연간 10여 차례의 대중(對中) 조공무역과 조선통신사의 일본 왕래가 전부였다. 조선통신사는 조선 후기에 총 12회 파견되었으니 이것은 교류라 부르기도 민망한 수준이다. 무지막지한 쇄국·폐쇄정책이 수백 년 지속되면서 조선의 경제는 질식 상태, 산업은 황무지 상태였다. 관리들의 수탈과 가렴주구에 속수무책으로 노출된 백성의 생활수준은 세계 최악의 빈곤 상태에서 헤어나지 못하고 있었다.

이처럼 찢어지게 가난한 나라에서 1863년 12월 8일, 국왕 철종이 33세의 새파란 나이에 사망했다. 그는 아들 넷을 두었으나 모두 일찍 죽는 바람에 왕세자가 없었다. 후임 국왕 지명 문제는 왕실의 최고령자인 조 대비(趙大妃)에게 위임되었다. 조 대비는 풍양 조씨(豊壤趙氏) 조만영의 딸로서 순조의 아들인 효명세자의 세자빈이었다. 하지만 효명세자가 스물두 살의 젊은 나이에 요절하는 바람에 평생을 과부로 살던 여성이었다.

이 와중에 가장 바쁘게 움직인 사람이 흥선군 이하응이다. 이하응은 조 대비의 조카 조성하를 통해 비밀리에 궁중 최고 어른인 조 대비에게 국왕 후보로 자신의 둘째 아들을 추천했다. 조 대비는 1864년 1월 16일, 누구도 예상치 못했던 의외의 인물인 흥선군의 둘째 아들 이명복을 지명하여 왕위에 올렸다. 이는 60여 년 계속된 안동 김씨 세도정치의 고리를 끊어내기 위한 시도였다.

이명복은 어린 시절 이름이고, 본명은 이재황(李載晃)이다. 열두 살 소년 이재황은 이날 종로구 운니동 자택에서 가마를 타고 창덕궁으로 가서 즉위했다. 그가 조선의 제26대 국왕 고종이다.

소년 왕(child kings)들의 시대

당시 세계사의 주인공은 영국과 러시아였다. 19세기 내내 영국과 러시아는 오스만튀르크 제국(발칸반도), 페르시아 제국(중앙아시아), 청(동아시아)의 쇠퇴에 따른 공백을 서로 먼저 차지하기 위해 치열하게 경쟁했다.

러시아가 이 가운데 어느 한 곳을 골라 남진을 기도하면 영국은 이를 극력 저지했다. 러시아는 그들의 남진이 영국에 의해 좌절될 때마다 진로를 재빨리 다른 취약한 방면으로 돌리는 전략을 구사했다. 학자들은 전(全)지구적인 차원에서 벌어지는 영국과 러시아의 패권 다툼을 '그레이트 게임(The Great Game)'이라 불렀다.

산업혁명의 결과 인류는 대량생산·대량소비 시대라는 새로운 패러다임에 직면했다. 당시엔 육상교통수단이 거의 발달하지 못해 대량생산과 대량소비에 따르는 원료와 상품은 바닷길을 통해 수입하고 수출했다. 수송비는 바다를 통한 해상물류가 다른 어떤 운송수단보다 편리하고 비용이 저렴하다. 1톤의 철광석을 육상에서 100킬로미터 운반하는 비용과, 해상에서 1만 킬로미터를 운반하는 비용이 비슷하다.

산업혁명으로 수송수단의 대형화·고속화가 빠르게 진행되면서 해상물류 코스트는 점점 더 낮아지기 시작했다. 애덤 스미스(Adam Smith)는 이미 240여 년 전에 해양무역이 대륙무역보다 더 비용이 저렴하기 때문에 긴 해안선과 항해 가능한 하천을 많이 보유한 해양국가가 국부 축적에 더 유리하다는 점을 통찰한 바 있다.

러시아는 해상물류의 이점을 자신들도 향유하기 위해 바다로 나아가는 통로를 개척하기 시작했다. 러시아의 지정학적 문제는 바다로 나가는 항구가 겨울에 얼어붙는다는 점이다. 겨울에 항구가 얼어붙을 경우

배를 띄울 수 없다. 전쟁이 발발해도 군대를 배에 실어 보낼 수가 없게 된다. 때문에 연중으로 사용 가능한 부동항의 확보는 러시아의 국가적 목표가 되었다.

부동항을 확보하기 위한 러시아의 남진은 세계 해상무역을 석권하고 있는 영국 입장에서 볼 때 국익을 위협하는 도전이었다. 그 결과 영국이 바다로 나가기 위한 러시아의 남진을 수단·방법 가리지 않고 봉쇄하고 나선 것이 전 지구적 차원에서 벌어진 '그레이트 게임'의 핵심이다. 이러한 그레이트 게임의 소용돌이가 굉음을 내며 동아시아로 몰려오는 시대에 조선 국왕으로 등장한 인물이 12세의 '소년 왕' 고종이었다.

19세기 들어 조선에서는 왕위가 연속으로 '소년 왕'들에게 계승되면서 외척 세도정치가 꽃을 피우게 되었다. 순조는 아들 효명세자를 두었으나 그는 스물둘 창창한 나이에 갑자기 요절했다. 그 바람에 1834년

〈표2〉 조선 후기 국왕의 재임기간 및 즉위 시 나이

국왕	재위	즉위 나이	비고
순조	1800-1834	11세	· 정조의 아들 · 순조의 증조할머니인 정순왕후가 수렴청정 · 안동 김 씨 세도정치 개막
헌종	1834-1849	8세	· 할머니 순원왕후가 수렴청정 · 풍양 조씨 세도정치
철종	1849-1863	19세	· 어린 시절 가족과 함께 교동으로 유배되었다가 강화로 옮겨져 · 교육받지 못하고 농사 지으며 살던 '강화도령' · 순원왕후가 수렴청정
고종	1863-1907	12세	· 홍선대원군의 둘째 아들 · 아버지 대원군이 대리통치 · 재위 시 아버지와 끊임없는 권력 쟁탈전

순조의 사후(死後)에 왕위는 효명세자의 아들에게 이어졌다. 그가 헌종(재위 1834~1849)이다. 즉위 당시 나이는 불과 8세였다.

"왕은 왕이로되, 왕이 아닌 존재"

브루스 커밍스(Bruce Cumings)는 조선 후기 들어 나이 어린 왕들의 연속적인 등장을 '소년 왕(child kings)들의 시대'라고 표현했다. 조선 후기에 '소년 왕'이 잇달아 등장한 이유는 핵심 집권세력을 형성하고 있는 척족들이 왕위 계승 작업에 개입하여 세상 물정 모르는 어린아이를 골라 왕위에 앉혔기 때문이다.

세도정치란 자기 앞가림도 할 줄 모르는 유약한 소년을 왕위에 앉힌 다음, 척족 세력이 국왕의 권위를 이용하여 자신들의 이익을 추구하는 정치행위를 뜻한다. 특히 왕비 가문의 세력이 비대해져 왕실의 권위를 능가하면 외척 세도정치가 만개한다. 이처럼 타락한 척족정치가 최고조에 달했던 철종 말년이 되면 "왕은 왕이로되, 왕이 아닌 존재"로 전락하고 만다.

외척이라는 혈족 집단이 정권을 장악하는 현상은 근대 국가에서는 불가능하다. 척족정치는 국가 주권이 취약하거나, 국왕이 나이가 어리거나, 병이 있거나, 아둔하거나, 허약할 때(幼病闇弱), 혹은 종실의 고립과 무능이 필수 조건으로 전제될 때 꽃을 피운다(다보하시 기요시, 김종학 옮김, 『근대 일선관계의 연구上』, 일조각, 2013, 42쪽).

세도정치란 국왕의 신임을 받는 특정 인물이나 세력이 국왕을 대신하여 권력을 행사하는 것을 뜻한다. 조선 후기 안동 김씨 가문의 세도정치로 몇몇 외척이 권력을 독점하고 왕권을 농락하는 바람에 국왕은 정치 일선에서 밀려나 왕권이 크게 쇠퇴했다. 이것은 세도정치 본래의 성격이나 철학과는 차원이 크게 다른 현상이었다.

특정 정파의 장기집권은 일부 특정 세력이 국가 요직을 장악하는 현상으로 귀결된다. 영·정조 시절에는 지방 양반도 실력과 자질이 뛰어나면 국가 요직에 등용될 기회가 있었다. 하지만 오랜 세월 세도정치가 이어지면서 주요 관직은 10여 개의 유력 가문 출신 인사가 싹쓸이했다. 지방 수령도 서울이나 경기 출신 양반이 대부분을 차지했다(김윤희·이욱·홍준화, 『조선의 최후』, 다른세상, 2004, 46쪽).

그 결과 조선은 다양한 인물들의 역량을 국가발전을 위해 결집시키는 데 실패했다. 특히 실학파의 주류이자 천주교를 가장 먼저 받아들이는 등 진취적이고 개방적이었던 남인세력이 권력에서 소외되면서 조선은 폐쇄·쇄국의 길로 추락하는 단서가 되었다.

감시받지 않는 권력은 반드시 부패한다는 것이 인류 역사의 잠언이다. 조선의 세도정치는 몇몇 집안이 관직을 독점했고, 권력자들 간에 끼리끼리 연줄로 연결되어 감시도 받지 않았다. 그 결과 세도가들의 부정부패·매관매직이 만연했다. 경제적 이권이 걸린 국가 요직은 주요 가문 출신들이 통째로 장악한 다음 온갖 방법으로 재물을 긁어모았다.

"어느 고을 현감은 얼마" 하는 식으로 벼슬자리에 가격이 매겨졌다. 돈을 주고 관직을 산 자들은 자신이 투자한 본전과, 더 좋은 자리로 이동하기 위한 투자 자금을 뽑아내기 위해 백성들을 갈취하고 고혈을 쥐어짰다.

이 국가적 아비규환의 와중에 즉위한 고종은 자기 앞가림도 하기 힘든 어린 나이였다. 직접 정사를 주관하는 것이 어렵자 조 대비가 수렴청정을 했다. 고종이 즉위할 무렵 조정은 안동 김씨가 압도적인 세력을 형성하고 있었다. 풍양 조씨인 조 대비는 조정을 이끌어갈 만한 정치적 기반이 취약했다.

이러한 위기를 타개하기 위해 조 대비는 대원군을 우군으로 동원했다. 조 대비의 후원으로 권력의 전면에 등장한 대원군은 강력한 개혁 드라이브를 걸기 시작했다. 그가 원했던 목표는 강력한 왕권의 확보, 그리고 안정된 왕조의 재건이었다.

대원군, 개혁정책 본격 시동 걸다

흥선대원군은 조선의 세 가지 큰 폐단으로 첫째 서원, 둘째 충청도 양반, 셋째 전주의 아전(吏胥, 지방의 하급 관리)을 꼽았다. 개혁의 칼을 뽑아 든 대원군은 가장 먼저 사색당파를 고루 등용하는 인사개혁을 단행했다. 특정 당파나 가문이 관직을 독점하고 권력을 행사하던 관행의 싹을 잘라낸 것이다.

또 지방 곳곳에 암행어사를 수시로 파견하여 지방관들에 대한 감시 체제를 강화했다. 탐관오리 수령은 본보기로 종로 한복판에서 장형(杖刑)에 처했다. 대원군이 부패한 수령들을 단호히 처벌하자 지방관의 착취와 수탈이 크게 줄었다.

1871년에는 일반 백성만 부담해왔던 군포를 각 가구별로 재산 정도에 따라 차등적으로 부과했다. 그 결과 가난한 백성의 부담이 줄었고, 군역이 면제됐던 양반도 연간 2냥씩 군포세를 내야 했다. 대원군의 군포제 개혁은 조선의 신분제 역사상 양반에게도 세금을 부과한 혁명적 사건이었다.

대원군 개혁의 백미는 당쟁의 투쟁 본부이자 지방 토호의 근거지가 되어 온갖 폐단을 불러일으키는 온상인 서원(書院)을 없애버린 것이었다. 성리학을 제외한 모든 학문을 억압하는 지식 독재의 상징이 바로 서원이었다. 노론의 당수 송시열을 제사 지내는 화양동 서원은 제사 비용을 백성으로부터 뜯어내기 위해 "몇 월 며칠까지 얼마를 납부하라"는 문구와 검은 도장이 찍힌 화양묵패(華陽墨牌)를 발행했다. 묵패를 받은 사람은 논밭을 팔아서라도 재물을 바쳐야 했다. 정해진 기한 내에 재물을 바치지 못하면 서원에 끌려가 감금당하거나 곤장을 맞았다. 묵패는 착취와 토색질의 상징이었다.

대원군은 1865년, 명나라 황제에게 제사 지내는 괴산 화양동의 만동묘를 부숴버렸다. 그리고 전국에 산재한 909개의 서원 중 조정의 공인을 받은 사액서원 47개를 제외한 모든 서원을 없애버렸다. 대원군이 하루아침에 서원을 혁파하고 나서자 지방 유생이 들고일어났다. 유생 1만여 명이 전국 각지에서 검은 두건과 가죽 허리띠를 두르고 서울 광화문 앞으로 몰려와 "대원군은 동방의 진시황제"라는 구호를 외치며 서원 철폐를 반대했다. 이른바 조선시대판 '촛불시위'가 벌어진 것이다.

대원군이 권좌에서 물러나자 이항로·최익현 등 유림들이 만동묘 재건을 위한 상소를 올렸고, 고종은 "만동묘를 부활하라"는 어명을 내렸다. 그 결과 1874년 같은 자리에 대원군 시절 파괴되었던 만동묘가 불사조처럼 되살아났다. 민 왕후 일파가 유생들의 환심을 사기 위해 이른바 포퓰리즘 정책을 취한 결과다. 만동묘는 일제하에서도 끈질기게 살아남았다가 1942년 철거되었다. 만동묘에서 뜯어낸 자재는 괴산경찰서 청천면 주재소를 짓는 데 사용되었다고 한다.

무관의 지위 문관과 동일하게 예우

대원군은 서원 혁파에 이어 부국강병의 칼을 빼 들었다. 주자성리학의 나라 조선은 덕치(德治)를 중히 여기는 왕도(王道)정치의 나라였다. 맹자는 자신의 철학을 현실정치에서 실현해보려는 실천가였다. 맹자의 정치관은 인의(仁義)의 실현이었다. 그것을 맹자는 왕도라 불렀고, 그렇지 않은 것이 패도(霸道)였다. 즉 맹자의 왕도정치란 한 사람이 도덕적으로 완성되면 주위 사람들을 교화해 선정(善政)으로 나타난다. 나아가 모든 백성이 안정된 생활과 풍부한 교양을 지니고 도덕적 질서를 지켜나가면 왕도정치가 실현된다고 보았다.

때문에 패도를 상징하는 부국강병은 대단히 낯설고 이질적인 용어였다. 쿠데타를 일으켜 조카 단종을 내쫓고 왕권을 차지한 세조는 패도정치의 효용성을 주장하고 부국강병을 추구했다.

조선 중기부터 권력을 장악한 조광조의 후예인 사림(士林)세력은 세조가 추구했던 부국강병을 '왕도정치에 반하는 패도정치'라고 이단시했다. 무력은 왕도정치에 반하는 것이며, 오로지 성리학이 추구하는 요순의 이상사회로 가기 위한 학문을 숭상하면 부국강병은 저절로 이루어진다고 보았다. 한 걸음 더 나아가 사림세력은 인위적으로 부국강병을 추구하는 것은 패도정치적인 술수라고 비판했다(연갑수, 『고종대 정치변동 연구』, 일지사, 2008, 256쪽). 이런 정치세력이 수백 년 권력을 독점해왔으니 부국강병이란 용어를 거론하면 불경(不敬)으로 몰리는 분위기였다.

대원군은 그동안 홀대받았던 무관의 지위를 문관과 동일하게 끌어올려 무관의 사기를 크게 높여주었다. 우선 외척 가문과, 그 가문의 후원을 받는 인사들이 장악하고 있던 각 군영의 대장을 대원군 집권 이후에는 모두 무신으로 임명했다. 그리고 군영대장의 품계를 병조판서와 동일한 정2품으로 승급시켰다.

지방 군영대장인 통제사(統制使)와 진무사(鎭撫使)도 중앙의 군영대장인 등단(登壇)과 동일한 위상을 갖는 외등단(外登壇)으로 올려주었다. 이로써 중앙 4군영의 대장과 외등단 등 모두 6명의 무장(武將)은 6조 판서와 대등한 위상을 갖게 되었다(같은 책, 43쪽).

대원군은 외척을 비롯한 몇몇 유력 가문이 장악하고 있던 비변사를 폐지하여 의정부 산하기구로 개편했다. 세 개의 군사관련 기관을 한 지붕 아래 모아 삼군부를 창설하고, 군사 관련 기능은 삼군부로 넘겼다. 이로써 문신 중심의 권력체계를 문신과 무신이 대등하게 병립하는 방식으로 변혁을 꾀했다. 이는 문치(文治)를 숭상하던 조선왕조 통치체제의 기본 방향을 대원군이 근본적으로 재설계하려 했음을 보여주는 것이다(같은 책, 44쪽).

군사력 강화, 재정 건전화에 기여

대원군은 경복궁 중건과, 병인양요 이후 부국강병에 필요한 재원 마련을 위해 각종 증세 정책을 도입했다. 이 조치로 인해 조선왕조의 재정상황이 크게 개선되었다. 1873년 4월 1일, 병조판서(국방부장관) 민치상이 "병조의 창고가 조선 전역에서 온 다양한 공물로 가득 넘치고 있다"고 보고할 정도였다.

조선군의 기본 편제는 조총으로 무장한 포수(砲手), 활을 쏘는 사수(射手), 창검으로 무장한 살수(殺手) 등 보병 중심의 삼수병(三手兵) 체제였다. 문제는 삼수병 체제에서 포수의 숫자가 전체의 5분의 1에 불과했다는 점이다. 1866년 병인양요 때 서양 근대 무기의 위력을 실감한 대원군은 포수 중심으로 군대를 재편하고, 국가로부터 월급을 받는 상비병을 증강했다.

군비강화에 필요한 재정 확보를 위해 대원군은 성문을 출입하는 사람들에게 통과세에 해당하는 도성문세(都城門稅)를 징수했다. 또 양반 계층에게도 집집마다 세금을 징수하는 호포법을 실시했다. 중앙군영의 정예화와 군비강화 덕분에 1871년 신미양요 때는 병인양요 때와는 달리 조기에 전투태세를 갖출 수 있었다(배항섭, 『19세기 조선의 군사제도 연구』, 국학자료원, 2002, 55쪽).

대원군은 중앙군영의 정예화뿐만 아니라, 수도권 방어의 핵심인 강화도 진무영(鎭撫營)의 방어시설을 강화하고 병사들을 정예화했다. 400~500명 수준에 불과했던 진무영 병력은 대원군의 강화책 덕분에 8배 수준인 3,000~4,000명으로 크게 늘었고, 병력도 조총으로 무장한 포군(砲軍) 중심으로 재편되었다. 대원군의 부국강병 노력 덕분에 전국에 배치된 포군의 수는 대략 3만여 명에 이르렀다(같은 책, 93쪽).

대원군은 병인양요와 신미양요 직후 인삼 전매를 통해 확보된 세금 4만 량을 강화도 진무영에 보내 군비 증강에 이용했다. 대원군 집정기에 관세 수입은 거의 대부분 군비 증강을 위한 재원으로 활용되었다. 특히 병인양요 직후 서울 방어를 위해 신설한 강화 진무영의 재원은 의주의 포삼세(包蔘稅)로 충당했다(연갑수, 『대원군 집권기 부국강병책 연구』, 서울대학교 출판부, 2001, 239~241쪽). 포삼세란 중국으로 수출하는 조선 특산품인 홍삼에 부과한 관세다.

하지만 부국강병을 위해 기울였던 대원군의 노력은 그가 하야한 후

아들 고종에 의해 무참히 짓밟혔다. 고종은 국토를 방위하고 백성을 보호하는 군대 양성에는 관심조차 없었다. 반면에 궁궐을 수비하고 왕실을 보호하는 국왕 친위부대를 열심히 조직하고 강화했다(최병옥, 『개화기의 군사정책연구』, 경인문화사, 2000, 260~261쪽).

영국·러시아의 신중과 자제 정책

여기서 잠시 국제 정세를 정리해본다. 대영제국과 1854년부터 1855년까지 흑해 연안과 크림(크리미아)반도 일대에서 격돌한 크림전쟁으로 인해 러시아는 국력이 크게 소진되었다. 게다가 영국은 청나라와 두 차례에 걸친 아편전쟁에서 승리한 후 중국 남부지역에서 막대한 이권을 차지하여 이를 향유하고 있었다.

러시아는 제2차 아편전쟁 당시 영불 연합군과 청나라 간에 종전을 중재해준 대가로 청으로부터 연해주 일대의 광활한 영토를 어부지리로 얻었다. 이를 계기로 조선과 두만강을 경계로 국경을 맞대게 되었다. 하지만 연해주는 사람이 거의 살지 않고, 토양과 기후가 척박하여 식량 자급도 못하는 상태였다. 때문에 한반도에 신경을 쓸 여력이 없었다.

세계 패권을 놓고 경쟁하던 영러 두 나라는 여러 가지 복합적인 이유로 1860~1870년대 20여 년에 걸쳐 동아시아 일대로의 진출을 자제했다. 이 기간 영국과 러시아는 한반도에 대한 '현상유지 전략', 즉 신중과 자제 정책을 내세웠다. 그 결과 잠시 동아시아에 '힘의 공백' 상태가 발생했다. 이 공백기를 이용하여 프랑스(병인양요)·미국(신미양요)·일본(강화도조약)이 연이어 조선 땅 강화도에서 사건을 일으킨 것이다.

조선 입장에서 볼 때 서구 열강의 국내외 사정에 의한 힘의 공백 상태는 국력을 기르고, 제도를 정비하여 자생적 근대화를 추구할 수 있는 절호의 기회였다. 그러나 국가 지도부의 무능, 사대주의 타성으로 인한 외세 의존 습성, 1873년을 기점으로 고종·민 왕후와 대원군 간의 권력 다툼으로 인한 정치 위기로 허송세월하고 말았다.

조선이 내부의 정치적 갈등으로 암흑 속을 헤매고 있을 때 일본은 메이지유신(明治維新)을 단행하여 봉건제 국가에서 중앙집권 국가로의 체제 정비를 마쳤다. 한숨 돌린 메이지정부는 1871년 12월, 이와쿠라 사절단을 구성하여 유럽 순방에 나섰다. 이와쿠라 도모미(岩倉具視)가 특명전권대사를 맡았고, 그를 돕는 세 명의 부대사는 기도 다카요시(本戶孝允)와 오쿠보 도시미치(大久保利通), 이토 히로부미(伊藤博文)가 맡는 등 메이지정부 최고 실력자의 절반이 참여했다. 행정가와 학자 48명, 60명의 유학생이 동행했다. 이들 유학생은 미국과 유럽에서 유학한 후 귀국하여 일본 각 부문의 중요한 리더가 되었다.

메이지정부 출범 직후, 아직 정권이 안정되지 않은 과도기에 신정부 최고 요직을 담당하던 멤버의 절반이 구미 시찰을 떠난 이유는 무엇이었을까? 메이지유신은 사쓰마와 조슈번 출신 사무라이들의 쿠데타로 막부를 타도하고 '부국강병으로 근대화 된 일본'을 목표로 하여 출범했다. 막상 정부의 주역을 차지한 사무라이들은 눈앞이 캄캄했다. 자신들이 봉건체제를 무너뜨린 후 근대국가를 수립하는 데 있어 아무런 준비도 되어 있지 않다는 사실을 그제야 깨달았기 때문이다. 이런 이유 때문에 아직 정권이 안정되지 못한 상황이었지만 대규모 사절단을 2년여 동안 유럽에 파견한 것이다.

사절단은 귀국 후 자신들이 서양 열강을 돌며 공부한 내용을 상세하게 기록하여 100권에 달하는 『미구회람실기(米歐回覽實記)』를 간행했다. 메이지정부는 "국민의 일반적 이익과 개발을 위해" 이를 공개 출판했다. 이와쿠라 사절단에 유럽으로 떠난 그해에 조선의 위정자 대원군은 "서양 오랑캐가 쳐들어오는데 싸우지 않으면 화평이요, 화평은 매국이다(洋夷侵犯 非戰則和 主和賣國)"라는 척화비를 전국에 세웠다. 일본은 개국, 조선은 쇄국을 향해 돌격 나팔을 분 것이다.

일본의 왕정복고로 서계 문제 발생

조선이 한동안 불안한 평화를 유지한 이유는 이웃 나라 일본이 메이지유신의 후유증으로 대외관계에 신경 쓸 여력이 없었기 때문이다. 내치 문제가 차츰 안정을 찾아가자 일본은 서서히 한반도를 향해 관심을 기울이기 시작했다.

메이지유신 직후 일본 정부는 조선과의 외교를 담당하던 쓰시마 도주(島主)에게 "조선 조정에 일본의 왕정복고를 통고하라"고 훈령했다. 그리고 조선에 보내는 외교문서, 즉 서계(書契)에 일본 황실과 국체의 존엄을 손상하는 자구의 사용을 금할 것, 조선 국왕에 대한 일본 천황의 서열상의 우위를 분명히 할 것을 지시했다.

이 훈령에 따라 1869년 1월 말, 일본 외교관이 동래부사와 예조참판에게 보내는 서계를 가지고 부산포에 도착했다. 메이지유신 전까지 막부의 쇼군은 스스로를 '대군(大君)'이라고 칭하면서 조선 국왕보다 위계를 낮추었다. 그런데 새로 보내온 서계에는 청조의 연호 대신 일본 연호를 사용하고, 일본 천황에 대해 '황상(皇上)' '황조(皇祚)' 등 중국의 천자만이 사용하는 명칭을 사용하고 있었다. 조선 조정은 일본 측 서계가 그동

〈그림5〉 부산포의 정경, 『런던뉴스Illustrated London News』, 1858

안 통용되어 왔던 원칙에서 크게 벗어나 있음을 발견하고 큰 충격을 받았다.

소중화의 나라 조선이 이 서계를 접수할 경우 일본 천황이 조선 국왕보다 서열상 우위임을 공식적으로 인정하는 결과가 된다. 드높은 성리학적 자존심에 젖어 있던 조선 조정은 "쪽발이 왜놈 주제에 감히 천자를 빙자한 오만방자한 서계를 보내오다니 이런 고얀 놈들…" 하며 접수를 거부했다.

1870년 11월, 메이지정부는 또다시 외교관 3명을 파견하여 초량 왜관에 1년여 머물며 서계 접수를 시도했으나 보기 좋게 거절당했다. 1872년 1월에도 외교관을 파견하여 국서 접수를 시도했으나 조선 관리들에게 모욕만 당했다. 이에 격분한 일본 외무성 관리 사다 하쿠보(佐田白茅)는 외무경 사와 노부요시(澤宣嘉)에게 "버릇없고 건방지기 짝이 없는 조선을 정벌하여 메이지 일본의 위엄을 보여주자"는 건의를 올렸다.

건의문 내용은 다음과 같이 정리된다.

"조선은 지킬 줄만 알고 공격할 줄은 모르며, 자기만 알고 상대는 알지 못한다. 따라서 대병력을 동원하여 10개 대대는 강화를 거쳐 왕성을 공격한다. 6개 대대는 경상·전라·충청의 세 도를 유린한다. 4개 대대는 강원·경기에서 진격한다. 10개 대대는 함경·평안·황해 세 도를 공격한다. 이렇게 하면 50일이 못 되어 국왕을 포로로 잡을 수 있다."(다보하시 기요시, 김종학 옮김, 앞의 책, 『근대 일선관계의 연구上』, 311쪽)

일본, 청나라와 먼저 수교한 까닭은?

사다 하쿠보의 조선 출병론을 계기로 일본 정가에서 정한론(征韓論)이 물 끓듯 제기되었다. 조선의 차관급에 해당하는 일본 외무대승(外務大丞) 마루야마 사쿠라(丸山作樂)는 외무경에게 여러 차례 조선 정벌을 촉구했다. 자신의 의견이 받아들여지지 않자 마루야마는 스스로 병사를 모집하여 조선 공격을 준비하다가 1871년 초 체포되어 나가사키로 유배되었다.

일본 관가에서는 조선과의 외교 교착상태를 타개하기 위한 방안으로 청나라와 먼저 수교하자는 의견이 등장했다. 일본과 청나라가 상호평등 원칙에 입각하여 조약을 체결하면 양국 국가 원수인 중국 황제와 일본 천황이 서열상 동등하다는 사실이 외교적으로 확정된다. 이렇게 서열이 명확해질 경우 조선 국왕은 자동적으로 일본 천황의 하위에 위치하게 된다는 주장이었다. 이 방안이 채택되어 일본은 청과 수교 교섭에 나섰다. 그 결과 일청(日淸) 양국은 임진왜란으로 국교가 단절된 이래 280여 년 만인 1871년 9월 중순, 정식으로 외교관계를 수립했다.

하지만 일본과 청나라의 공식 수교로 일본 천황이 중국 황제와 동급이 되었음에도 불구하고 조선이 일본을 대하는 외교적 고자세는 요지부동이었다. 대화와 설득으로 해결하기 어렵다고 판단한 일본 외무경 소에지마 다네오미(副島種臣)는 무력으로 결판내기로 작정했다. 소에지마는 1873년 8월, 러시아 정부와 협상에 나섰다. 그는 러시아에 "일본군 5만 명을 연해주에 상륙시켜 북쪽에서 조선을 공격하겠다. 러시아가 일본군의 연해주 상륙에 협조할 경우 일본은 그 대가로 남부 사할린을 넘겨주겠다"고 제안했다.

제3국을 침략하기 위해 자국 영토에 남의 나라 군대가 상륙하는 것을 수용할 바보가 어디 있겠는가. 러시아 정부는 일본 측 제안을 단호히 거절했다. 이렇게 되자 일본은 바다를 통한 도발을 계획한다. 자국을 개항시킨 페리 함대의 포함(砲艦)외교를 조선에 적용키로 한 것이다. 이를 위해 영국에서 구입한 군함 운요호(雲揚號)가 동원되었다. 운요호의 출동과 관련된 사연은 후에 자세히 소개한다.

우선 일본 정부는 거사 실행에 앞서 주일 미국공사 존 빙엄(John A. Bingham)을 통해 미국에서 출간된 『페리의 일본 원정 소사(小史)』를 구해 강대국이 약소국을 무력으로 개항시키는 포함외교 방법을 상세히 연구했다. 포함외교의 전략을 충분히 숙지한 후 작심하고 현해탄을 건너온 것이다.

일본 군함 운요호 한 척에게 비참하게 얻어터진 조선은 일본과 외교 재개를 결정했다. 그것도 자의적인 판단에 의한 결정이 아니었다. 종주국을 자처하는 청의 외교총책 리훙장으로부터 "일본을 자극하다간 나라 망한다. 빨리 수교하라"는 권유를 받고 등 떠밀려 허둥지둥 교섭에 나섰다. 이런 과정을 거쳐 1876년 2월, 조선은 일본과 근대적 외교조약인 조일수호조규(朝日修好條規), 이른바 강화도조약을 체결하여 본격 개항 시대를 맞게 된다.

일본 최고 지도자는 '일왕'이 아니라 '천황'

서계 문제를 둘러싼 한일 갈등이 주는 역사적 교훈이 있다. 강화도조약 체결의 계기가 된 운요호 침략은 일본 최고 지도자의 호칭 문제로 촉발된 것이다. 즉, 일본 지도자를 천황이라고 부를 것인가, 말 것인가의 문제였다. 그렇다면 그로부터 140년 세월이 흐른 오늘, 우리는 일본 최고 지도자 호칭을 어떻게 하고 있을까.

대한민국 헌법 제1조는 "대한민국은 민주공화국"이다. 미국 헌법 제1조는 "이 헌법에 의해 부여되는 모든 입법권한은 연방의회에 속하며, 연방의회는 상·하원으로 나뉜다"라고 되어 있다. 일본 헌법 제1조는 "천황은 일본국의 상징이고, 일본 국민 통합의 상징으로서, 그 지위는 주권을 갖는 일본 국민의 총의에 근거한다"라고 명문화되어 있다.

일본 헌법에 따르면 일본의 최고 지도자는 천황, 혹은 일황(日皇)이다. 하지만 한국의 정치권과 언론들은 일제히 일본 천황을 '일왕(日王)'으로 격하하고 있는 것이 현실이다. 일왕이라는 명칭은 지구상에 존재하지 않는다. 오직 한국에서만 사용하고 있을 뿐이다. 우리 국민과 언론은 일본 헌법이 정한 최고 지도자 명칭인 '천황'을 부정하고 '일왕'이란 용어를 제멋대로 창작해서 사용하고 있다.

1988년까지만 해도 국내 언론이나 정치인들은 거의 대부분 '천황'으로 호칭했다. 1989년을 기점으로 일왕으로 바뀌었다. 아무리 감정적인 한일 관계라 해도 대한민국이 정상적인 근대국가라면, 이웃 나라 최고 지도자를 사실대로 호칭하는 것이 기본 예의이자 국가적·국제적 도리다. 이것을 부정하면 세계 시민의 일원이 될 자격이 없다.

'천황' 호칭 문제는 이미 140여 년 전, 운요호의 강화도 포격이라는 심각한 외교 문제를 촉발했다. '천황'이라 표기하면 일본이 한국보다 격이 높아지는 셈이니, '일왕'으로 부르는 것이 당연하다는 사고는 소중화 모화사상에 찌든 한국인들의 '반일 종족주의'라는 정신적 질병이다. 역사에서 교훈을 얻지 못하는 나라는 미래가 없다는 사실을 기억해야 한다.

민 왕후, 대원군을 쫓아내다

일본이 근대화를 위한 격변을 치르고 있을 무렵, 조선에서도 정치적 격변이 일어났다. 고종은 12세에 즉위했으나 그 후 10년 세월을 아버지 흥선대원군의 카리스마 넘치는 섭정으로 인해 뒷방 신세를 면치 못했다. 이제 소년티를 벗고 성년이 된 고종은 자신이 직접 나서서 국가를 통치하고 싶어 온몸이 근질거렸다.

아무리 부자지간이어도 권력은 둘로 나눌 수 없는 법이다. 고종이 국왕으로서의 통치권을 행사하기 위해서는 실질적인 권력자인 아버지를 상대로 목숨 건 권력투쟁을 피할 수 없었다. 이 무렵 대원군은 개혁 추진 과정에서 수많은 정적을 양산하는 실수를 저질렀다. 민씨 외척 세력, 조선의 신권(臣權)을 대표해온 전통적 양반 세력, 수구꼴통의 주자성리학 원리주의 세력이다. 이에 더해 천주교 세력을 탄압하는 과정에서 복잡하고 다양한 반발과 저항에 직면했다. 그 결과 대원군의 권력체계가 고립 약화되기 시작했다.

대원군을 권력의 정점으로 올려준 일등공신은 조 대비와 풍양 조씨 일족이다. 그런데 대원군은 이들에게 어떠한 우대도 해주지 않아 정적으로 만들었다. 자신의 친형 이최응과의 관계도 원만하지 않았다.

누구보다 권력의 향배에 민감했던 민 왕후는 남편 고종을 부추겨 아버지를 상대로 권력투쟁에 나서도록 부추겼다. 아버지의 위세에 눌려 숨도 제대로 못 쉬던 고종은 왕비 집안인 여흥 민씨 일가와 연대하여 아버지와의 권력투쟁을 위한 행동대 확보에 성공했다. 그리고 포천의 유생 최익현과 사전 교감하여 아버지 흥선대원군에게 도전장을 내밀었다.

1873년 11월 29일, 고종은 오래전부터 대원군을 비판해온 이항로의 제자이자 성리학 원리주의자 최익현을 승정원 동부승지로 추천했다. 최익현은 고종과 사전에 짜놓은 각본대로 기민하게 대응했다. 그는 흥선대원군의 서원 철폐 등을 난정(亂政)이라고 격렬하게 비판하는 상소를 올리고 관직 취임을 거부했다.

고종은 기다렸다는 듯이 "그대의 상소는 국왕을 보좌하기 위해 충심에서 우러나온 직언"이라고 치하한 후, 최익현을 파격적으로 호조참판(기획재정부 차관)에 임명했다. 아버지 흥선대원군의 섭정 아래에서 그림자 권력으로 숨죽여 살던 아들 고종이 아버지에게 전면전을 선포한 것이다. 불시에 아들이 휘두른 철퇴에 정통으로 얻어맞은 대원군은 모든 권력을 내려놓고 쓸쓸히 양주로 낙향하여 칩거하는 신세로 전락했다.

여러 가지 정황을 분석할 때 정치적 자질이 부족했던 고종이 대원군을 한 방에 실각시키는 거사를 기획했다고 보기는 어렵다. 사실은 노련하고 영민한 왕비 민씨가 남편을 코치하여 시아버지와의 권력투쟁을 선도한 것이다.

대원군이 신중하게 골라 며느리로 삼은 왕비 민씨는 간단치 않은 여성이었다. 그녀는 공자가 지은 역사서 『춘추(春秋)』, 그리고 춘추의 주역서인 『춘추좌씨전(春秋左氏傳)』, 사마천의 『사기(史記)』를 줄줄 암송할 정도로 총명하고 권력욕이 강했으며 권모술수가 능란한 여성이었다.

고종은 아버지를 축출한 후 자신이 정사를 주도할 것으로 한껏 기대했다. 시아버지 권력을 하루아침에 무력화시킨 왕비는 남편 고종을 설득하여 양오빠 민승호를 병조판서(국방부장관)에 임명하는 등 친정 식구를 대거 권력 핵심부에 포진시켰다. 민승호는 여흥 민씨 일족의 좌장이자 당대의 권세가로 급부상했다. 이때부터 민씨 척족의 권세가 당당해지기 시작하여 여흥 민씨 세도정치라는 새 권력 기반이 구축되었다.

대원군과 민 왕후의 대립 충돌

민씨 척족 세력도 왕후의 손바닥 위에서 노는 손오공이었을 뿐이다. 황현은 『매천야록』에서 "고종의 친정이 시작되었으나 안으로는 명성왕후가 주관하고, 밖으로는 민승호가 명을 받들어 시행했다"고 기록했다. 고종이 허수아비 신세라는 점은 대원군 집정 당시와 하등 달라지지 않았다. 그는 대가 센 부인에게 기가 눌려 허울뿐인 친정에 만족해야 했다.

민 왕후가 대원군과 갈등을 시작한 1873년 전후는 증기선 함대와 대포로 무장한 서양인들이 동아시아로 몰려오는 세계사의 격동기였다. 유럽에서는 독일이 프랑스와의 보불전쟁에서 압승하여 강대국으로 급부상했다. 러시아는 영국과 충돌을 피하기 위해 진출 방향을 중앙아시아 쪽으로 틀었다. 서양 열강이 제각각 복잡한 내·외정 문제로 여념이 없는 힘의 공백기를 이용하여 일본은 메이지유신을 성공시키고 근대국가로 발돋움했다.

하필이면 이 질풍노도의 시기에 조선에서는 시아버지와 며느리가 권력을 놓고 목숨 건 투쟁을 시작했다. 사마천의 『사기(史記)』에서 이르듯이, 대원군과 민 왕후는 '한 하늘에 뜬 두 개의 태양'이었다.

대원군의 개혁 의지는 충분히 이해할 수 있었다. 하지만 개혁정책의 집행 과정에서 나타난 폐해는 세도정치의 후유증과 막상막하였다. 민 왕후도 권력욕은 대원군 못지않게 강하고 집요했다.

조선은 충효(忠孝)의 원리가 목숨보다 더 중요한 가치로 작동하는 성리학 원리주의 나라다. 이런 철학적 가치가 정치 이데올로기의 핵심을 이루는 상황에서 부자지간인 고종과 대원군은 정면 대결을 펼치기에는 서로 부담이 너무 컸다. 아들 고종이 대원군에게 도전하면 불효가 된다. 반대로 대원군이 국왕 고종에게 도전하면 불충이 된다.

결국 아버지와 아들의 권력투쟁은 충효의 대의를 거스르지 않도록 복잡한 양상으로 변이되었다. 그 결과가 시아버지와 며느리의 격돌이었다. 대원군은 불충이란 비난을 피하기 위해 공격의 화살을 며느리인 왕비에게 돌렸다. 민 왕후는 시아버지를 직접 공격할 수 없으니 민씨 일족을 전면에 내세워 이들이 대원군을 공격하도록 원격조종했다.

이 과정에서 민 왕후는 독서를 통해 체득한 책략을 유감없이 구사했다. 또 앞날을 대비해 곳곳에 구축해놓은 자신의 세력 기반을 마음껏 활용했다. 대원군에게 등용되지 못해 불만이 폭발 일보직전이었던 조 대비의 조카 조영하를 포섭하고, 대원군의 친형 이최응도 끌어들였다. 서원 철폐에 반발한 유생과 결탁하기 위해 만동묘를 부활시켰다. 이런 불만 세력을 끌어모아 대원군을 퇴진시키는 무기로 활용했다.

3

혼란의 시대

조선 후기에는 경제활동의 근간이 되는 화폐가 크게 부족했다. 화폐가 부족했다는 것은 상업 · 유통이 발달하지 못했음을 뜻한다. 영국지리학회 회원으로서 조선을 여러 차례 여행했던 비숍(Isabella Bird Bishop) 여사의 『조선과 그 이웃나라들』에 따르면 가운데 구멍이 뚫린 엽전 3,200개가 '공칭(公稱) 1달러'에 상당했다고 한다.

1894년 청일전쟁을 위해 한반도로 출동한 일본군과 비슷한 시기에 조선을 여행한 오스트리아의 작가 겸 여행가 헤세-바르텍(Ernst von Hesse-Wartegg)은 당시 환율로 무게 6킬로그램에 달하는 엽전 6,000개가 1달러였다고 기록하고 있다. 그가 부산에서 만난 조선인 두세 명 가운데 한 명은 어깨 위에 긴 소시지 모양의 돈 꾸러미를 걸치고 다녔다. 그는 수백 달러짜리 물건을 사려면 한 무리의 짐꾼을 고용해 돈을 실어 날라야 한다고 푸념했다(에른스트 폰 헤세-바르텍, 정현규 옮김, 『조선, 1894년 여름』, 책과 함께, 2016, 24쪽).

조선에서 통용되는 화폐가 부족하다 보니 청나라를 다녀온 사신이나 역관, 그들을 수행한 상인들을 통해 가경통보(嘉慶通寶), 도광통보(道光通寶), 동치통보(同治通寶) 등 청나라 동전이 유입되었다. 이것을 조선에서는 '오랑캐의 동전'이라 하여 호전(胡錢), 혹은 청전(淸錢)이라 불렀다.

청전은 본국인 청나라에서는 시중에서 퇴장당한 악화(惡貨)였다. 대원군은 1867년 청전을 유철(鍮鐵, 놋쇠) 명목으로 수입하여 조선에서 공식 화폐로 유통시켰다. 문제는 청전의 실질가치가 상평통보의 3분의 1에 불과했다는 점이다. 조정은 청전을 상평통보와 동일한 가치로 시중에 유통시켰다. 수입가와 유통가의 화폐 차익은 왕실과 조정이 가져갔다.

고종, 하루아침에 청전 유통 금지시켜

조선 조정이 청국으로부터 수입하여 유통시킨 청전의 총량은 2,400만 냥 이상으로 추정된다. 청전이 유입되면서 질식 상태나 다름없던 조선 경제에 약간의 숨통이 트였다. 하지만 명목가치와 실질가치의 차이로 인한 인플레는 피할 방법이 없었다. 청전 유통으로 인한 이익은 왕실과 조정이 가져가고, 인플레로 인한 손해는 전적으로 일반 백성에게 전가되었다.

청전 유통과 관련하여 황현은 『매천야록』에서 "정묘년(1867)에 청전을 쓰기 시작했는데, 물가가 앙등하여 4~5년이 지나 갑술년(1874) 정월에 실행하지 않았다"고 비판할 정도였다. 고종이 친정을 선언한 다음해인 1874년, 청전 유통량은 300만~400만 냥에 달했다. 이는 조선 화폐 유통량의 30~40퍼센트에 달하는 엄청난 규모였다. 이때는 대원군이 청전 유통을 공식화한 지 이미 7년째로 접어들어 청전은 공식 화폐나 다름없이 시중에 유통되고 있었다.

고종은 친정 직후인 1874년 2월 22일, 느닷없이 청전 유통을 금지시키는 어명을 내렸다. 아무런 대안이 마련되지 않은 상황에서 어명에 의해 청전이 하루아침에 퇴출당하자 시중에서는 이루 말할 수 없는 혼란과 폐해가 속출했다.

청전은 조선왕조의 공식 동전인 상평통보보다 가치가 떨어진다는 인식이 공공연하게 퍼져 있었다. 때문에 청전의 시중 유통과정에서 심각한 괴리 현상이 발생했다. 왕조의 관리들은 백성들에게 세금을 걷을 때는 상평통보로 징수한다. 반면에 조정에는 청전으로 납부하고 그 차익은 자신들이 착복했다. 그 결과 왕조의 재정 창고에는 청전만 잔뜩 쌓여 있었다. 이 와중에 고종이 어명으로 "청전 유통 금지" 명령을 내리자 청전은 하루아침에 화폐 가치를 상실했다.

고종의 엇나간 정책

청천병력 같은 청전 유통 금지 조치는 화폐 유통을 마비시킨 것은 물론이요, 대원군 시절 고통스런 과정을 통해 비축해놓았던 국가 재정을 쓰레기로 만들어버렸다. 경제는 최악의 혼란에 빠졌고, 왕조의 재정은 완전 파탄 상태가 되었다.

청전 유통금지로 인한 후폭풍이 경제를 강타하자 조정에서는 "창고에 쌓여 있는 청전을 중국 사신 파견 비용으로 사용하자"는 방안을 내놓았다. 고종은 "백성에게 편리하다면 나라의 비용에 손실이 있더라도 무슨 방해될 것이 있는가?" 하며 역정을 냈다(『고종실록』, 고종 11년 1월 29일). 갈팡질팡하는 화폐 정책을 비판하는 상소를 올리면 고종은 이들을 잡아다 처형했다.

대원군은 병인양요와 신미양요에 대한 보복으로 서양 면직물(서양목)에 대한 수입 금지령을 내렸다. 조선에 수입되는 서양 면직물은 거의 대부분 영국 맨체스터의 방직공장에서 생산되어 인도의 뭄바이를 거쳐 일본·청의 상인들을 통해 들어온 제품이었다. 고종은 친정 선언 직후인 1874년 2월, '고법(古法)으로의 회귀'를 선언하고 서양목을 '광동목'으로 이름을 바꾸어 수입을 허용했다.

청전 유통금지 후폭풍으로 경제가 거덜 나고 있던 무렵, 고종은 또 한 차례 충격적인 조치를 취한다. 당시엔 도고(都賈)라는 중간상인이 농촌에서 생산되는 식료품과 생필품을 서울에 들여다 파는 유통의 연결고리 역할을 하고 있었다.

고종은 이들 중간상인들이 농간을 부려 서울 물가가 상승하고 재정난이 초래된다고 판단했다. 이에 따라 1874년 3월 17일, 고종은 도고들의 활동을 전면 금지시키는 어명을 내렸다. 청전 유통이 끊긴 상태에서 상행위를 억압하는 조치가 발표되자 조선 경제는 공황 상태에 빠졌다. 견디다 못한 고종은 몇 달 후 청전 유통을 재개한다고 선언했다.

앞서 소개한 오스트리아 작가 겸 여행가 헤세-바르텍은 조선을 "문명과 외부 세계로부터 철저히 차단된 최악의 야만국가"라고 기록했다. 그가 조선에서 목격한 것 중 가장 의미심장한 내용은 조선 남성들이 일을 하지 않는다는 사실이었다(에른스트 폰 헤세-바르텍, 정현규 옮김, 앞의 책, 『조선, 1894년 여름』, 14, 24, 87쪽). 그는 조선에 체류하는 동안 남자들이 일하는 것을 한 번도 보지 못했다. 그들은 집 안이나 집 앞에서 쪼그리고 앉아 조그만 중국식 파이프를 입에 물고 빈둥거리거나, 골목길 한가운데 옹기종기 모여 앉아 놀거나 잠을 잤다.

조선의 남성들이 일을 하지 않는 이유는 삶의 의욕을 완전히 잃었기 때문이다. 이들이 삶의 의욕을 잃은 이유는 무엇이었을까? 헤세-바르텍의 눈에 비친 조선의 관리들은 도둑이나 다름없었다. 조선 백성이 애써 일을 하여 돈을 모아봤자 관리들에게 강탈당할 것이 분명했다. 때문에 생활비와 담뱃값 이상 돈을 벌 생각을 하지 않았다.

오스트리아에서 온 이방인은 조선의 몰락과, 조선에 만연한 비참함의 가장 주요한 원인으로 면허받은 흡혈귀나 다름없는 '조선의 관리'를 꼽았다. 그의 눈에 비친 조선 관리의 탐욕은 이윤 획득과 소유에 대한 모든 요구와 노동 의지, 그리고 모든 산업을 질식시켰다(같은 책, 87~88쪽). 그러한 조선 관리의 우두머리는 국왕 고종이었다.

백성이 가난해질수록 유교 전통의 왕도정치는 점점 멀어져 갔다. 황현은 고종에 대해 "스스로 자신의 웅략을 자부하면서 불세출의 자질을 가지고 있다고 판단하고, 위로 열성조와 비교될 뿐만 아니라 동방에서 처음 있는 군왕이 되려고 정권을 거머쥐고 세상일에 분주한 군주였다. 그는 군주가 갖춰야 할 미덕을 단 하나도 갖추지 못했다"라는 가혹한 인물평을 남겼다.

국가보다 개인의 안전이 우선이었던 고종

고종의 친정은 이처럼 대혼란 속에서 개막됐다. 쇄국과 척화의 아이콘 대원군의 퇴장에 이은 고종의 등장은 조선이 쇄국정책을 폐기하고 개국으로 나가는 중대한 전환점이었다. 그러나 고종 통치의 실상은 대원군 시절 도입했던 각종 개혁정책을 원점으로 되돌려 역사의 수레바퀴를 거꾸로 돌리는 조치를 연발한 것이었다.

1873년 4월 28일, 최익현·이항로 등 성리학 원리주의자들은 대원군이 때려 부순 만동묘를 부활해야 한다는 상소를 올렸다. 고종은 즉각 왕명으로 만동묘를 부활시켰다. 만동묘란 이미 망해서 지구상에서 사라진 지 230년이 흘러 유령이 된 명나라의 황제들에게 제사를 지내는 사당 아닌가. 미래를 보고 뛰어야 할 이 중대한 시기에 이따위 사당을 부활시켜 뭘 어쩌자는 심산이었을까? 시대착오적인 신하와 군주의 소중화주의 부활을 위한 노력은 애처로울 정도였다.

고종도 친정 이후 아버지 대원군 못지않게 군사력 증강에 지대한 공을 들였다. 그런데 고종의 부국강병 방식은 대원군과는 가치관이나 철학이 180도 달랐다. 강화도에서 프랑스군·미군과 격전을 치른 대원군은 외적의 침략에 대비하기 위해 강화도 일대의 군사력을 강화했다.

반면에 고종은 외적의 침략에 대한 대비 따위는 애초에 관심이 없었다. 군비확장과 관련한 고종의 첫 조치는 1874년 6월 9일, 500명의 '신정 파수군'이라 불린 근위부대의 창설이었다. 고종은 국왕 친위부대를 대대적으로 증강하라고 어명을 내렸다. 영의정 이유원이 예산 고갈을 이유로 들며 난색을 표명하자 "그렇다면 중앙 각 군영의 군사를 차출하여 궁궐 수비병을 늘리라"고 지시했다.

그 결과 훈련도감·금위영·어영청 등 각 군영에서 병력을 차출하여 2,000여 명의 병력을 확보했다. 1874년 8월 15일, 고종은 대신들과 한마디 상의도 없이 이 병력을 근간으로 무위소(武衛所)라는 근위부대를 창설했다. 이 부대 지휘관이 무위도통사(武衛都統使)였다. 이 자리에는 고종의 친정을 후원한 풍양 조씨의 대표자 조영하를 임명했다. 무위도통사는 훈련도감·금위영·어영청 등 3영의 사령관을 겸했고, 용호영과

〈그림6〉 총검을 장착하고 있는 조선의 군인들, 『런던뉴스Illustrated London News』, 1894

총융청을 통솔했으며, 한성부 치안업무까지 관여하는 막강한 권한을 소유했다.

고종이 외적의 침략에 대비하여 강화도 일대를 방어하는 진무영의 증강에는 관심이 없고, 애오라지 왕실을 호위하는 근위부대를 대대적으로 강화한 이유는 무엇이었을까? 기존의 부대를 강화해봤자 지휘관 대부분이 대원군 시절 키워놓은 '대원군 사람'이었다. 때문에 이 부대가 국왕에게 충성할 것인지 도무지 신뢰할 수 없었다.

친위부대는 우대… 변방 부대는 무시

고종은 국왕의 명을 따르는 지휘관, 무슨 일이 있어도 국왕에게 충성을 바치는 친위부대가 필요했다. 이런 이유 때문에 국가를 지키는 군대가 아니라, 국왕의 사병이나 다름없는 무위소의 병력과 기능·권한을 대대적으로 강화했다. 심지어 근위부대가 경찰 소관인 포도청 업무까지 지휘했다.

급기야 무위소는 담당하지 않는 일이 없을 정도로 무소불위의 권한을 가진 친위부대로 탈바꿈했다. 그와 비례하여 변경을 지키는 군대는 점점 약화되어 국경에서 언제 무슨 일이 벌어져도 대응하기 곤란한 상황으로 기울어갔다.

2,000명으로 출발한 무위소 병력은 1880년 무렵 4,399명으로 늘었다(배항섭, 앞의 책, 『19세기 조선의 군사제도 연구』, 125~131쪽). 이 병력을 모두 궁궐을 수비하는 임무에 투입하기에는 숫자가 너무 많았다. 고종은 이들 가운데 왕궁 파수를 전문으로 하는 병력을 선발하여 장예청(壯藝廳)을 신설했다.

대원군 시절에는 의주 해관에서 인삼 수출 관세로 거둔 포삼세 수입은 거의 대부분 강화도 일대의 군비 증강을 위한 재원으로 투입했다. 반면에 고종은 서양의 침략을 두 번이나 받은 강화도의 방어보다 자신의 왕궁 방어가 훨씬 중요한 우선 과제라고 생각했다. 그는 포삼세 재원을 강화도가 아닌, 무위소 운영 재원으로 전환했다.

국왕의 친위부대는 대대적인 병력 확충과 신무기로 무장했고, 보급 및 봉급 면에서 일반 군대와는 차원이 다른 특별한 예우를 받았다. 훈련도감 등 기존의 군대는 병력 규모와 예산이 축소되어 정상적인 부대 운영이 어려워졌다. 게다가 거의 모든 국방예산을 국왕 친위부대에 몰아주는 바람에 진무영에서는 경비 지급은 물론 병사 봉급을 10개월 이상 지급하지 못했다. 진무영은 날로 쇠락하여 3,000명에 이르렀던 병력 수가 1,300명으로 축소되었다(같은 책, 135쪽).

고종은 친정 체제를 강화하는 과정에서 대원군 시절 승격되었던 무신(武臣)들의 지위를 원상태로 되돌렸다. 1874년 9월 8일, 신헌을 마지막으로 진무영의 최고 책임자는 무신이 아닌 문신으로 임명했다. 대원군이 진무영의 군비 강화 예산을 마련하기 위해 신설했던 도성문세·도로세, 강화도의 갑곶과 한강과 임진강이 만나는 한강 하류 끝부분의 조강(祖江)을 통과하는 상선에 징수하던 세금을 모두 폐지했다.

덕분에 재정은 더욱 악화되어 고종 친정 1년 후에는 "창고가 비고 녹봉도 모자라 민간의 살림과 국가 계획이 망연하기 그지없는" 형편이 되었다. 오죽했으면 황현은 고종의 군사정책과 관련하여 "대원군이 설치하고 시행한 것은 선악을 불문하고 모두 뜯어고쳤다"고 혹평했을까.

재정 악화로 군부대를 정상 유지하기 어렵게 되자 고종은 대원군 시절 양성한 포군(砲軍)을 비롯하여 각 부대의 인력과 시설 감축에 돌입했다. 함경도 남병영의 경우 변방에 급보가 있을 때 중앙으로 경보를 띄우는 봉수군 운영비를 마련하지 못해 봉수대 운영을 중단했다.

당시 군부대의 실상을 조사한 후 고종에게 올린 보고서에는 "곳곳에서 돈으로 사람을 사서 내세우는 형상이 마치 어린아이들 장난 같았고, 병기도 고을마다 보수한다고는 하나 명색과 실속이 맞지 않는 형편"이란 내용이 적혀 있었다. 이런 보고를 받을 때마다 고종은 "우리나라가 가난하고 힘이 없으니 어찌 하면 좋은가" 하고 걱정만 할 뿐, 구체적인 군비강화를 추진하지 못했다(같은 책, 145~146쪽).

개혁에서 수구로 후퇴

식량이 부족해 중앙군 · 지방군의 병사들이 굶고 있을 때 국왕 친위부대인 무위소 병사들은 각별한 예우를 받아 배불리 먹었다. 게다가 고종은 군 주요 지휘관에 자신의 통치를 지지 후원한 세력을 골라서 등용했다. 민 왕후의 양오빠 민승호가 병조판서, 새로 창설된 무위소의 지휘관인 무위도통사에는 풍양 조씨의 상징 인물인 조영하를 임명한 것이 대표적인 사례다. 이런 인사는 기존의 사례처럼 조정의 토론을 거쳐 합리적으로 결정된 것이 아니다. 모든 인사는 왕비 민씨의 코치를 받은 고종의 즉흥적인 발상과 지시에 의해 시행되었다.

국왕의 브레이크 고장 난 전차와 같은 독주가 계속되자 우의정 박규수는 "대신들에게 언제 한번 나라 일을 어떻게 처리하는 것이 좋겠는가 하고 물어본 일이 없기 때문에 모순되는 일들이 많이 나타나고 있다"면서 항의하는 사직 상소를 올렸다. 고종은 기다렸다는 듯이 박규수의 사표를 수리했다.

대원군 시절 질서가 잡혀가던 왕조의 권위는 고종의 친정 과정에서 급격하게 무너지면서 심각한 혼란상이 연출됐다. 일본의 역사학자 기무라 간(大村幹)은 고종 친정의 폐해를 다음과 같이 분석했다(기무라 간, 김세덕 옮김, 『대한제국의 패망과 그림자』, 제이앤씨, 2017 126~127쪽).

① 한반도의 경제와 조선왕조의 재정에 치명적인 파탄을 가져왔다.

② 고종의 독단적인 정책 수행으로 고종의 친정을 뒷받침해온 중신들의 이반을 불렀고, 고종은 민 왕후와 여흥 민씨에 크게 의존하게 되었다.

③ 정책의 혼란으로 대원군에 대한 대망론을 낳고, 대원군을 중심으로 하는 세력의 재구성을 야기했다.

④ 친정 초기의 정책 실패와, 이에 대한 비판으로 정책 수행 의욕이 크게 훼손됐다.

고종은 친정 초기에는 주자성리학 원리주의자 최익현 등의 주장을 받아들여 과도하게 이상주의적이고 도덕주의적인 개혁을 시도했다. 현실 사정과는 크게 괴리된 개혁은 실효성이 전혀 없었다. 그 결과 역효과만 야기했다.

개혁에 대한 열정을 완전 상실한 고종은 아버지 대원군이 시도했던 제도적 개혁마저 포기했다. 국가재정의 축소, 부패구조의 만연을 어쩔 수 없는 현실로 받아들였다. 그저 하루하루를 전과 다름없이 때워나가는 현상유지에 올인하다시피 했다. 독선적인 국정 운영으로 조정 대신의 신망을 잃은 고종이 의지할 곳은 왕비와 왕비 친정사람뿐이었다. 이 와중에 민 왕후의 권위가 강화되는 사건이 발생했다.

민 왕후, 아들 생산

민 왕후는 고종과의 사이에서 4남 1녀를 생산했다. 하지만 아들 이척(훗날 순종)을 제외하고는 모두 태어난 지 며칠 안에 죽었다. 1871년 생산한 첫 아들은 항문이 없는 기형으로 태어나 4일 만에 죽었다. 민 왕후는 왕위를 승계할 건강한 아들을 얻기 위해 "왕비는 궁 밖에 나갈 수 없다"는 금기를 깨고 충청도 공주 신원사에 불공을 드리러 다녔다. 이런 공덕 때문인지 1874년 3월 25일, 학수고대하던 아들(이척)이 탄생했다. 시아버지 대원군이 권좌에서 물러나고 남편 고종의 친정과 더불어 경사가 난 것이다.

왕비 민씨에게는 이 아들이 보물단지나 다름없었다. 고종은 이척이 태어난 지 1년이 채 안 된 1875년 2월 6일, 포대기에 싸인 젖먹이를 왕세자로 선포했다.

조선 조정이 대원군의 실각, 고종의 친정으로 정치적 소용돌이에 휩싸여 있을 때 일본도 메이지정부의 기반이 크게 흔들려 갈피를 못 잡고 혼돈에 빠졌다. 메이지유신 과정에서 중요한 역할을 했던 사이고 다카모리 일파가 정한론 논쟁에서 패한 후 고향 가고시마로 물러가면서 정치적 위기가 시작되었다. 게다가 스스로 메이지유신의 일등공신으로 자

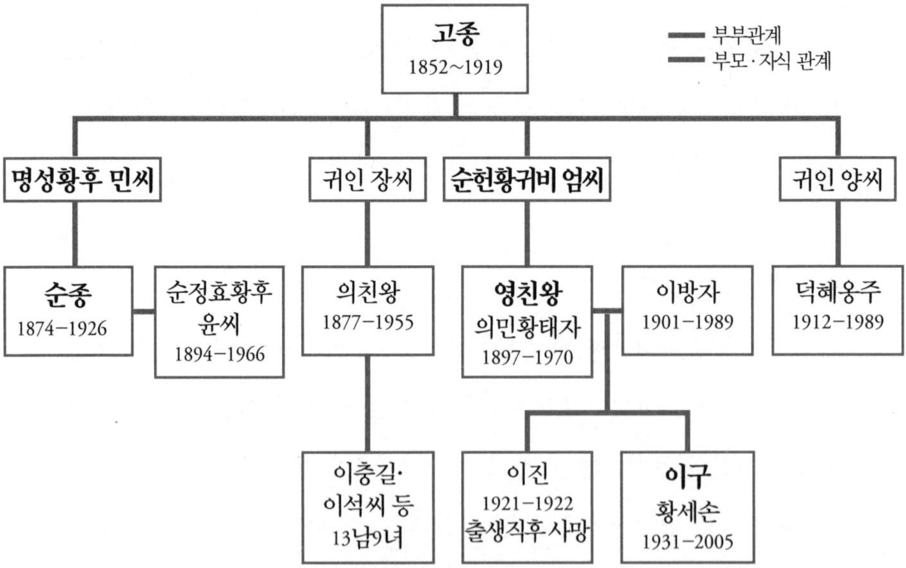

* 고종은 9남 4녀를 두었으나 일찍 죽은 왕자는 제외했음.

〈표3〉 대한제국 황실 가계도

처하던 사무라이들이 기득권을 빼앗기자 날이 갈수록 불만이 팽배했다.

중앙집권 정부가 일반 국민들을 징집하여 국민군을 조직하면서 사무라이의 필요성이 사라졌다. 사무라이는 폐도령(廃刀令)에 의해 칼을 차고 다니는 권리를 빼앗겼다. 칼을 차고 다니는 권리란 일종의 특권신분의 표상이었는데 이를 부정당한 것이다. 몰락한 사무라이들은 사이고 다카모리의 정한론을 지지하면서 메이지 신정부의 유약한 대외정책을 비난했다. 뭔가 분위기 반전이 절실한 시점에 '꿩 대신 닭'으로 선택된 것이 타이완 침략이다.

일본의 타이완 침략

1871년 11월, 류큐(琉球) 선박 한 척이 폭풍을 맞아 표류하던 중 타이완 동부 해안에 표착했다. 이 배에는 류큐인과 일본인이 타고 있었다. 타이완 남부에 거주하는 인도네시아계 토착민인 파이완족이 표류해 온 류큐인과 일본인 66명을 체포했다. 토착민들은 이들 중 54명을 참수했고, 12명은 타이완의 한족(漢族) 주민에 의해 구출됐다.

류큐를 자국 영토라고 주장하고 있던 일본은 청 조정에 사건을 저지른 원주민 처벌과 피살 선원에 대한 보상을 요구했다. 당시 청은 신장(新疆) 지역의 영토 문제로 러시아와 대립하고 있었다. 또 윈난성(雲南省)·산시성(陝西省)·간쑤성(甘肅省)에서 발생한 회교도 반란을 진압하느라 타이완에 신경을 쓸 여력이 없었다.

이 모습을 예의주시하던 메이지정부는 군대를 동원하여 타이완을 징벌해도 청은 내부 혼란으로 인해 대응하기 힘들 것으로 판단했다. 타이완 징벌에 성공할 경우 타이완이나 류큐를 일본 영토로 편입시킬 수도 있다는 타산이 서자 일본 정부는 타이완 침략을 결정했다. 정한론이 정대론(征臺論)로 뒤바뀐 것이다.

1874년 2월 6일 일본 각의는 정식으로 타이완 침략을 결의했다. 4월, 일본 정부는 타이완사무국을 설립하고 오쿠마 시게노부(大隈重信)를 책임자로 임명했다. 동시에 정한파의 거두였던 사이고 다카모리의 동생인 육군중장 사이고 쓰구미치(西鄕從道)를 타이완 정벌 사령관에 임명했다. 그는 원정군 3,600명을 이끌고 1874년 5월 8일 타이완을 침공했다. 이때 르젠드르(Charles Le Gendre)를 비롯한 미국 외교관과 다수의 미군 장교가 일본군 작전을 도왔다. 뿐만 아니라 미국 선박 뉴욕호는 타이완을 침공하는 일본 병력의 수송을 도왔다.

당시 청의 외교 총책 리훙장은 일본이 조선이 아니라 타이완을 침공했다는 소식을 듣고 반신반의했다. 일본의 의도가 무엇인지 헷갈렸기 때문이다. 일본군은 5월 22일 시먼(石門)에서 파이완족을 격퇴했다. 하지만 일본군이 거둔 전과는 토인 부락 10개를 토벌한 것이 전부였다. 일본군의 타이완 침략은 전술적 차원에서는 큰 실패였다.

낯선 아열대 기후와 풍토병이 문제였다. 일본군은 타이완에 투입한 병력의 절반 이상이 말라리아와 괴질에 걸려 560명이 사망하는 등 군대 기능이 마비됐다. 이 틈을 이용하여 셴바오젠(沈葆楨)이 이끄는 타이완 군대가 일본군에게 완승을 거두었다.

1874년 8월 16일, 오쿠보 도시미치가 일본의 타이완 침공에 대한 사후 처리를 위해 전권변리대신으로 베이징에 파견됐다. 이때 오쿠보는 주청 영국공사 웨이드 경(Sir Thomas Francis Wade)의 우호적인 거중조정으로 10월 31일 공친왕과 청일베이징전조(淸日北京專條)를 체결했다. 조약의 주요 내용은 일본군이 타이완에서 철수하고, 청은 일본군 파병을 자국민 보호를 위한 정당한 행위로 인정하며, 일본에게 배상금 50만 냥을 지불한다는 것이었다.

일본 외교부 "조선에 대한 무력행사" 요청

일본군이 타이완에서 고전한 사실은 언론 통제를 통해 철저히 은폐됐다. 자세한 내막을 모르는 일본 국민은 타이완 침략을 "일본의 국위를 떨친 대승리"라면서 환호했다. 실상은 막대한 군사비 지출로 인한 재정 파탄, 적과의 전투가 아니라 세균과의 전투로 인한 사상자 속출 등 '속으로 골병 든' 원정이었다.

반면에 정치·외교 차원에서는 의미가 크게 달랐다. 메이지정부의 기반이 강화되었고, 도쿠가와 말기부터 대두한 대륙을 향한 팽창 야망이 분출되었으며, 탈(脫)아시아 외교의 시동이라는 의미가 담겨 있었기 때문이다.

청은 일본이 자국 영토인 타이완에 군사를 보내 공격하고, 류큐를 일본 영토라고 주장했음에도 불구하고 별다른 조치를 취하지 않았다. 서양 열강은 일본의 타이완 침략을 계기로 일본을 잘 키워 길들이면 동아시아에서 자신들의 역할을 대행할 수 있는 존재라는 사실을 발견했다.

고종의 친정을 계기로 조정에서는 그동안 흥선대원군의 쇄국적 대일외교를 개혁해야 한다는 의견이 제기되었다. 그 결과 대원군의 초강경 대일외교를 일선에서 주도했던 경상도 관찰사(현재의 도지사) 김세호를 파직했다. 동래부사 정현덕은 함경도 문천군으로 유배를 보냈다. 고종은 일본과의 외교 실무를 현장에서 담당하는 왜학훈도 안동준마저 해임하고 현석운을 임명했다. 안동준은 일본과의 외교를 잘못한 죄로 유배 보냈다가 바로 효수했다. 이로써 대일외교의 사령탑 세 명이 모두 새 인물로 교체되었다.

하지만 1875년 2월, 모리야마 시게루(森山茂)가 가져온 국서도 형식과 내용이 전과 다르지 않아 조선 조정은 접수를 거부했다. 메이지 신정부의 체면이 또다시 구겨지자 모리야마는 조선을 압박하는 강경한 조치가 필요하다고 판단, 외무성에 '조선에 대한 무력행사'를 요청하는 보고서를 올렸다.

1875년 4월 15일, 모리야마는 일본 외무경 데라지마 무네노리(寺島宗則)에게 "측량을 명분으로 몇 척의 군함을 조선 근해로 출동시켜 위협을 가해달라"고 상신했다. 모리야마의 요청에 따라 메이지정부는 페리 함대와 동일한 방식의 포함외교를 조선에 실시한다는 원칙을 수립했다. 일본 정부는 군함 가스가(春日)·운요(雲陽)·다이니테보(第二丁卯) 등 세 척을 조선 근해에 파견하기로 결정했다. 군함 파견은 극비리에 결정되었다. 때문에 일본의 고위 관료들도 대부분 이 사실을 몰랐다.

일본 정부는 조선을 겁박하여 외교관계를 수립하는 과정에서 혹시라도 러시아가 개입할 가능성을 우려하여 이를 차단하기 위한 예방조치를 마련했다. 1875년 5월 7일 일본은 러시아와 사할린-쿠릴열도 교환조약을 체결했다. 일본은 이 조약을 통해 사할린섬에 대한 모든 권한을 완전히 포기하고 러시아 영토로 넘겨주었다. 그 대가로 일본은 쿠릴열도 북부를 넘겨받았다.

운요호 조선 해역으로 출동

사할린-쿠릴열도 교환조약이 조인된 지 20여 일 후인 5월 25일, 일본 정부는 "쓰시마와 조선의 연해 항로 조사"를 목적으로 이노우에 요시카(井上良馨) 소좌가 지휘하는 전함 운요호를 초량 왜관에 입항시켰다. 이것은 모리야마의 보고서를 토대로 진행된 군사 작전이었다.

이 무렵 일본의 관심이 타이완이나 조선 등 해외로 향한 이유가 있다. 일본에서 산업 발달로 인한 인구 과잉과 자원 확보가 현실 문제로 대두되었기 때문이다. 막상 타이완을 침략하고 보니 이곳은 아열대성 기후여서 매혹적인 거주지가 되지 못했다. 러시아 사할린으로도 진출을 시도했으나 겨울 추위가 너무 혹독했다. 일본의 관심은 자연스럽게 인접국이자 천혜의 비옥한 땅을 가진 조선으로 향하게 되었다. 이것이 아관파천을 전후로 조선에 오래 근무했던 주한 러시아공사 베베르의 분석이다(베베르, 「1898년 전후 대한제국」, 노주석, 『제정러시아 외교문서로 읽는 대한제국 비사(祕史)』, 이담북스, 2009, 131~149쪽).

운요호는 조슈번이 영국에서 구입하여 사용하다가 1871년 메이지 정부에 헌납한 300톤급 목조 전함이었다. 길이 35.7미터, 폭 7.2미터에 8문의 함포를 탑재한 쌍돛대 범선으로 승조원은 75명이었다. 일본 해군은 이순신 함대에 전멸당한 지 270년 만에 근대식 군함을 부산항에 입항시켜 조선 조정을 겁박하기 시작했다.

느닷없이 일본 군함이 초량 왜관에 나타나자 깜짝 놀란 조선 조정은 "사전 예고 없이 군함이 왜관 항구에 입항하는 것은 전례에 어긋난다"면서 즉각 철수를 요구했다. 일본 정부는 "초량 왜관의 일본 거주민을 보호하기 위한 조치"라며 조선 측 요구를 무시했다. 6월 12일에는 이토

스케유키(伊東祐亨) 소좌가 지휘하는 전함 다이니테보호가 입항하여 운요호와 합류했다. 두 번째 전함 입항에 대해 조선이 강력 항의하자 모리야마는 "조선과 일본 간의 현지교섭을 독촉하기 위한 목적"이라고 답했다.

6월 14일, 왜학훈도 현석운과 수행원들이 왜관 항구에 입항한 일본 군함을 임검하기 위해 승선을 요구했다. 모리야마는 함장들과 상의하여 승선을 허가했다. 조선 임검단이 배에 오르자마자 두 척의 전함은 훈련을 이유로 함포 사격을 시작했다. 고막을 찢을 듯한 요란한 함포 소리에 놀란 항만 일대는 공포에 휩싸였다. 일본은 페리 함대의 일본 내습과 동일한 방식으로 조선을 겁박한 것이다.

왜관 앞바다에서 한바탕 무력시위를 벌인 운요호는 6월 20일 새벽 부산항을 출항했다. 이 배는 동해안을 따라 함경도 영흥까지 올라가 해로를 측정한 후 다이니테보호와 함께 나가사키로 귀항했다.

포함을 동원한 위협에도 불구하고 조선 조정이 국서 접수를 계속 거부하자 모리야마는 본국 정부에 "더 강경한 수단을 채택해야 한다"는 보고서를 보냈다. 9월 3일 일본 외무성은 모리야마에게 "교섭을 포기하고 귀국하라"고 훈령했다. 같은 날 일본 해군성은 운요호에 "조선의 동남서해안에서 청의 뉴좡(牛莊)에 이르는 항로를 탐사하라"는 명령을 내렸다.

특수 임무를 띤 운요호는 9월 12일 나가사키를 떠나 조선의 거제도 옥포, 전라도 소안도를 지나 9월 19일 월미도 앞바다에 정박했다. 바로 이날 일본은 사할린을 러시아에 양도하는 의식을 거행했다.

일본군에게 압도적으로 패배당한 조선군

9월 20일 운요호는 강화도 동남방에 위치한 난지도 해역으로 이동했다. 조선 조정은 병인양요와 신미양요가 발생한 후 강화도 해역에 외국 선박의 진입을 금지하고 있었다. 이 와중에 운요호가 강화도 해역에 출몰했다. 모리야마는 9월 20일 임지인 부산을 떠나 귀국길에 올랐다. 모리야마가 부산을 떠난 날 강화도 일대에서 운요호 포격사건이 발생했다.

운요호가 조선의 남서해안을 따라 북상하여 강화도 앞바다에 나타났음에도 불구하고 이 배가 통과한 여러 고을에서 아무런 보고도 올리지 않았다. 의정부는 "외국 선박을 감시하는 제도가 이렇게 소홀한 것은 매우 한심한 노릇"이라고 개탄하면서 "군량마저 바닥나서 부대에 식량을 대기 어려운 상황"이라고 하소연했다.

이처럼 변방 수비제도가 무력화된 이유가 있다. 고종의 친정 이후 강화도 일대를 방어하는 진무영 예산을 고종의 친위부대인 무위소로 돌렸기 때문이다. 수도 외곽의 방어를 담당하는 진무영은 대원군 시절에 비해 무기나 인력 등이 크게 줄어 부대의 존립 자체가 어렵게 되었다. 이 모습을 지켜본 대원군은 "대체 진무영이 무슨 해를 끼쳤다고 이렇게 부대를 파괴하는가" 하고 한탄했다.

9월 20일, 운요호는 보트를 내려 10여 명의 병사가 식수를 구한다는 명목으로 강화도 초지진에 접근했다. 이들이 탄 보트가 초지진 포대 앞쪽으로 접근했다. 조선 병사들은 의문의 선박에 국적을 표시하는 식별기를 게양하지 않았기 때문에 이 배가 일본 국적이라는 사실을 확인하지 못했다.

정체불명의 보트가 해안으로 접근해오자 초지진 병사들은 보트를 향해 포격을 가했다. 보트에 탄 일본 병사들도 즉각 응사했고, 운요호도 즉각 발포하여 교전이 벌어졌다. 대원군은 5년간에 걸쳐 조선 정부가 동원할 수 있는 모든 재정과 인력을 투입하여 수도 서울의 입구인 강화도 일대의 군비를 강화했다. 그러나 그 수준은 초지진 포대에 재래식 화포인 대완구(大碗口)와 불랑기포(佛郞機砲, Frankish gun)를 배치하는 수준에 불과했다.

대완구와 불랑기포는 유선형 포탄을 발사하는 암스트롱 포(Armstrong Gun)와는 달리 구경 12센티미터 이하의 원형 쇳덩어리나 돌로 만든 탄환을 발사하는 구식 대포였다. 유효사거리가 700미터에 불과하고 명중률도 형편없었다. 때문에 초지진 포대에서 발사한 포탄 중 1발을 제외하고는 전부 표적을 빗나갔다.

반면에 운요호에 탑재된 110파운드 포와 40파운드 함포는 근대식 서양 화포로서 사정거리가 조선군 대포의 10배나 되고, 화력 면에서도 비교가 되지 않을 정도로 강력했다. 운요호가 발사하는 함포는 쏘는 대로 명중하여 초지진 포대에 적지 않은 피해를 입혔다(다보하시 기요시, 김종학 옮김, 앞의 책, 『근대 일선관계의 연구上』, 394쪽).

두 시간 정도 맹렬한 포격을 퍼부어 초지진 포대를 파괴한 운요호는 동도(同島) 포대와 영종진에 차례로 포격을 가한 뒤 영종도에 육전대(해병대)를 상륙시켰다. 일본군이 상륙하자 영종도 방어 책임자 이민덕과 영종진의 군민(軍民) 600여 명은 싸워보지도 않고 도주했다. 일본군은 관청과 민가에 불을 지르고, 크고 작은 대포 등 무기를 노획했다. 배로 돌아간 이들은 함상에서 승전 축하잔치를 벌인 후 나가사키로 귀항했다.

강화도 초지진과 영종도 전투 결과를 정리해보자. 조선군은 35명이

〈표4〉 강화도 해역에 파견된 일본 함대와 병력

함의 성격	함명	승선 병력
기함	겐부마루(玄武丸)	66명
	닛신(日進)	160명
	모슌(孟春)	82명
수송선	다카오마루(高雄丸)	405명
	하코다테마루(函館丸)	54명
	코류마루(矯龍丸)	42명
총병력		809명

출처: 신헌 지음, 김종학 옮김, 『심행일기』, 푸른역사, 2010, 79쪽

전사하고, 17명이 포로로 붙잡혔으며, 포 365문, 화승총 130정을 빼앗겼다. 군함 한 척의 내습으로 600명 병력을 보유하고 있던 영종진의 공공건물과 민가가 불탔다. 지휘관은 도주하고 성 전체가 불바다로 변했다.

일본은 부상자 2명이 발생했는데, 그중 한 명이 일본으로 귀환 도중 사망했다. 최종 결과는 전사 1명, 부상 1명. 조선군은 임진왜란 이후 280년 만에 벌어진 일본군과의 전투에서 압도적인 패배를 당했다.

강화도조약 체결

당시 청은 제10대 황제인 동치제(同治帝, 재위 1861~1875)가 천연두에 걸려 18세의 나이에 사망하여 국상 중이었다. 또 아편전쟁·태평천국 난으로 인한 후유증에서 벗어나지 못하고 있었다. 발등에 불이 떨어진 리훙장은 조선 외교부서에 "과격한 대응을 삼가고 일본의 요구를 평화적으로 수용하는 것이 유리하다"는 서한을 보냈다.

청의 외교부서인 총리아문 관리들이 보기에 일본은 서양 제도를 받

아들여 군사력이 강화되어 있으나, 조선은 이를 막아낼 어떤 준비나 계획조차 없다는 사실을 크게 우려했다. 그 결과 청의 관리들은 베이징을 방문한 조선의 세자 책봉사절 이유원에게 "무모한 배일정책을 청산하고 수교하라"고 강력하게 권고했다. 청으로부터 다양한 채널을 통해 일본과 수교 압력을 받은 고종은 어쩔 수 없이 일본과의 국교 재개를 결정했다.

청 조정에 심어놓은 첩자들을 통해 관련 정보를 입수한 일본은 이 기회를 이용하여 위력 시위를 벌여 조선을 개항시키기로 결정했다. 일본은 동원 가능한 모든 함정을 긁어모아 함대를 구성했다. 총 8척의 일본 함정은 1876년 1월 15일, 부산에 입항하여 전례 없는 공포 분위기를 연출했다. 조선 조정은 1월 30일 판중추부사 신헌을 전권대신으로 임명하여 교섭 임무를 맡겼다.

서로 다르게 해석한 '조선은 자주국'의 의미

일본은 조선과의 담판에 앞서 1876년 1월 24일, 베이징에서 조선의 종주국인 청과 접촉했다. 모리 아리노리(森有札) 특명전권공사는 조선과의 수교 협상 과정에서 청이 중개 역할을 해줄 것을 요청했다. 이를 거절할 경우 일본은 조선과 전쟁이 불가피하다고 겁을 주었다.

이 말을 들은 리훙장이 발끈했다. 그는 만약 일본이 조선을 침략하면 청은 이를 묵인하지 않을 것이며, 러시아도 헤이룽강(黑龍江) 지역의 병력을 동원하여 일본군을 저지할 것이라고 맞섰다. 일본의 침략 의도를 파악한 청은 조선에 일본과 수교를 촉구하는 외교문서를 보냈다.

일본과의 협상을 며칠 앞둔 2월 5일 조선 조정에 접수된 이 문서에는 일본이 무력을 동원해서라도 조선을 개항시키려 한다는 점, 청은 조선과 일본 양국 간에 무력충돌이 일어나지 않기를 바란다는 점, 만약 양국 간에 전쟁이 벌어질 경우 청은 조선을 도울 수 없다는 암시가 들어 있었다.

2월 10일 일본 측 전권대표 구로다 기요타카(黑田淸隆)가 일본군 400명을 인솔하여 강화도에 상륙했다. 협상 장소는 강화부의 연무당(練武堂)으로 정해졌다. 협상은 2월 11일부터 진행되어 2월 27일, 조일수호조규(朝日修好條規)라 불리는 강화도조약을 체결했다. 이로써 조선은 일본과 정식 수교를 하여 중국과의 속방 체제에서 근대적 조약 체제로 이행하게 된다.

조일수호조규 체결 과정에서 조선과 일본 양국은 조약문 해석상의 뚜렷한 견해차를 드러냈다. 먼저 제1조, "조선국은 자주국(自主之邦)으로서 일본국과 평등한 주권(平等之權)을 보유한다"는 부분이었다. '자주평등'의 의미와 관련하여 조선·일본·중국은 자국 입장에 따라 자기 편한 방식으로 해석했다.

먼저 일본은 조선이 완전한 독립국이며, 내치와 외교 모두 절대적으로 제3국의 간섭을 불허한다는 의미로 해석했다. 일본이 조약문에 '조선은 자주국'이라고 명기한 이유는 조선이 중국과의 책봉-조공관계에서 이탈하여 주권국가 체계로 들어섰음을 중국에 보여주기 위한 목적이었다. 일본은 '자주'란 곧 독립을 의미하며, 국제법에서 말하는 주권국가로 해석한 것이다. 이 조항은 청조(淸朝) 종속관계를 의식한 일본이 조선에 대한 청의 종주권을 부인하고, 앞으로 일본이 조선을 지도하는 입장에 서기 위해 필요했던 조항이었다.

반면에 조선 입장은 내치와 외교 모두 완전히 자주로서 독립국의 실질을 갖추고 있지만, 청의 번속(蕃屬)이라고 생각했다. 조선 국왕은 자국의 통치에 관해 청 황제에 대해 하등의 책임을 지지 않지만, 청 황제는 종주국의 최고 지도자로서 조선의 영토 보전에 대한 중대한 도덕적 의무를 지고 있다고 믿었다.

때문에 조선 조정은 일본과 조약을 체결했지만, 청과의 종속 관계에는 어떤 변화도 없다고 생각했다. 조선은 사대 질서 안에서 내정을 비롯하여 외국과의 교제(외교)를 자주적으로 진행해왔다. 때문에 그 연장선상에서 이 조항을 안이하게 해석한 것이다.

조선의 '자주'는 이처럼 극히 미묘한 여러 가지 의미를 내포하고 있었다. 때문에 그 해석이 국제 정세에 따라 좌우되어 이후 20년간 조선·청·일본과 제3국 간에 여러 차례 분쟁을 야기하는 단서가 된다. 청일전쟁도 조선의 자주 문제와 밀접하게 연결되어 있었다.

조선은 인삼, 일본은 개틀링 기관포 선물

조약 체결 후 양국은 예물을 교환했다. 조선 측에서는 견직물 · 호랑이가죽 · 표범가죽 · 붓, 그리고 인삼 · 녹용 · 종이 등 전통 문물이 주를 이루었다. 일본 측에서는 분당 600발을 발사하는 최신형 개틀링 기관포(回旋砲) 1문과 탄약 2,000발, 소총 · 연발 권총 · 탄약 등을 선물했다. 이들 병기는 모두 일본의 포병공창에서 제조한 일본산이었다(다보하시 기요시, 김종학 옮김, 앞의 책, 『근대 일선관계의 연구上』, 682쪽).

개틀링 기관포는 1861년 미국인 리처드 개틀링(Richard Jordan Gatling)이 발명한 다총신 기관포로 일본에서는 철륜화포(鐵輪火砲), 혹은 회선포라고 불렀다. 미국 남북전쟁에서 처음 사용되었고, 막부 말에 일본에 수입되었다. 일본에서는 1868년 막부파와 메이지유신 지지파 간에 벌어진 보신(戊辰)전쟁에서 처음 사용되어 강력한 위력을 발휘했다.

회담 진행 과정에서 의미심장하게 봐야 할 점은 통역으로 참여했던 역관 오경석의 행동이다. 그는 수차례 일본 대표단과 접촉하여 조선의 특급 기밀 정보를 넘겨주었다. 그 결과 일본은 협상에 유리한 카드를 쥐고 조선을 압박하여 수교조약을 체결하는 데 성공했다.

개화의 선봉장이라는 평가를 받는 역관 오경석은 무슨 이유 때문에 일본에 기밀정보를 넘겨주는 등 협력한 것일까? 그는 실력이나 재력은 충분히 갖췄지만 양반으로의 신분 상승이 엄격히 통제된 중인(中人) 계급이었다. 오경석처럼 실력 있는 중인은 반상의 신분체제가 빨리 무너져야 능력과 실력에 따라 우대받는 세상이 열린다고 믿었다. 하지만 중인은 아무리 발버둥을 쳐도 강고한 양반 기득권 체제를 무너뜨릴 만한 힘은 없었다.

조선의 대표적인 중인 계급은 오경석과 같은 역관, 그리고 의술을 통해 부를 축적한 의사 계층이었다. 이들을 의역중인(醫譯中人)이라 불렀다. 이 계층은 외국과의 조약 체결이 아니라, 외국 군함들이 무력을 과시하여 조선 사회에 근본적인 충격을 주기를 바랐다. 외세의 충격을 통한 개화·개혁·혁명을 추구한 것이다. 오경석이 그러한 급진적 개화의 선봉장이었다.

조선 해안에 출몰하는 서양 선박, 즉 이양선(異樣船)의 존재는 기득권을 틀어쥔 양반 지배계층에게는 위기이자 두려움이었다. 반면에 오경석이나 유대치같이 열린 사고를 가진 의역중인은 서양 세력을 반상의 신분제를 타파하고, 능력에 따라 예우받는 세상을 만드는 데 도움을 주는 구원자로 인식했다.

1876년 2월 28일 오전 10시. 원했던 목표를 모두 달성한 일본 대표단은 군함에 올라 철수했다.

영국의 외교책략 '일본의 관심을 한반도로!'

강화도조약 체결 과정을 복기해보면 당대를 주름잡던 패권국 영국이나 패권 도전국 러시아가 아닌, 프랑스·미국·일본이 연이어 조선에 등장했다는 특이점이 발견된다. 왜 세계의 패권국 영국은 이런 일련의 사태를 관망만 하고 있었을까?

이 점에 대해서는 미국 사학자 조지 렌슨(George A. Lensen)의 견해를 주목할 필요가 있다. 일본이 조선을 개국시킨 강화도조약 체결은 동아시아를 둘러싸고 전개된 영러 대결이라는 국제 정세를 일본이 교묘하게 이용한 결과였다. 한편에선 러시아의 한반도 병합을 저지하기 위한 영국의 음모가 작용한 결과였다고 조지 렌슨은 해석한다. 그 근거는 다음과 같다.

영국 외교라인은 1874년 일본이 타이완을 침략하자 심기가 불편해졌다. 영국은 타이완을 침략한 일본의 행보를 정밀 분석했다. 그 결과 일본이 타이완에서 영향력을 강화할 경우 자칫하면 중국 남부지역에서 획득한 자신들의 이권과 충돌할 가능성이 있다고 판단했다. 영국은 일본이 부유한 타이완을 독점하는 것을 원치 않았다.

일본이 타이완을 침략하자 영국은 청에 일본과 조속히 화의를 맺도록 강력히 권고했다. 그리고 일본을 회유하여 진출 방향을 타이완이 아닌, 한반도로 향하도록 하는 책략을 준비했다. 주청 영국공사 웨이드 경은 일본 정부에 "중국 내에서 활동하고 있는 영국 상인들은 타이완과 밀접한 상무 관계를 갖고 있기 때문에 일본이 타이완을 점령하는 것을 묵인할 수 없다"는 뜻을 분명하게 밝혔다(왕소방, 한인희 옮김, 『중국외교사』, 지영사, 1997, 197쪽).

1874년 타이완 침공의 뒤처리를 위해 오쿠보 도시미치가 베이징을 방문했다. 이때 주청 영국공사 웨이드는 오쿠보에게 "일본은 타이완이 아니라 조선으로 진출할 경우 열강들의 지원을 받을 것"이라고 발언했다. 영국이 타이완으로 향한 일본의 관심을 한반도로 돌려놓으면, 한반도로 남진해 오는 러시아의 대항마 역할을 일본에게 맡길 수 있으니 어부지리인 셈이 된다. 이것이 영국이 구상한 거대한 외교 책략이었다.

일본은 영국의 의도를 꿰뚫어 보고 영국과 러시아 사이에 양다리를 걸쳤다. 패권국 영국과, 패권 도전국 러시아의 대립이라는 '그레이트 게임'을 적절하게 이용하여 실리를 취한 것이다.

일본은 강화도조약을 통해 조선 침략에 제1의 제약요인이었던 영러와, 제2의 제약요인이었던 청을 한꺼번에 제거했다. 반면에 조선은 세상 물정 모르고 어물거리다 강제로 조약을 체결하게 된 것이 강화도조약의 본질이다.

4

러시아라는 '곰'을 경계하라

강화도조약이 체결된 후 조일 양국에는 외교관계의 진전을 위해 처리해야 할 현안들이 산적해 있었다. 하지만 조선 조정이 중국과의 사대질서의 예(禮)를 앞세워 사사건건 브레이크를 걸면서 도무지 진도가 나가질 않았다.

일본은 여러 난관을 사전에 제거하고, 교섭을 원만하게 진행하기 위해 일종의 회유책을 준비했다. 조선의 양반 지도층 인사를 일본에 초청하여 메이지유신을 통한 일본의 신체제, 이른바 문명개화의 현장을 구경시키면 큰 효과가 있지 않겠는가. 일본 측 요청에 의해 조선 조정은 김기수(金綺洙)를 대표로 한 수신사(修信使)를 일본에 파견하기로 결정했다.

강화도조약이 체결된 지 두 달 후인 1876년 5월 22일부터 6월 19일까지 김기수 일행의 일본 방문이 이루어졌다. 제1차 수신사 파견은 1811년 조선통신사 파견이 중단된 이래 조선이 일본에 보내는 최초의 공식 외교 사절이었다.

앞에서도 언급했듯이 조선통신사가 일본에 조선의 선진 문물을 전해주었다는 기존의 주장은 일종의 기만이자 사기다. 오히려 조선통신사들은 일본에서 선진 문물을 체험하면서 큰 충격을 받고 돌아왔다.

조선은 1607년부터 1811년까지 총 12차례 통신사를 파견했다. 반면에 나가사키의 데지마에 상관을 개설한 네덜란드는 1633년부터 1850년까지 166차례 에도를 방문(정하미, 「조선통신사의 교토 체지와 조선인 가도」, 일본어문학 68집, 2015)하여 전 세계 동향을 탐지한 국제 정세 보고서인 「풍설서(風說書)」를 막부에 제공했다.

조선통신사의 충격적 실상

1711년, 숙종 37년에 제6대 쇼군 도쿠가와 이에노부(德川家宣)의 취임 축하를 위해 조태억을 정사로, 임수간을 부사로 하여 8차 통신사를 일본에 파견했다. 통신사 일행은 11월 5일 에도에서 일본 측 파트너로 나선 유학자 아라이 하쿠세키(新井白石)와 대담을 나누었다. 대화 내용을 일부 소개한다(박종인, 앞의 책, 『대한민국 징비록』, 142~143쪽).

조태억 : 천하가 오랑캐를 따르지만 우리나라만은 대명(大明)의 제도를 고치지 않았다. 오로지 우리가 동주(東周)다.

아라이 : 그런데 왜 명나라 옷을 입고 있는가. 그나마 청나라가 봐줘서 그 정도 아니겠는가? 대서양과 구라파의 이탈리아, 네덜란드 사람을 직접 보았고, 지금 공들과 한집에 있으니 기이하다.

임수간 : 대서양은 서역 나라 이름이다. 구라파와 이탈리아는 어느 곳에 있는가?

아라이: 귀국에는 만국전도가 없는가?

이 대화의 핵심은 성리학과 소중화 의식으로 똘똘 뭉친 시대착오적인 조선통신사와, 근대 지식으로 무장한 일본 학자의 대결이었다. 조선통신사는 이미 67년 전 망해서 지구상에서 사라진 명나라 제도의 고수를 외치고, 기원전 771년에 존재했던 석기시대의 나라 동주(東周)를 찬양하다가 일본 유학자에게 망신을 당했다. 조선통신사는 이런 식으로 일본에 가서 소중화 모화사상을 앞세워 얼간이 노릇을 하다 귀국하곤 했다.

통신사가 일본에 상륙하면 그 순간부터 일본 땅을 떠날 때까지의 체류비용은 일본이 부담했다. 일본 막부 입장에서 보면 어마어마한 비용을 투자하여 초청한 조선통신사로부터 무엇 하나 배울 것이 없었다. 일본은 이미 네덜란드를 통해 세계 동향을 정밀하게 탐구하고, 난학을 받아들여 근대 문물과 제도를 수용하고 있었기 때문이다. 그 결과 1811년 12차 통신사는 에도까지 가지도 못하고 쓰시마에서 적당히 대접받고 귀국해야 했다. 이후 일본은 더 이상 통신사 파견을 요구하지 않았다.

그렇다면 강화도조약 이후 파견한 수신사의 역할은 달라졌을까? 수신사란 '신의를 닦는 사신'이란 뜻이다. 과거 조선통신사는 인원이 500여 명에 달하는 매머드급이어서 파견 비용이 엄청났다. 1876년 수신사는 82명으로 인원이 대폭 줄어들었다. 과거의 통신사와 비교하면 인원은 5분의 1로 줄었으나, 멤버 구성은 통신사와 다르지 않았다. 그 결과 수신사 구성원 중에는 기수단·음악대 등 의장대가 30명 넘게 포함되었다.

김기수를 대표로 하여 구성된 수신사 일행은 5월 22일, 일본 정부가 제공한 화륜선을 타고 부산을 떠났다. 일행은 시모노세키와 고베를 거

〈그림7〉 요코하마에 도착한 조선 수신사, 『그래픽The Graphic』, 1876

쳐 5월 29일 요코하마에 도착했다. 요코하마에서 도쿄까지는 기차로 이동했다. 도쿄에 도착한 조선 수신사는 메이지정부의 영빈관인 엔료칸(延遼館)에 투숙했다.

견학을 거부한 수신사 김기수

조선 수신사가 근대화된 일본 거리를 고풍스런 의상을 입고 풍악을 울리며 행차할 때마다 길에는 구경꾼이 몰려들어 큰 소동이 벌어졌다. 환영을 위한 구경꾼이 아니라, 신기한 조선 풍속을 보고 즐기려는 모멸적 호기심을 가진 군중이었다. 일본 사람들은 시대착오적인 행렬을 꾸려서 행차하는 수신사 행렬을 가리키면서 비웃었다(조경달, 최덕수 옮김, 『근대 조선과 일본』, 열린책들, 2015, 73~74쪽).

일본에 주재하는 영국의 한 신문기자는 전통복장을 하고 위엄을 부리며 행진하는 수신사 행렬을 "화석과 같은 일행"이라고 묘사했다. 사사키 스구루(佐佐木克) 도쿄대 명예교수는 조선이 파견한 수신사는 쇄국 조선의 무지가 빚은 시대착오적 해프닝이라고 비판했다.

조선 정부가 일본에 수신사를 파견한 목적은 "신생 일본에 대한 정보 수집과 군사기술에 대한 견문을 넓히는 것"이었다. 고종은 수신사 김기수에게 "일본의 물정을 상세히 살피는 것이 절실하니 잘 탐지하라. 아뢸 만한 모든 일들을 빠뜨리지 말고 기록해 오라"는 교지를 내렸다. 대신과 재상들도 "가능한 한 유람을 많이 해서 견문을 넓히고 오라"고 훈령했다.

일본 정부는 조선 수신사 일행에게 정해진 기한 내에 많은 것을 보여주기 위해 견학 일정을 타이트하게 잡아 수신사 일행을 안내했다. 하지만 무슨 까닭인지 김기수는 일본이 준비한 견학 일정의 거의 대부분을 거절하고 숙소에 틀어박혀 나오려 하지 않았다. 강화도조약 실무자였던 모리야마 시게루가 견학을 권하자 마지못해 히비야(日比谷) 연병장에서 거행된 보병·기병·포병 연합훈련 정도만 참관했다. 일본의 권유와 재촉에 의해 해군병학교, 근위보병영, 육군포병 본창(本廠), 서적관, 가이세(開成)학교, 의학교 부속병원, 원로원 의사당을 억지로 시찰하는 등 마는 등 했다.

일본 시설을 시찰할 때도 김기수 일행은 운영방법이나 제도 등 중요한 사항에 대해서는 일체 질문하지 않았다. 일본의 휘황한 근대 문물을 보고도 전혀 호기심을 보이지 않은 채 소중화 사대의 예의지국 대표답게 거만한 태도로 일관했다. 김기수는 도쿄에서 성의 없이 빈둥대다가

"수신사는 체류일정 15일을 초과할 수 없다"는 핑계를 대고 서둘러 귀국했다.

김기수는 귀국 후 고종에게 견문 내용을 보고해야 했다. 잔뜩 기대하고 김기수를 일본에 보낸 고종은 일본의 군사제도·병기·전신·기차·기선에서부터 화폐 주조, 농기구 제조에 이르기까지 호기심 가득 찬 질문을 거듭했다.

하지만 수신사 김기수는 국왕의 질문에 헛소리만 늘어놓았다. "미처 보지 못했습니다. 설혹 보더라도 갑자기 배울 수 없었기에 애초에 묻지 않았습니다"라거나, "이번 사행은 저들의 간청에 따라 부득이하게 가는 것이었습니다. 그러한 기술에 관해서는 질문하지 않았습니다"라는 답변뿐이었다. 속 시원한 답변을 한 번도 듣지 못한 조정 대신들은 기가 차서 "그대는 무엇을 위해 일본을 다녀왔는가" 하며 한숨지었다.

'러시아 위험성' 언급조차 하지 않아

수신사 김기수가 귀국 후 제출한 『문견별록』 내용은 더 충격적이었다. 그는 조선이 일본의 부국강병론에 부화뇌동해서는 안 되며, 부국강병론은 장기적인 방책이 아니라는 주장만 늘어놓았다. 부국강병에 대한 부정적인 사고체계는 성리학 원리주의의 나라 조선 양반 관리들이 가지고 있던 한결같은 공통점이었다. 이 점에서 김기수도 예외는 아니었다.

그럼에도 불구하고 김기수 일행의 일본 파견에는 심각한 국제정치적 의미가 저변에 도사리고 있다. 바로 이때의 수신사행을 통해 조선은 러시아와 전 지구적 차원에서 그레이트 게임을 벌이며 대치하고 있는 패권국 영국의 세력 범위 안으로 들어가게 되었다는 사실이다.

당시 일본은 다른 어느 나라보다 러시아의 움직임에 민감하게 대처하고 있었다. 러시아의 남하가 일본에 직접적인 위협으로 작용했기 때문이다. 이런 이유 때문에 일본은 '러시아 봉쇄'를 앞세운 영국과 국제정치적 입장을 공유하게 되었다(김용구, 『세계관 충돌과 한말 외교사, 1866~1882』, 문학과지성사, 2001, 221~222쪽).

당시 영국은 일본의 타이완 침략에 따른 전략적 구상을 실천에 옮기고 있었다. 타이완을 향했던 일본의 관심을 조선으로 돌린 후, 일본을 이용하여 러시아의 남하를 저지한다는 플랜을 작동시킨 것이다. 우선 영국은 일본 지도층에게 러시아에 대한 공포심을 조성했다. 또 그러한 공러(恐露)의식을 일본을 통해 조선 지도부에게도 전달되도록 공작했다.

수신사 김기수는 일본 체류 과정에서 강화도조약 당시 부(副)전권으로 참여했던 이노우에 가오루(井上馨)와 여러 차례 만나 대화를 나누었다. 이노우에는 김기수에게 러시아의 위험성을 지속적으로 경고했다. 하지만 일본 지도부 인사들의 신신당부에도 불구하고 김기수는 귀국하여 러시아와 관련된 정보를 고종에게 언급조차 하지 않았다.

일본 상품에 관세, 항만세 면제해준 조선 관리들

일본은 조선과 강화도조약을 체결한 후 교류 · 통상을 위한 양국 간의 구체적인 사항을 규정하기 위한 조일수호조규부록 및 통상장정 실무 협상에 돌입했다. 1876년 8월 5일, 일본 외무성은 협상 대표 미야모토 오카즈(宮本小一) 외무대승에게 "조일 무역을 촉진하기 위해서는 양국 모두 수출입세를 면제하는 것이 좋다. 하지만 조선 조정이 끝까지 관세를 요구할 경우 수출입세를 상품 가격의 5퍼센트로 하라"고 훈령했다.

또 조선의 개항장에 입항하는 일본 선박은 항만세를 내야 하는데, 돛대가 여러 개인 상선 및 증기상선은 5엔, 화물 500석 이상 적재 가능한 목제 외돛 선박은 2엔, 화물 500석 이하 적재 가능한 목제 외돛 선박은 1엔 50전, 일본 정부 소속 관선(官船)은 항세 면제를 가이드라인으로 협상하라고 훈령했다.

일본 정부가 통상장정 체결 과정에서 가장 중요하게 생각한 부분은 '수출입세'였다. 일본은 수출입세를 5퍼센트 정도로 협상이 타결되면 최선이라고 판단했다. 불행하게도 조선 측 협상 대표 조인희는 국제법은 물론, 수출입세에 대해서는 초보적인 상식도 없는 인물이었다. 조인희뿐만 아니라 조선의 대신 중 누구도 외국과의 근대적 조약이나 협정 과정에서 관세 문제나 최혜국 대우 등에 대해 국제법적 실무개념이나 기초 지식이 전혀 없었다. 이런 인물을 대표로 임명하여 협상했으니, 모든 사안은 일본 뜻대로 결정되었다.

이때 체결된 통상장정에 의해 조선 쌀과 잡곡의 일본 수출이 허용되었고, 일본은 관세까지 면제받았다. 뿐만 아니라 조선 조정은 일본에 "화물 출입에도 향후 수년간 면세를 허용한다"고 통 크게 양보했다. 상품 수출입 관세는 물론, 일본 선박의 항세도 면제해준 것이다.

수출입 화물에 대한 관세 면세 조약이 발효됨과 동시에 부산을 통해 엄청난 일본 상품과 일본 상인이 쏟아져 들어왔다. 일본 상인들이 가지고 들어온 제품 대부분은 영국 맨체스터에서 생산되어 일본에 수출한 면직물이었다.

종주국을 자처하는 청국으로부터 "외국과 무역을 할 때는 수출입 관세를 징수하는 것이 정상"이라는 설명을 듣고 나서야 조선 조정은 관세 면제가 치명적인 실수였다는 사실을 깨달았다. 하지만 뒤늦게 땅을 치고 후회한들 무슨 소용이 있겠는가.

2년 후인 1878년 9월 6일, 고종은 느닷없이 경상도 관찰사에게 "일본 제품에 대해 각 품목별 세율을 정하고 이를 동래부에 보내 즉각 시행하라"고 어명을 내렸다. 동래부사 윤치화는 부산 두모진에 해관을 설치하고 부산주재 일본 관리관에게 "9월 23일부터 조선에 수입되는 모든 물품에 대해 과세하겠다"고 통보하고 「징세책자」를 보냈다.

조선 조정이 이 조치를 취한 나름의 근거가 있다. 18세기 이후 상품 유통이 활발한 각 지역의 포구에 수세소(收稅所)를 설치하여 출입하는 상품에 포구세를 징수한 전례가 있었다. 두모포에서 일본과의 교역으로 상품 거래가 크게 늘자, 조선 조정은 예전의 관례대로 이곳에 수세소를 설치하고 과세를 하겠다고 일본에 통보한 것이다(김윤희·이욱·홍준화, 앞의 책, 『조선의 최후』, 208쪽).

조선 조정이 국제 조약을 무시하고 수출입 상품에 대해 관세 부과를 선언하자 일본 상인 105명이 동래부로 몰려가 강력 항의했다. 동래부사는 "수출입에 대한 과세는 각국 관례에 따른 것이며, 이번에는 조선 상민을 대상으로 징수하는 것이다. 때문에 일본이 시비할 이유가 없다"면서 일축했다.

일본 상인들은 자신들의 요구가 관철되지 않자 동래부 민가를 습격하고 지나가는 조선 사람을 폭행했다. 조선 사람들도 기와 조각과 돌을 집어던지며 이들과 맞섰다.

두모포 사태가 폭력 충돌로 비화하자 일본 정부는 무력 시위로 해결을 시도했다. 1878년 11월 29일 일본 정부는 자국 상인 보호를 내세워

사와노 다네카네(澤野種鐵) 해군 중좌가 지휘하는 군함 히에이(比叡)호와 하나부사 요시모토(花房義質) 대리공사를 부산에 급파했다. 일본 외무경 데라지마 무네노리는 하나부사 대리공사에게 "조선 조정에 수출입품에 대한 수세 정지를 요구하라. 이 요구가 받아들여지지 않으면 군함의 지원을 받아 반드시 이행하라"고 훈령했다.

부산에 도착한 하나부사 공사는 동래부사 윤치화에게 "두모포 세관의 과세를 즉시 중지하지 않으면 군사행동에 돌입하겠다"고 통보했다. 동래부사는 "과세는 정부의 명령에 따른 것으로서 지방관인 부사의 권한으로 중지할 수 없다. 과세는 조선 백성에게 시행되는 것이며, 일본 상인에게는 해당되지 않는다"라고 반박했다.

동래부사가 강경하게 나오자 일본 군함은 동래 앞바다 절영도에 함포사격 표적을 세우고 공포를 발사하는 등 무력시위를 벌였다. 이어 육전대 2개 소대가 두모포에 상륙했다. 일본의 군사적 압박에 굴복한 조선 조정은 12월 19일, 두모포 세관에서 세금 징수를 중지한다고 발표했다.

부산(1876)에 이어 원산(1880)과 제물포(1883)가 차례로 개항되고, 세 항구에 개항장이 설치되자 일본 상인이 물밀듯이 밀려왔다. 이때부터 일본과 본격적인 무역이 시작되었다. 조선의 대일(對日) 수출품 중 50퍼센트가 쌀이었다. 일본 상인들이 시중에서 쌀을 매집하여 일본으로 실어가자 수도권 쌀값이 2~3배 폭등했다. 이것이 1882년 7월 19일 발생한 임오군란의 한 원인이 되었다.

러시아, 청령 투르키스탄 지역 침공

1860년 청나라는 제2차 아편전쟁을 마무리 짓는 과정에서 러시아와 광활한 연해주지역을 넘겨주는 베이징조약을 체결했다. 이로써 러시아는 동아시아 일대에 알토란 같은 영토를 확보하는 데 성공했고, 두만강을 경계로 하여 조선과 국경을 접하게 되었다.

러시아는 바다로 나가는 출해구(出海口)를 찾기 위해 지중해와 페르시아만으로 남진을 시도했다. 영국은 인도를 자신들의 영향력 아래 두기 위해 지대한 공을 들이고 있었다. 이 와중에 러시아가 페르시아·아프가니스탄·티베트 쪽으로 진출을 시도했다. 아프가니스탄을 향한 러시아의 움직임은 인도를 장악한 영국에게는 중대한 도전이었다. 영국은 '인도 방위'라는 전략적 차원에서 러시아와의 대결을 선언하여 브레이크를 걸었다.

러시아는 결국 발길을 동아시아 쪽으로 돌릴 수밖에 없었다. 중러 베이징조약을 통해 두만강을 사이에 두고 조선과 국경을 접하게 된 러시아는 자신들이 원하는 부동항이 한반도 곳곳에 널려 있다는 사실을 알게 되었다. 러시아는 마음만 먹으면 한반도로 밀고 내려올 수 있는 유리한 입장이 되었다.

그러나 유럽 쪽 러시아와 동아시아 쪽 러시아 영토를 시베리아가 가로막고 있는 지리상의 제약, 동아시아 쪽의 극소수 거주 인구, 한정된 병력 등으로 인해 자신들의 의지를 실행하기에는 명백한 한계가 있었다. 러시아는 시기가 무르익을 때까지 조선에 대한 진출을 자제하기로 했다. 이른바 '관망정책(Wait and see)'을 내세운 것이다.

러시아는 1861년 농노제를 폐지한 후 자본주의가 진일보하여 날이 갈수록 성장하기 시작했다. 러시아 부르주아들은 중앙아시아 일대의 시장을 장악하고 중국의 서부 변경을 통해 중국과 육로 무역을 확대하기 위해 고군분투했다.

중앙아시아의 코칸드 칸국에서 온 야쿠브 베그(Mahomed Beg Yakoob, 阿古栢)는 카슈가르 일대를 점령하여 예티샤르(카슈가리아 왕국)를 세우고 1871년 청령 투르키스탄 지역인 이리(伊犁, Kuldja)를 침공했다. 야쿠브 베그는 천산남로와 천산북로 일대를 영토로 하는 회교 독립국을 건설했다. 그는 영국 군사 교관을 초빙하여 군대를 훈련시키는 등 친영(親英) 정책을 추진했다.

러시아는 위구르족 봉기가 중앙아시아의 러시아 영토까지 파급되지 않도록 차단해야 했다. 또 친영 세력인 야쿠브 베그가 북쪽으로 확장되는 것도 차단해야 했다. 러시아령 투르키스탄 총독 카우프만(K.P. Kaufman)은 1871년 7월, 군대를 파견하여 청의 서북 변경지역인 이리 일대의 전략적 요충을 점령했다. 러시아는 청의 반발을 무마하기 위해 청 조정에 "혼란이 수습되는 대로 즉각 철수하겠다"고 약속했다.

하지만 러시아는 이리 일대에서 야쿠브 베그를 격파한 뒤에도 군대를 그대로 주둔시켰다. 이것이 러청 사이에 발생한 '이리 분쟁'이었다. 급기야 이리 분쟁은 동아시아의 정황을 바꿔놓는 결정적인 계기가 되었다.

쓰시마 점령하려다 영국에게 제동 걸린 러시아

1871년 러시아가 이리에서 분쟁을 일으킨 이유가 있다. 그들이 동아시아에서 부동항을 얻기 위해 시도했던 쓰시마 점령 작전이 영국의 압력으로 실패했기 때문이다. 쓰시마는 동해에서 태평양으로 진출하는 전략 요충이었다. 때문에 세계 패권국인 영국이나 프랑스도 촉각을 곤두세우고 있는 지역이었다.

1861년 초 영국 군함 두 척이 나타나 쓰시마 해안을 정찰하고 갔다. 주일 러시아영사 고쉬케비치(I.A. Goshkevich)는 이 사실을 본국 정부에 보고했다. 영국 군함이 쓰시마를 정찰했다는 정보는 러시아 입장에서는 경천동지할 뉴스였다. 러시아 태평양함대의 창설자 리카체프(Likhatchev) 제독을 중심으로 2년 전부터 쓰시마 점령계획을 세우고 있었기 때문이다. 영국이 선수를 쳐서 쓰시마를 점령할 경우 블라디보스토크 일대에 포진한 러시아 함대의 태평양 진출이 봉쇄될 수도 있는 긴박한 상황이 되었다.

고쉬케비치 영사는 일본 막부에 영국 해군의 움직임을 알리고, 영국 해군에 대비하기 위해 막부에 무기를 원조하겠다고 제안했다. 막부가 이 제안을 거절하자 러시아는 즉각 비릴레프(Birilev) 함장이 지휘하는 포사드니크(Posadnik)호를 출동시켜 1861년 3월 13일, 쓰시마의 가라사키우라(苧崎浦)를 점령했다. 뒤이어 페쉬츄로프(Peshchurov) 함장 휘하의 제2진이 쓰시마 점령에 가세했다(최문형, 『제국주의 시대의 열강과 한국』, 민음사, 1990, 31쪽).

가라사키우라를 점령한 러시아는 막부에 쓰시마의 조차를 요구했다. 러시아가 쓰시마를 점령하자 일본은 큰 충격을 받았고, 이때부터 러시아에 대한 공포 의식이 확대되는 계기가 되었다. 독자적인 힘으로 러시아의 행보에 제동을 걸 수 없다고 판단한 막부는 재빨리 영국에 손을 내밀었다.

막부의 요청을 받은 주일 영국총영사 앨코크 경(Sir Rutherford Alcock)은 1861년 8월 27일, 아시아함대 사령관 제임스 호프 경(Sir James Hope)

과 두 척의 함선을 이끌고 쓰시마에 나타났다. 이미 가라사키우라에는 러시아 국기를 게양한 병원과 해군보급창이 건립되어 있었다(최문형, 앞의 책, 『제국주의 시대의 열강과 한국』, 31쪽).

앨코크 경은 러시아의 현지 사령관 리카체프 제독에게 엄중 항의하고 "쓰시마에서 병력을 철수하라"고 최후통첩을 했다. 영국의 강경한 대응에 놀란 리카체프 제독은 가라사키우라를 점령한 지 6개월 만인 1861년 9월에 병력을 철수시켰다.

일본에서 부동항을 획득하려던 러시아의 계획은 이로써 실패했다. 영국의 압박으로 수모를 당한 러시아는 서쪽으로 방향을 돌려 이리를 침공했다. 러시아의 이리 침공은 청에게도 뿌리 깊은 공러 의식을 심어주는 계기가 되었다.

일본이 조선을 침략하기 위한 제1의 제약요건은 영국과 러시아였고, 두 번째는 청이었다. 이 와중에 러시아가 이리를 침공하여 청나라가 비상사태에 돌입하자 두 번째 장애물을 돌파하는 데 유리한 환경이 조성되었다. 일본은 이리 분쟁을 틈타 앞서 설명한 대로 1874년 청국 영토인 타이완을 침공했다.

청나라는 서북 변경에서 러시아의 침략을 받았고, 남쪽에서는 일본의 침략을 당했다. 자기 나라 방위도 제대로 못해 허덕이는 청나라의 모습을 지켜본 일본은 조용히 다음 행보를 준비했다.

영국의 정책 전환

러시아의 이리 점령은 일본에게 류큐 합병이라는 기회를 제공했다. 러시아는 류큐 문제로 정신없는 청을 이용하여 이리 지역에 대한 침략을 강화했다. 일본은 청이 곤경에 처한 상황을 이용하여 청과 책봉-조공 관계에 있던 류큐를 합병하고, 청의 영토인 타이완을 침공했다. 국익을 앞세운 각국의 물고 물리는 대혼전은 결국 '잠자는 사자'에서 '병든 닭' 신세로 전락한 청나라의 허약성이 가져온 부산물이었다.

러시아나 일본이 노리는 다음 먹이는 청과 책봉-조공 관계에서 벗어나지 못한 조선이 될 것이 분명해지자, 청은 일본의 행보에 제동을 걸기 위해 다급하게 움직였다. 당시까지만 해도 청나라는 책봉-조공 관계를 맺은 속방국의 외교와 내치에는 간섭하지 않고 자율에 맡기는 것이 원칙이었다. 그런데 1880년을 전후로 일본의 팽창주의적 대외정책이 노골화하여 타이완이 일본에게 침략당하고, 류큐가 일본에 합병되었다.

이제 조선마저 일본의 영향권으로 넘어갈 경우 청의 위신은 돌이킬 수 없을 정도로 손상된다. 긴급 상황이 되자 청은 예외적이긴 하지만, 조선을 자국의 직접 통제 아래에 두고 조선의 내·외정에 개입하는 정책으로 전환했다. 청 조정은 리훙장에게 "조선 조정을 회유하여 서방 제국과 조약을 맺도록 하라"면서 예부(禮部) 소관이었던 조선 관련 외교 업무를 북양대신 소관으로 이관했다.

이때부터 리훙장은 조선의 정치·군사·외교·통상 등 모든 문제에 간여할 수 있는 강력한 권한을 갖게 되었다. 조정의 명을 받은 리훙장은 고종의 측근인 이유원에게 장문의 서한을 보내 류큐를 병합한 일본의 위험성을 지적하고, "조선은 서구 열강들과 조약을 맺어 일본과 러시아의 침략을 막아야 한다"고 조언했다.

그런데 조선에 대한 청의 적극적인 외교전략 변화는 청국 독자적인 판단의 결과가 아니었다는 사실이 밝혀졌다. 세계 패권국인 영국이

1880년을 전후하여 '신중과 자제'라는 한반도 현상유지 정책을 폐기하고 조선을 개국시키기로 결정한 데 따른 파생 효과였다. 영국은 자국의 외교 목표를 달성하기 위해 배후에서 청국 외교를 책임지고 있는 리훙장을 움직인 것이다.

영국이 리훙장을 움직인 무기는 '러시아에 대한 공포감'이었다. 주청 영국공사 웨이드는 "중국 입장에서 볼 때 조선은 교역 면에서는 별로 기대할 것이 없는 나라가 분명하지만, 이 나라의 상실은 중국에 중대한 타격이 될 것", "조선이 서양 열강 국가들과 외교통상 관계를 맺지 않으면 류큐의 전철을 밟게 될 것"이라면서 러시아에 대한 공포감을 조성했다.

바로 이 무렵, 고종은 1876년 일본에 파견했던 수신사 김기수가 임무를 성실히 수행하지 못했다고 판단했다. 그 결과 1880년 7월 31일 김홍

〈그림8〉 일본 기선 다카사고마루에 승선하여 조선으로 귀환하는 조선 수신사 일행, 『런던뉴스Illustrated London News』, 1881

집을 대표로 한 58명을 제2차 수신사로 일본에 파견했다. 고종은 일본으로 떠나는 김홍집에게 "일본 문물을 상세하게 보고 오라"고 지시했다. 김홍집도 제1차 수신사 김기수와 마찬가지로 신문물의 도입이라는 차원에서 볼 때 적임자라고 보기는 어려웠다.

『조선책략』을 써준 청나라

어쨌거나 김홍집은 7월 31일, 부산에서 일본 증기선 지도세마루(千歲丸)를 타고 8월 11일 도쿄에 도착, 9월 8일까지 약 한 달 정도 일본 시찰에 나섰다. 조선 수신사 김홍집이 도쿄에 나타나자 주일 청국공사 허루장(何如璋)과 참찬관 황준셴은 본국 정부의 훈령에 따라 여섯 차례 김홍집과 만나 필담을 나누었다.

허루장은 김홍집에게 "조선이 국제사회에서 낙오하지 않으려면 외국과 조약을 체결하고, 문명개화를 하여 부국강병의 길로 나가야 한다"고 조언했다. 또 러시아의 남하 위험을 경고한 후 그 대책으로 균세지법(均勢之法), 즉 근대 국제체제의 세력균형(balance of power) 원리를 설명하고, 미국과 수교를 하라고 권고했다(김종학, 『개화당의 기원과 비밀외교』, 일조각, 2017, 97쪽).

허루장 공사는 필담만으로는 의사전달이 충분하지 않다고 판단했다. 그는 부하 직원 황준셴에게 "조선이 미국과 수교하기 위한 방안을 책자로 작성하여 김홍집에게 제공하라"고 지시했다. 황준셴은 자신의 생각을 정리하여 집필한 소책자 『사의조선책략(私擬朝鮮策略)』을 김홍집에게 전달했다. 이 책에서 황준셴은 조선이 러시아의 위협에 대처하기 위해서는 '친중국(親中國), 결일본(結日本), 연미국(聯美國)'의 방략으로 나가야 하며, 대내적으로 자강하고 대외적으로 균세하면 러시아 세력을 막을 수 있다고 조언했다.

『조선책략』에 담긴 핵심적인 의미는 첫째, 러시아의 위협을 예방하기 위해 동양 3국이 러시아의 남하에 공동 대처해야 한다는 방아론(防俄論)을 조선에 전했다는 사실이다. 둘째, 조선이 택해야 할 새로운 외교 노선은 중국의 지휘를 받아야 한다는 점이었다. 일본과 관계를 정립하고, 미국과 조약을 체결하며, 다른 서양 열강과도 조약을 체결하라는 방법론이 적혀 있는 『조선책략』 노선은 조선 외교정책의 기본 방향을 서양 국제법 질서에 편입시키라는 뜻이었다.

이때부터 조선은 러시아 방아(防俄)와 일본 방어(反日) 중 어느 쪽에 외교정책의 우선 순위를 두어야 하며, 이에 따른 적대국가 설정 및 동맹국가와의 협력을 어떤 방식으로 모색할 것인가를 심각하게 고민하기 시작했다. 대러시아 경계론을 우선할 경우 중국·일본과의 협력체제를 유지해야 하며, 대일본 경계론에 설 경우 러시아·중국 등과의 협력을 모색하지 않을 수 없었다(김현철, 「러일전쟁 전후 한국인들의 일본관」, 정성화 외, 『러일전쟁과 동북아의 변화』, 선인, 2006, 90~81쪽).

김홍집을 통해 '조선을 향한 러시아의 위협적인 행보'에 대한 정보가 알려지자 조선 조정은 1882년, 두만강 건너 러시아의 움직임을 파악하기 위해 개화파 인물 백춘배를 연해주에 밀파했다. 백춘배는 김옥균이 동남제도 개척사 겸 포경사에 임명되었을 때 그의 종사관으로 활동했던 인물이다. 현지 조사를 다녀온 백춘배는 연해주 일대에 도로공사가 한창이고, 1883년부터 이 지역에 철도를 부설하려 한다는 사실, 블라디보스토크 일대에 방대한 군사시설이 건설되어 있다는 사실을 보고했다.

고종은 조정 대신들에게 『조선책략』을 회람시켰고, 관계부처에 두 책의 복각을 명했다. 10월 11일 열린 대신회의에서 조정은 청의 권고에 따라 미국이 조약 체결을 요청해오면 우호적으로 대처하기로 결정했다.

아무 일도 하지 않은 조선

리훙장이 황준셴을 통해 『조선책략』을 조선 조정에 보낸 것은 사실은 그의 독자적인 의지가 아니었다. 조선을 문호개방시키고, 미국을 앞세워 조선과 수교토록 하여 러시아의 남진을 서양 세력을 동원해 저지한다는 영국의 정략이었다.

조선을 개방하고 수교를 추진하는 과정에서 영국은 고민에 빠졌다. 자신들이 선두에 나서서 이 작업을 진행할 경우 자칫 잘못하면 러시아를 자극하여 저들이 무슨 일을 벌일지 모른다고 우려했다. 이에 따라 영국은 2선으로 물러나고, 청나라를 조종하여 미국이 조선과 먼저 수교하도록 유도했다. 미국이 서양 열강 중에서 최초로 조선과 수호조약을 체결한 이유는 영국이 미국을 앞세우고, 자신들은 '미국 뒤따라가기' 전략을 취함에서 비롯된 것이다(최문형, 『한국을 둘러싼 제국주의 열강의 각축』, 지식산업사, 2006. 41쪽).

당시 서양 열강은 조선을 거의 마지막 남은 미개방 국가로 보았다. 조선만 개방되면 전 세계가 하나의 세계, 하나의 시장이 되는 것이다. 이것이 조선 개방의 역사적 의미였다. 조선의 개방을 위해 열강들이 긴박하게 움직이고 있을 때 조선은 영국과 러시아의 '그레이트 게임'이 무엇인지, 국제 정세가 어떻게 돌아가고 있는지 아무런 관심도 없이 음풍농월하며 세월을 축내고 있었다.

국제정치 전문가 스탠리 호프만(Stanley Hoffmann)은 "모든 전쟁은 외교의 실패라고 부를 수 있다"고 주장했다. 자신을 지켜줄 무기도, 확실한 외교 전략도 부재했던 조선은 강성학 교수의 말처럼 "마키아벨리의 국제정치 바다에 떠 있는 외로운 플라톤의 섬"이었다.

청나라의 외교총책 리훙장은 조선 지도부가 정신 못 차리고 헤매자 나름대로 두 가지 대책을 준비했다. 첫째, 톈진(天津)에 설립한 무기 공장에 조선 기술자들을 유학시켜 무기 제조 기술을 습득하도록 한다. 둘째, 자신이 직접 나서서 조선과 서양 열강들의 수호통상조약을 추진한다.

때마침 주일 청국공사 허루장이 미 해군 제독 슈펠트(Robert W. Shufeldt)가 일본 외무성의 주선으로 조선과 외교 접촉을 시도하고 있다는 보고를 해왔다. 슈펠트는 제너럴 셔먼(General Sherman)호 격침 사건에 대한 진상조사를 위해 조선 해역에 파견되면서 조선과 인연을 맺은 인물이다.

리훙장은 즉각 슈펠트 제독을 톈진으로 초청했다. 1880년 8월 26일 톈진에 도착한 슈펠트는 리훙장에게 "미국이 조선과 수교할 수 있도록 도와달라"고 협조를 요청했다. 리훙장은 이 요청을 수락했다.

리훙장이 미국과의 수교 교섭 대행

이 와중에 조선 조정에서는 김홍집이 일본 출장길에 가져온 『조선책략』의 내용을 놓고 개방 · 통상에 반대하는 격렬한 위정척사 운동이 제기되었다. 자기 집 앞마당에서 위기의 불길이 타오르고 있는 사실도 모르고 위정척사파에게 휘둘려 어쩔 줄 모르는 고종의 모습을 지켜본 리훙장은 자신이 직접 조선과 서양 열강 간의 수교를 진행할 수밖에 없다고 판단했다.

그 결과 조선 역사상 최초로 서양 국가와 수교하기 위한 미국과의 외교 교섭은 기행과 파행의 연속이었다. 1882년 3월 25일, 조선 대표가 한 명도 참석하지 않은 가운데 조선 영토가 아닌 중국 영토 톈진에서, 청의 직예총독 리훙장과 미국 전권대표 슈펠트 제독 간에 미국-조선 간의 수교를 위한 외교 교섭이 개시되었다.

1882년 5월 11일, 청과 미국 대표 합의 아래 조약 초안이 완성되었다. 조약의 초안은 리훙장과 슈펠트 제독의 교섭 내용을 토대로 리훙장 휘하의 해외 유학파이자 국제변호사인 마젠중이 작성했다. 이렇게 마련된 초안을 가지고 슈펠트 제독 일행과 마젠중, 북양함대 사령관 딩루창(丁汝昌) 등 중국 관원들이 청나라 군함 위원(威遠)호에 승선하여 제물포에 도착했다. 조선 조정은 신헌을 전권대신으로, 김홍집을 전권부관으로 임명하여 협상에 임했다.

강화도에서 조선 대표와 미국 대표의 대화는 외교 협상이라고 언급할 것도 없었다. 일본이 미국으로부터 개항 요구를 받았을 때, 그리고 1854년 미일화친조약을 협상할 때 그들은 네덜란드어로 교섭을 진행했고, 일부에서는 영어를 사용했다. 외교 교섭을 진행할 수 있을 정도로 네덜란드어와 영어를 구사할 수 있는 사람이 상당수 준비되어 있었기 때문이다.

조선이 미국과 수교 협상하는 과정에서 영어를 구사할 수 있는 조선인은 단 한 명도 없었다. 때문에 중국이 조선 조정을 대신하여 교섭을 진행할 수밖에 없었다. 조미 양국 대표는 마젠중이 들고 온 조약문 초안을 토대로, 사소한 문구 몇 개 외에는 거의 수정 없이 원안대로 합의했다. 5월 22일, 조미 양국 전권대표는 제물포에서 조미수호통상조약(일명 슈펠트 조약)에 조인했다.

미국과 체결한 조약문 제1조는 "조선과 미국 두 나라 사이에 영구적인 평화와 우호가 있을 것"이라고 되어 있었다. 만약 제3국이 어느 한쪽 정부에 부당하게, 혹은 억압적인 행동을 할 경우 미국과 조선은 "원만한 타결이 이루어지도록 거중조정(居中調整, good offices)에 최선을 다한다"고 규정되어 있었다.

조선 국왕 고종은 '거중조정에 최선을 다한다'는 구절을 "미국이 제국주의 포식자들로부터 조선을 보호해줄 새로운 '형님 나라'가 된다"는 뜻으로 해석했다(제임스 브래들리, 송정애 옮김, 『임페리얼 크루즈』, 도서출판 프리뷰, 2010, 204쪽). 조선 지도부는 거중조정을 유사시 미국의 개입(intervention) 또는 조선과의 동맹(allience)으로 제멋대로 해석했다.

미국에 이어 영국, 독일과 수교

반면에 미국은 다른 나라와 수교할 때 이와 비슷한 조항을 포함시켰던 것처럼, 의례적인 외교적 수사로 해석했다. 미국은 조선의 정치적 독립과 영토 보전을 지지하는 데 있어 대부(代父) 역할을 하는 정도의 의미로 받아들였다. 조선 지도부는 '거중조정'과 '개입'이라는 외교용어조차 구별할 능력을 가지고 있지 못했다.

비슷한 시기에 일본의 언론인 겸 개화사상가 후쿠자와 유키치(福沢諭吉)는 조선 조정과는 달리 "수백 권에 달하는 국제법 서적도 서너 문의 대포와 겨루지 못한다. 아무리 많은 우호조약도 얼마 되지 않는 화력 앞에 속수무책이다. 대포와 화약이 바로 법이다"라고 주장했다. 독자 여러

분은 어느 쪽 주장이 더 현실적이라고 판단하시는가?

조선 조정은 여러 가지 이권을 미국에게 부여하는 조건으로 미국 정부가 조미조약에서 규정한 거중조정 조항을 준수하고, 조선이 위기에 처할 경우 미국이 개입하여 구제해줄 것으로 확신했다. 그러나 1882년 조약 체결 이후 1905년 을사보호조약으로 서울에서 공관을 철수할 때까지 미국은 단 한 번도 조선의 거중조정 호소를 수용하지 않았다.

프러시아의 프레드릭 대제(Frederick the Great)는 "무기 없는 외교는 악기 없는 음악과 같다"고 말했다. 열강과의 조약, 특히 약소국과 강대국 간의 외교에서 조선은 '힘의 지배력'이란 뜻을 알 수 없었다. 국력의 뒷받침이 없는 '조약상의 제(諸)권리(treaty rights)'는 글자를 박아놓은 종이쪽지 이상의 가치가 없다는 사실을 고종과 조선 지도부는 이해하지 못한 것이다(김원모, 『개화기 한미교섭관계사』, 단국대학교 출판부, 163쪽).

패권국 영국은 러시아와의 대치라는 세계 전략 관점에서 조선 문제를 바라보았다. 한반도에 대한 영국의 기본적인 입장은 다음과 같았다. 첫째, 러시아에 대한 견제 지역으로서의 가치가 있는가. 둘째, 영국 상품 수출 지역으로서의 가치가 있는가. 영국 외무성은 조선이 경제적으로 하등의 가치가 없다는 사실을 파악하고 중국과 일본 시장에 전념했다. 그들은 러시아에 대한 견제, 즉 한반도를 향한 러시아의 남하를 어떻게 막아내느냐의 관점에서 조선을 바라보았다.

슈펠트가 조선과 조약 체결을 위해 톈진에서 리훙장과 교섭을 벌이고 있을 때, 영국은 이 두 가지 기준에 따라 조선 문제에 대응했다. 영국은 조선에 대한 적극적인 접근이 열강들의 조선 진출을 자극하여 이 지역에서 분쟁이 야기되지 않을까 하여 가급적 행동을 자제했다.

이런 상황에서 미국이 서양 국가 중에서 가장 먼저 조약을 체결하자 영국이 슬슬 움직였다. 영국은 러시아를 비롯한 다른 열강 국가를 자극하지 않기 위해 조선과 최혜국 대우 조항 하나 정도가 보장된 느슨한 조약을 체결했다. 이것이 1882년 6월 6일 리훙장의 주선으로 조선과 체결한 조영수호통상조약(일명 윌리스조약)이다. 영국은 다른 열강에게는 "우리는 최혜국 조항에 의거, 귀국이 조선에서 획득하게 될 이익을 함께 나눌 예정"이라고 소극적인 입장을 보였다.

조선 침투 개시한 영국·러시아

조선은 이어서 6월 28일 조영하와 브란트(Max von Brandt)가 조독수호통상조약(일명 브란트 조약)을 체결했다. 이탈리아와도 동일한 내용의 조약을 체결했다.

이로써 조선 조정은 쇄국에서 벗어나 개국으로 향하는 급행열차에 올랐다. 황준셴의 『조선책략』이 조선 조정의 개국 방침이 된 것이다. 미국·영국·독일과의 조약 체결은 어디까지나 『조선책략』에 의한 청의 교시, 더 나아가 영국의 간접 지령에 따른 결과였다.

영국의 의도대로 조선과 미국·영국·독일과의 수교가 원만하게 이루어졌다. 리훙장은 서양 열강을 끌어들여 조선을 일본과 러시아의 압력으로부터 지켜낸다는 자신의 이이제이(以夷制夷) 정책이 성공했다고 판단했다. 기분이 좋아진 그는 "외교의 지평선은 맑다"고 선언했다.

하지만 리훙장의 이 선언은 순진한 착각이었다. 영국은 일단 자신들의 책략대로 조선을 개방하는 조약 체결에 성공하자 곧바로 다음 작업에 돌입했다. 조선과 체결한 조약 내용에 태클을 걸고 나온 것이다. 조선과 외교협상의 전권을 위임받은 영국의 윌리스(George O.J. Willes) 제독은 체결된 조영조약 내용에 심한 불만을 제기했다.

윌리스는 조선 조정에 "다음 세 가지 사항이 조약에 명시되어 있지 않기 때문에 새로운 합의가 필요하다"고 주장했다.

첫째, 영국 상인이 개항장에서 통상하는 경우 일본이 원산·부산·인천에서 통상하는 것에 따른다.

둘째, 공법(국제법)에 따르면 각국 군함은 다른 국가의 어떤 항구에도 기항한다. 조선과 영국이 조약을 체결했으니 영국 군함이 조선의 모든 항구에 들어가 식용품·담수를 구하고 선박을 수리할 수 있다.

셋째, 조선 해안이 측량을 하지 않아 매우 위험하니 영국 군함이 이를 자세히 측량하여 해도(海圖)를 작성한다(김용구, 앞의 책, 『세계관 충돌과 한말 외교사, 1866~1882』, 379쪽).

윌리스 제독의 요구는 황당하기 이를 데 없는 깡패 논리였다. 그가 제시한 두 번째 항목은 세계 어느 나라도 그런 내용의 조약을 체결한 전례가 없는 것이었다. 사실 여부와는 관계없이 윌리스는 안면몰수하고 "서양 공법에 이런 내용이 있으니 이를 허가하라"고 조선 조정을 압박했다. 세상물정 모르는 조선의 대신들은 순진하게도 "조선 인민이 외국인과 접촉하는 과정에서 분쟁이 일어나지 않도록 조심해달라"는 조건으로 영국이 제기한 요구를 모두 수락했다.

1854년 크림전쟁이 발발한 이후 1882년 영국이 조선과 수교조약을 체결할 때까지 영국이 조선을 어떻게 인식하고 있었는지는 허츨렛(E. Hertslet)이 작성한 「조선에 관한 각서(Memorandum respecting Corea)」에 잘 나타나 있다. 이 각서의 결론은 다음 두 가지였다(김용구, 『거문도와 블라디보스토크』, 서강대학교 출판부, 2009, 18~19쪽).

첫째, 영국은 러시아와 세계적인 규모에서 대치하고 있는 상황에서 한반도의 위치를 인식하고 있다. 즉 블라디보스토크에서 남하하는 러시아 세력을 한반도 부근에서 저지한다는 것이 영국 정책의 관건이었다.

둘째, 한반도가 영국의 수출시장으로서 어느 정도 가치가 있는가의 여부다. 영국은 조선의 구매력에 회의적이었다. 1880년 여름에 영국영사로서는 최초로 부산 왜관을 방문한 스펜스(D. Spence)는 이곳에서 판매되는 면제품이 모두 상하이에서 수입한 영국 상품이란 사실을 확인했다.

미국과 영국이 조선과 연이어 수교한 사실이 알려지자 러시아가 바빠졌다. 러시아는 영국이 1860년 이래 유지해왔던 동아시아에 대한 신중과 자제 정책을 폐기한 것으로 해석했다. 이 상태를 그대로 방치할 경우 조선과의 관계에서 영국에 선수를 빼앗기게 된다. 러시아 정부도 미·영과 동일한 우호통상조약을 조선과 체결하기로 결정했다. 그 임무는 톈진주재 러시아 영사 베베르에게 맡겨졌다.

5

쿠데타·반란의 시대

1880년 12월 하나부사 요시모토 주한 일본변리공사는 일본 정부의 명을 받아 소총 · 권총 및 탄약을 조선에 제공했다. 1882년 4월 6일에는 왕세자 이척이 여흥 민씨(순명효황후)와 창덕궁 인정전에서 혼인할 때 선물로 산포(山砲, mountain gun) 2문과 소형 증기선 1척을 증정했다. 산포는 분해가 가능하여 산악지대 등 일반적인 화포가 행동할 수 없는 지형에서도 이동하면서 사격이 가능한 화포를 말한다.

하나부사 공사는 서울에 주재한 이래 기회가 있을 때마다 조선의 대신들에게 국제 정세를 설명하고 "군비를 확충하여 독자적인 힘으로 나라를 지켜야 한다"고 설득했다. 또 조선이 개화로 나갈 경우 일본 정부가 원조를 아끼지 않겠다고 약속했다.

고종은 일본 정부의 권고에 따라 군제 개혁에 착수했다. 훈련도감·어영청·수어청·금위영·총융청으로 구성되어 있던 5영을 무술영(武術營)·장어영(壯禦營)의 2영으로 통합했다. 1881년 고종은 일본의 후원을 받아 무술영 예하에 신무기로 무장한 근대식 군대이자 국왕 친위부대인 교련병대(별기군)를 창설했다. 별기군은 수신사 김홍집을 수행했던 윤웅렬(윤치호의 아버지)이 지휘를 맡았다. 이 부대의 훈련을 위해 일본공사관의 추천을 받아 일본 육군 소위 호리모토 레조(掘本禮造)를 교관으로 초빙했다.

80여 명으로 출발한 별기군 병력은 다음 해에 400여 명으로 늘었다. 별기군은 국가방위군이 아니라, 사실상 국왕 고종과 민씨 척족 세력의 사병(私兵)이었다. 국왕 친위부대라는 위상 때문에 급료나 피복지급 등 모든 면에서 구식군대보다 대우가 좋았다. 무기도 최신형 스나이퍼(Sniper), 영국의 후장식 소총인 마티니(Martini) 등 속사소총으로 무장했다.

구식 군대 소속 군인들은 특별 우대를 받는 별기군을 왜별기(倭別技)라고 경멸했다. 당시 구식 군대는 별기군에 비해 형편없는 대우를 받았다. 이러한 차별은 임계점 이하일 경우 별문제가 없으나, 도를 넘어설 경우 무슨 일을 저지를지 모르는 시한폭탄이 될 수도 있다. 군대란 무력을 보유한 집단이기 때문이다.

이 무렵 몇 년째 계속된 흉년으로 인해 세금으로 거두는 쌀(稅米)이 제대로 걷히질 않았다. 그 여파로 국가 재정이 크게 악화되어 구식 군대 소속 군인들에게 지급할 봉급이 13개월 치나 밀리는 상황이 되었다.

구식 군인들의 폭동(임오군란)

이 무렵 조선에 대한 정탐을 위해 곳곳에서 암약하고 있던 일본 낭인(浪人)들은 조선이 자신들이 생각했던 것보다 훨씬 빈곤하고 부패했으며, 국기(國基)가 허약하다고 파악했다. 서울에서 한성순보 발간업무를 맡았던 이노우에 가쿠고로(井上角五郎)는 “왕족(대원군)은 척족(민 왕후파)을

꺾으려 하고, 반대로 척족은 왕족을 능가하려고 하는 서로의 알력 때문에 정국이 평탄할 날이 없다. 그런데도 양반들은 각각 당파를 만들어 왕족이나 척족과 더불어 세도잡기에 여념이 없다"고 질타했다.

조선을 방문한 후 『은자(隱者)의 나라 한국』을 쓴 그리피스(William Elliot Griffis)는 "이 나라에는 진정한 애국심을 가진 사람이 없는 것 같다. 능력 있는 한국인으로서 케케묵은 혈족이나 양반사회의 사악함과 연루되지 않은 사람이 거의 없다는 것은 매우 절망적이다. 그들이 생각하는 정부와 관리의 관계는 단지 젖과 그것을 빨고 있는 돼지의 관계에 불과하다"고 말했다.

이 아비규환의 와중에 재정기관인 선혜청(宣惠廳) 책임자인 민겸호는 선혜청 예산 중 상당액을 청나라 칙사 접대비, 왕실 혼인비로 전용했다. 덕분에 재정 창고가 텅 비었다. 정부가 지급하는 급료로 먹고사는 직업군인들이 13개월째 군량 한 톨 지급받지 못했다. 반면에 국왕 친위부대인 별기군 소속 군인들은 배불리 먹고 지냈다. 구식 군대는 자신들이 굶고 있는 모든 원인은 민씨 척족 세력들의 부정부패 때문이라고 이를 갈았다.

때마침 호남에서 세곡선 몇 척이 도착하여 무려 13개월 만에 밀린 봉급을 지급한다는 소식이 전해졌다. 구식 군대 소속원들은 잔뜩 기대하고 선혜청 산하 곡식 창고로 모여들었다. 그런데 급료로 쌀을 지급받은 군인들의 눈에서 불이 튀었다. 쌀자루에는 겨와 썩은 쌀, 모래와 돌이 절반 이상 섞여 있었기 때문이다. 격분한 군인들은 급료 수령을 거부하고 폭동을 일으켰다. 주모자 네 사람이 체포되어 목이 달아날 상황이 되었다.

군인들은 자신들의 억울함을 해결해줄 사람은 대원군밖에 없다고 판단했다. 대원군 시절 무관의 품계가 올라가고, 군인들 처우가 개선되었던 사실을 기억하고 있었기 때문이다. 분노한 군인들은 운현궁으로 몰려가 홍선대원군에게 도움을 호소했다. 군인 봉기가 발생하자 대원군은 비상한 두뇌 회전으로 정세를 분석했다.

아들과 며느리에게 권력을 빼앗기고 10년 세월 숨죽이며 살아온 대원군이었다. 냉철한 이성, 합리적 판단력은 이미 기대하기 힘든 나이로 접어들었다. 한 시절 천하 권력을 휘두르다 며느리와 여흥 민씨 세력의 공작에 의해 뒷방으로 물러난 대원군 아닌가. 그는 이미 새들이 나뭇가지에 앉아 지저귀는 소리도 자신의 정치적 재기와 관련한 속삭임으로 해석하는 퇴물 정객이 되어 있었다.

"이것은 분명, 나의 정치적 재기를 위해 하늘이 주신 기회 아니겠는가."

대원군은 쾌재를 불렀다. 이 기회를 잘 활용하여 일거에 시중 민심을 장악해야 한다. 군인들의 봉기와 소요를 더욱 확산시키자. 이 사건을 위정척사 운동으로 폭발시켜 권력을 되찾자. 계산이 선 대원군은 그 즉시 유춘만과 감장손 등 군졸 대표를 불러 비밀 임무를 명했다.

"대궐을 침범(犯闕)하라. 국왕의 폐위 대신 왕비 민씨를 처분할 것. 일본공사관과 교련장을 습격하여 일본인을 몰아내고 처단하라."(다보하시 기요시, 김종학 옮김, 앞의 책, 『근대 일선관계의 연구上』, 702쪽)

그리고 자신의 심복들을 군복으로 갈아입힌 다음, 무장을 하고 시위를 부추기는 행동에 나서라고 지시했다. 이로써 구식 군인들의 봉급 문제로 촉발된 생계형 소요가 정치적 반란, 더 나아가 외국 공사관 습격 방화로 인한 외교 문제로 확대되었다.

예나 지금이나 정치인들의 권력투쟁 과정에서 반일 감정은 매우 유용한 재료다. 대원군은 군사반란을 극적으로 확대하기 위해 반일 카드를 꺼내들었다. 민족 감정을 폭발시키기에 더없이 좋은 재료는 일본공사관 공격이었다.

대원군의 선동에 의해 군인과 흥분한 노비와 백성들이 일본공사관으로 몰려갔다. 군민들은 일본공사관을 포위하고 투석했다. 폭동은 걷잡을 수 없는 사태로 번져갔다. 7월 23일 자정, 하나부사 공사는 기밀문서를 소각한 후 공사관에 남아 있던 28명의 소속원과 함께 포위망을 뚫고 인천으로 탈출했다.

국왕 보는 앞에서 대신들 살해

1882년 7월 24일, 날이 밝자 대원군으로부터 "대궐을 침범하라"는 밀명을 받은 구식 군인들이 왕궁으로 몰려갔다. 국왕이 거주하던 창덕궁의 정문인 돈화문을 지키던 수문장은 흥분한 군인들이 몰려온다는 소문을 듣고 달아났다. 폭도화한 난병(亂兵)들은 아무 저항도 받지 않고 궐 안으로 쏟아져 들어갔다.

지난밤 일본공사관 공격을 주도했던 군인들은 창덕궁에서 자신들의 봉급을 착복한 민겸호와 김보현을 체포했다. 먼저 화를 당한 사람은 민겸호였다. 지체 높은 조정대신이 왕궁 안에서 난병들에게 둘러싸여 집단 린치를 당했다. 민겸호는 화승총 개머리판에 얼굴이 짓이겨지고 총검으로 난자당해 형체를 알아볼 수 없을 정도로 만신창이가 되어 죽었다. 죽은 시체는 토막토막 잘렸다.

김보현은 입궐 도중 난병들에게 맞아 죽었다. 성난 군중들이 그의 시체를 발로 차면서 "이놈은 돈을 좋아했으니 돈으로 그 배를 채워주는 게 좋겠다"고 했다. 군중들은 그의 입을 찢어 엽전을 집어넣고 엽전이 갈비뼈 사이로 튀어나올 때까지 총대로 마구 짓눌렀다(황현, 허경진 옮김, 『매천야록-지식인의 눈으로 바라본 개화와 망국의 역사』, 서해문집, 2016, 80~82쪽).

난병들이 왕궁에 침입하여 조정 대신들을 개 잡듯 살해하는 모습을 직접 목격한 고종은 넋이 나갔다. 이 사태를 수습할 유일한 인물은 아버지 대원군밖에 없다고 판단했다. 고종은 즉시 내관을 운현궁으로 보내 "대원군은 즉시 입궐하여 난병을 위무해주길 바란다"고 구원을 요청했다.

이 순간이 오길 얼마나 학수고대했던가. 아들 고종으로부터 긴급 입궐 요청을 받은 흥선대원군은 부인인 부대부인(府大夫人) 민씨와 함께 구식 군인들의 호위를 받아 입궐했다. 대원군이 가마에서 내리자 고종은 "앞으로 모든 공무는 대원군의 뜻을 받들어 처리하라"고 어명을 내렸다. 대원군을 내친 지 10년 만에 그에게 권력을 넘겨준 것이다.

왕궁에 난입한 병사들은 모든 부패의 원흉이자 몸통, 정점인 민 왕후를 노렸다. 왕비를 체포하기 위해 피가 뚝뚝 떨어지는 칼과 총을 들고 혈안이 되어 사방을 들쑤시고 다녔다. 왕비가 숨어 있는 곳을 찾는다면서 총검과 창으로 장막과 벽의 곳곳을 찔러댔다.

난세의 와중에 은인이 나타났다. 대원군의 부인이었다. 좋든 싫든 자신의 며느리이자, 먼 친척 간인 민 왕후가 난병에게 체포되면 목숨을 부지하기 힘들 것이 뻔했다. 부대부인 민씨는 며느리 민 왕후를 궁녀 복장으로 갈아입힌 다음, 자신이 타고 입궐한 가마에 태워 궁궐 밖으로 피신시켰다.

민 왕후가 탄 가마가 창덕궁을 빠져나가기 직전, 난병들에게 제지를 당했다. 병사들이 가마에 타고 있던 왕비의 머리채를 잡아 땅바닥에 내동댕이쳤는데, 무예별감 홍재희가 이 모습을 보고 "이 사람은 궁녀가 된 내 누이다"라고 고함쳤다. 홍재희의 누이는 궁궐에 근무하는 홍 상궁이었다. 왕비의 얼굴을 알지 못하는 병사들이 긴가 민가 하는 사이에 홍재희는 왕비를 들쳐 업고 궁궐 밖으로 탈출했다.

폭도들이 민씨 척족 세력 공격한 이유는?

홍재희도 구식 군인들과 함께 궁궐에 쳐들어갔던 난병의 일원이었다. 그런데 폭도들이 왕비까지 죽이려 하자 이건 아니다 하는 생각에서 왕비를 구출한 것이다. 왕비는 8월 4일 충청도 장호원의 충주목사 민응식의 고향 집으로 피신했다.

왕비를 구한 생명의 은인 홍재희는 후에 홍계훈으로 이름을 고쳤다. 그는 임오군란 이후 벼슬길이 활짝 열려 승승장구했다. 1894년 전라도에서 동학 농민군이 봉기했을 때 홍계훈은 토벌군 사령관에 임명되어 관군을 이끌고 전주로 내려갔다. 조선의 최정예 부대를 동원하고도 홍계훈은 장성·황토현에서 동학 농민군에게 두 차례나 패했다. 난감한 입장이 된 홍계훈은 조정에 청군 파병을 요청하는 건의를 올렸다. 청군의 도움이 있어야만 동학 농민군을 제압할 수 있다는 그의 건의가 동아시아의 세력균형을 무너뜨린 청일전쟁의 도화선 역할을 한 것이다.

군란의 와중에 인천으로 탈출하는 데 성공한 하나부사 공사 일행은 7월 26일 새벽, 측량을 위해 월미도 앞바다에 정박해 있던 영국 군함 플라잉 피시(Flying Fish)호에 승선하여 나가사키에 도착했다. 그 즉시 조선에서 군인들의 반란사태 및 일본공사관 습격 관련 사항을 외무성에 보고하고, 거류민 보호를 위해 조선에 군함 파견을 요청했다.

폭도화한 군중은 민 왕후를 비롯하여 민씨 척족을 집중 공격 대상으로 삼았다. 대체 이유는 무엇이었을까? 임오군란을 일으킨 구식 군인은 고종의 친정 이후 권력을 장악한 민 왕후와 그 일족을 철천지원수로 여겼다. 매관매직·세도정치·외세 끌어들이기, 그리고 궁중에서 푸닥거리와 연회로 흥청망청 국고 낭비를 일삼아 나라를 망치고 있다고 믿었기 때문이다.

민씨 척족들에게 엄청난 뇌물을 바쳐야만 벼슬자리를 얻을 수 있었다. 재물로 벼슬을 산 관리들이 본전을 뽑는 방법은 간단했다. 백성들에게 감당하기 힘든 세금을 부과하여 쥐어짜내는 것이다.

이 무렵 민씨 척족 세력의 탐욕과 악행이 어느 정도였는지를 기록으로 남긴 사람이 황현이다. 황현은 서울의 민영주, 관동의 민두호, 영남의 민형식을 '세 명의 큰 도둑'으로 꼽았다(황현, 김종일 역, 『오하기문(梧下記聞)』, 역사비평사, 1994, 54쪽). 민영주는 민영준의 종형, 민두호는 민영준의 아버지, 민형식은 민응식의 사촌 형제로서 임오군란 때 민 왕후가 장호원으로 피난을 갔을 때 머물렀던 집주인이었다.

민영주는 서울의 부자와 거상들의 재물을 갈취할 때 갖은 악형을 가하여 돈을 뜯어냈다. 성질이 너무 거칠고 악독하여 사람들이 그를 '민망나니'라고 불렀다. 민영준의 아버지 민두호는 끝없는 탐욕으로 인해 백성들은 그를 '민 철갈고리'라고 불렀다. 황현은 민형식에 대해 "그런데 저 민형식 같은 놈은 고금에 처음 있을 정도였다. 백성들은 그를 '악귀(惡鬼)'라고 하였으며, 때로는 '광호(狂虎, 미친 호랑이)'라고도 하였는데,

이는 그가 능히 산 채로 사람을 씹었기 때문이다"(같은 책, 55쪽)라고 표현했다.

황현은 성이 민씨인 사람들은 하나같이 탐욕스러웠고, 전국의 큰 고을은 대부분 민씨들이 수령 자리를 차지했으며, 평양 감사와 통제사는 민씨가 아니면 할 수 없게 된 지가 10년 이상 되었다고 통탄했다. 한마디로 왕비 민씨 척족 세력은 단군 이래 최악의 부패 정권으로 소문이 났다. 이들의 미친 듯한 부패 전횡을 타도하기 위해 젊은 개화파 혁명가들이 목숨을 걸고 항거한 것이 1884년 갑신정변이다.

무당과 점술에 미친 고종과 민 왕후

민 왕후는 미신이라면 자다가도 벌떡 일어나는 독특한 여성이었다. 이런 여성이 왕비로 들어앉았으니 내전은 역술가 · 박수 · 무당들의 소굴이 되고 말았다. 태어날 때부터 병약했던 아들의 병을 고치기 위해 궁에서 푸닥거리가 그칠 날이 없었다. 귀한 아들을 세자로 삼기 위해 민 왕후는 청나라의 실력자 서태후(西太后)와 리훙장에게 엄청난 뇌물을 갖다 바쳤다.

릴리어스 호턴(Lillias S. Horton)은 민 왕후의 시의로 활동하며 왕실과 가까운 관계였다. 그녀는 조선에 선교사로 파송된 언더우드와 결혼했는데, 민 왕후는 통 크게 거액의 축의금을 보냈다. 자그만치 현금 100만 냥이었다. 당시 조선에서 재산이 2,500~3,000냥이면 부유한 측에 속할 때의 일이다(언더우드, 신복룡·최수근 옮김, 『상투의 나라』, 집문당, 1999, 60~61쪽). 민 왕후의 정체성은 공(公)과 사(私), 국가와 집안(家)이 분리되지 않은 상태였다. 왕실이 이처럼 비상식적으로 재물을 낭비하는 바람에 고종이 친정을 시작한 지 몇 년 되지 않아 국고는 완전 바닥이 났다.

민 왕후는 간신히 궁궐을 탈출하여 장호원에서 은거하던 중 박창렬이란 신들린 무당을 만났다. 이 무당은 민 왕후의 환궁 날짜를 예언했는데, 신통하게도 이것이 적중하여 왕비의 두터운 신임을 얻었다. 임오군란이라는 미증유의 반란이 진압되어 환궁할 때, 민 왕후는 이 무당을 궁궐로 데려와 함께 살았다.

어느 날 무당이 "나는 관우의 딸이니 신당을 지어 정성껏 받들라"라고 주술했다. 무당은 궁궐 가까이에 관우를 모시는 사당을 세우면 관우의 보살핌을 받을 수 있다고 왕비를 현혹했다. 민 왕후는 무당을 진령군(眞靈君)으로 봉하고, 노론의 거두 송시열 집터에 북관왕묘(北關王廟)란 사당을 지어주었다.

진령군은 김창렬이란 수양아들과 이곳에 살았는데, 그가 진령군의 내연남이라는 소문이 돌았다. 이 요사한 무당은 아무 때나 궁궐에 들어가 고종과 민 왕후를 만났고, 국왕 부부에게 금은보화를 셀 수 없을 만큼 많이 받았다. 진령군은 주술의 이름으로 인사에 개입했고, 무당의 수양아들은 벼슬아치들과 어울렸다. 이른바 조선시대판 국정농단 사건이 벌어진 것이다.

고종과 민 왕후는 무당 진령군의 말이라면 들어주지 않은 것이 없었다. 밤에 무당이 고종과 왕비에게 한 말은 다음 날 어김없이 어명으로 내려왔다. 한 나라의 국왕 부부가 주술에 기대어 왕조를 통치한 것이다.

참다못한 전 형조참의 지석영은 "사람들이 요사스러운 계집 진령군의 살점을 씹어 먹으려 한다"는 상소를 올렸다. 황현은 "부끄러운 줄 모르는 대신들이 앞다투어 무당에게 아부하니, 자매라 부르기도 했고 혹은 수양아들이 되기를 원하기도 했다. 조병식, 윤영신, 정태호가 특히 심했다"고 기록하고 있다(황현, 허경진 옮김, 앞의 책, 『매천야록-지식인의 눈으로 바라본 개화와 망국의 역사』, 94~95쪽). 결국 진령군은 갑오경장 때 사형을 선고받고 목이 잘렸다.

고종의 통치는 '어리석음과 실수의 연속'

격동의 구한말과 일제 시대를 살았던 윤치호는 고종의 통치에 대해 "어리석음과 실수의 연속"이라고 결론지었다. 그는 고종의 정책에 대해 "조선 사람의 것은 빼앗고 타국 사람에게는 빼앗기는 것"이라고 비판했고, 위정자들의 정책은 "국민을 억압하기 위해 다른 사람들에게 의존하는 것"이라고 질타했다. 윤치호는 민 왕후에 대해서도 "그 영리하고 이기적인 여인이 미신 섬기는 것의 반만큼이라도 백성을 열심히 섬겼더라면 그녀의 왕실은 안전했을 것"이라고 비난했다(박지향, 『윤치호의 협력일기』, 이숲, 2010, 111~113쪽).

국왕과 왕비는 무당에 미쳐 무당의 말에 의지하여 국가를 통치했다. 윤치호의 일기에 국사에까지 무당이 영향력을 행사하는 장면이 다음과 같이 기록되어 있다.

"몇 해 전 무당들이 득세할 때 상감께서 무당 앞에 엎드린 것을 보는 것은 흔히 있는 일이었다. 무당들은 저세상의 영혼들과 중계자로 행세했는데, 영혼들은 무당을 통해 그들이 원하는 것을 왕과 왕비께 전하곤 했다. 예로 어느 날 저녁 무당이 마른 참나무 가지를 왕의 머리 위에 흔들면서 춤을 추다가 '나는 태조대왕이다. 네가 왕위에 오르게 된 것은 누구 덕이냐?'고 소리를 질렀다. 태조의 영혼이 무당에게 들어온 것이다.

그러자 상감마마는 그 무당이 실제로 그의 조상인 양 엎드려 큰절을 하고 안절부절못하고 있었다. 그러고는 상궁에게 명하여 선왕께서 원하시는 바가 무엇인지 알아보라고 지시했다. 물론 무당은 태조의 이름으로 제사를 드리고 제물을 제공하라고 명하였는데, 많은 양의 돈과 비단을 주라는 것이었다. 안타까운 일은 폐하께서는 그런 어처구니없는 일에 아직 흠뻑 빠져 계신다는 점이다."(국사편찬위원회 편, 『윤치호일기』 제5권, 1898년 5월 6일, 156~157쪽)

민 왕후는 병약하게 태어난 왕자의 무병장수를 빌기 위해 금강산 일만이천 봉우리마다 쌀 한 섬, 비단 한 필, 돈 1,000냥씩을 바쳤다. 또 매일같이 백미 500석으로 지은 쌀밥을 한강에다가 뿌렸다(배상열, 『조선을 홀린 무당 진령군』, 추수밭, 2017, 65쪽). 1880년에는 세자가 마마를 앓다가 회복된 것을 기념하기 위해 증광과(增廣科)라는 임시과거를 실시했다.

민 왕후를 홀린 무당은 진령군 하나뿐이 아니었다. 이당주라는 시각장애인 무당은 타인을 저주하여 급살을 맞아 죽게 하는 염승술(厭勝術)의 달인으로 알려졌다. 그도 고종과 민 왕후로부터 존귀한 대접을 받아 정2품 자헌대부(資憲大夫) 작호를 받았다.

역술로 이름을 날렸던 이유인은 궁궐로 불려가 민 왕후에게 점을 한 번 쳐준 대가로 즉석에서 비단 100필과 돈 1만 냥을 받았다고 한다. 고종과 민 왕후는 개혁이나 개방을 통한 국력 양성보다는 무당을 통한 요행에 국가의 장래를 걸었던 것이 아닌가 착각이 들 정도다.

조선에서 구식 군인들의 반란으로 일본공사관이 습격당하고, 대원군에게 권력이 넘어갔다는 소식이 도쿄와 톈진에 알려지는 데는 반나절이면 족했다. 전신과 해저 케이블로 통신혁명이 일어난 덕분이다.

하나부사 공사의 긴급 보고를 통해 조선에서 발생한 임오군란 상황을 파악한 일본 정부는 7월 31일, 긴급 각료회의를 소집했다. 이날 일본 정부는 조선에 사죄와 배상을 요구하기로 결정하고, 하나부사를 전권위원에 임명했다. 일본 정부는 1,500명의 호위 병력과 함대를 조선에 파견하기로 했다. 일본이 대함대와 병력을 인천으로 보낸다는 정보를 입수한 청나라에 비상이 걸렸다.

일본군·청군 조선에서 무력 대치

톈진에 영선사로 파견되어 있던 김윤식과 어윤중은 임오군란 수습을 위해서는 청군 파병이 급선무라고 보았다. 두 사람은 본국 정부의 훈령이 없는데도 청 조정에 임오군란 진압을 위한 청군 파병을 요청했다. 이러한 습관성 중국 의존 증세, 자존의식이 결여된 사대주의적 행보는 임오군란뿐만 아니라 2년 후 갑신정변 때도 그랬고, 1894년 동학 농민군 봉기 때도 마찬가지였다.

소수 병력으로 구성된 청군 선발대가 제물포에 입항했을 때 이미 일본 대부대가 먼저 제물포에 상륙해 자리를 잡고 있었다. 그제야 청조 관리들은 사태의 심각성을 깨달았다. 이들은 일본보다 더 많은 병력을 신속하게 조선의 수도로 보내 반란을 진압해야만 조선에 대한 종주권을 유지할 수 있을 것으로 판단했다.

청 조정은 일본이 조선에 파병한 병력의 두 배에 해당하는 3,000명을 조선에 파병했다. 하지만 이미 제물포에 일본 군함과 병력이 진주해 있는 상황이니, 일본군과의 충돌을 피하기 위해 남양만에 병력을 상륙시켰다. 청군 파병 명목은 '속방 보호'였다. 이로써 조선에 일본군과 청군이 동시 주둔하면서 일촉즉발의 상황이 전개되었다.

하나부사 공사가 대병력과 함께 제물포에 상륙하자 조선 조정은 크게 당황했다. 조정에서는 일본공사가 군대를 이끌고 서울로 입경하려는 것을 극력 저지했다. 하나부사 공사는 조선 측의 반대를 무시하고 8월 16일, 호위병과 함께 서울로 밀고 들어왔다.

8월 20일, 하나부사 공사는 호위병 2개 중대를 인솔하고 창덕궁에 가서 고종을 알현했다. 일본은 반란으로 권력을 장악한 대원군을 철저히 무시하기로 했다. 하나부사 공사는 외교 담당부서인 의정부는 대원군의 괴뢰기관이라는 이유로 접촉을 피하고 국왕에게 직접 외교교섭을 요청했다.

한 나라의 외교 담당부서를 무시하고 국왕과 직거래를 요구한 것은 조정의 권위를 완전 무시하는 행동이었다. 하나부사는 고종에게 다음 여섯 가지 요구사항을 제시하고 8월 23일까지 답을 요구했다.

① 15일 내로 반란 수괴와 그 일당을 처벌할 것.
② 사망한 일본인 유족 및 부상자에게 5만 엔의 위로금 및 보상금 지급.
③ 변란으로 인한 일본의 손해 및 출병 관련 일체 비용 배상.
④ 부산·원산·인천부의 개항장 확장 및 양화진 신규 개항.
⑤ 향후 5년간 일본 육군 1개 대대를 주둔시켜 일본공사관 호위.
⑥ 대관을 특파하고 국서를 보내 일본에 사죄할 것.

최후통첩 시한인 8월 23일이 되어도 조선 국왕으로부터 공식 회답이 없자 하나부사 공사는 인천으로 철수했다. 일본 정부가 일본공사와 육해군 지휘관에게 내린 훈령은 최후통첩의 제출과 동시에 육해군 병력으로 인천 제물포를 일시 점령한 후 추후 명령을 기다리도록 되어 있었다. 이때 청국 군대가 속속 조선에 증파되어 남양만에 상륙하고 있었다. 일본군이 사전에 받은 훈령을 실행에 옮길 경우 조선에서 청일 양군 충돌은 피할 수 없는 상황이었다. 하나부사 공사는 육해군 지휘관과 협의하여 인천 제물포 일대의 무력 점령을 중지하고 육해군을 제물포에 잔류시킨 다음 본국 정부에 새 훈령을 요청했다(다보하시 기요시, 김종학 옮김, 앞의 책, 『근대 일선관계의 연구上』, 729쪽).

청군, 대원군을 톈진으로 체포·납치

일본 대표단이 초강경 자세로 나오자 대원군은 8월 21일, 남양에 주둔하고 있던 청군 대표 마젠중에게 급보를 보냈다. 대원군은 마젠중에게 "청군을 서울로 이동시켜 일본의 위협으로부터 조선 조정을 보호해달라"고 요청했다.

대원군으로부터 청군의 서울 진주 요청을 받은 마젠중은 8월 23일 저녁 서울에 도착했다. 우창칭(吳長慶) 제독과 딩루창 제독도 군대를 지휘하여 8월 25일 서울로 들어와 동대문 외곽의 동묘 부근(현재의 DDP 자리)에 진영을 설치했다. 이때까지만 해도 대원군은 청군이 자신을 제거하기 위한 '비상수단'을 계획하고 있다는 사실을 까맣게 몰랐다.

마젠중은 조선과 일본의 교섭이 중단되었다는 정보를 입수한 후 8월 24일 인천으로 가서 하나부사 공사와 회견했다. 이날 마젠중은 하나부사 공사에게 "청국이 육군 약간 명을 파견한 것은 조선 국왕이 정권을 되찾게 하기 위함이다. 반란을 일으킨 주모자를 징벌하기 위한 것이니

이 점 잘 이해하기 바란다"고 발언했다. 하나부사 공사는 청군이 대원군을 축출하고 고종에게 정권을 되돌려줄 계획이라는 사실을 간파했다.

청군 수뇌부가 임오군란을 일으킨 '흉도(凶徒)의 거괴(巨魁)' 흥선대원군 체포 압송 작전을 전개한 날은 8월 26일이었다. 이날 오후 마젠중은 대원군을 남대문 외곽에 주둔해 있는 청군 군영에서 열린 연회에 초청했다. 대원군은 휘하 막료들과 함께 청군 군영을 방문했다.

마젠중은 대원군을 막사 안으로 안내하여 해가 질 때까지 필담을 나누었다. 그사이 대원군 수행원들을 밖으로 유인하여 조용히 격리시켰다. 군막 안에는 우창칭·딩루창 두 제독과 청군 장수들만 남았다. 모든 준비가 완료되자 마젠중이 글을 휘갈겨 써서 대원군에게 보였다(같은 책, 758~759쪽).

"그대는 조선 국왕이 황제에게 책봉을 받은 사실을 알고 있는가?"

대원군이 "안다"고 답하자 마젠중이 다시 글을 썼다.

"왕이 황제의 책봉을 받았으니 일체 정령이 마땅히 왕에게서 나와야 하거늘, 그대는 7월 23일의 변(임오군란)에서 제멋대로 대권을 훔쳐서 적대하는 사람을 죽이고 사사로운 사람들을 끌어들여 황제가 책봉한 왕을 퇴위시켰으니 왕을 속인 것이요, 실제로는 황제를 우습게 안 것이다. 그 죄를 용서할 수 없으나 그대가 왕의 친아버지이기에 관용을 베풀고자 한다. 속히 수레에 올라 마산포에서 군함을 타고 톈진으로 가서 조정의 처분을 받으라."

그 즉시 청군은 대원군을 체포하여 가마에 집어넣고 톈진으로 압송했다. 이로써 구식 군인들의 반란으로 집권한 대원군 치세는 33일 천하로 막을 내렸다. 톈진으로 끌려간 대원군은 임오군란 주모자로 취조를

〈그림9〉 청국 주차 조선 외교관들, 『그래픽The Graphic』, 1882

받은 후 바오딩부(保定府)의 한 건물에 유폐되었다.

청군에 의한 조선의 수도 서울 점령과 대원군 납치는 '조선의 내정과 외치의 자주성'을 보장하는 전통적인 종속체제 유지에 사형을 선고한 조치였다. 청조가 이처럼 극단적인 정책을 취한 이유가 있다. 임오군란의 혼란을 틈타 열강이 침투하여 조선을 저들의 경제식민지로 만들지나 않을까 우려하여 수습을 서두른 것이다.

철포 전당포에 잡히고, 전쟁 나면 도망…

8월 27일 밤이 되어서야 마젠중은 조선 조정에 서한을 보내 대원군을 체포 압송한 사실을 알렸다. 아무리 책봉-조공 관계를 맺은 속방이라 해도 군대를 동원하여 조선의 실권자 대원군을 납치하여 중국으로 끌고 가는 전대미문의 사건이 벌어지자 조선 지도부는 경악했다.

반란을 일으킨 구식 군대 소속 군졸들은 이태원과 왕십리에 대대로 거주해왔다. 고종 입장에서는 국왕 집무실과 거처까지 쳐들어와 국왕이 보는 앞에서 대신을 끔찍하게 살해하는 등 난동을 부린 군졸을 도저히 용서할 수 없었다.

궁궐을 침범하여 국왕을 모욕한 범죄자를 체포 격멸하는 임무는 조선의 수도 서울을 방어하는 중앙군(京軍)에게 있었다. 하지만 중앙군은 반란의 와중에 부대가 와해되었다. 일부 남아 있는 경군 중에서 반란군 소굴로 들어가 이들을 체포하겠다고 나서는 군인은 아무도 없었다.

이 무렵 조선의 군인에 대한 관찰은 일본 낭인으로 조선에서 활동하며 일본 신문에 조선 사정을 연재한 혼마 규스케(本間九介)가 쓴 『조선잡기(朝鮮雜記)』에서 발견된다. 혼마 규스케의 기록에 따르면 조선의 군인들은 전쟁이 일어나면 철포(화승총)를 버리고 민간인 복장으로 바꿔 입고 도망을 치거나, 돈이 없으면 돈을 빌리기 위해 철포를 전당포에 잡히는 것을 조금도 괴이하지 않게 여기는 무리였다.

고종은 어윤중에게 밀지를 내려 청군에게 반란을 일으킨 군인들의 체포를 요청하도록 했다. 조선 파견 청군 사령관 우창칭은 고종으로부터 난당 토벌 및 체포 요청을 받자 관련 업무를 위안스카이(袁世凱)에게 위임했다. 청군은 위안스카이의 지휘 아래 8월 28일 밤부터 다음 날 새벽까지 왕십리와 이태원 일대 군졸들의 거처에 병력을 투입하여 소탕 작전을 개시했다. 작전이 개시되면서 이태원과 왕십리 일대는 아수라장이 되었다. 청군은 170여 명의 난당을 체포했다.

청군이 수도 서울의 치안을 장악한 가운데 조선의 통치권은 고종과 민씨 척족 세력에게 반납되었다. 이제 임오군란 수습 과정에서 남은 문제는, 공사관이 불타고 자국 국민이 살해당한 일본에 대한 조선 조정의 사죄와 배상이었다.

청군 코치받아 제물포조약 체결한 고종

이 사안은 조선의 내정 및 외치에 관한 문제이므로 조선 국왕이 알아서 판단하고 처리하면 될 일이었다. 하지만 청군의 도움으로 권력을 되찾은 고종은 사사건건 청에 의지했다.

고종은 마젠중에게 일본 정부의 최후통첩 문제의 처리에 대한 의견을 구했다. 마젠중은 "피해자에 대한 보상금은 13명에게 나눠 지급하는 것이므로 5만 엔은 과도한 금액이 아니다"라며 그 정도 선에서 일본과 협상을 종용했다. 마젠중의 조언을 받은 조선 대표단은 8월 30일, 제물포에 정박한 일본 군함 히에이호 함상에서 일본과 제물포조약을 체결했다.

조선은 임오군란 와중에 피살된 일본인 유족에게 보상금 5만 엔 지급, 공사관이 파괴된 일본 정부에 배상금 50만 엔 지급을 약속했다. 당시 조선 조정의 연간 총 세입은 약 100만 석. 이를 동전으로 환산하면 500만 냥, 일본 엔으로는 145만 엔 정도였다. 유족 보상금과 일본 정부에 지급해야 할 배상금 55만 엔은 조선 조정 1년 예산의 3분의 1이 넘는 엄청난 액수였다(신명호, 『고종과 메이지의 시대』, 역사의 아침, 2016, 306쪽).

제물포조약 체결 과정에서 일본은 공사관 직원 및 일본 거류민 보호 명목으로 호위 병력 약간 명을 주둔시킬 수 있는 권리를 획득했다. 이때부터 서울에 주둔하기 시작한 일본군 1개 중대(150명)는 2년 후인 1884년 12월 갑신정변 쿠데타에 가담하게 된다.

제물포조약과 함께 조일수호조규 속약 2개조도 같은 날 체결됐다. 이 속약으로 일본 상인의 활동구역이 원산·부산·인천 개항장 바깥 100리까지 확장되었다. 또 일본 외교관 및 영사관 직원들의 자유로운 조선 내지(內地) 여행이 허용되었다.

또 한 가지, 일본은 대원군이 전국 곳곳에 세워놓은 척화비 철거를 요청했다. 척화비는 일본 입장에서 볼 때 유쾌하지 않은 내용이었던 것 같다. 일본 정부가 척화비 철거를 요구하자 '대원군'이라면 치를 떨던 고종은 재빨리 이 요구를 받아들였다. 조선 거리 곳곳에 세워져 있던 척화비는 하루아침에 조용히 사라졌다.

대원군을 체포·압송하고 고종 정권을 회복시키는 임무를 완수한 마젠중은 귀국길에 올랐다. 9월 2일, 국왕과 왕세자 이하 백관들의 인사를 받으며 서울을 출발한 마젠중은 9월 3일 남양에서 군함에 올라 톈진으로 향했다.

임오군란을 계기로 청은 그동안 주장해왔던 조선에 대한 '정교자주(政教自主)'를 포기하고 '적극 개입', 즉 조선 식민지화 정책으로 돌아섰다. 제독 우창칭은 3,000여 명에 달하는 북양육군을 수도 서울에 주둔시켜 군사적 점령 상태를 유지했다. 그는 본국 정부로부터 수도 서울의 치안 유지와 일본공사를 감시하라는 임무를 부여받았다.

조선 조정의 결정적인 약점은 돈, 즉 국가 재정 파탄이었다. 임오군란 직후 김홍집은 "나라에 한 달 쓸 비축도 없다"고 탄식했다. 친청파를 앞세워 조선 조정을 장악한 리훙장은 김홍집의 발언이 빈말이 아니란 사실을 알게 되었다. 당장 세수를 확대할 방법도 없으니, 재정난을 타개할 수 있는 유일한 방법은 해외에서 빚을 얻는 일뿐이었다.

조선을 식민지로 만든 청나라

당시 조선의 재정 상황을 파악할 수 있는 근거가 몇 가지 발견된다. 1800년대까지만 해도 중앙정부의 각 부서가 보유한 쌀과 콩·옷감(布)·동전 등의 현물은 시가로 500만~600만 냥 수준이었다. 1809년부터 재정상태가 악화되면서 1880년대 초에는 현물 보유량이 100만 냥 이하로 떨어졌다(이영훈, 『한국경제사1』, 일조각, 2016, 557~559쪽).

왕실 재정도 비슷한 상황이어서 1883년부터 왕실에 물건을 납품한 시전상인들에 대해 결제를 해주지 못하고 있었다. 외국으로부터 차관을 도입하지 못할 경우 국가 부도가 나서 파산을 면치 못할 위기가 닥쳤다.

청군은 대원군을 톈진으로 체포·압송하고 부패한 민씨 정권과 고종의 재집권을 허락했다. 고종은 청군의 지원에 힘입어 일본 세력을 등에 업고 활동하던 김옥균 등 개화파를 억눌렀다. 견제세력이 사라진 민씨 일당과 친청파는 청의 독점적 정치 간섭을 지지했다.

감시자나 비판자가 없는 독주 권력은 반드시 부패하기 마련이다. 고종과 민씨 척족 연합정권은 끝 모를 부패와 외세 의존 정책으로 망국의 원인을 제공을 하게 된다.

대원군의 위세에 눌려 숨죽이고 있다가 청군에 의해 권력을 되찾은 고종에게 있어 청군은 하늘에서 내려온 은인 같은 존재였다. 1884년

5월, 우창칭은 조선 주둔 청군의 절반을 이끌고 귀국했는데, 그 직후 병으로 사망했다. 우창칭의 사망 소식이 전해지자 그의 공로를 기리는 사당을 지어주자는 상소가 올라왔다. 고종은 이 의견이 합당하다 하여 우창칭을 기리는 사당 건립을 지시했다.

그 결과 우창칭 부대가 주둔했던 현재의 동대문 역사문화공원 부근에 청군이 임오군란을 평정한 공을 기리기 위해 '오무장공사(吳武壯公祠)'란 사당을 세웠다. 이 사당은 1979년 서울 서대문구 연희동 한성화교중학 뒷동산으로 옮겨졌다. 우창칭 제독은 조선으로 출병할 때 병참 업무를 지원할 중국 상인 40여 명을 데리고 왔다. 이들은 청군의 조선 주둔이 장기화되자 조선 사람을 상대로 장사를 시작했다. 이 소문이 나면서 중국 상인이 조선에 몰려와 상업 활동에 종사했다. 우창칭은 중국 상인들이 편안하게 장사할 수 있도록 갖가지 편의를 봐주었다. 이들이 우리나라 근대 화교의 시조(始祖)다.

임오군란은 청나라가 조선에 대한 정교자주 정책을 철폐하고 식민 통치하는 결정적인 계기가 되었다. 우선 청은 조선에 대한 경제적 침투를 가속화하기 위해 해관(세관)을 설치했다. 청나라는 조선에 차관을 제공하여 조선해관을 창설하고 개항장(인천·부산·원산)에 근대적인 부두 시설을 완공했다. 이어 조선과 청나라 양국의 무역을 활성화하기 위해 1882년 10월 4일, 조청상민수륙무역장정(朝淸商民水陸貿易章程)이라는 무시무시한 조약을 체결했다.

이것은 조선과 청나라 양국 상인이 바다와 육지를 통해 무역을 할 때 필요한 규정을 정한 국제조약이다. 그런데 이 조약 첫 머리에 조선은 청의 속국이란 사실을 명문화하고 있는 등 흉악한 내용으로 가득 차 있었다.

문제의 무역장정은 3,000여 명의 리훙장 직계부대가 서울을 점령하고 조선 조정을 장악한 가운데, 점령군의 군사적 폭력을 앞세워 강제로 체결한 것이다. 이 조약은 한·중·일 3국이 서양 열강 혹은 동아시아 3국 간 체결한 근대적 조약 중에서 불평등성이 가장 심각한 것으로 악명이 자자했다.

군대도 청나라식으로 개편

청나라는 이 장정을 통해 조선을 원격 조종하던 방식에서 탈피하여 직접 다스리는 방식으로 전환했다. 조선이 명실상부한 청의 식민지임을 명확하게 선언함으로써 조선에 대한 확고부동한 기득권의 깃발을 꽂은 것이다.

청은 조선과의 무역을 크게 늘리기 위해 개항장에 상무위원을 파견했다. 청나라 입장에서 말하는 '무역 활성화'란 조선에 대한 청나라 자본의 경제침탈이었다.

청은 임오군란이 진압되어 안정을 되찾은 후에도 수도 서울에 3,000명 병력을 계속 주둔시켰다. 당시 조선은 임오군란을 겪으면서 중앙군이 거의 와해된 상태였다. 고종은 비상사태에 대비할 친위군 조직의 필요성을 절감하고 주한 청군사령관 우창칭에게 그 뜻을 전했다. 우창칭은 조선의 중앙군 복원 임무를 심복인 위안스카이에게 위임했다.

위안스카이는 1882년 11월 조선 장정 1,000명을 선발한 다음 청군 장교를 동원하여 훈련시켰다. 이 부대가 신건친군영(新建親軍營)이다. 신건친군영은 중국에서 도입한 신무기로 무장하고 청군 방식으로 훈련되었다. 덕분에 1881년 창설된 교련병대(별기군)를 왜별기라고 했듯이 신건친군영을 청별기라고 불렀다.

이로써 조선군의 체계는 일본식에서 중국식으로 바뀌었다. 하지만 조선군 체계는 그 후에도 미국식, 일본식, 러시아식으로 수시로 바뀌었다. 이와 관련하여 황현은 『오하기문』에서 "개화한 이래 군제가 여러 차례 바뀌어 혼란스러웠다"고 비판했다.

1884년 8월에는 신건친군영을 4영으로 확대 개편하고 사령관 명칭을 영사(營使)로 개칭했다. 그리고 친군 전영사(前營使)에 한규직, 후영사(後營使)에 윤태준, 좌영사(左營使)에 이조연, 우영사(右營使)에 민영익을 임명하고 위안스카이가 조선 신식군대의 총수로 군림했다. 지휘관에 임명된 4명은 민씨 척족이거나 고종이 총애하는 수구파 인물 일색이었다.

이들을 무장시킬 병기는 북양대신 리훙장에게 부탁하여 톈진기기국에서 구식 12파운드 청동포 10문, 영국제 엔필드(Enfield) 소총 1,000정과 탄약을 공급 받았다. 그 결과 임오군란 1년 반 후 조선 조정은 비교적 최신 병기로 무장된 2,000명의 신식군대를 보유하게 되었다. 이 군대는 교관이 청군 장교이고, 병력의 지휘통솔권은 위안스카이가 장악하고 있었다. 조선의 신식군대는 사실상 주한 청군사령관 우창칭의 통제 아래에 있는 부대였다.

친군 4영의 족보를 추적하면 조선 말기 군사제도의 난맥상이 적나라하게 드러난다. 수도 서울을 방어하고 국왕에게 무한 충성을 바쳐야 할 친위부대이자, 조선에서 가장 정예롭고 최신 무기로 무장한 부대가 친군이다. 그런데 친군 좌·우영은 청군 방식으로, 전·후영은 일본군 방식으로 조련된 부대였다. 좌·우영과 전·후영은 무기나 군복·계급·지휘통솔방법이 모두 다른 잡탕 군대였다. 게다가 통합된 지휘체계를 갖지 못해 서로 원수처럼 적대했다. 1884년 12월 4일 갑신정변 쿠데타가 발생했을 때 일본군 방식으로 훈련된 전·후영 소속 장교와 병사들 중 상당수는 김옥균이 소속된 개화당 편에 가담하여 청군 방식으로 훈련된 좌·우영 군대와 총격전을 벌였다.

반면에 청군 방식으로 조련된 좌·우영은 청군 장수 지휘 아래 쿠데타 진압에 나서는 난맥상을 연출했다(김종학, 앞의 책, 『개화당의 기원과 비밀외교』, 259~260쪽). 창덕궁에서 청군과 일본군 사이에 전투가 벌어져 대세가 청군 쪽으로 기울자, 개화당 편에 섰던 친군 전·후영 군대가 배신하여 청군 쪽으로 돌아서는 바람에 갑신정변 쿠데타는 실패로 끝났다.

영국, 임오군란 위기 틈타 신조약 체결 추진

임오군란은 단순한 시각에서 보면 오랜 기간 월급을 못 받은 구식 군인들의 생계형 반란이었다. 하지만 외세 입장에서 볼 때 한 나라의 위기는 이권 쟁탈을 위한 절호의 기회가 된다. 청나라에서 태평천국의 난이 발생하자 영불 연합군이 제2차 아편전쟁을 일으켜 이권을 탈취한 것이 그 전형적인 사례다.

임오군란도 마찬가지다. 임오군란 진압 후 리훙장은 조선 조정의 외교와 재정을 감독하기 위해 독일인 묄렌도르프를 조선 최초의 서양인 고문으로 부임시켰다. 리훙장이 자신의 외국인 심복을 조선에 보낸 이유는 조선의 내·외정을 현지에서 감시하도록 하기 위해서였다. 리훙장이 여러 외국인 중에서 하필이면 독일인을 선택한 이유는 일본이 가장 두려워하는 나라가 독일이라고 판단했기 때문이다.

고종은 리훙장이 친히 추천하여 보낸 묄렌도르프를 외교부서의 차관

〈그림10〉 영국 정부와의 조약 체결 장면, 『런던뉴스Illustrated London News』, 1882

(협판)에 임명했고, 해관(海關) 총세무사를 겸직시켜 통상무역 업무도 총괄토록 했다. 이때부터 조선 해관의 모든 업무는 청나라 관할로 복속되었다.

영국과 독일은 조선에서 임오군란 쿠데타가 발생하자 이를 적극 활용하여 조선 조정을 압박하기 시작했다. 이들은 조선과 체결한 수호통상조약에 심각한 하자가 있다면서 비준을 거부했다. 처음 맺은 조약에 문제가 있으니 비준도 하기 전에 폐기하고 신조약을 체결하자고 요구한 것이다.

영국은 1882년 6월 6일, 조미수호통상조약과 거의 비슷한 조영수호통상조약(윌리스조약)을 체결한 바 있다. 이 조약도 조미조약과 마찬가지로 리훙장의 적극적인 주선에 의해서 체결된 것이다. 영국은 임오군란을 계기로 윌리스조약에 대한 비준을 거부하면서 폐기처분 위기를 맞게 되었다.

미국과 영국은 비슷한 시기에 조선과 수호조약을 체결했다. 하지만 두 나라가 조선과 수교한 목적은 크게 달랐다. 미국은 조업 중인 포경선 등 난파선박 구제와 보급과 통상을 위해서였다. 영국은 러시아가 남진하여 조선 침투를 저지하는 것이 조약 체결의 주된 이유였다. 하지만 영국은 조선과 조약 체결 직후 마음이 달라졌다. 수교조약 체결이란 목적이 달성되었으니, 이번에는 '경제적 욕구'를 실현하기 위한 작업에 돌입한 것이다.

윌리스조약을 폐기하고 신조약 체결을 요구한 인물은 동아시아 외교정책의 총지휘자였던 주일 영국공사 파크스(Harry S. Parkes)였다. 그는 제2차 아편전쟁의 원인이었던 애로우 사건을 도발한 포함외교의 명수이자, 산전수전 다 겪은 50대 후반의 외교 베테랑이었다.

1882년 7월 23일, 임오군란이 일어나 고종이 실각하고 대원군이 실권자로 등장하는 등 위기가 발생하자 영국은 미소를 지었다. 1882년 가을, 임오군란에 대한 사과를 위해 조선 수신사가 일본에 파견되자 파크스 공사는 조영조약 개정을 위해 활동을 개시했다.

조선 정부가 일본에 파견한 수신사는 박영효·김옥균을 비롯한 개화당 일색으로 구성되어 있었다. 이들은 외세의 힘을 빌려 식민정책을 노골화하는 청의 속박에서 벗어나자는 순진한 구상을 갖고 현해탄을 건넜다.

영국의 호구 노릇을 한 개화파

10월 23일 박영효는 주일 영국 공사관에서 파크스 공사와 회견했다. 이때 파크스가 조영조약의 문제점을 조목조목 지적했다. 박영효가 "영국 측에서 불만을 갖는 조항은 무엇인가?" 하고 물었다. 파크스가 치외법권 · 관세율 인하 등 민감한 사안들을 열거했다.

박영효는 "청을 배제하는 조건으로 조약 개정을 위한 교섭에 나설 용의가 있다"고 발언했다(같은 책, 204쪽). 영국이 청의 압력을 물리쳐주어 조선의 자주독립을 보장할 경우 영국이 원하는 신조약을 새로 체결할 의향이 있음을 시사한 것이다.

파크스 공사는 조영 신조약 체결을 압박하기 위해 1883년 10월 27일 서울에 도착했다. 조선과 영국 대표단은 한 달간의 교섭 끝에 1883년 11월 26일, 기존에 영국과 체결한 수호통상조약(윌리스조약)을 폐기하고, 새로운 조약(파크스조약)을 체결했다.

청나라의 중재 없이 체결한 조영 신조약은 조선 측에 훨씬 불리한 조항들이 백화점식으로 나열된 '불평등조약'의 전형이었다. 오히려 윌리스조약보다 더 조선의 이권을 뜯어먹고, 주권을 침해하는 악질적인 내용이 가득 들어 있는 최악의 내용에 덜렁 사인을 해버린 것이다.

조영 신조약은 윌리스조약에 비해 관세율을 절반 정도로 끌어내렸다. 그 결과 1910년 일본에게 국권을 상실할 때까지 조선은 관세 수입에 막대한 손실을 입었다. 1887년부터 1891년까지 4년간 조선의 수입량이 무려 8배나 증가했다. 이로 미루어 볼 때 조영 신조약으로 인해 조선이 입은 관세 손해액은 이루 말할 수 없을 정도였다. 이것이 구한말 조선의 재정을 극도로 악화시킨 결정적 요인이 되었다.

조영 신조약은 관세조항 외에도 조선의 경제, 안보를 뒤흔드는 치명적인 조항들이 추가되어 있었다. 우선 영국 군함이 필요하다고 판단될 때 조선의 어떤 항구라도 입항할 수 있으며, 그 선원들이 상륙할 자유 등 각종 특권을 부여했다. 또 제8조 2항은 영국 선박의 조선 연안 측량을 허용하고 있다. 당시 유럽 공법의 관습에 따르면 군함의 입항은 사전에 연안국의 승인을 받는 것이 통례였고, 영해 측량은 중대한 주권침해였다 (김용구, 앞의 책, 『세계관 충돌과 한말 외교사, 1866~1882』, 425쪽).

문제의 조항에 근거하여 영국은 1885년, 고종이 러시아와 밀약을 체결하려 시도하자 군함을 파견하여 거문도를 점령했다. 조선 입장에서 볼 때 거문도 사건은 영국의 조선영토 무단 침략·점거였지만, 영국은 "조영 신조약에 따른 정당한 입항"이라고 주장하는 근거가 되었다.

반면에 영국이 약속했던 "조선이 자주독립할 수 있도록 청을 견제한다"는 항목은 풍성한 말잔치로 끝났다. 12월 4일, 파크스는 본국 정부에 "대단한 고역과 인내를 겪은 후 1883년 11월 26일, 조영 신조약이 조인되었다. 우리는 원하는 모든 것을 얻었다"고 보고했다. 파크스 공사는 이 조약으로 "블라디보스토크에서부터 남쪽으로 영향력을 행사하려는 러시아의 의도를 저지할 수 있게 되었다"고 밝혔다.

조선은 영국과 신조약 체결 과정에서 엄청난 이권을 제공했다. 하지만 그 대가로 조선 지도부가 원했던 '청나라의 압력 해소와 조선의 자주독립'을 쟁취하는 데는 완벽하게 실패했다. 신조약 체결 후 영국은 조선주재 공사의 계급을 총영사급으로 낮추었고, 주청 공사가 주한 공사를 겸직토록 했다. 서울에는 대리총영사를 두었고, 제물포에는 영사를 두어 베이징에 종속시켰다. 독일도 외교관 중 가장 급이 낮은 영사를 서울에 주재시켰다. 영국과 독일이 서울 주재 외교관의 급을 강등시킨 것은 조선에 대한 청의 속방 정책을 간접적으로 지지하고, 조선에 대한 청의 종주권을 존중한다는 뜻이었다.

조영 신조약(파크스 조약)은 조선의 미래에 치명적인 타격을 가한 최악의 조약이었다. 왜냐하면 이 조약이 모태가 되어 미국·독일·프랑스·이탈리아·러시아·일본 등 각국에 동일한 이권과 혜택을 제공했기 때문이다. 이때부터 조선은 재정이나 외교·안보 측면에서 거덜이 나기 시작했다.

조선은 조영 신조약을 통해 완전히 무장해제를 당했다. 벌거숭이 상태가 되어 제국주의 침탈자에게 이권을 뜯어 먹히는 '국제적 호구'로 전락했다.

국왕과 왕비가 직접 관직 팔아먹어

『일성록(日省錄)』(고종 12년 10월 25일)에 따르면 1875년 조선 조정의 1년 세입은 고작 52만 냥에 불과했다. 이 와중에 네 차례 청나라 칙사가 조선을 다녀가면서 80만 냥을 임시 지출했다. 재정이 바닥난 조선 정부는 시중 상인들에게 공물 비용(貢價)을 지급하지 못한 금액이 무려 50만 냥에 달했다.

재정난을 타개하기 위해 고종은 외국으로부터 차관 도입, 매관매직, 동전 발행 등 세 가지 방법으로 대응했다. 불행하게도 세 가지 방법 모두 최악의 결과만 가져왔다. 중병 앓는 환자에게 근원적 치료가 불가능하니 일시적인 고통을 줄이기 위해 모르핀을 주사하는 것이나 다름없는 방법이었기 때문이다.

조선 조정은 1882년 청으로부터 50만 냥의 차관을 최초로 도입했다.

그러나 차관 도입은 결코 공짜가 아니었다. 차관의 도입 대가로 고종은 청 조정에 조선해관 인사권을 넘겼다. 같은 해 일본도 고종에게 2만 4,000달러 차관을 제공하고 조선해관 수납권을 장악했다. 이로 인해 무역량이 증가하면서 관세 수입이 늘었지만 재정상태 개선에는 별 도움이 되지 않았다.

일본은 조선의 내정 개혁을 명분으로 1894년에 300만 엔의 차관을 제공하면서 해관세를 담보로 설정했다(이영훈, 앞의 책, 『한국경제사1』, 577쪽). 고종은 1894년까지 전신가설, 연안 운항권, 어로채취권, 포경권(捕鯨權)을 비롯한 각종 이권을 청·일본·러시아에 헐값을 받고 넘겼다.

조선 후기 들어 관리에 대한 급여 지급 문제도 심각한 현안으로 대두되었다. 국가가 조정대신을 비롯하여 말단 관리와 군인에 이르기까지 봉급을 너무 적게 주거나, 아예 지급할 능력을 상실했다. 국가로부터 봉급이 나오지 않으니 관리들은 굶지 않기 위해, 생존을 위해, 더러는 호의호식하기 위해 백성을 착취했다.

게다가 국왕 부부가 직접 나서서 관직을 돈을 받고 파는 매관매직이 횡행했다. 조선왕조에서 국왕이 매관매직을 행하는 것은 성리학적 왕정윤리가 중앙정치를 강하게 규제했던 18세기까지는 상상하기 힘든 일이었다. 그런 일은 권문세가의 은밀한 특권이었다. 고종 시대에 국왕이 직접 매관매직에 앞장선 사례는 재정 위기라는 경제적 요인 외에, 국왕의 전횡을 견제할 수 있는 건전한 비판세력이 존재하지 않았기 때문이다.

국왕 부부는 수령을 교체할 때마다 먼저 여러 명에게 임시 직함을 돈을 받고 판 다음 실제 직함을 팔았다. 매관매직을 활성화하기 위해 고종과 민 왕후는 액수까지 책정해놓았다. 1886년 서울에 부임한 헐버트 선교사는 모든 관직은 그 가격이 결정되어 있는데, 예를 들어 관찰사 자리는 5만 달러 정도라고 기록했다(H.B. 헐버트, 신복룡 역주, 『대한제국멸망사』, 1999, 집문당, 75~76쪽).

감사와 유수 자리는 엽전 100만 꾸러미에서 40만~50만 꾸러미, 처음 관직에 나서는 초사(初仕)는 5,000~1만 꾸러미였다. 과거시험도 돈을 받고 합격자를 냈다. 대과(大科)는 5만~10만 꾸러미, 생원과 같은 소과(小科)의 경우 2만~3만 꾸러미로 등급에 따라 가격이 달랐다(황현, 김종익 옮김, 앞의 책, 『오하기문(梧下記聞)』, 44쪽).

고종은 매관매직의 수입을 높이기 위해 지방관의 재임 기간을 가능한 짧게 하여 많은 사람에게 자리를 팔았다. 관직을 판 수입은 정부의 공식 재정이 아니라, 고종과 민 왕후의 비자금 회계 수입으로 들어갔다. 국왕은 관직을 파는 수익을 늘리기 위해 정신없이 수령들을 교체했다. 잠시 제수했다가 곧바로 해임했고, 심지어 지방관이 취임하기 위해 임지에 내려가는 도중에 그를 해임하고, 후임자를 내려보내는 일도 있었다.

당오전 발행하여 경제 붕괴

궁중의 주방에 각종 식재료를 조달하는 명례궁 예산은 국왕과 왕비의 하사금(內下)이 88퍼센트, 정부 예산은 5퍼센트에 불과했다. 궁중에서 벌인 국왕 일가의 살림살이가 거의 전적으로 국왕 내외가 사적으로 취득한 수입으로 꾸려졌다(이영훈, 앞의 책, 『한국경제사1』, 581쪽). 명례궁의 수입부에 따르면 국왕과 왕비의 하사금 출처는 1882년부터 발행된 당오전이었다. 서울과 강화도에서 주조된 당오전의 상당액은 정부의 공식 재정에 편입되지 않고 명례궁 창고로 직행하여 왕실 생활비로 지출되었다.

당오전을 재원으로 하는 국왕과 왕비의 하사금에도 불구하고 명례궁 수지는 적자를 면치 못했다. 1893년 명례궁의 연간 지출은 444만 냥이었는데, 수입은 290만 냥이었다. 1년 동안 150만 냥 이상 적자가 발생한 것이다. 명례궁의 재정은 1870년대부터 만성적 차입 상태였다. 특히 1883년 이후 차입 규모가 급증하여 1892년까지 누적 채무가 총 68만 냥에 달했다(조영준, 「19세기 왕실재정의 위기상황과 전가(轉嫁)실태: 수진궁 재정의 사례분석」, 『경제사학』 44, 2008, 59~64쪽 참조).

이처럼 대규모 적자가 발생한 이유는 궁중에서 시도 때도 없이 벌인 연회와, 용하다고 소문난 무당을 불러들여 굿이나 푸닥거리에 엄청난 비용을 투입했기 때문이다. 명례궁 지출부에 따르면 1893년 1년 동안 총 29회 고사와 다례(茶禮)를 행했다. 왕실이 조정의 관료나 외국 빈객을 대상으로 한 음식의 하사도 37회 열렸다(이영훈, 앞의 책, 『한국경제사1』, 582쪽).

이러한 고사와 다례, 음식 하사가 벌어지는 날이면 으레 궁중 후원에서 대규모 푸닥거리나 향연·가무·음주가 행해졌다. 무분별하고 방만한 왕실 재정 지출의 폭발적 증가가 막대한 부채를 야기했다. 1907년 수진궁이 그때까지 시전상인들에게 물품을 납품 받고 대금을 지급하지 못한 빚이 8만 9,000엔, 동전으로 환산하면 89만 냥에 달하는 거액이었다.

고종은 재정난 타파를 구실로 당오전 주조를 강행했다. 하지만 고종의 어명으로 시작된 당오전 발행은 가뜩이나 어려운 조선 경제에 치명상을 입혔다. 당오전은 동전 한 개가 그동안 사용해왔던 상평통보의 다섯 배 가치를 가졌다. 명목가치는 상평통보의 다섯 배였으나, 시중에서는 상평통보와 동일한 가치로 통용되는 악화(惡貨)였다. '당오(當五)'라는 글자를 새겨 엽전 한 잎의 가치를 다섯 배로 뻥튀기한 것이다.

이처럼 명목가치와 실제가치가 큰 차이가 나자 지방관들은 재빨리 머리를 굴렸다. 백성들에게 조세를 거둘 때는 상평통보로 거두고, 국고에 납부할 때는 당오전 액면가로 납부했다. 그에 따르는 시세 차액은 관리들이 착복하는 등 파행과 기행이 만연했다.

1876년 개항을 전후하여 전국의 동전 유통고는 2,000만 냥 전후였으나, 1893년의 유통고는 7,000만~8,000만 냥이었다. 1882년부터 1893년까지 당오전 발행 규모는 대략 5,000만 냥으로 추산된다(오두환, 『한국근대화폐사』, 한국연구원, 1991, 93~95쪽).

이처럼 짧은 기간에 대량의 당오전이 제조 유통되면서 극심한 인플레이션이 발생했다. 그 피해는 고스란히 백성에게 전가되었다. 서울의 경우 찹쌀 1석(144킬로그램) 가격은 1882년 18냥에서 1894년 144냥으로, 같은 기간 소금 1석은 5냥에서 40냥으로 치솟았다. 당오전 발행에 따른 물가 상승은 평균 8배에 달했다(이영훈, 앞의 책, 『한국경제사1』, 579쪽).

주전권, 민씨 일파가 장악

조선의 통화는 가운데 구멍이 뚫린 동전이었다. 이 동전 10문(文)이 1전(錢), 10전이 1냥(兩), 10냥이 1관(貫)이었다. 당오전이 발행되기 전에는 은화 1원이 3냥에 교환되었는데, 당오전 발행 이후에는 인플레가 극심해져 은화 1원이 20냥으로 껑충 뛰었다. 당오전 발행 이전까지 일본 엔화에 대한 조선화폐의 가치는 1엔 대 2.5 정도였으나 당오전이 통용된 이후에는 1 대 8로 급락하면서 무역수지에서도 엄청난 손실을 가져왔다.

1892년 조선 조정이 발행하다가 1902년 발행을 중단한 '2전(錢)5분(分)'짜리 백동화가 있었다. '두 돈 오 푼' 백동화라 불린 이 동전은 당시 가장 값싼 제작비로 대량 제조할 수 있는 화폐였다. 실제 가치는 3푼 정도밖에 안 되는 금속으로 명목가치 두 돈 오 푼짜리 백동화를 마구 찍어냈다.

만드는 방법도 엽전보다 쉬웠다. 백동화 발행으로 인한 7배 이상의 차익은 모두 왕실로 흘러갔다. 대한제국 정부는 1896년 총예산 중 26.6퍼센트인 128만 원을 백동화 제조로 창출한 이익금으로 충당했다.

동전 발행과 관련하여 주의 깊게 봐야 할 점은 당오전을 찍어내는 주전권(鑄錢權)이 누구 소유냐 하는 부분이다. 당시 조선의 주전소는 서울 삼청동, 평양, 강화도 등 세 곳에 있었다. 서울 주전소는 민태호 관할이었다. 평양은 민응식이 차지했고, 강화도는 민씨 세력과 긴밀한 조영하였다. 국가의 재정 권력이 민씨 일파에게 집중된 것이다.

전환국 총판 묄렌도르프는 민씨 척족 세력과 손잡고 당오전을 맹렬하게 주조했다. 당오전은 고종 일가와 민씨 척족 세력에게는 막대한 부를 안겨주었다. 다른 편에선 거의 모든 조선 백성들의 삶이 지옥의 낭떠러지로 떨어졌다. 당오전 발행, 조영 신조약 체결의 실무를 담당한 묄렌도르프는 고종의 총애를 받아 승승장구했다. 이것이 당시 조선의 숨길 수 없는 민낯이었다.

6

조선-러시아 밀약의 후폭풍

묄렌도르프는 청의 외교총책 리훙장이 조선 조정을 감시하기 위해 엄선해서 보낸 독일인이다. 조선에 부임한 묄렌도르프는 자신이 의지했던 청이 일본의 야심으로부터 조선을 보호할 능력이 거의 없다는 사실을 알게 되었다. 따라서 "조선을 보호하기 위한" 특단의 조치로 러시아와 손잡는 구상을 하게 된다.

그는 러시아가 중국과는 정상적인 관계를 유지하고, 일본과 적대하는 가운데 조선이 러시아와 일본 사이에서 완충국으로 남는 것이 유리하다고 보았다. 일본을 견제하면서 조선을 열강 사이에 완충국으로 만들 수 있는 능력을 가진 나라는 러시아가 유일하다고 판단했다(김학준, 『서양인들이 관찰한 후기 조선』, 서강대학교 출판부, 2010, 194쪽).

러시아에 혼을 빼앗긴 고종·민 왕후

묄렌도르프의 구상은 고종을 비롯하여 당시 조선의 외교문제에서 주도권을 행사하던 민 왕후에게 주입되었다. 그 결과 고종과 민 왕후는 "조선은 러시아에 의존하여 자주독립을 유지한다"는 생각에 빠져들었다. 고종과 민 왕후를 러시아 품에 안기도록 결정적 영향력을 행사한 사람이 하나 더 있었다. 톈진주재 러시아영사 베베르(Karl Ivanovich Waeber)였다.

청은 조선을 식민지처럼 다스리기 위해 새파란 애송이 청년 위안스카이를 막강한 권한을 주어 조선에 파견했다. 그는 부임하자마자 조선 국왕을 능가하는 행세를 하며 위세를 떨었다. 청나라의 상업적 이익을 위해 조선에 파견한 총판조선상무위원 천슈탕(陳樹棠)도 방약무인한 태도로 민심을 완전히 잃었다. 1883년 가을 조선에 도착한 천슈탕은 서울에 도착하자마자 4대문에 "청은 조선의 종주국으로, 조선과 각국이 통상하여 이권을 도모하도록 특별히 허락한다"는 내용의 도착 성명서를 내걸었다(임계순, 「한로밀약과 청의 대응」『청일전쟁을 전후한 한국과 열강』, 한국정신문화연구원, 1984, 64쪽).

이처럼 오만무례한 청나라 관리들의 패악질과는 달리 베베르는 훈련된 외교관으로서 기품 있는 언행과 절제된 외교술로 조선 국왕 부처의 마음을 사로잡는 데 성공했다. 독일계 러시아인인 베베르는 상트페테르부르크제국대학 동양어학부를 졸업하고 베이징에서 3년간 중국어를 공부했다. 이후 톈진주재 영사, 일본주재 총영사, 베이징 공사대리로 근무하던 중 조선주재 초대 대리공사 겸 총영사로 부임했다.

묄렌도르프와 베베르가 "러시아와 손잡는 것이 조선 자주독립의 길"이라는 상냥한 권유는 국제 정세에 둔감했던 고종과 민 왕후에게는 감성의 미혹이었다. "그대들의 왕권을 보호해줄 수호천사는 러시아"라는 두 사람의 유혹은 청이나 일본의 지도자들에게서 귀에 못이 박히도록 들어왔던 '러시아에 대한 공포감'을 깨끗이 잊게 해주는 마약이나 다름없었다.

당대 최고의 선진국이었던 영국은 일본을 '문명의 떠오르는 별'이라고 평했다. 반면 바로 옆 나라 조선은 '문명 퇴화의 본보기'라며 상반된 평가를 내렸다. 소중화를 자처하던 문명국 조선이 어쩌다 이 지경으로 퇴락한 것일까?

구한말 일본의 조선 침략에 가장 비판적이었고, 조선에 동정적이었던 영국 언론인 매켄지(Frederick Arthur McKenzie)는 "아무런 편견이 없는 관찰자라면 오늘날 한국이 독립을 상실한 것은 대체로 왕조의 부패와 취약성에 원인이 있다는 사실을 부인할 수 없다"고 말했다.

'위로부터의 혁명' 성공한 일본

일본이 메이지유신에 성공한 이유는 지방의 하급무사와 지식인들이 중심이 되어 '위로부터의 혁명'을 일으켰기 때문이다. 이는 서구 국가들 중에서 가장 먼저 산업혁명이 일어난 영국을 비롯하여 대혁명을 경험한 프랑스, 영국과 독립전쟁을 통해 독립한 미국 등과는 정반대의 방법론이었다.

영국·프랑스·미국 등에서 추진된 '아래로부터의 개혁(혁명)'은 사회 저변에서 성장해온 시민계급의 자생적 힘에 의해 근대로의 개혁이 추진되었음을 뜻한다. 반면에 시민계급이 성장하지 못한 일본·독일·러시아에서는 국가와 기득권 계층의 주도 하에 근대화가 추진되었다. 이런 방식이 '위로부터의 개혁(혁명)'이다.

조슈번과 사쓰마번의 하급무사들은 처음에는 서양 세력을 물리치기 위해 양이(洋夷)운동에 뛰어들었다. 사쓰마번은 1862년 영국과 사쓰에

이(薩英)전쟁, 조슈번은 1864년 미·영·불·네덜란드 연합함대와 바칸(下關)전쟁을 벌였다. 하지만 압도적인 힘을 가진 서양과 충돌했다가 참혹한 패배를 경험했다. 이 과정에서 서양 문명의 우수성과 가공할 선진 과학기술의 힘을 체험한 후 개국론으로 방향을 틀었다.

하급무사와 지식인만 각성한 것이 아니다. 260여 년 천황을 교토 황궁에 가둬두고 일본을 이끌어온 막부도 혁신을 거듭했다.

일본의 하급무사와 비슷한 존재를 조선에서 찾는다면 선비·유생(儒生)을 꼽을 수 있다. 불행하게도 당대의 대표적인 유림으로 꼽히던 이항로·최익현 같은 관리들은 서양의 위력을 실감하고도 근대화나 혁신은 커녕, 위정척사 사고방식에서 단 한 걸음도 벗어나지 못했다. 이들은 왕권 중심의 보수적 근대화를 추구하다 실패했다. 뒤늦게 의병운동을 일으키는 등 고군분투했지만, 식민지로 향하는 격류를 되돌릴 힘이 없었다.

메이지유신 이후 일본은 서양 따라 배우기에 국가적 역량을 총동원했다. 먼저 서양을 배우고 이해하기 위해 메이지 신정부는 수많은 엘리트를 서양으로 유학 보냈다. 주민들이 번의 경계를 벗어나려면 당국의 여행 허가를 받도록 엄격히 통제했던 제도는 1866년 폐지되었다. 그해 11월부터 여권 발급 업무가 시작됐다.

1866년 도쿠가와 막부는 70건, 그 다음해에는 130건의 여행허가를 처리했다. 1871년부터 1873년 사이 정부 지원으로 영국·미국·프랑스·독일 등 해외에 나가 공부한 국비 유학생이 350명이었다. 이들의 유학에 소요된 총비용이 1872~1873년 교육 예산의 약 10퍼센트에 달했다 (W.G. 비즐리, 장인석 옮김, 『일본근현대정치사』, 을유문화사, 2010, 153쪽).

1870년대 한 관찰자는 요코하마항을 출발하는 선박마다 서양으로 떠나는 일본인이 가득하다고 기록했다. 일본 정부 통계에 따르면 1868~1902년 사이에 1만 1,208개의 여권이 해외 유학을 위해 발급되었다(박지향, 『일그러진 근대』, 푸른역사, 2003, 133쪽).

일본은 또 서양 서적을 번역 출판하는 데 전력투구했다. 메이지 시대에 가장 인기 높았던 서양 서적은 새뮤얼 스마일스(Samuel Smiles)의 『자조론』이었다. 이 책은 1859년 영국에서 발간됐는데, 12년 후인 1871년 일본어로 번역되어 일본 사회에 근면·절약·끈기·자기개선의 가치관을 전파하는 메신저 역할을 했다.

"동양의 바다 위에 유럽 제국을 건설하자"

메이지정부는 서양 각국의 전문가, 기술 분야 엔지니어를 초빙했다. 메이지정부가 고용한 외국인은 거의 대부분이 당대 최고의 선진국이었던 영국 출신이었다. 특히 기술 분야에서 그 경향이 두드러졌다. 1874년에 일본에 초빙된 영국인 기술자는 450명으로 외국인 고용기술자의 80퍼센트를 점했다.

이 무렵 일본은 서양에 미쳐 있었다 해도 과언이 아니다. 1887년 외무상 이노우에 가오루는 "우리나라를 유럽 스타일의 제국으로 변모시

〈표5〉 메이지정부가 고용한 외국인(1868-1900)

국가	인원(명)
영국	1,034
프랑스	401
미국	351
독일	279

키자. 우리 국민을 유럽 스타일의 국민으로 변화시키자. 동양의 바다 위에 유럽 스타일의 제국을 건설하자"고 주장했다.

임오군란 이후 조선의 정치 상황을 분석해보면 서양 열강과 일본의 위협에 맞서 외세의 영향력을 배제하고 조선왕조 체제와 성리학을 수호하려는 세력이 존재했다. 이들이 위정척사파의 뼈대를 형성한다. 그 반대편에는 외세에 대응하기 위해 조선을 개국하여 새로운 활로를 모색하자는 세력이 존재했다. 이들을 개화당으로 통칭한다.

조선의 위정척사 세력(기득권 세력)은 오매불망 큰 나라에 의지하여 자주독립을 보전한다는 미몽에서 벗어나지 못했다. 청이 도와줄 때는 청에 의지했다가, 일본이 유리할 것 같으면 일본에 붙었다. 서양 세력과 수교하여 미국이 새로운 대국이 되어줄 것을 희망하기도 했다.

미국은 수교 직후 조선이 너무나 가난하여 어떠한 이권조차 취할 것이 없다는 사실을 알게 되었다. 게다가 청·일·영·러 세력이 복잡하게 얽혀 치고받는 모습을 보고는 슬그머니 '관심퇴거' 전략으로 돌아섰다. 영국은 러시아의 남진을 막는 차원에서 조선을 이용할 마음을 굳히고 있었다. 이 와중에 어느 나라가 조선을 위한 수호천사가 되어주겠다고 선뜻 나서겠는가.

위정척사 세력도 문제였지만, 온건론이든 급진론이든 개화세력도 명백한 한계를 안고 있었다. 이들도 위정척사 세력과 마찬가지로 조선은 소국이어서 독자적인 국력과 군사력만으로는 생존이 불가능하다고 보았다. 따라서 우선 개국을 하여 충분히 신뢰할 수 있는 우호국을 찾아낸 다음, 그 나라에 의지해야 한다는 외세 의존적 사고방식에서 한 치도 벗어나지 못했다.

이러한 외세 의존적 사고방식은 한반도를 망령처럼 지배해온 사대주의에 굳건한 뿌리를 대고 있었다. 오늘날까지 논란이 되고 있는 사대주의는 '큰 나라나 세력권에 붙어 그 존립을 유지하고자 하는 외교술'이다. 즉 중화 문명권에 편입되어 중국의 보호우산 아래 들어감으로써 평화를 유지하는 정책이었다.

소중화 사상에서 헤어나지 못한 조선

조선은 사대정책 덕분에 조선 중기의 임진왜란 · 정묘호란 · 병자호란을 제외하고는 안보에 대한 부담을 덜면서 국가 생존을 도모할 수 있었다. 중화질서로 대변되는 동아시아의 전통적인 국제관계는 중국은 상국(上國), 주변국은 하국(下國)이라는 위계질서를 전제로 하고 있다. 중화질서는 상하 위계질서가 뚜렷한 반면, 서양이 비서양 약소사회를 지배 · 종속 · 착취하는 식민 질서와는 완연히 다르다. 그것은 정치적 지배나 경제적 착취를 수반하지 않는 도덕적 · 문화적 지배 시스템이었다.

겉모습은 속방이지만, 외교와 내치 면에서 완벽한 자율성을 가진 자발적 사대와 비착취적 보호…. 중국의 속방으로 불리면서도 실질적인 내적 자율성을 가진 국가들과 중국 사이에 전쟁과 평화를 규율하는 일종의 '안보 레짐' 성격을 가진 외교 제도가 중화질서였다(이삼성, 앞의 책, 『동아시아의 전쟁과 평화1』, 170쪽).

하지만 사대주의는 한편으로 씻을 수 없는 정신적·문화적 상처를 남겼다. 우선 조선의 지배층에 뿌리 깊은 중국 제일주의, 즉 모화(慕華)사상을 심어주었다. 조선의 지배층은 스스로 중국을 상국으로 떠받들고 조선은 하국으로 격하시켜 중국과 조선은 군신(君臣) 관계, 혹은 부자(父

子) 관계라는 사실을 지극히 당연한 논리로 수용했다. 외교적 사안이 발생할 때마다 모든 것을 중국에 의존했다. 조선의 붓잡이 선비들은 일본의 '독서하는 사무라이'와 달리, 자기 나라가 자주독립국가라는 치열한 의식이 아니라 '중화(中華)의 충실한 외변(外邊)'을 자처했다.

그보다 심각한 문제가 내재되어 있었다. 사대의 대상인 중국이 속국인 조선을 보호할 의지와 능력이 존재할 때는 평화가 유지된다. 하지만 중국이 조선을 보호할 능력을 상실하거나, 보호할 의지가 없는 상황이 되면 국가 생존이 불투명해진다는 점이다.

1850~70년대 제국주의 세력이 동아시아를 향해 몰려오던 시절, 조선과 일본은 비슷한 시기에 서양 열강들의 개방 압력을 받았다. 일본은

〈그림11〉 거리에서 끼니를 때우고 있는 거지들, 『그래픽The Graphic』, 1894

확고부동한 자존의식을 가지고 적극적인 개방과 메이지유신으로 근대화를 이루었다. 이것이 일본이 세계 열강 대열에 합류한 원동력이다.

반면에 조선은 화이(華夷)의 경직된 정치 이념인 소중화·모화사상에 갇혔다. 조선은 다민족 공존제도를 창출하여 세계 대제국이 된 청나라를 '오랑캐'라고 배척했다. 겉으로는 청에 복종하는 체하면서 속으로는 여진족 오랑캐가 세운 청나라를 경멸하고 멸시했다. 국왕이 거주하는 궁궐 깊숙한 곳에 대보단 사당을 지어놓고 망해 없어진 명나라의 황제들에게 200년 가까이 제사를 올렸다.

이처럼 시대착오적인 가치관으로 300년 이상을 지탱해온 나라가 조선이다. 이 나라가 일찍 망하지 않은 이유는 단 한 가지, 중화질서의 중심국인 청 제국이 안정되어 있었기 때문이다. 조선은 청나라가 이룩한 팍스 차이나(Pax China)의 우산 덕분에 덩달아 안정을 누렸다. 그 안정의 바탕이었던 청이 쇠퇴하여 국제질서가 급변하는 날, 조선의 국가와 사회는 전례 없는 위기에 봉착될 것을 예고하고 있었다(같은 책, 590쪽).

덕을 잘 닦으면 제국주의 침략 막을 수 있나?

구한말의 국제질서는 약육강식의 법칙이 지배하는 정글의 세계였다. 힘이 곧 정의인 시대에 국력은 군사력 · 경제력 · 외교력으로 표출된다. 조선은 그 세 가지 중 어느 하나 제대로 갖추지 못한 채 쇠퇴를 거듭하는 청 중심의 사대주의 패러다임을 맹종했다.

1866년 병인양요 때 승정원 동부승지를 지냈던 이항로는 "우리나라는 비록 소국이지만 군신이 마음을 하나로 해서 덕을 닦고 정사를 행하여 고대 중국의 3대(代)와 같이 이상 정치를 실시하면 서양 오랑캐(洋賊)

중에 지혜로운 자가 있다 해도 감히 침범하지 못할 것"이라고 주장했다.

이것이 당시 조선 국가지도부의 보편적인 사고방식이었다. 조선 지도부는 위정척사로 시대의 흐름에 저항했고, 시대적 역할이 끝난 사대교린에 의거하여 왕도정치를 펼치면 제국주의 세력의 침략을 능히 막아낼 수 있다고 진정으로 믿었다.

조선 지도부의 입장을 난감하게 만든 것은 '오랑캐의 나라'라고 멸시했던 청의 정책 변화였다. 청나라는 임오군란 직후부터 전통적인 속방관계, 사대질서를 폐기하고 조선의 내·외정에 직접 개입하여 서양 열강들의 식민지 지배나 다름없는 통치 방식을 조선에 강제하기 시작했다.

조선 지도부는 청의 식민지배적 속박에서 벗어나기 위해 '새로운 사대의 나라' 찾기에 나섰다. 이들은 '충분히 신뢰할 수 있는 우호국'이 나타나 그 나라에 조선 왕실의 보호를 의탁하고자 했다. 그 결과 조선의 개방·개국은 위정척사파든 개화파든 공통적으로 '충분히 신뢰할 수 있는 우호국'을 찾는 방법론으로 귀결되었다.

임오군란 후 조선이 청군 점령 상황에 놓이자 '청과의 긴밀한 연대'를 주장해온 친청파 세력이 권력의 전면에 나섰다. 청과의 협상 총책인 조영하·김윤식·어윤중이 친청파로 각광받은 신진 관료들이었다. 김윤식은 청과 조청상민수륙무역장정을 체결한 후 다음과 같이 발언했다.

"우리나라가 중국의 속방이 됨은 천하가 모두 아는 바인데, 항상 중국이 착실하게 담당하려는 뜻이 없음을 근심했습니다. 우리나라처럼 고립되고 약한 형세로 만약 대국의 보호가 없다면 실로 특립(特立)하기 어려울 것입니다. 이제 이중당(李中堂, 리훙장)은 중국에서 병권(兵權)을 장악한 대신입니다. 중대한 우리나라의 문제를 의연히 자임하여 이미 각국에 성명하고 조약에 대서(大書)했으니, 뒷날 우리나라에 일이 생겼을 때 만약 온 힘을 다해 구원해주지 않는다면 필시 천하 사람들의 비웃음을 살 것입니다. 천하 사람들이 중국이 우리나라를 담임하는 것을 본다면, 각국에서 우리를 무시하는 마음 또한 그에 따라 조금 그칠 것입니다."(김종학, 앞의 책, 『개화당의 기원과 비밀외교』, 175쪽)

이 발언은 사대주의에 깊이 함몰되어 있던 조선 대신들의 정신세계를 잘 보여주는 내용증명이다. 청에 의지하려는 사대주의적 사고는 국왕 고종이나 그의 부인 민 왕후도 예외는 아니었다.

'왕권 강화'에 올인한 고종과 민 왕후

이러한 친청(親淸)으로의 귀의 현상은 일본을 발전 모델로 하고, 일본의 힘을 이용해 개화를 추구하려던 세력들의 불만을 야기했다. 조선 후기에 개화당은 독립당 · 개진당(開進黨, 혹은 改進黨) · 혁명당 · 개혁당 등 다양한 호칭으로 불렸다.

일본 언론이나 외무 당국이 조선에 '개화'란 말을 사용할 때는 "일본의 국익에 도움이 되는 정치세력"을 의미했다. 개화당은 자신들의 권력기반이 취약하여 독자적인 힘으로는 어떠한 성과도 기대하기 힘들다는 사실을 잘 알고 있었다. 때문에 정치적 목적을 달성하기 위한 수단과 방법을 일본에서 구했다.

아이러니하게도 거의 모든 개화당의 활동은 고종의 밀명이나 묵인하에 이루어졌다. 임오군란 직후 김윤식·김홍집·어윤중·조영하 등 집권층에서 온건 개화 소신을 갖고 있던 친청파 신진 관료들은 청의 지원과 원조를 얻어 국가재정과 군사를 재건하고 왕권을 제약하려 했다.

이 와중에 고종은 왕비의 코치를 받아가며 왕비 집안사람을 총동원하여 왕권 강화를 위해 발버둥 쳤다. 고종은 왕권을 제약하려는 친청파 대신들을 견제하기 위해 일본에 의지하여 개화를 이루고자 했던 김옥균·박영효를 발탁하여 의도적으로 키웠다. 두 사람을 수신사로 일본에 파견한 것이 대표적인 사례다.

고종 재임 내내 변치 않았던 통치의 최고 목표는 국가안보나 민생 안정이 아니라 왕실 보호, 왕권 강화였다. 이 목표를 달성하기 위해 고종이 즐겨 사용한 방법은 신하들을 분열시켜 서로 투쟁하도록 만드는 분할통치술(Devide and Rule)이었다.

대원군 세력이 강할 때는 박영효를 등용하여 대원군을 견제한다. 대원군 견제에 성공한 박영효 세력이 강해지면 박정양을 등용하여 박영효를 친다. 김홍집·유길준 등 온건 노선의 집권개화파 세력을 억누를 때는 김옥균·박영효 등 급진 개화당을 동원하여 갈등을 부추긴다…. 국왕과 민 왕후는 정치판을 개화당과 수구당으로 분열시키고, 김홍집 세력을 중간파로 등장시켜 각 파벌들이 이전투구를 벌이도록 유도했다.

문제는 이런 통치 방법을 국제외교에도 그대로 적용했다는 점이다. 그 결과 청에서 일본으로, 일본에서 러시아로, 러시아에서 미국으로 현란하게, 수시로 조선의 뒤를 봐줄 후견국가(patron state)를 대체했다. 이 점에서 고종은 근대 국제질서의 세력균형 의미를 이해하는 데 큰 어려움이 없었다(같은 책, 101~102쪽).

개화당의 기원은 1871년 신미양요를 전후하여 역관 오경석과, 의업에 종사했던 유대치가 김옥균을 포섭함으로써 결성되었다. 개화당의 사상적 기원은 중인계급인 의역중인(醫譯中人)의 철저한 현실 비판과 과격한 사회변혁 사상에 뿌리를 두고 있다(같은 책, 7쪽). 김옥균이 중심이 되어 박영효·홍영식·유길준·서광범·서재필 등 북촌의 명문가 청년들이 결집하면서 '북촌(北村) 5걸'로 불리는 개화당이 역사 무대에 등장하게 된다.

1870년대 중반에는 조정의 집권세력도 개화 혹은 문호개방의 필요성을 절감했다. 다만 그들이 추진했던 문호개방은 개혁·개방을 통한 근본적인 사회질서의 변혁이 목적은 아니었다. 집권세력은 서세동점이라는 국제 정세에 순응하여 기존의 권력구조와 질서를 유지하려는 소극적인 개혁·개방을 추구했다.

그에 반해 개화당은 외세를 끌어들여서라도 자신들이 정권을 장악하고, 조선 사회를 근본적으로 혁신하려 했다. 개화당은 자신들의 국가 혁신 모델을 일본으로 설정했다. 일본처럼 문호를 개방하고 서구 문물을 받아들여 부강한 나라 건설을 위해 개화당의 리더 박영효와 김옥균은 일본과의 연대를 위해 심혈을 기울였다. 그래서 김옥균 일파는 일본당으로 불렸다.

반면에 민영익 일파는 청나라를 모델로 개화를 추구하여 청국당으로 불렸다. 김옥균은 개화당 동지들에게 "일본이 동양의 영국이 되고자 한다면, 우리는 조선을 아시아의 프랑스로 만들어야 한다"고 외쳤다. 조선 진출을 구상하던 일본 입장에서 보면 개화당은 제 발로 찾아와 일본의 한반도 진출 정책에 협조를 아끼지 않은 자발적 부역자였다.

이처럼 개혁·개방이라는 대의에도 불구하고 집권세력과 개화당은 그 목표가 근본적으로 달랐다. 양 세력은 정적(政敵) 관계를 형성할 수밖에 없었다.

일본과 조선 지도부의 차이

조선의 최고 지도부가 외세 의존적 사고에 젖어 있었던 반면, 일본 지도부의 가치관과 철학은 조선과는 정반대였다. 그들은 무슨 수를 써서라도 개국한 다음 서양을 배워서 "일본 스스로의 힘으로" 생존을 모색했다.

일본 지식층도 스스로의 힘으로 개화를 실현할 수 있다는 자신감에 넘쳐 있었다. 이들의 개혁·개방은 1543년 중국 해적 왕지와 포르투갈인 페르낭 멘데스 핀투가 탄 배가 다네가시마에 도착했을 때부터 시작되었다. 일본의 개혁 개방은 여러 차례 우여곡절을 겪었음에도 불구하고 이미 300년 이상 노하우가 쌓였기에 이처럼 성숙한 의식의 폭발이 가능했는지도 모른다.

일본 지도부는 자신들의 개혁·개방 노하우의 바탕 위에 서양 열강의 선진 기술을 습득하기만 하면 그들을 쉽게 따라잡을 수 있다고 생각했다. 그들에게 개국이란 서양 열강의 위협을 일시적으로 회피하면서, 문명부강에 필요한 서양 기술과 문명, 가치관과 방법론을 익히기 위한 방편이었다. 조선 지도부처럼 서양 열강의 힘을 국내 정치에까지 끌어들여 개화·개국의 한 방편으로 활용한다는 사고방식은 일본 지도부의 머릿속에는 존재하지 않았다.

때문에 일본 지도부 인사들은 틈만 나면 외세에 의존하려는 조선을 경멸의 시선으로 바라보았다. 1883년 조선에 부임한 일본공사 다케조에 신이치로(竹添進一郎)는 한학자(漢學者)로서, 문장이 뛰어나 청과의 외교를 위해 외교관으로 등용된 인물이다.

전임자와는 달리 강경파였던 다케조에는 조선 사람들이 일본인을 두려워하는 마음을 품게 만들어야 한다고 생각했다. 그는 틈만 나면 "조선인은 대세에 무지하며, 중국을 어느 누구와도 견줄 수 없는 대국이라 신봉하는 무기력하고 염치없는 패거리"(기무라 간, 김세덕 옮김, 앞의 책, 『대한제국의 패망과 그림자』, 194쪽)라고 조선 사람을 비하했다.

개화당 대표로 등장한 김옥균은 오경석과 유대치의 영향을 강하게 받았다. 그는 인간을 양반-상놈으로 구분하고 수탈을 합리화하는 신분제도를 혐오하고, 능력에 따라 예우받는 세상을 지향했다. 그의 주변에는 자연스럽게 신분제도를 타파하려는 인간군상이 모여들었다. 그는 친화력이라는 자신의 장기를 십분 발휘하여 철종의 사위 박영효를 비롯하여 자신과 뜻을 함께 하는 청년 양반층 인사들을 끌어들였다.

특히 신분제라는 제약에 얽매여 능력은 있지만 입신양명이 불가능했던 의역중인을 비롯하여, 천대받는 보부상·무관·상인·중인·승려·평민 등이 그의 휘하로 모여들었다. 이들이 자연스럽게 1884년 갑신정변 쿠데타의 행동대로 활동하게 된다.

개화당, 쿠데타 위한 군대 양성 돌입

김옥균을 비롯한 개화당 지도부는 정변을 일으켜 권력을 장악하고 개화를 추진하기 위해 쿠데타 주력군 양성 계획을 수립했다. 임오군란 직후 200여 명의 전도유망한 조선 청년들을 일본에 3년 정도 군사 유학을 시킨 후 1888년 무렵에 거사를 일으킨다는 프로그램이었다. 하지만 일본으로부터 차관 도입에 실패하여 유학 자금을 마련하지 못하는 바람에 이 계획은 크게 틀어졌다.

도야마(戶山) 육군학교에 보내려던 유학생 숫자는 200명에서 14명으로 축소되었다. 이들의 유학 비용은 김옥균이 동남제도개척사(東南諸島

開拓使) 겸 포경사(捕鯨使)에 임명된 후 부산에서 활동하던 일본인에게 이권을 저당 잡히고 2만 5,000엔을 빌려 겨우 마련했다(김도태, 『서재필 박사 자서전』, 을유문화사, 1974, 95쪽).

김옥균과 개화당이 개화와 독립을 주장하자 청으로부터 심한 내정 간섭에 시달리던 고종과 민 왕후는 눈이 번쩍 뜨였다. 고종은 조선 주둔 청군의 무력에 의지하여 권력을 행사하던 친청 세력의 독주를 막기 위해 개화당과 연대했다.

개화당의 영수 박영효와 김옥균은 고종과 민 왕후에게 자신들의 일본 내 인맥의 도움을 받아 일본에서 차관을 도입하여 재정난을 타개하겠다고 고종에게 약속했다. 하지만 개화당이 일본으로부터 차관 도입에 실패하자 고종과 민 왕후의 신뢰에 금이 가기 시작했다.

시간이 흐를수록 고종과 개화당은 서로가 추구하는 목표와 노선이 다르다는 사실을 명백하게 깨달았다. 고종은 국가가 아니라 왕권 유지·강화를 위해선 다른 어떤 가치라도 희생시킬 준비가 되어 있는 사람이었다. 개화당은 일본에 의지한 개화와 부국강병이 주력 목표였을 뿐 왕권 강화 같은 것은 그들의 관심사가 아니었다. 개화의 방식도 온건 노선이 아니라 급진 노선을 선호했다.

조선의 개화와 독립이 개화당이 원하는 방식으로 진행될 경우 실제 권력은 국왕 및 민씨 척족이 아니라 개화당이 쥐게 될 가능성도 배제할 수 없게 된다. 이것은 고종과 민씨 척족들이 원하는 구도가 아니었다.

일본 유학을 통한 쿠데타군 양성 계획이 좌절되자 개화당은 박영효·윤웅렬을 중심으로 국내에서 양병하는 방식으로 작전을 변경했다. 이 무렵 박영효는 수도권 방어의 중요한 요직인 광주 유수에 임명되었다.

광주 유수는 5군영의 하나인 수어청 지휘관인 수어사(守禦使)를 겸직하게 되어 있었다. 덕분에 박영효는 단숨에 병력 동원권을 보유하게 되었다. 이때부터 개화당은 극비리에 쿠데타군 양성에 돌입했다. 하지만 박영효의 군대 양성 정보는 곳곳에 정보망을 깔아둔 민씨 일파의 귀에 들어갔다.

이때부터 수구파의 반격이 강력하게 시작되었다. 위험인물로 찍힌 박영효는 광주 유수에서 쫓겨났다. 시간이 흐를수록 개화당에 대한 민씨 척족 세력의 견제는 강도가 심해져 갔다. 박영효가 광주 유수 직위에서 쫓겨나면서 개화당은 막다른 골목에 몰렸다. 이제 그들은 "가만히 앉아 있다가 당하느냐, 아니면 먼저 일어나 저들을 제압하느냐"를 선택해야 하는 절박한 상황으로 내몰렸다.

청불전쟁으로 청나라 군대 절반 철수

민씨 척족 세력과 개화당의 대결이 심화되던 무렵, 조선 주둔 청군의 지위에 큰 변화가 찾아왔다. 베트남 정부는 통킹과 안남 등 베트남 남부 지역을 프랑스 보호령으로 인정했다. 이 과정에서 베트남의 지위를 놓고 종주권을 주장하는 청과, 인도차이나반도를 식민지화하려는 프랑스가 격돌했다. 1884년 5월 두 나라는 본격적인 전쟁에 돌입했다. 청불전쟁이 발발한 것이다.

전투가 격화되어 프랑스 함대는 청나라 함대를 격멸시켰다. 프랑스 함대의 내습으로 본토 방어가 시급한 과제로 떠오르자 리훙장은 1884년 5월, 조선에 주둔하고 있던 우창칭 제독 휘하의 조선주둔군 3,000명을 절반으로 나누었다. 3개 대대 1,500명은 우창칭 제독 인솔하에 만주 펑톈성(奉天城) 진저우(錦州)로 이동시켰다. 나머지 3개 대대 1,500명은 오자오유(吳兆有)의 지휘 아래 서울에 주둔시키고 영무처(營務處: 참모장에 해당하는 문관)로 위안스카이를 배속시켰다.

청불전쟁에서 청나라가 수세에 몰리자 일본 외상 이노우에 가오루는 그동안의 관망 자세에서 벗어나 조선에 대한 적극적인 정책을 모색했다. 청불전쟁이 확대되면서 서울에 주둔한 1,500명 병력도 언제 전선으로 이동할지 모르는 상황이 되었다.

정세가 급변하자 김옥균은 1884년 10월 무렵 쿠데타를 결심한다. 다케조에 주한 일본공사는 김옥균으로부터 정변 결행 의지를 듣자 상당액의 거사자금과, 150명의 일본공사관 호위 병력을 지원하겠다고 약속했다. 그는 또 거사 후 개화당의 개혁에 필요한 300만 엔의 차관제공도 약속했다.

일본의 개화사상가 후쿠자와 유키치도 개화파들의 정변에 지원을 약

〈표6〉 갑신정변 쿠데타에 참여한 일본인

국왕	비고
소시마 와사쿠(總島和作)	빌려준 돈을 받기 위한 명목으로 쿠데타 2주 전에 조선 입국 (갑신정변 때 김옥균을 수행하던 중 살해당함)
고사카 가메지로(小坂龜次郞)	도쿄의 인력거꾼
이토 긴키치(伊藤金吉)	긴자 상점의 점원. 김옥균이 도쿄에 왔을 때 알게 된 사이
가나이로 료닌(金色郞忍)	1882년 김옥균이 최초로 일본을 방문했을 때 통역 담당
오에 다니키치(大江種吉)	쿠데타 한 달 전 김옥균이 일본식 건물을 짓기 위해 고용

출처 : 김종학, 『개화당의 기원과 비밀외교』, 일조각, 2017.

속하고 자신의 제자 이노우에 가쿠고로에게 이 임무를 맡겼다. 이노우에는 서울에서 박문국 주사로 한성순보 발간을 도우면서 조선의 정치 정세와 쿠데타 준비상황을 스승인 후쿠자와 유키치에게 보고했다. 그는 김옥균과 후쿠자와 사이의 메신저 역을 담당했다.

개화당 쿠데타에 일본 칼잡이 참여

김옥균과 후쿠자와, 이노우에는 전신 암호까지 만들어 비밀 메시지를 주고받았다. 후쿠자와는 일본도 · 권총 · 폭약을 비롯하여 칼잡이 등을 이노우에를 통해 개화파에 제공했다. 개화당의 갑신정변 쿠데타에 참여한 일본인 중 신원이 밝혀진 사람은 〈표6〉과 같다.

소시마 와사쿠(總島和作)는 거사 당일 우정국 앞길 도랑에 매복하고 있다가 민영익을 공격하여 상처를 입힌 자객이다. 또 갑신정변 과정에서 다이너마이트가 사용되었는데, 이것은 박영효가 수신사로 귀국할 때

〈그림12〉 김옥균의 초상화,『그래픽The Graphic』, 1894

군사교관으로 데려온 마쓰오 미요지의 부하인 후쿠시마 하루하데라는 사람이 일본에서 반입한 것이다.

일본군에게 '호위 요청' 교지 보내

운명의 1884년 12월 4일, 조선에서 우정업무를 담당하는 우정총국(서울 종로구 견지동)이 사용할 건물 낙성식과 개국 축하연이 열렸다. 우정총국 책임자인 동시에 개화당 핵심이었던 홍영식은 이 행사에 민영익을 위시한 사대수구당 인사들과 민씨 정권의 핵심 요인, 외국 사절을 초청했다. 이날 연회를 이용하여 사대수구당을 일망타진하고 일거에 정권을 장악하기 위해서였다.

만찬이 거의 끝나갈 무렵, 개화당 일파가 미리 계획한 대로 우정총국 근처 민가에서 불이 났다. 고종의 호위부대 사령관 민영익이 상황 파악을 위해 바깥으로 나갔다가 개화당이 끌어들인 일본 자객 소시마 와사쿠의 습격을 받았다.

민영익은 동맥이 끊기고 팔과 얼굴 등 13곳에 상처를 입고 필사적으로 도주하여 연회장 안에서 쓰러졌다. 연회장이 아수라장이 되면서 모두 혼비백산하여 도망가는 사이, 핵심 살해 목표였던 국왕 호위부대의 지휘관 한규직, 이조연을 놓쳐버렸다. 푸트 미국공사와 묄렌도르프가 피투성이가 된 민영익을 행사장에서 가까운 묄렌도르프의 집으로 옮겼다.

그사이 김옥균과 박영효·홍영식·서광범 등 쿠데타 지휘부는 재빨리 연회장을 빠져나와 창덕궁으로 달려갔다. 김옥균 일행은 고종 내외의 숙소인 침전으로 직행하여 고종에게 우정국 변란 소식을 보고했다. 중대 사태가 발생했으니 진정될 때까지 잠시 거처를 경우궁(景祐宮, 현재의 계동 현대사옥 자리)으로 옮기고, 일본공사관 수비대를 불러 국왕의 호위를 담당토록 할 것을 요청했다. 경우궁은 창덕궁에 비해 소수의 병력으로 방어가 용이했기 때문이다.

경우궁으로 이동하는 도중 김옥균은 "일본 군대를 요청하여 폐하를 호위토록 하면 만전을 기할 수 있습니다" 하고 고종을 설득했다. 김옥균은 고종에게 일본군 출동을 요청하는 친필 칙서를 요청했다. "어떻게 하면 좋겠는가?" 하고 망설이던 고종은 김옥균이 연필과 백지를 내놓자 경우궁으로 향하는 노상에서 친필로 "일본공사는 와서 짐을 호위하라(日本公使來護朕)"는 일곱 글자의 교지를 써 주었다.

박영효가 이 교지를 받아들고 일본공사관으로 달려가 다케조에 공사에게 일본군 출동을 공식 요청했다. 이로써 일본군은 고종과 그 일가를 합법적으로 호위할 권리를 확보하게 되었다. 일본군이 조선의 개화당 쿠데타에 가담한 것이다. 후에 문제의 이 교지가 위조되었다는 논란이 벌어졌다.

개화당은 우정국에서 실패한 3영사(營使)와 척신 살해를 경우궁 안에서 실행하기로 했다. 김옥균은 왕명을 위조하여 민씨 척족들과 사대수구당 인사를 경우궁으로 입궐하라고 명했다. 밤늦게 경우궁에 입궁한 친군영의 최고 지휘관인 좌영사 이조연, 전영사 한규직, 후영사 윤태준이 쿠데타군에게 체포되어 참살당했다.

이어서 민영목이 살해되었다. 민영목이 경우궁에 도착하자 궁궐 파수병들이 문을 닫아걸었다. 민영목이 경비병이 도열한 가운데를 지나 제2문에 들어섰을 때 자객이 달려들어 단칼에 쓰러뜨렸다. 그가 쓰러지자 곧바로 핏자국을 닦아서 아무 일도 없었던 것처럼 하고 다음 사람을 기다렸다.

고종의 현란한 줄타기

갑신정변 주역들이 1차 제거 목표로 설정한 인물은 군사 지휘관이었다. 왕세자비의 아버지 민태호는 재정권을 장악하고 있었을 뿐 아니라, 친위민병대나 다름없는 보부상을 관리하는 혜상공국 책임자였다. 민태호와 풍양 조씨의 최대 실력자인 조영하 등이 모두 민영목과 같은 방식으로 살해당했다.

주요 군사 지휘관들을 처단하여 군권을 장악한 쿠데타 세력은 신정부 조직에 착수했다. 이 과정에서 개화당은 고종과 내각 인선 문제를 협의하지도 않았고, 고종의 의사를 반영하는 과정을 거치지도 않았다. 혁명이 일어났으니 당연히 혁명 지도부의 구상대로 일사천리로 인선이 이루어진 것이다.

새로 구성된 정부의 성격은 ①김옥균을 중심으로 한 개화파, ②개화파에 동조하는 세력, ③대원군 일파 등 세 파벌이 참여한 연합정권이었다. 조정의 핵심 요직인 의정부 좌의정에는 대원군의 조카 이재원, 우의정에 홍영식, 병조참판 겸 정령관에 서재필이 임명되었다. 쿠데타 주역인 김옥균은 호조참판, 서광범은 좌우영사 겸 우포도대장을 맡는 등 내각을 일신했다.

김옥균과 개화당이 추구한 정치 체제는 입헌군주제였다. 즉 국왕은 상징적 존재로 예우하고, 정치권력의 행사는 내각 요원들이 담당한다는 구상이었다. 반면에 고종이 김옥균의 개화당과 손을 잡았던 이유는 '왕권 강화'를 위해서였다.

입헌군주제를 염두에 두고 있던 개화당이었으니 국왕 고종은 권력 배분에서 철저히 소외되었다. 이들은 고종의 뜻에 따른 인선과 정령을 발표하는 형식이 아니라, 자신들이 일방적으로 인사를 한 다음 고종의 추인을 받는 형식을 취했다.

게다가 개화당은 의역중인들의 급진적이고 혁신적인 신분제도 혁파를 기본 철학으로 삼고 있었다. 이들은 조선시대의 고질병이나 다름없었던 신분제를 폐지하여 인민평등권을 추구하고 문벌을 타파하려 했다.

개화당은 또 고종의 간곡한 만류에도 불구하고 국가 요직을 독차지하고 전횡을 일삼았던 민씨 척족 세력을 처단하고, 그들의 권력 기반이었던 혜상공국을 혁파하려 했다.

고종은 쿠데타가 발생한 순간부터 좌불안석이었다. 급기야 혁명정부 인사에서 완전히 소외되자 잠시나마 일본과 개화당 쪽에 기울었던 마음이 크게 흔들렸다. 알고 보니 이자들은 '왕권 강화'에는 아무 생각이 없을 뿐만 아니라, 국왕을 무시하고 제멋대로 나라를 다스리려는 역도들 아닌가. 생각이 이에 미치자 고종은 현란한 줄타기 곡예에 나섰다.

정변이 발생하자 고종과 민 왕후의 총애를 받았던 묄렌도르프는 적극적으로 청군 개입을 유도했다. 김윤식 등이 청국 병영에 와서 국왕을 구출해줄 것을 간청했다.

서울에 주둔하고 있던 청군 지휘부는 종주국 대표로서 당연히 군대를 이끌고 입궐하여 국왕을 보호해야 할 책임이 있다고 느꼈다. 하지만 우유부단한 성격의 지휘관 오자오유는 일본군과 충돌이 벌어질 경우 책임을 추궁당할 것이 두려웠다. 그는 조선 국왕의 요청이 없다는 핑계를 대며 병력을 출동시키지 않았다.

반면에 위안스카이는 당장 병력을 출동시켜 쿠데타군을 진압해야 한다고 강력 주장했다. 졸지에 조선 국왕을 개화당에게 빼앗긴 위안스카이는 12월 5일 아침, 국왕 곁에서 고종을 보필하고 있던 경기관찰사 심상훈을 통해 경우궁 내부에 갇혀 있던 민 왕후와 연락선을 확보했다. 쿠데타군은 심상훈을 개화당 편으로 생각하여 그의 움직임을 철저하게 감시하지 않았다. 그 틈을 이용하여 심상훈은 민 왕후의 밥사발 아래에 비밀 편지를 붙여 청군과 민 왕후 간에 소통이 이루어졌다.

청군, 창덕궁 포위하고 개화당 공격

청군은 심상훈을 통해 고종과 민 왕후에게 일본군과 개화파들을 공격하기 용이한 창덕궁으로 환궁할 것을 요청했다. 이때부터 고종과 민 왕후는 "경우궁이 너무 비좁아 운신하기에 불편하다"면서 창덕궁으로 환궁을 주장했다. 국왕이 자기 살던 곳으로 돌아가겠다는데 누가 감히 말릴 수 있겠는가. 그 결과 12월 5일 오후 5시, 국왕과 왕비 이하 모든 수행원이 창덕궁으로 환궁했다. 이것이 개화당의 결정적인 패착이었다.

창덕궁은 구내가 넓어서 소수 병력으로는 제대로 수비하기 어려운 지역이었다. 창덕궁을 포위한 청군은 쿠데타 세력의 패착을 놓치지 않았다. 위안스카이는 우의정 심순택을 설득하여 조선 조정 대표 자격으로 청군 출동을 요청해줄 것을 요청했다. 심순택은 12월 6일 새벽 비밀리에 오자오유와 위안스카이 앞으로 청군 출동을 요청하는 조회를 보냈다.

12월 6일, 궁 밖에서 이런 일들이 진행 중인 사실을 까맣게 모르고 있던 개화당 세력은 날이 밝자 청나라에 대한 사대외교 폐지, 문벌 폐지,

인민평등권 제정, 능력에 따르는 인재 등용, 조세법 개혁, 탐관오리 처벌 등의 내용이 담긴 '신정부 혁신정령'을 발표했다. 조선을 근대 국가로 개혁하기 위해 칼을 빼 든 것이다.

정령은 김옥균과 개화당 동지들의 뜻을 모아 박영효의 형 박영교가 작성했다. 이 과정에서도 고종과 사전 협의가 없었다. 후에 홍영식이 고종에게 서류를 올려 재가를 받는 형식을 취했을 뿐이다.

조선에는 개화당이 구상한 개혁과 부국강병을 이끌고 갈 사회세력이 존재하지 않았다. 때문에 '신정부 혁신정령'은 무력에 의한 궁정 쿠데타 방식으로 권력을 장악한 다음, 권력의 힘으로 밀어붙일 수밖에 없었다. 하지만, 서울에 주둔하고 있는 1,500명 청군이 문제였다. 그들이 "청에 대한 사대외교 폐지"를 외치는 개화당 쿠데타를 눈감고 넘어갈까? 개화당은 너무 안이하게, 자기 편한 대로 해석하고 행동했다.

정변 발생 사흘째가 되어도 청군이 별다른 반응을 보이지 않자 다케조에 공사는 고종과 김옥균·박영효에게 일본군을 공사관으로 복귀시키겠다고 밝혔다. 순간, 김옥균은 크게 당황했다. 그는 "신정권의 성립이 완전치 않은 상황이어서 일본군의 원조 없으면 자립할 가망이 없다"면서 일본군 철수를 늦춰줄 것을 요청했다. 고종도 우의정 홍영식에게 명하여 "왕비와 왕세자 등이 각 전에 환거할 수 있을 때까지 일본군이 궁내에 머물러 있기 바란다"는 뜻을 전했다. 다케조에는 병력을 철수하지 못하고 주저하고 있었다.

12월 6일 오후 2시 30분, 위안스카이가 이끄는 청군 800명과 오자오유가 지휘하는 500명이 두 방향에서 창덕궁을 포위했다. 오후 3시, 대포까지 끌고 와 창덕궁 정문 앞에 포진시킨 청군이 포성과 함께 일제히 일본군을 공격했다. 이때 위안스카이가 훈련시켜 '청별기'라 불리던 조선 친군 좌·우영도 일본군 공격에 합류했다.

일본으로 탈출한 개화당 지도부

돈화문에서 청군과 일본군 간에 격렬한 전투가 벌어졌다. 전투가 가열되면서 관물헌까지 총탄이 날아오자 고종 일행은 황망하게 후원으로 피신했다. 혼란을 틈타 민 왕후는 고종을 내팽개치고 세자와 세자빈, 대왕대비와 함께 후원을 통해 궁 밖으로 탈출했다.

병력 수에서 압도적 우위에 있는 청군이 거세게 몰아붙이자 쿠데타군과 일본군은 수세에 몰리기 시작했다. 박영효와 신복모가 거느린 병사들은 일본군과 합세하여 옥류천 위로 밀고 들어오는 청군과 몇 차례 백병전을 벌였다.

국왕이 청군 손에 넘어가면 개화당 정권은 파멸하고 만다. 어떤 상황이 벌어져도 국왕의 신병을 개화당이 확보해야만 정치적 영향력 행사가 가능하다고 판단한 박영효와 김옥균은 고종을 모시고 인천으로 탈출하기로 의견을 모았다. 김옥균이 고종에게 "인천으로 어가를 이전하여 다음 계획을 논의하는 것이 좋겠다"고 아뢰자 고종은 "나는 결코 인천으로 가지 않겠다. 죽더라도 대왕대비가 계신 곳에 가서 죽겠다"고 버텼다.

김옥균은 고종을 강제로라도 인천으로 모시고 가야 한다고 여러 차례 단호하게 말했다. 하지만 다케조에는 결심을 하지 못하고 우왕좌왕했다. 청군의 공세를 견디지 못한 일본군은 고종 호위를 포기하고 창덕궁에서 철수하기로 결정했다. 김옥균과 박영효 등 개화파 지도부도 일본군을 따르기로 했고, 홍영식과 나머지 인사들은 국왕을 호위하기로 했다.

김옥균 일행이 철수하려 하자 고종은 "이처럼 위태롭고 혼란한 시기에 경들은 나를 버리고 어디로 가려는가?" 하고 외쳤다. 김옥균은 눈물을 머금고 "신은 국가의 후한 은혜를 입었사온데 어찌 감히 전하를 버리겠습니까. 오늘 전하를 따라가서 죽지 않는 것은 다른 날 국가와 전하를 위해서 다시 청천백일을 바라볼 때가 있도록 하기 위하여 잠시 고별하는 것입니다"라고 하직 인사를 올렸다.

갑신정변 쿠데타 사흘째인 12월 6일 저녁 7시 30분경, 간신히 창덕궁을 탈출한 일본군과 개화당 일행은 일본공사관으로 퇴각했다. 철수하는 일본군 일행을 목격한 거리의 행인들은 "왜놈들 죽여라! 역적놈들을 잡아라!" 하고 아우성치면서 돌을 던졌다. 조선군민들의 파상적인 공격을 막아내면서 철수하는 와중에 일본군 1명이 전사하고 7명이 부상당했다. 일본공사관으로 대피한 일본군과 공사관 직원·상인 등 300여 명은 뜬 눈으로 밤을 지새웠다.

12월 7일, 날이 밝자 군중들이 일본공사관을 포위했다. 정오 무렵 군중의 무리에 조선 군인들이 합세하면서 공사관을 향한 투석이 시작됐다. 흥분한 일부 군중들이 일본공사관 담을 넘어와 공격하자 더 이상 버티기 어렵다고 판단한 다케조에 공사는 공사관을 탈출하여 인천으로 철수했다.

12월 10일, 개화당 일행과 일본공사관 소속 직원들은 일본 우편선 지도세마루(千歲丸)에 승선하여 일본으로 탈출했다. 기약 없는 망명객 신세가 되어 나가사키에 도착했을 때 김옥균의 나이는 34세, 서광범

26세, 박영효 24세였다.

갑신정변은 후쿠자와 유키치가 기획·연출

12월 10일 고종이 창덕궁으로 환궁했고, 다음 날 왕비와 왕세자빈이 환궁했다. 수도 서울은 청군에 의해 평온을 되찾았다. 위안스카이는 왕궁에 들어가 고종의 옆방에 머물며 고종을 감시했다. 그리고 모든 국가 사무는 자신의 지시를 받으라고 명했다(허우이제, 장지용 옮김, 『원세개』, 지호출판사, 2003, 48쪽).

사흘간의 쿠데타, 창덕궁에서 벌어진 청군과 일본군의 전투, 서울 백성들의 일본공사관 공격 과정에서 희생자는 군인 38명, 일반인 95명이었다. 청군 피해는 전사 11명, 부상 30명이었다. 일본군은 2명 전사, 일본 민간인 38명이 사망했다. 나머지 사망자는 조선 군인이나 백성들이었다. 갑신정변이 실패한 뒤 조정에서는 반역자 23명을 체포하여 20명은 처형, 2명은 유배형, 1명은 조사 과정에서 고문을 받고 죽었다. 조선의 급진 개화파가 집단 학살당한 것이다.

갑신정변 쿠데타에서 주목해야 할 부분은 일본의 대표적인 개화 지식인이자, 일본 1만 엔 권 화폐에 그의 얼굴이 새겨진 후쿠자와 유키치의 역할이다. 후쿠자와가 서울에 파견한 제자 이오누에 가쿠고로는 "김옥균·박영효의 거사는 후쿠자와 선생이 그 대본의 작가였을 뿐만 아니라, 배우를 고르고, 가르치고, 도구와 그 밖의 모든 것을 지시했다. 동양의 평화 문명을 위해 조선의 독립을 원조하여 지나(중국)의 폭만(暴慢)을 제압해서 우리 국권의 확장을 도모하고자 열중하신 데서 나온 것"이라고 증언했다.

이런 정황 증거로 볼 때 동아시아 3국이 얽혀 들어간 갑신정변 쿠데타의 기획·연출·각본은 후쿠자와 유키치, 주연은 김옥균·박영효, 행동대는 조선 개화당이다. 조연은 일본 조선주둔군 및 후쿠자와 유키치가 보낸 일본 자객(壯士), 협찬은 일본공사관이 맡은 셈이다.

후쿠자와는 미개한 조선을 문명개화시켜 조선 백성들의 삶의 질을 향상시키고자 김옥균 일파의 쿠데타를 도운 것이 아니다. 후쿠자와는 국수주의적 지사였다. 그의 조선관은 단순명료했다. 즉, "조선이 개화하지 못하고 청의 속박에서 헤매다가 러시아의 손아귀에 넘어갈 경우 일본의 안보가 지극히 위험해진다. 따라서 개화당을 도와 미몽에서 헤매고 있는 조선왕조를 일거에 무너뜨린다. 쿠데타가 성공하여 개화당이 정권을 잡으면 일본의 지사들을 조선에 보내 한반도를 일본의 세력권에 편입시킨다"는 것이 후쿠자와가 개화당 쿠데타를 지원한 이유였다.

기대와는 달리 개화당 쿠데타가 사흘 천하로 막을 내리자 낙담한 후쿠자와 유키치는 그로부터 3개월 후인 1885년 3월 16일, 자신이 운영하는 지지신보(時事新報)에 유명한 '탈아론(脫亞論)'을 발표한다.

서재필은 갑신정변 실패의 원인을 "까닭도 모르고 반대하는 일반 민중의 무지몰각 때문"이라고 회고했다. 그렇다면 조선의 대중은 그 시절 왜 그렇게 무지몰각했을까? 일본에서는 후쿠자와 유키치의 『서양사정』이란 책이 100만 부, 『학문의 권장』이란 책은 총 340만 부가 팔려나가 전 국민적 지식혁명이 일어났다.

비슷한 시기, 조선은 시중에 서점이 한 곳도 없었다. 모든 책은 한문으로 되어 있어 한문 모르는 사람은 까막눈이나 다름없었다. 한글로 발간된 책은 삼강오륜을 강조하는 유교 교리서만 존재했을 뿐이다. 서세

동점의 회오리 속에서 국왕은 미신에 의존해 통치하고, 민중들은 분위기에 휩쓸려 쇄국은 선(善), 개화는 악(惡)으로 받아들였다.

줄타기하다 체면 구긴 고종

김옥균의 개화당은 일본의 힘을 이용하여 쿠데타로 권력을 장악한 후, 근대문명을 받아들여 청나라로부터 독립하려 했다. 개화당이 일본에 의지하여 거사를 일으키자 청군의 개입을 불러와 실패했다. 당시 시중에는 개항 이후부터 쌓여온 반일 감정이 폭발하기 직전 상황이었다. 개화당은 분위기 파악도 못한 상황에서 일본군에 의지하여 쿠데타를 일으키는 바람에 민심이 돌아선 것이다.

보다 중요한 실패 요인은 개화당이 추구한 입헌군주제와 고종이 추구한 '왕권 강화'의 충돌이었다. 쿠데타 세력이 국왕을 무시하고 인사를 전횡하고 정책을 제멋대로 발표하면서 고종은 아웃사이더로 밀려났다. 어떤 상황이 와도 왕권만은 확고하게 지켜지길 기대했던 고종은 배신감에 젖어 쿠데타 세력에 등을 돌렸다.

쿠데타 세력은 일부는 일본으로 망명했고, 서울에 남았던 개화당은 대역죄로 체포되어 멸문지화를 당했다. 갑신정변 쿠데타로 정치적 체면이 여지없이 구겨진 사람은 국왕 고종이었다. 고종은 1882년 임오군란 때 난병들에게 궁궐을 침범당하고 권력을 대원군에 넘겨준 바 있다. 2년 후엔 갑신정변 쿠데타가 발생하여 개화당 인사들에게 왕권을 능멸당했다.

조선에서 변란이 발생할 때마다 종주국 군대인 청군이 출동하여 반란을 진압해주었다. 입으로만 독립 자주를 표방했을 뿐, 조선의 독립 자주는 완전 허구임이 적나라하게 표출된 것이다. 임오군란·갑신정변 두 정변은 누가 뭐래도 고종의 리더십 부재에 대한 책임을 묻지 않을 수 없는 상황이 되었다.

그동안 고종은 조정과 상의 없이 자신이 직접 인사권을 발동하여 민씨 척족과, 그들이 돈을 받고 천거한 탐관오리를 조정의 핵심 요직이나 지방관에 임명했다. 국왕 부부가 매관매직의 몸통 역할을 하면서 관직의 권위를 붕괴시켰다.

또 독선적으로 국가 대사를 결정했다가 낭패를 본 적이 한두 번이 아니다. 박영효와 김옥균을 끌어들여 개화를 추진하려 했던 주인공도 고종이었고, 갑신정변 쿠데타 당시 잠시나마 개화당과 손잡고 일본군 출동을 요청한 것도 고종이었다. 어느 모로 보나 고종은 갑신정변 쿠데타 책임론에서 자유로울 수 없었다.

이 사실을 재빨리 간파한 수구당 인사들은 "전하께서는 마땅히 두려워하고 뉘우쳐야 한다"는 상소를 연이어 올렸다. 수구당의 공격에 견디다 못한 고종은 1885년 1월 15일, "앞으로 정사에서 일체 손을 떼겠다. 사람을 쓰거나 어떤 문제를 제정할 때 공론이 정해진 뒤에 나에게 결재를 청하면 윤허하겠다"는 자아비판 성명을 발표했다.

갑신정변 책임론에서 자유롭지 못했던 고종은 자신에게 쏠리는 비판의 분위기를 반전시키기 위해 고강도 카드를 꺼내 들었다. 일본으로 탈출한 '대역죄인 김옥균'의 암살을 명령한 것이다. 조정은 왕명을 받들어 김옥균을 암살하기 위해 많은 비용을 들여 자객을 연이어 일본에 파견했다.

갑신정변 후에도 고종의 정사는 거의 이성을 상실한 듯한 모습을 연이어 보였다. 오죽했으면 일본 학자 다보하시 기요시(田保橋潔)는 "오히려 갑신정변 이전보다 더 소인배들을 가까이 하고, 세세한 일들을 친히 하고, 사재를 축적하여 난(亂)의 형체가 더욱 드러났다"고 비판했겠는가(다보하시 기요시, 김종학 옮김, 앞의 책, 『근대 일선관계의 연구上』, 32~33쪽).

갑신정변은 단순한 내란으로 국내에서 정치적 소용돌이를 일으키다가 그칠 수도 있는 사건이었다. 하지만 거사 과정에서 일본공사를 비롯하여 일본공사관 경비대가 가담했고, 급기야 조선 주둔 청군까지 출동했다.

조선 국왕이 시무하는 왕궁 한복판에서 동아시아 3국 군대가 서로 편을 갈라 '조선 국왕 보호' 명목으로 총격전을 벌이는 미증유의 국제적 사건으로 비화됐다. 그 회오리가 동아시아의 질서를 소용돌이로 몰아넣었다.

일본의 절치부심·와신상담

일본 정부는 갑신정변 실패로 일본에 우호적인 개혁세력이 조선의 정치 무대에서 퇴장하자 청과의 전쟁을 피할 수 없다고 판단했다. 조선에서 청군에게 패배한 데 대한 수치를 씻기 위해 절치부심한 일본은 대대적인 군비증강에 돌입했다.

우선 보불전쟁에서 프랑스 육군을 일거에 무력화시키고 승리한 몰트케 장군의 수제자인 멕켈(Klemens Wilhelm Jacob Meckel) 소령을 군사교관으로 초빙했다. 그리고 일본은 육군 편성을 프랑스식에서 독일식으로 전환했다. 메이지유신 성공 후 조슈번 출신들은 육군을, 사쓰마번 출신들은 해군을 장악했다. 조슈번 출신들은 독일의 육군대학교(Preuische

Kriegsakademie)를 모방하여 육군 엘리트 양성기관인 육군대학을 설립했다. 멕켈 소령은 일본 육군대학에서 엘리트 간부 양성에 결정적인 역할을 했다.

멕켈 소령은 임기가 끝나 귀국하기 직전 일본의 엘리트 장교들에게 "한반도는 일본을 겨눈 비수와 같다"고 가르쳤다. 일본은 섬나라라는 특성으로 인해 그들 역사에서 외국 군대의 침략이란 것을 모르고 살았다. 유일한 예외가 있다면 고려와 몽골 연합군의 일본 침공이었다. 아시아와 유럽을 유린한 몽골이 속국이었던 고려와 연합군을 구성하여 일본을 침공한 것이다. 1274년 900척의 배에 나눠 탄 고려-몽골 연합군 3만 명은 쓰시마와 이키노시마(壹岐島)를 점령한 뒤 규슈(九州) 북단의 하카다(博多)만으로 진격했다. 이때 폭풍우가 몰아쳐 고려-몽골 연합군은 거의 몰살당하는 피해를 입고 철수했다.

1281년 쿠빌라이 칸의 명에 따라 고려-몽골 연합군 4만 명이 또다시 일본을 침공했다. 2차 침공에서도 폭풍우가 일본을 구해주었다. 이때 몽골 군대의 침입을 막아낸 일본 지휘관은 가마쿠라 막부의 실권자 호조 도키무네(北条時宗)였다.

두 차례의 고려-몽골 연합군 침공은 일본 사회에 큰 충격을 주었다. 일본을 침략한 몽골 군대의 상당수가 고려 군사들이었고, 침략의 전진기지가 한반도였다. 이 사실이 일본인들의 집단적 기억에 깊이 새겨져 한반도에 대한 트라우마로 남게 되었다. 한반도가 일본에 적대하는 세력의 수중에 넘어갈 경우 일본에 어떤 영향을 마치는지를 교훈으로 보여준 사건이 되었다.

일본이 두려워했던 적국은 러시아였다. 일본 지도부 입장에서 볼 때 조선은 스스로의 힘으로 자국을 방어할 의지도 능력도 없는 나라였다. 수도 서울의 도로는 똥오줌으로 뒤덮여 있고, 하수도가 없어 똥오줌으로 오염된 지하수를 식수로 마셨다. 일본은 1643년 에도(도쿄)에 상수도가 완공되어 시민들이 깨끗한 수돗물을 마셨고, 1600년대 후반에는 4킬로미터마다 이정표를 세워 이동의 편의를 도왔다.

누구도 땀 흘려 일하지 않는 나라

구한말 조선을 방문한 외국인은 한결같이 조선의 산은 나무가 없는 민둥산이라고 기록했다. 사람들이 모두 땔감으로 베어갔기 때문이다. 조선은 10퍼센트의 양반이 90퍼센트의 동족을 노예처럼 부려먹는 나라였다. 한 시절, 전 국민의 30~40퍼센트가 노비였다. 이들은 소나 말의 30~50퍼센트의 가격으로 거래되어 노동하는 가축이나 다름없었다.

사내들은 어느 누구 하나 성실 근면하게 일하지 않았다. 일해서 돈을 좀 벌면 뭐하나. 양반들이 다 빼앗아갈 것이 뻔한데. 여자로 태어나면 이름도 없고 족보도 없다. 그저 수컷들의 육정을 채워주고, 양반들의 재산목록 1호인 '노동하는 가축'을 생산해내는 기계나 다름없었다.

어느 누구도 땀 흘려 열심히 일하지 않고, 가난을 숙명처럼 머리에 이고 사는 게 더 편한 세상이었다. 문자를 아는 양반은 자신들의 기득권 유지를 위해 90퍼센트의 백성을 문맹 상태로 방치한 나라, 오염된 지하수를 마시고 전염병으로 떼죽음을 당해도 무당들의 굿 외에는 손 쓸 방법이 없었던 나라가 조선이었다.

나라를 지킬 군대도, 병력도 없었다. 그대로 두면 러시아에게 잡아먹힐 것이 불 보듯 뻔했다. 문제는 조선이 러시아의 보호국이나 식민지가 되면 한반도는 13세기 후반 고려-몽골 연합군의 일본 침공 때처럼 일본을 공격하는 전진기지 역할을 하게 된다. 멕켈 소령의 지적처럼 한반도는 일본의 심장부를 노리는 예리한 비수가 되어 일본열도의 안보는 러시아의 직접적인 위협을 받게 된다.

방법은 한 가지뿐이다. 수단·방법 가리지 말고 조선을 일본에 우호적인 근대국가로 개혁하거나, 아예 일본이 조선을 장악하여 안보 위협의 근원을 없애야 한다. 이를 위해 일본은 무엇을 해야 하는가?

당장 조선을 식민지처럼 소유하고 있는 청나라로부터 조선을 분리해내야 한다. 500년 이상 조선을 책봉-조공 관계로 얽어매고 있던 중국에게 "조선에서 손을 떼라"고 하면 순순히 물러가겠는가. 결국 청나라와의 전쟁을 통해 조선을 중국으로부터 분리해낸다. 그 후 조선을 일본의 보호 아래 두어 러시아에게 넘어가는 것을 막는다. 이것이 당시 일본 지도부가 공유하고 있던 한반도 정책의 핵심 이슈였다.

갑신정변 쿠데타의 사후 처리를 위해 일본과 청나라가 1885년 체결한 텐진조약은 10여 년 후 청일전쟁을 촉발시키는 도화선 역할을 하게 된다. 결과적으로 갑신정변은 전통적인 동아시아 국제질서의 해체를 촉진시키고, '일본'이라는 신데렐라를 역사무대에 등장시킨 세계사적인 사건이었다.

7

고종과 민 왕후의 돌이킬 수 없는 실수

일본은 갑신정변을 마무리 짓기 위해 1885년 1월 9일, 조선과 한성조약을 체결했다. 조약 체결 과정에서 일본 측은 자신들이 개화당 인사들과 쿠데타를 공모한 사실, 일본군이 쿠데타에 직접 가담한 사실관계에 대해서는 일체 언급하지 않았다. 그리고 조선 조정에 불에 타버린 공사관 재건비와 살해당한 거류민의 유족과 부상자에 대한 배상금을 요구했다.

한성조약 체결 후 이노우에 가오루 특파대사는 일본 공사관 호위 명목으로 일본군 1개 대대를 서울에 잔류시키고 귀국했다. 이로써 서울에는 청군 1,500명, 일본군 1개 대대가 주둔하게 되면서 무력 충돌의 위험성이 제기되었다.

이를 해결하기 위해 1885년 4월, 이토 히로부미와 리훙장이 톈진에서 만나 양군의 조선에서의 철수를 명기한 톈진조약을 체결하게 된다. 이 조약의 제3조가 "장래 조선에 변란이나 중요한 사건이 일어나 청국이나 일본 어느 한쪽이 파병할 경우 그 사실을 상대방에게 알리고(行文知照), 그 사변이 진정되면 즉시 철병한다"는 내용이었다.

청나라는 톈진조약을 체결하기 전까지는 조선에 대한 파병권은 종주국인 자신만이 가지고 있는 권리로 여겼다. 리훙장은 톈진조약에서 이 권리를 양보하여 일본에 대해 청과 동등한 지위와 권리를 인정했다. 문제의 제3조가 훗날 청일전쟁을 야기하는 단서가 될 것이란 사실을 두 사람은 알고 있었을까?

톈진조약에 따라 1885년 7월 일본군과 청군은 각각 조선에서 철병했다. 이때부터 청일전쟁 개전까지의 9년간은 청나라의 조선 속방화 정책 제2기에 해당한다(김정기, 「청의 조선 '속방화' 정책과 동학농민전쟁」, 『동학농민혁명의 동아시아사적 의미』, 서경문화사, 2002, 35~36쪽 참조).

리훙장은 조선에서 육군 철수로 인한 힘의 공백을 메우기 위해 인천에 북양해군기지를 신설하고 북양함대 군함 세 척을 순환 배치했다. 인천에 북양해군기지를 설치한 국제법적 근거는 조청상민수륙무역장정 제7조의 중국 군함에 의한 조선 해방권(海防權)이었다. 이 정도로도 안심이 안 되었는지 리훙장은 기마부대와 보병 9개 대대를 조청 국경지역에 배치하여 조선의 긴급사태에 대처했다(이정식, 『구한말의 개혁, 독립투사 서재필』, 서울대학교 출판부, 2003, 151쪽).

자립적 근대화의 기회 날려버린 조선

일본은 1882년 임오군란, 1884년 갑신정변 등 조선에서 두 차례나 청군과 격돌했으나 힘 한번 제대로 못 쓰고 패퇴했다. 일본은 현재의 군비 태세로 청나라와 전쟁을 하면 승산이 없다고 판단했다. 갑신정변에서 패퇴한 후 일본은 청과의 전쟁을 위해 대대적인 군비 확장에 돌입했다. 이 때문에 조선에 신경을 쓸 여유가 없었다.

톈진조약으로 일본군과 청군이 철수하면서 조선에서 힘의 공백 상태가 발생했다. 동학농민의 봉기로 양국 군대가 조선 땅을 다시 밟은 1894년까지 10년 세월은 고종과 조선의 국가 지도부가 자립적 근대화를 추구할 수 있는 절호의 기회였다.

불행하게도 조선은 그 기회를 살리지 못했다. 개화의 필요성은 인정하고 있었던 고종은 갑신정변 쿠데타를 체험한 후 '개화'라는 말만 나오면 치를 떠는 심리적 공황상태에 빠졌다. 온건 개화파에 속했던 김윤식조차 "개화당 반란 때문에 점진적인 개화조차 힘들게 되었다"고 탄식했다. 개화당과 가까운 관계였던 윤치호도 갑신정변을 "김옥균배의 망발"이라고 비난하면서 "개화의 모든 일을 완전히 탕패(蕩敗)시켰다"고 안타까워했다.

개화당의 갑신정변 쿠데타 실패 이후 조선 정계에서는 반청(反淸) 세력을 견제해왔던 관료집단이 완전 몰락했다. 그 결과 조정에는 친청(親淸) 수구세력이 제 세상을 만난 듯 판을 쳤다. 일본과 청나라 사이에 톈진조약이 체결되어 조선에 주둔한 청군과 일본군이 철수했다.

덕분에 청군의 무력을 바탕으로 한 직접적인 압력은 피했으나 조청상민수륙무역장정을 통한 청나라의 내정 간섭은 날이 갈수록 강도가 높아졌다. 조선에 대한 청의 압력은 한층 집요해져서 조선은 명실상부한 청나라의 식민지나 다름없는 상태로 전락했다.

일본이 청나라를 가상적국으로 삼아 대대적으로 군사력을 강화하고 있을 때, 조선에서는 희한한 사건들이 연이어 발생했다. 우선 조선에 등장할 때부터 수상한 행보를 거듭했던 묄렌도르프의 움직임이었다. 묄렌도르프는 리훙장이 찍어서 보낸, 누가 봐도 청나라 측 의견을 조선에서 실행하는 인물이었다. 그런데 묄렌도르프가 조선 생활에 익숙해지면서 생각이 달라지기 시작했다.

고종과 민 왕후는 청의 직접적인 식민통치 상태에서 벗어나기 위해 미국에 손을 벌렸지만 보기 좋게 거절당했다. 이번에는 조영 신조약(파크스 조약) 체결로 영국에 의지하여 청의 압력을 물리치려 했다. 하지만 노련한 영국에게 실컷 이용만 당하고 엄청난 이권만 털리는 '국제적 호구'로 전락했다. 일본은 갑신정변으로 철전지원수가 되었으니 기대할 것도 없었다.

'이 세상에서 우리가 의지할 나라는 없는가' 하고 한탄하던 고종과 민 왕후에게 "러시아가 바로 당신들을 보호해줄 수호천사"라고 속삭인 인물이 묄렌도르프였다. 묄렌도르프는 자신을 조선에 보내준 리훙장의 뜻과는 정반대로 움직였다. 조선과 러시아의 수교를 위해 발 벗고 나선 것이다.

러시아 세력의 조선 침투

묄렌도르프의 비밀공작에 의해 조선과 러시아의 수교가 극비리에 추진되었다. 그 결과 1884년 7월 7일, 조선의 김병시와 러시아 베베르 간에 조영 신조약을 근거로 하여 조러우호통상조약을 전격 체결했다. 이것이 민 왕후 주도로 이루어진 최초의 외교적 성과다(최문형, 『명성황후 시해의 진실을 밝힌다』, 지식산업사, 2001, 86쪽).

러시아 황제는 조러조약 체결이 얼마나 기뻤는지, 조약 체결 과정에서 결정적인 역할을 수행한 묄렌도르프의 공로를 치하하기 위해 성(聖)안나 3등 훈장을 수여했다.

베베르는 조러조약 체결 후 주조선 러시아 대리공사 겸 총영사 임무를 부여받았다. 이때 베베르를 따라 조선에 온 사람이 베베르의 처형(妻兄)으로 알려진 손탁(Antoinette Sontag)이란 여성이었다. 베베르의 추천으로 조선 궁내부의 외국인 접대계 촉탁으로 근무하게 된 손탁은 능란한 언변과 사교력으로 민 왕후와 친밀한 관계를 맺는 데 성공했다.

손탁은 조선 조정이 내외국인을 위해 여는 각종 연회를 주관했다. 궁궐 안의 외국인 접대용 응접실을 서양식으로 꾸몄고, 국왕의 침실에 침대를 비롯한 서양식 가구를 들여놓았다. 외국 귀빈을 위한 만찬에는 언제나 손탁의 요리가 상에 올랐고, 궁중에서 커피를 애용한 것도 그녀 덕분이다. 손탁은 서울 정동에 국내 최초의 서구식 호텔인 손탁빈관(賓館, 훗날 손탁호텔)을 경영하면서 사교계의 여왕으로 군림했다.

위안스카이는 청나라가 조선에 파견한 일개 공사도 못 되는 총영사급이었다. 하지만 그는 청나라의 위세를 등에 업고 조선 국왕의 권위를 무시하고 조선의 상왕(上王)처럼 행동했다. 그는 사사건건 조선을 독립국이 아니라 자신들이 보유한 식민지로 상대했다.

위안스카이의 횡포가 극에 달했을 때 러시아공사 베베르가 서울에 부임했다. 베베르와 그의 부인의 외교관다운 품위와 예절 바른 행동, 친절은 조선 국왕과 민 왕후의 환심을 사기에 충분했다. 특히 베베르 공사 가족과 함께 내한한 손탁의 활약은 민 왕후를 사로잡는 역할을 했다.

묄렌도르프와 민 왕후가 주동이 되어 일사천리로 진행된 조선과 러시아의 수교는 발칸반도에서 중동-아프가니스탄-인도-티벳-중국-조선-동해에 이르기까지 전 지구적 차원에서 러시아와 대치하고 있던 영국을 극도로 긴장시켰다. 묄렌도르프의 감언이설에 넘어간 고종과 민 왕후는 러시아를 끌어들여 청나라의 압력을 물리친다는 '인아거청(引俄拒淸)'의 패를 꺼내들었다. 일본과 청나라 군대가 철수하자마자 청의 외압에서 벗어나겠다는 열망에서 국가의 안위와 직결된 극도로 위험한 선택을 했다.

이 셈법은 고종과 민 왕후 입장에서 보면 어쩔 수 없는 카드였고, 회심의 역전타라고 자위할 수도 있을 것이다. 영국과 미국에게 청의 횡포를 막아줄 것을 요청했다. 하지만 영미는 이권만 챙겼을 뿐, 조선이 원하는 대로 움직여주지 않았다.

그렇다고 우리가 가만히 앉아서 당할 수만은 없지 않은가? 막다른 골목에 몰린 고종과 민 왕후는 최후의 카드로 영국의 라이벌인 러시아를 한반도로 끌어들였다. 과연 고종과 민 황후는 러시아와의 수교가 어떤 외교적 파장을 몰고 올 것인지 이해나 하고 이런 일을 벌였던 것일까?

러시아 입장에서 볼 때 조선과의 수교는 무한한 가치를 가진 '신(神)의 한 수'였다. 조선은 러시아가 동아시아에서 오매불망 눈독을 들이고 있던 부동항 확보의 적지였다. 러시아는 조선과의 수교를 통해 조영 신조약과 거의 비슷한 권리를 획득했다. 즉 러시아가 필요로 할 경우 러시아 군함이 조선의 어느 항구라도 입항과 기항할 수 있는 권리를 확보한 것이다. 러시아는 조선과의 수교를 통해 영국 해군의 글로벌 감시망을 피해 동아시아와 태평양을 마음껏 누빌 수 있는 통로를 얻게 되었다.

조선과 러시아의 수교에 대해 다보하시 기요시는 "일본과 청을 비롯한 열강 세력이 깊이 침투해서 취약한 조선의 정치·경제·사회 조직을 뿌리부터 뒤흔들었다"면서 "국왕·왕비·척신·상신(相臣: 영의정·좌의정·우의정을 칭하는 용어)들은 모두 이 위태로운 국면에 처하여 나라를 통치할 자신을 완전히 상실했다. 이들은 일본과 청 혹은 다른 강국의 보호를 받지 않으면 자립할 수 없었다"라고 혹평했다(다보하시 기요시, 김종학 옮김, 『근대 일선관계의 연구下』, 일조각, 2016, 43쪽).

제1차 조러 밀약 추진한 고종

조선과 러시아가 양국 수교에서 그쳤다면 서구 열강들이 양해하고 넘어갈 수 있었다. 자기들도 조선과 수교했으니 러시아가 조선과 수교하는 것을 무슨 논리로 봉쇄할 수 있겠는가. 하지만 고종과 민 왕후는 러시아와 수교만으로는 뭔가 부족하다 싶었는지, 수교 5개월 후 충격적인 외교 행보에 나섰다. 근대사에서 '제1차 조러 밀약'이라 명명된 평지풍파를 일으킨 것이다.

'인아거청'이 심각하면서도 중대한 함의가 있다는 사실을 아는지 모르는지, 고종과 민 왕후는 또다시 러시아와 접촉했다. 일을 보다 확실히 매듭짓기 위해 이들은 두 개의 비선 라인을 동원했다. 우선 고종과 민 왕후는 조정 대신은 물론, 외교 부서(통리아문)에도 비밀로 한 채 러시아 황제에게 조선의 보호를 간청하는 칙서를 작성했다. 내용은 다음 여섯 가지였다.

① 김옥균이 러시아 영토에 오면 조선으로 압송할 것.

② 일본이 보상금을 13만 원 요구하는데, 러시아가 나서서 이 요구를 파기시켜줄 것.

③ 조선이 다른 나라로부터 멸시를 당하니 러시아가 보호해줄 것.

④ 조속히 조약을 교환하여 공사를 파견할 것.

⑤ 순해하는 러시아 군함이 조선의 3해를 보호해줄 것.

⑥ 육로협상을 체결할 것(임계순, 「한로밀약과 청의 대응」, 『청일전쟁을 전후한 한국과 열강』, 한국정신문화연구원, 1984, 82쪽).

이 밀서는 친군 전영(前營) 대장 한규직 휘하의 장교 권동수 등 네 명이 극비리에 연해주에 파견되어 러시아 책임자에게 전달했다. 고종이 러시아에게 자국의 '보호'를 간청하는 모습을 보면 그는 한 나라의 주권이라든가 독립이 구체적으로 무엇을 의미하는지 전혀 이해하지 못했던 것 같다. 고종은 기회만 났다 하면 강대국에 "우리를 보호해달라"는 요청을 남발하게 된다.

두 번째 비선 라인으로 동원된 인물은 묄렌도르프였다. 그는 고종이 권동수 등을 통해 연해주의 러시아 측 책임자와 접촉한 사실은 까맣게 모른 채 고종의 밀명을 받고 도쿄주재 러시아공사관에 "러시아 군함과 군사 200명을 인천에 파견하여 고종을 호위해달라"는 비밀 전보를 보냈다. 이것이 제1차 조러 밀약의 시발이다.

러시아를 조선에 끌어들여 자주독립을 유지한다는 고종과 묄렌도르프의 책략은 영국이 리훙장을 통해 간접적으로 추진해온 『조선책략』 외교정책의 전면 파탄을 뜻했다. 즉 패권국 영국과의 전략적 파트너십을 폐기하고, 패권에 도전하는 러시아 쪽에 줄을 서는 정반대 외교정책으로 돌아선 것이다.

"모든 수단 동원하여 조선 보호" 약속한 러시아

이 세상에 공짜 점심이 없듯이, 국가 대 국가 사이의 거래에는 반드시

그에 합당한 대가가 제공되기 마련이다. 러시아가 고종과 민 왕후의 요구를 수락할 경우 조선은 그에 합당한 대가를 제공해야 했다. 묄렌도르프가 제1차 조러 밀약을 위해 러시아에게 내놓은 대가는 "러시아의 숙원인 부동항을 조선이 제공하겠다"는 것이었다. 영국과 러시아가 사력을 다하여 지구 곳곳에서 '그레이트 게임'을 벌이고 있는 국제적 현실 여건을 감안할 때, 조선 측의 제안은 가히 충격적이고 파격적인 카드였다.

조러 밀약의 분위기가 무르익어가자 고종은 묄렌도르프를 통해 러시아에게 "청일 사이에 전쟁이 벌어질 경우 조선을 확실하게 보호해줄 것, 이를 위해 5만~6만 명 규모의 조러 연합군 구성" 방안을 제안했다.

고종의 요청에 대해 슈페이에르 서기관은 "모든 수단을 동원하여 러시아가 조선을 보호하겠다"고 약속했다(같은 책, 35쪽). 그는 고종의 요구를 수용해주는 대가로 거문도에 자국 해군 함정용 석탄보급기지 설치, 부동항 설치를 위한 영흥만 혹은 경상도 영일만의 조차를 요구했다.

이것이 제1차 조러 밀약설의 전모다. 조선이 러시아와 수교한 지 불과 5개월 후 그동안 적대적 위협 국가로 인식되어 왔던 러시아에게 어떻게 이처럼 엄청난 제안을 하게 되었는지 놀라지 않을 수 없는 사건이었다(심현용, 「조러 연합군과 러일전쟁 전후 군사협력-기원, 구상, 시도」, 정성화 외, 앞의 책, 『러일전쟁과 동북아의 변화』, 111쪽).

러시아 세력을 조선에 끌어들인 묄렌도르프의 외교 행보는 자신을 조선에 보낸 청의 직예총독 리훙장에 대한 완벽한 배신이었다. 묄렌도르프는 대체 왜, 무엇 때문에 자신을 신임하여 조선에 보낸 리훙장을 배신한 것일까?

조선을 보호하기 위해 러시아를 한반도로 끌어들인다는 묄렌도르프의 외교책략은 조선의 안전을 담보하기 위한 심모원려의 결과였을까? 아니다. 묄렌도르프의 책략은 그의 모국인 독일 정부의 비밀 지령에 의한 공작의 결과물이었다. 이 해답은 독일의 동아시아 정책에서 그 단서를 찾을 수 있다.

수많은 제후국으로 분열되어 있던 독일은 보불전쟁에서 승리하여 제국으로서의 기틀을 다지게 되었다. 하지만 독일은 서쪽에는 프랑스, 동쪽에는 러시아라는 강적 사이에 끼어 운신할 수 있는 공간 확보가 쉽지 않았다. 비스마르크는 이 난국을 타개하기 위해 고도의 외교 전략을 구상했다. 우선 자국 안보에 큰 부담을 주고 있는 러시아를 조선으로 끌어들여 영국과 대립시키고, 그 틈을 이용하여 유럽에서 자국의 안전을 도모한다는 방법론이었다. 이 전략을 현장에서 수행하기 위해 낙점된 인물이 리훙장의 신임을 얻어 조선에서 외교협판을 맡고 있는 묄렌도르프였다.

비스마르크는 독일 외무성을 통해 묄렌도르프에게 "러시아라는 곰을 동아시아의 목장으로 유인하라"는 극비 지령을 내렸다. 묄렌도르프는 이 지령에 따라 고종과 민 왕후를 감언이설로 현혹하여 조러 수교를 성공시켰다. 이어 제1차 조러 밀약까지 이끌어내는 데 성공했다.

일련의 외교적 대임을 현장에서 완벽하게 수행한 묄렌도르프는 비스마르크의 동아시아 정책 실행을 위해 파견한 한국 출장소장과 같은 존재였다(최문형, 『한국을 둘러싼 제국주의 열강의 각축』, 지식산업사, 2006, 57쪽). 묄렌도르프는 독일 정부가 고용한 첩자, 간첩이었던 것이다.

제1차 조러 밀약 폭로되자 영국 함대 거문도 점령

영국 정부는 조선과 러시아가 정식 수교에 이어 극비리에 러시아 군함 파견, 조러 연합군 설치까지 논의한다는 사실을 다양한 정보라인을 통해 확인했다. 이것은 도저히 묵과할 수 없는 사태라고 판단한 영국은 강력한 반격 카드를 준비했다.

영국은 러시아와의 전쟁을 각오하고 블라디보스토크 공격을 준비했다. 이를 위한 전진기지로 거문도를 점찍었다. 거문도를 점령하기 위한 구체적인 계획은 이미 10년 전부터 영국 해군성이 수립해놓은 상태였다(김용구, 『거문도와 블라디보스토크』, 서강대학교 출판부, 2009, 58~61쪽).

1885년 4월 15일, 영국 해군성은 나가사키에 주둔 중이던 중국해 사령관 도웰(William Montague Dowell) 제독에게 "거문도를 점령하고 그 결과를 보고하라"는 명령을 보냈다. 도웰 제독은 해밀턴항으로 명명된 거문도를 점령하기 위해 즉시 군함 세 척을 출동시켰다. 나가사키를 출발한 도웰 제독은 다음 날인 4월 16일, 아무런 선언이나 절차 없이 간단히 거문도를 점령했다.

조선 조정이 영국 함대의 거문도 점령 사실을 알게 된 것은 점거 한 달이 지나서였다. 그것도 영국이 외교 문서를 통해 정식으로 통보를 해 주는 바람에 그제야 알게 된 것이다.

영국 함대의 거문도 점령이 뜻하는 외교·군사적 의미는 간단명료했다. 조러 밀약을 원천 무효로 만들어 러시아가 조선으로 남하하지 못하도록 저지하겠다는 직접화법식 외교 선언이었다. 조러 밀약설이 폭로되고, 영국이 거문도를 점령하자 조선 정국뿐만 아니라 동아시아는 물론, 세계 정세가 혼돈 상태에 빠졌다.

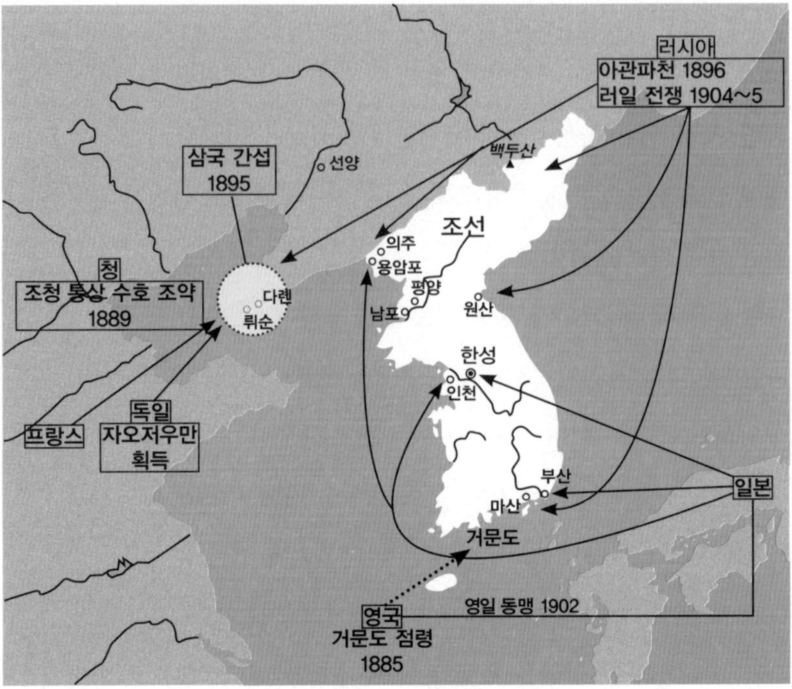

〈지도2〉 19세기 말의 대외정세

영국이 거문도를 점령한 날, 러시아 군부는 일본 나가사키에서 귀국하는 블라디보스토크호를 거문도로 파견하기로 결정했다. 아무르 총독 코르푸는 니콜라이 2세 황제의 시종무관장에게 "영국이 거문도를 합병하면 러시아 순양함대는 동해에서 완전히 군사적으로 봉쇄당할 것"이라면서 "일본군이나 청국군이 서울을 점령하면 러시아군이 이들을 몰아내고 서울을 점령해야 한다"라는 암호 전문을 보내 강공책을 제안했다. 하지만 영국의 무력시위를 맞받아치기에는 러시아의 해군력이 너무 약했다.

무용지물이 된 블라디보스토크항

블라디보스토크는 1880년부터 러시아 태평양함대의 모항으로 기능하기 시작했다. 하필이면 블라디보스토크에서 태평양으로 진출하는 관문에 거문도가 위치하고 있었다. 영국 함대의 거문도 점령은 러시아 함대의 유일한 태평양 진출구인 쓰시마해협을 차단하기 위한 목적이었다. 영국 함대가 거문도에 진을 치고 있는 한 동해는 '동아시아의 흑해'가 되어 러시아 함대의 태평양 진출 기도를 간단히 저지시킬 수 있었다.

조러 밀약설이 외교가에 폭로되면서 고종의 체면은 완전히 구겨졌다. 종주국을 자처하던 청나라는 자국의 위상에 보란 듯이 재를 뿌린 고종을 그냥 용서하고 넘어갈 수는 없었다. 청의 외교총책 리훙장은 1885년 7월 23일, 고종에게 청나라의 허락 없이 몰래 러시아에 군사 교관을 요청한 일에 대해 강력하게 경고하는 밀서를 보냈다. 또 자신을 농락한 묄렌도르프를 해임하라고 고종에게 압력을 행사했다.

고종은 1885년 8월 묄렌도르프에게 내렸던 조선의 모든 관직을 회수했다. 한 시절 조선에서 전성기를 구가했던 묄렌도르프는 리훙장의 말 한마디에 모든 관직을 잃고 조선에서 쫓겨나 중국 닝보(寧波)에서 사망했다.

어학에 특출한 재주가 있었던 묄렌도르프는 『만주어문전(滿洲語文典)』이란 저서를 통해 만주어를 라틴문자로 전사하는 묄렌도르프 표기법을 창안하여 역사에 이름을 남겼다. 2년 10개월의 짧은 조선 생활에서 그는 자신의 조국 독일을 위해 간첩 역할을 훌륭히 수행하고 역사의 뒤안길로 사라졌다. 하지만 그가 독일 외무성의 지령을 받아 일으킨 외교적 소용돌이는 영국 해군의 거문도 점령, 러시아의 시베리아 횡단철도 건설, 청일전쟁, 러일전쟁, 일본의 대한제국 식민지화라는 쓰나미를 일으키는 에너지원으로 작용했다.

청나라는 자국을 배신한 고종과 민 왕후를 도저히 용서할 수 없었다. 그들의 분노는 준엄한 경고 서한 발송, 묄렌도르프 해임으로도 가라앉지 않자 고종과 민 왕후가 가장 두려워하는 정적인 대원군을 동원했다. 청나라는 임오군란 주모자로 체포하여 톈진에 유폐시켜 놓았던 대원군을 전격 석방하여 귀국시켰다. 대원군은 청군의 삼엄한 호위 아래 청국 군함을 타고 1885년 10월 3일 인천에 금의환향했다.

청의 의도는 확실하고 단호했다. 고종과 민 왕후에게 "당신들이 또다시 청나라 몰래 외교적 불장난을 저지르면, 권력을 대원군에게 넘기겠다"는 점을 행동으로 보여준 것이다.

한 하늘에 두 개의 태양이 뜰 수는 없는 노릇이다. 아무리 아버지이지만, 고종 입장에서 볼 때 대원군은 용서할 수 없는 정적 제1호였다. 3년 만에 청나라의 위세를 등에 업고 귀국한 아버지에 대한 고종의 대응은 단호했다. 우선 대원군의 서울 입성일을 택해 임오군란 당시 대원군의 심복이었던 자들을 골라 목을 치는 것으로 환영사를 대신했다. 그리고 대원군의 거처인 운현궁에 수많은 감시원을 배치하여 외부와의 출입 및 통신을 차단했다.

위안스카이가 통치한 조선

청나라는 묄렌도르프를 해임시킨 후 더욱 강력한 식민화 정책으로 고종을 압박했다. 묄렌도르프는 외교고문(협판교섭통상사무)과 해관 총세무사를 겸직했다. 리훙장은 묄렌도르프가 겸직했던 외교고문과 해관 총세무사직을 분리하여 미국인 헨리 메릴(Henry F Merrill)을 조선 총세무사로, 외무협판은 톈진주재 미국영사를 역임한 오웬 데니(Owen N Denny)를 고종에게 추천하여 임명시켰다.

리훙장은 고종과 민 왕후가 종주국 입장을 난처하게 만드는 외교대란을 또다시 일으키지 못하도록 조선의 내·외정을 강력하게 간섭하고 통제했다. 이런 목적을 충실하게 수행하기 위해서는 조선 조정에 심어놓은 미국인 두 명만으로는 안심할 수 없었다. 리훙장은 총판조선상무위원으로 서울에 파견해놓았던 천슈탕을 귀국시켰다. 그의 후임 격으로 위안스카이를 발탁하여 조선에 보냈다.

리훙장은 26세의 연부역강(年富力强)한 청년 위안스카이를 조선 식민화 정책 수행에 최적의 인물로 점찍었다. 나이는 어리지만, 정치적 식견이 탁월하고 과단성이 돋보였기 때문이다. 갑신정변 쿠데타 당시 초지일관 강경책을 주장한 인물은 위안스카이뿐이었다. 덕분에 창덕궁 전투에서 일본군을 패퇴시키고 청의 종주권을 지켜낸 사실을 리훙장은 높게 평가했다.

청나라는 속방 조선은 독립국이 아니기 때문에 국가 대 국가 사이의 외교관을 파견할 수 없다고 판단했다. 리훙장은 위안스카이를 상대국에 주재하는 외교관 직위인 흠차대신이 아닌, 주차조선통리교섭통상사의(駐箚朝鮮統理交涉通商事宜)라는 독특한 직책을 부여했다. 지위는 공사보다 한 단계 낮은 총영사급이었지만, 그가 청 황제로부터 부여받은 권한은 막강했다.

리훙장은 위안스카이를 조선에 파견하면서 "지금 무대가 완성되어 손님들이 오로지 너의 등장을 기다리고 있다, 조선으로 건너가 국사(國

事)를 감독하라"고 명했다. 1885년 11월 17일, 위안스카이는 관직 서열로는 일개 총영사에 불과했지만, 청나라 황제가 특파한 일종의 총독 자격으로 서울에 부임했다.

조선의 정치 감시 임무는 위안스카이, 재정 감시 임무는 세무전문가 메릴, 외교 감시 임무는 미국 변호사 출신의 국제법 전문가 데니. 이것이 리훙장이 구상한 청의 새로운 조선 식민화 정책을 추진하기 위한 '북양(北洋) 3인방' 인선이었다.

위안스카이·메릴·데니 3인이 서울에 등장한 1885년부터 청일전쟁이 벌어지기 직전인 1894년까지 9년간은 '위안스카이가 통치한 조선'이나 다름없었다. 대원군 귀국을 계기로 리훙장의 조선에 대한 내정간섭은 노골적인 것이 되었고, 조선은 독립국으로서의 실체를 거의 잃었다(다보하시 기요시, 김종학 옮김, 앞의 책, 『근대 일선관계의 연구下』, 56쪽).

리훙장은 조선 식민화 정책을 추진하기 위해 미국인 메릴을 총세무사로 임명하여 해관을 장악했다. 조선 해관을 청국 해관에 예속시킨 것이다. 메릴은 중국 총세무사인 로버트 하트(Robert Hart)의 지휘 아래 파견되었다. 그의 신분과 지위도 청국 해관원 소속이었다.

메릴은 조선 총세무사에 취임한 이후 로버트 하트의 지령에 따라 조선 해관에 고용되어 있던 총 11명의 해관원을 해임하고 새로 독일인·프랑스인·영국인을 채용했다. 이런 방식을 통해 조선 해관의 인사권을 청국 해관이 장악했다. 이후 조선 해관은 청국 해관 산하의 부속기구로 변질되었다.

위안스카이의 속방화 정책에 제동 건 오웬 데니

조선 해관을 청 해관에 예속시킨 조치는 조선에 대한 청의 '종주권 강화책'을 상징하기 위해서다. 조선 총세무사는 중국 해관에 수출입 상품 목록, 징수 세금 및 각 해관의 경비 지출에 대해 상세한 정황을 보고했다(이양자, 『조선에서의 원세개』, 신지서원, 2002, 120쪽).

하트는 1886년 상하이조관 조책처(造册處)에 명하여 조선 해관의 분기별 보고서를 청국 해관의 『무역총책(貿易總册)』 부록으로 발행하도록 조치했다. 조선해관 보고서가 청국의 것과 합쳐져 발행된 것은 조선에 대한 청의 종주권을 대외적으로 홍보하는 데 큰 도움을 주었다(이양자, 앞의 책, 『조선에서의 원세개』, 198쪽).

1886년 묄렌도르프가 맡고 있던 외무협판직을 인계받은 데니는 텐진 주재 미국 영사, 상하이 총영사를 역임하며 리훙장과 친분을 쌓았다. 리훙장이 데니를 서울로 보낸 이유는 일본과 러시아의 한반도 침투를 저지하고, 조선에 대한 청나라의 지배권을 확고히 하기 위한 외교적 포석이었다.

데니는 고종의 정치·외교 고문으로 4년간(1886~1890) 활동하며 서울 외교가의 중심인물로 활약했다. 데니는 서울에 도착하여 현지정세를 파악한 후 자신이 고종의 정치·외교 고문으로 임명된 이상, 누가 뭐래도 조선 정부와 고종에게 충성을 바쳐야 한다고 결심했다. 이런 과정을 거쳐 데니는 리훙장이 엄선하여 보낸 인물이었음에도 불구하고 조선에 대한 청의 간섭 정책을 비난하고 조선의 자주독립을 위해 노력했다.

조선의 독립을 유지하기 위해서는 무엇보다 위안스카이의 간섭 정책을 막는 것이 급선무였다. 데니는 기울어가는 조선을 구출하기 위해서는 외교관계의 범위를 국제적으로 더 넓혀야 한다고 판단했다. 그 결과 1886년 코고르당(Francois George Cogordan) 프랑스 전권공사와 조불수호통상조약 체결에 앞장섰다. 1888년 8월에는 조선과 러시아 간 육로통상장정을 체결했다. 또 구미 각국에 조선의 상주 외교사절단 파견에도 앞장섰다. 데니는 조선의 경제개발을 위해 금광 조광권 설정, 서울-제물포 간 경인철도 부설, 전기회사 설립, 미국 회사로부터 225만 달러 차관교섭 등 큰 업적을 남겼다.

데니가 다양한 국제 세력을 끌어들여 청의 외압을 물리치는 정책을 강화하면 할수록 위안스카이와 갈등이 빚어졌다. 급기야 두 사람은 조선의 외교정책을 놓고 정면충돌했다. 데니는 청이 내세우는 "조선은 본래부터 중국의 속방"이라는 주장을 무너뜨리기 위해 해박한 국제법 지식을 동원했다. 데니는 유럽 공법학자의 이론을 동원하여 청의 종주권 주장을 반박했다.

그는 "버마(미얀마) 영유권 문제로 영국이 청에 조공을 바쳤다고 해서 대영제국을 청의 속국이라고 말할 수 없다. 19세기 유럽 제국, 특히 미국은 지중해 상에서 회교도 해적으로부터 상선보호와 교역증진을 위해 회교 국가들에게 공물을 바친 일이 있다. 그렇다고 해서 미국을 회교국가의 속국이라고 말할 수 없다. 따라서 조공 체제와 속국 관념은 별개"라고 주장했다(김원모, 앞의 책, 『개화기 한미교섭관계사』, 199쪽).

데니는 위안스카이에 대해서도 혹독한 비판을 가했다. "범죄성, 부당성, 잔혹성이라는 점에서 볼 때 국제관계 역사에서 위인스카이 같은 인물은 거의 없었다. 그는 청국의 발굽으로 조선의 목을 짓누르기 위해 조선의 발전을 지향하는 모든 노력을 반대했을 뿐만 아니라, 자신의 주변에 늘 거느리고 있던 용병대를 이용함으로써 조선의 상류인사들이 정부와 자신들을 위해 외국과 거래하려는 거의 모든 노력을 파멸시키고 웃음거리가 되도록 만들려고 노력했다"고 비판했다(O.N. 데니, 신복룡·최수근 역주, 『청한론(淸韓論)』, 집문당, 1999, 23쪽).

데니는 1890년 임기가 만료되었다. 그의 후임으로 파리에서 태어나 미국으로 귀화한 르젠드르(Charles William Le Gendre)가 조선에 초빙되었다. 그는 조선으로 오기 전 중국과 일본에서 20년 이상 외교고문을 맡았고, 조선에서도 거의 10년간 체류하며 고종의 외교고문으로 활동한 아시아 전문가였다.

고종, 제2차 조러 밀약 추진

고종과 민 왕후는 청나라의 강압에서 벗어나기 위해 청의 내정간섭을 물리쳐줄 더 강한 나라를 물색했다. 하지만 어디를 봐도 '청보다 더 강한 나라'는 역시 러시아라는 믿음에서 헤어나지 못했다. 청나라의 거센 압력에도 불구하고 고종과 민 왕후는 러시아에 대한 미련을 버리지 못했다.

국왕 부처의 심기를 파악한 조정의 친러파 일당이 국왕과 왕비에게 "러시아에 간청하면 영국에 압박을 가하여 거문도를 돌려받을 수 있다. 러시아의 보호를 받으면 청의 내·외정 압력에서 벗어나 종속 관계를 폐기하고 완전한 독립국이 될 수 있다"고 설득했다.

위안스카이의 고압적인 태도에 숨죽여 지내던 고종과 민 왕후는 이러한 설득에 용기를 얻었는지 러시아와 비밀 접촉을 재개했다. 이것이 1886년 8월, 또다시 극비리에 추진된 제2차 조러 밀약이다. 고종은 러시아 대리공사 베베르에게 밀사를 파견하여 조선이 청나라의 속박에서 벗어날 수 있도록 "러시아 정부의 직접적인 보호"를 요청했다.

고종이 러시아에게 요청한 "직접적인 보호"의 방법은 "러시아가 조선 해역에 함대를 파견하여 청의 압력을 제거해달라"는 제안이었다. 인아거청(引俄拒淸) 정책으로 영국의 거문도 점령이라는 국제적 평지풍파를 야기한 고종이 또다시 위험천만한 칼을 뽑아 든 것이다. 때는 바야흐로 영국이 거문도를 점령하고 있고, 서울에는 조선총독이나 다름없는 위안스카이가 감시의 눈을 번득이고 있는 와중 아닌가.

방호 장구도 갖추지 못한 벌거숭이 조선이 러시아와의 수교, 제1차 밀약 파탄에 이어 또다시 제2차 조러 밀약을 추진했다. 이것은 화약을

〈그림13〉 조선의 국왕과 왕세자, 『런던뉴스Illustrated London News』, 1894

쥛어지고 불구덩이로 뛰어든 것이나 다름없는 고종의 국정파탄 막장 외교였다.

문제의 제2차 조러 밀약은 엉뚱한 곳에서 급브레이크가 걸렸다. 밀약 추진 과정에서 조선의 친청파 대신 민영익과 김윤식이라는 벽에 부딪친 것이다. 민영익은 고종과 민 왕후의 총애를 한 몸에 받고 있던 민씨 척족 세력의 대표였다. 그는 민 왕후와 정치적 이해관계를 공유하는 측근 중의 측근이었지만, 러시아를 끌어들여 청의 압력을 제거하겠다는 고종과 민 왕후의 외교 정책이 얼마나 위험천만한 도박인지를 이해할 정도의 식견은 가지고 있는 인물이었다.

확고한 친청 입장이던 김윤식도 고종의 외교 정책이 자신의 정치적 신념에 반하는 것이어서 강력 반대했다. 1차 밀약의 후폭풍으로 영국이 거문도를 점령하고 있는 와중에, 또다시 러시아와 2차 밀약이 추진될 경우 나라의 안위가 위태로워질 것으로 판단한 민영익은 고종과 민 왕후를 배신하기로 작정했다.

위안스카이, 고종 폐위 추진

제2차 조러 밀약은 민영익이 위안스카이에게 전모를 밀고하는 바람에 폭로되었다. 청은 제1차 조러 밀약이 폭로되자 묄렌도르프에게 책임을 물어 그를 해임하고 소환했다. 이 와중에 또다시 제2차 밀약설이 터지자 사실상 조선의 상왕이나 다름없던 위안스카이는 시쳇말로 '뚜껑'이 열렸다.

위안스카이는 직속상관인 리훙장에게 "고종이 러시아 군대를 끌어들이기 전에 우리가 먼저 해군과 육군을 조선에 보내 고종을 폐하고, 왕족

가운데 현명한 자를 새 임금으로 세워야 한다"고 건의했다(허우이제, 장지용 옮김, 앞의 책, 『조선에서의 원세개』, 72~73쪽).

위안스카이는 새 국왕 후보를 물색하기 위해 비밀리에 왕족들과 접촉했다. 민영익은 누가 뭐래도 조선의 대신이었다. 그런 인물이 제2차 조러 밀약 정보를 위안스카이에게 넘겨 국왕이 폐위될 지경에 이르렀으니 죄책감에 시달렸을 법도 하다. 위안스카이가 고종을 폐위시키기 위해 긴박하게 움직이자, 이번에는 폐위 관련 정보를 고종에게 흘렸다.

민영익은 청과 고종 양쪽으로부터 비난받는 입장이 되자, 보복이 두려워 홍콩으로 도주했다. 조정 대신이 국가 1급 기밀을 청의 감시자에게 밀고하는 모습을 보면, 조선은 나라라고 말하기조차 힘든 지경이 되고 말았다.

상황이 심상치 않게 돌아가자 고종은 특유의 방법, 즉 일은 자기가 저지르고 책임은 휘하 대신들에게 떠미는 방식으로 대응했다. 고종은 위안스카이에게 특사를 보내 구구절절 해명했다. "러시아에 보낸 제2차 조러 밀약 문서는 나를 모함하기 위한 위조문서다. 나는 관계하지도, 알지도 못한 사건"으로 잡아뗐다. 그리고 자기에게 제2차 조러 밀약설을 제안한 대신들을 체포하여 유배를 보냈다.

사건이 묘하게 흘러가자 러시아 측이 발끈했다. 베베르 공사는 사건의 전모를 훤히 꿰고 있는 인물이었다. 일은 국왕 고종이 다 저질러놓았다. 그런데 청이 압박하여 자기를 폐위시키려 하자 책임을 면하기 위해 죄 없는 대신들을 귀양 보낸 것이다. 베베르는 고종에게 강력 항의했다. 러시아의 압력에 굴복한 고종은 유배 보냈던 대신들을 사면하는 것으로 러시아의 압력을 무마시켰다.

제2차 조러 밀약을 응징하기 위해 위안스카이가 요청한 청나라 북양함대 소속 군함이 인천에 도착하면서 고종의 폐위는 시간문제가 되었다. 북양함대가 인천 앞바다에서 무력시위를 하는 가운데 위안스카이는 1886년 8월 28일, 고종에게 「조선대국론(朝鮮大局論)」이라는 글을 보내 조선이 청과 러시아 중 어느 나라를 종주국으로 택할 것인지 양자택일하라고 압박했다.

위안스카이는 이 글에서 "조선이 기댈 곳은 청국뿐이며, 청과 조선은 아버지와 아들 관계로 묶인 종주국과 속국 관계다. 청과 조선이 굳게 결합하면 이익도 크다"면서 조선 조정을 몰아세웠다. 하지만 청이 위력을 행사하여 조선 국왕을 갈아치울 경우 영국이나 러시아 등 서양 열강들의 간섭에 직면할 우려가 있었다. 리훙장은 위안스카이에게 "조선 국왕 교체 문제는 더 이상 사건을 확대하지 말라"는 훈령을 내렸다.

러시아와의 밀약은 왕조의 운명을 건 위험천만한 도박

근대사 연구가 중 일부는 두 차례의 조러 밀약이 실재하지 않는 사건이었거나, 영국 등에 의해 과장된 사건이었다고 평가 절하한다. 하지만 제1·2차 조러 밀약은 여러 가지 사료로 증명되고, 실체가 뚜렷했던 사건이다. 그럼에도 조러 밀약이 단순한 '설(說)'로 격하된 이유가 있다.

조러 밀약은 조정 대신도 전혀 모르는 상황에서 고종이 특정 인물을 동원하여 추진한 극비 프로젝트였다. 영국이 거문도를 점령하고 있는 상황에서 또다시 러시아와의 비밀 접촉의 전모가 밝혀질 경우 고종은 청나라에 의해 폐위될지도 모르는 극한 상황에 처했다. 이를 어떻게든 무마하고 축소하기 위해 밀약설을 축소·은폐하여 실체가 없는 '설'로 축소시킨 것이다.

두 차례에 걸친 고종의 조러 밀약 사태는 어떤 결실도 거두지 못했고, 조선 식민화 정책을 추진하던 청나라 입장만 강화해주었다. 리훙장은 조선의 '상왕' 위안스카이에게 "더 이상 조선 국왕과 왕비의 위험천만한 외교 행태를 구경만 하고 있을 수는 없다"고 엄명을 내렸다. 이후 조선의 내·외정에 대한 청나라의 간섭은 어느 누구도 말릴 수 없는 극한 상황으로 치달았다.

이때부터 8년여, 고종과 민씨 척족은 위안스카이에게 바짝 엎드려 숨도 제대로 못 쉬는 존재가 되었다. 1894년 농민 봉기의 여파로 일본군이 한반도에 상륙할 때까지, 위안스카이는 조선의 황제나 다름없는 권한을 행사했다.

난감한 상황이 된 것은 러시아도 마찬가지였다. 제1차 밀약의 부도에 이어 제2차 밀약마저 고종이 약속을 이행하지 못하고 갈팡질팡하자 러시아는 고종에게 등을 돌렸다. 두 차례에 걸친 러시아와의 밀약설은 영국의 거문도 점령, 고종 폐위 시도, 청의 내정 간섭 강화라는 최악의 결과를 야기한 채 막을 내렸다.

고종의 조러 밀약은 조선 위정자들의 국제 정세에 대한 인식수준을 있는 그대로 드러낸 참혹한 사건이었다. 영·미·일·독 등 거의 모든 열강 세력들이 경계하는 시한폭탄이 러시아였다. 모든 나라가 경계하는 존재가 동아시아에서 부동항 확보를 위해 남진 시도를 거듭하고 있다. 이런 엄혹한 국제 정세하에서 조선이 러시아의 진로를 앞장서서 열어줄 경우, 조선은 국제적으로 어떤 상황에 놓일 것인지, 어떤 파문이 일 것인지 고종과 민 왕후는 이해할 수 있는 지적 능력이 있었던 것일까?

러시아 입장에서 보면 두 차례에 걸친 고종의 조러 밀약 요구는 별다른 노력도 없이 자신들의 숙원이던 동아시아에서의 남진을 위해 복이 굴러 들어온 셈이다. 러시아와의 수교, 제1차 조러 밀약은 고종이 국제 외교 경험이 없어 묄렌도르프에 의존한 것이었다 해도, 그것은 왕조의 운명을 건 위험천만한 도박이었다. 묄렌도르프의 유혹에 넘어간 고종과 민 왕후의 친러시아 외교 구상은 조선을 구하기 위한 최선의 외교 전략이었을까?

재정난 타개 위한 차관 도입의 실상

국제적인 호구 신세로 전락한 조선을 어렵게 만든 것은 재정난이었다. 1885년 가을, 조선 조정은 일본 정부에 갚아야 할 임오군란 배상금조차 제때 지불하지 못해 계속 연체 상태였다. 배상금 독촉을 견디다 못한 조정은 독일의 세창양행(Meyer & Co.)으로부터 2만 파운드의 차관을 도입했다.

세창양행은 1884년 6월 독일의 거상(巨商) 에드워드 마이어(H.E. Meyer)와 볼터(Carl A. Wolter)의 합작회사로 인천에 설립되었다. 이 회사는 독일인 묄렌도르프와 긴밀한 협조 아래 경제권을 확장했다. 세창양행은 1885년 조선 정부에 2만 파운드의 차관을 제공하는 대가로 1886년부터 독일 선박으로 호남 지역의 세미(稅米) 운송권, 연리 12퍼센트의 이자와 해관의 관세, 그리고 조선의 생산품인 우피(牛皮)·사금(砂金) 등을 담보로 잡았다. 세창양행은 연간 3만~5만 석의 세미 운송권을 얻어내 막대한 이득을 취했다.

이 회사는 인천-상하이-홍콩 간 정기항로를 개척했고, 1897년 채광

한 금의 4분의 1을 조선 정부에 납부하는 조건으로 강원도 당현 금광을 25년간 소유했다. 세창양행은 독일산 바늘·염료·금계랍(키니네)·영국산 면제품을 수입했고, 조선산 쇠가죽·쌀·콩 등을 수출했다. 1907년 볼터는 마이어와 동업 관계를 청산하고 세창양행을 단독 경영했다. 서울과 제물포에 막대한 토지를 소유했던 볼터는 '제물포의 왕'이라 불렸는데, 6·25 전쟁이 발발하자 사업을 접고 한국에서 철수했다.

조선 정부는 세창양행으로부터 도입한 2만 파운드 차관을 기한이 지나도록 상환하지 못했다. 그 결과 이자가 계속 불어나 상환 금액이 10만 냥에 이르렀다. 상환 압력이 심해지자 견디다 못한 고종은 위안스카이에게 구원을 요청했다. 위안스카이의 주선으로 1892년 8월 19일, 조선에 진출한 화교기업 동순태(同順泰)로부터 월 6퍼센트, 80개월 분할 상환 조건으로 10만 냥을 빌려 세창양행의 차관을 갚았다(이양자, 앞의 책, 『조선에서의 원세개』, 131~132쪽).

이처럼 조선 경제는 외국 자본의 이권 탈취식 영업으로 인해 곳곳에서 파탄이 났다. 차관을 도입한 몇 년 후에는 원금과 이자를 갚기 위해 또다시 더 많은 차관을 도입해야 하는 악순환이 반복되었다. 조선 조정은 세미 운송권을 외국에 넘겨주느니, 차라리 차관을 얻어 선박을 도입하여 조정이 직접 세미 운송을 하기로 결정했다. 이를 위해 1887년 타운센드양행(Townsend & Co.), 일본 다이이치(第一)은행으로부터 14만 냥의 차관을 도입하여 윤선(輪船) 3척을 도입했다.

이 차관도 제때 갚지 못해 상환 독촉에 시달렸다. 고종은 또다시 위안스카이에게 구원을 요청했다. 그 결과 동순태로부터 10만 냥을 차관한 지 42일 만인 10월 6일, 또다시 10만 냥 차관 도입 계약을 체결했다.

청나라가 제공해준 차관도 줄줄이 이권을 저당 잡혀야 한다는 점에서 서양 차관과 다를 것이 없었다. 조선 조정은 동순태로부터 차관을 도입하는 조건으로 조선과 청국상인 합작으로 회사를 설립하고, 50톤급 소형 기선을 구입하여 인천-서울 간 청국상인 화물과 조선의 세미 10만 석 운반권을 15년간 동순태에게 넘겨주었다.

동순태는 한화윤선공사(韓華輪船公司)를 설립하여 인천-서울 간 운항권을 획득했다. 이 항로는 인천-상하이 간 청나라 초상국(招商局) 윤선의 정기 항로와 연결되어 조선에 대한 청나라 상인(華商)의 경제 침탈을 확대시켰다.

빚을 내서 빚을 갚는 악순환의 연속

조선은 동순태로부터 20만 냥의 차관을 얻어 급한 불은 껐지만, 잡다한 채무는 여전히 곳곳에 남아 있었다. 일본 은행으로부터 빌린 거액의 차관을 상환하지 못해 애를 먹자 조정은 또다시 위안스카이에게 차관 공여를 요청했다. 결국 상하이의 영국계 후이펑(滙豊)은행과 교섭하여 1893년 1월 하순, 5만 냥의 차관을 도입하여 일본 빚을 갚았다.

위안스카이의 차관을 통한 압박 정책은 나름대로 이유가 있었다. 직속상관인 리훙장은 위안스카이가 조선 조정에 차관 제공을 도운 행위에 대해 "쓰다듬는 가운데 제어의 뜻을 두고, 조선의 이권을 조정하여 속번을 지배하는 방식"이라고 치하했다. 1889년까지 조선 조정의 내·외채 총액은 130만 냥으로 추산되었다.

재정 상황이 이렇다 보니 막대한 예산이 투입되는 군대 유지는 엉망인 상태로 방치되었다. 임오군란 직전까지 조선은 일본군 장교 1명을 고용하여 신식군대 별기군을 훈련하던 중 임오군란을 맞아 뿔뿔이 해산되고 말았다. 청나라는 일본과 톈진조약을 맺고 양국 군대를 조선에서 철수하면서 고종에게 미국 장교를 초빙하여 군대를 훈련시킬 것을 조언했다.

조선은 이 조언에 의해 1888년 미국인 군사교관 윌리엄 다이(William McEntyre Dye)를 비롯하여 커민스(Edmund Cummins) 대령, 존 리(John G. Lee) 소령 등 4명을 초빙하여 연무공원이라는 사관학교를 설치하고 미국식 군사교육을 실시했다. 하지만 예산 부족으로 연무공원도 더 이상 유지할 수 없어 파탄이 났다. 1894년, 조선은 외침은커녕 민란을 억제할 능력조차 없는 불구 상태가 되었다.

근대화된 교육기관은 육영공원이 유일했다. 이것도 재정파탄으로 1889년 중반 개점휴업 상태에 빠졌다. 서양 선교사들이 배재학당과 이화학당을 세웠으나 학생 수는 10여 명에 불과했다. 교육 실태가 이런 상황이었으니 조정 대신뿐만 아니라 일반 백성도 바깥세상에 무지한 '문화적 암흑상태'에 방치되었다.

신분제도도 엄격하여 소수의 양반 지배층이 국가의 모든 기득권을 장악했다. 개인이 아무리 유능하고 재능이 출중해도 여흥 민씨, 안동 김씨 등 특정 가문 출신 아니면 입신양명이 불가능한 폐쇄사회였다. 이런 상황에서 청의 지원을 받아 집권한 민씨 척족 세력은 자신들의 정권 유지를 위해 필요한 재원을 매관매직·가렴주구 등 비정상적인 수탈을 통해 마련했다.

힘없는 농민 착취가 도를 넘을 경우 농민층이 붕괴되어 생산 기반이 무너지므로 더 이상 수탈 착취도 불가능해진다. 또 이들도 감정을 가진 인간이다. 한없는 수탈을 언제까지 인내하지는 않는다. 농민과 일반 백성의 인내력이 한계에 이르면 항거한다. 급기야 조선 사회는 민란이 연쇄 폭발하여 뿌리째 뒤흔들렸다.

조선은 파탄을 향해 질주하는 폭주기관차였다. 홉스(Thomas Hobbes)가 그의 저서 『리바이어던(Leviathan)』에서 말한 국가 이전의 상황, 즉 사회는 붕괴되고 사람들은 뿔뿔이 흩어져 사투를 벌이는 '만인(萬人)에 대한 만인의 투쟁' 상태였다. 문화와 윤리가 붕괴되고 분해되어 서로가 서로를 뜯어먹고, 속이고, 등쳐먹고, 사기 치고, 죽이는 극단적인 야만 상태였다는 뜻이다.

원초적 자연 상태가 도래하면 인간은 동물적 생존 본능으로 개인의 안전과 생명의 유지를 갈망하게 된다. 이른바 '홉스적 자연 상태(the Hobbesian State of Nature)'가 19세기 말 조선 사회에서 완벽하게 재연된 것이다(최정운, 『한국인의 탄생』, 미지북스, 2017, 101~102쪽).

격동의 시대를 관통하며 살았던 윤치호는 고종의 통치에 대해 "어리석음과 실수의 연속"이라고 결론지었다. 그는 고종의 정책을 "조선 사람의 것은 빼앗고 타국 사람에게는 빼앗기는 것"이라고 비판했고, 위정자들의 정책은 "국민을 억압하기 위해 다른 사람들에게 의존하는 것"이라고 질타했다. 이것이 1882년 임오군란부터 1894년까지 위안스카이에 의한 청의 속방화 정책에 억눌려 있던 조선의 참모습이었다.

한반도에서 일본군과 청군이 철수한 후 찾아온 10년에 걸친 '불안정하고 기묘한' 평화는 문자로만 존재한 평화였다. 조선을 둘러싼 동아시아 정세는 지각 아래에서 마그마가 부글부글 끓듯 소용돌이치고 있었다. 다만 조선의 지도부가 그런 사실을 제대로 인지하지 못했을 뿐이다.

거문도 점령이 불러온 '나비 효과'

세계 최강 영국 함대가 거문도를 2년여 점령한 사건은 세계 질서에 심각하고 중대한 파문을 던졌다. 영국 함대가 거문도에 주둔하고 있는 동안, 블라디보스토크 해군기지를 거점으로 한 러시아 태평양함대는 숨죽이고 조용히 엎드려 있어야 했다. 잘못 움직였다가는 동해를 벗어나지도 못하고 영국 해군의 포탄 세례를 받아 물고기 밥이 될 것이 분명했기 때문이다.

이 사건으로 블라디보스토크의 군항으로서의 위상, 러시아 해군력의 전략적 가치가 크게 평가절하되었다. 블라디보스토크를 모항으로 하는 러시아 태평양함대는 거문도의 영국 함대를 격퇴시킬 정도로 강력하지 못했다. 때문에 영국이 마음먹으면 그날 당장 블라디보스토크 군항이 봉쇄되어 무용지물이 될 수도 있었다.

메이지유신 이후 일본 해군의 비약적인 발전도 러시아 해군에게는 심각한 위협 요인이었다. 1877년 사이고 다카모리 일파가 규슈 일대에서 반란(세이난 전쟁)을 일으켰을 때만 해도 일본 해군 전력은 보잘 것 없는 수준이었다. 1883년, 일본은 청과의 전쟁에 대비하여 6년에 걸친 함선 건조 계획에 돌입했다. 이 기간 중 6척의 대형 군함을 비롯하여 20척 이상의 전투함을 건조했다. 예정했던 계획이 완료되면서 일본은 동아시아의 주요 해군국으로 부상했다(A. 말로제모프, 석화정 옮김, 『러시아의 동아시아정책』, 지식산업사, 2002, 64쪽).

영국의 거문도 점령 사건은 러시아에게 전략상의 중대 변화를 요구했다. 러시아는 자국 해군력이 영국을 압도하지 못한다면, 자국의 극동 지역 방위를 해군력에 의지하는 것은 위험하다고 판단했다. 따라서 육군력에 의존하는 새로운 방위정책 구상에 착수하게 된다.

동아시아 일대의 방어를 위해서는 유럽령 러시아에서 병력과 병참물자를 빠른 시간에 수송해야 한다. 문제는 유럽 쪽 러시아와 극동 러시아의 광활한 공간을 동토의 시베리아가 가로막고 있다는 점이다. 지금까지는 이를 우회하여 해상로를 이용했다. 하지만 영국 해군의 거문도 점령으로 해상로는 기능을 상실했다.

그렇다면 러시아가 나갈 길은 무엇인가? 러시아 전략가들의 구상은 간단했다. 동토의 시베리아를 뚫는 교통수단, 즉 시베리아 횡단철도 건설이었다. 러시아 전략가들은 황제 알렉산드르 3세에게 모스크바와 블라디보스토크를 연결하는 시베리아 횡단철도 건설을 청원했다. 당시의 과학기술 수준과 산업 여건 상 9,300킬로미터에 이르는 거리, 35억 루블이라는 천문학적인 비용 등 혹한이 몰아치는 시베리아를 횡단하는

〈지도3〉시베리아 횡단철도 노선도

철도 부설은 거의 불가능에 가까운 모험이었다.

알렉산드르 3세는 '그레이트 게임에서의 승리를 위해' 이 모든 제약을 무시하고 '불가능에의 도전'을 선언했다. 그는 1886년 봄, "시베리아를 최단거리로 횡단하는 철도를 부설하라"는 포고령을 내렸다. 황제의 결단에 의해 모스크바와 블라디보스토크를 연결하는 시베리아 횡단철도 건설 계획이 완성되었다.

해상교통에서 육상 철도로의 전략 방향 전환은 러시아 외교정책의 전면 수정을 불러왔다. 즉 시베리아 철도가 완공될 때까지 러시아는 "러시아의 명예가 지켜지는 한" 조선에 대해 '신중 정책(cautious policy)'을 채택했다(최문형, 앞의 책, 『제국주의 시대의 열강과 한국』, 민음사, 1990, 105쪽).

시베리아 철도 건설에 경악한 일본

시베리아 횡단철도 건설은 단순한 철도 부설과는 차원이 완전히 다른, 중대한 전략상의 변화를 야기했다. 그동안 세계 주요 바다의 제해권은 영국이 장악하고 있었다. 특히 동대서양과 지중해, 인도양 등에서 아시아에 이르는 해상교통로는 영국 해군의 수중에 있었다. 때문에 유럽 각국의 아시아 정책은 영국에 의해 좌우되었고, 그 결과 팍스 브리태니커가 유지되었다(야마무로 신이치, 정재정 옮김, 『러일전쟁의 세기』, 도서출판소화, 2010, 64~65쪽).

이때 러시아가 시베리아 횡단철도 건설을 선언했다. 이 선언은 해양패권국인 영국을 충격에 빠뜨렸다. 러시아는 전통적인 육군국이다. 이 철도가 완공되면 러시아의 장기인 육군을 영국 제해권의 구속을 받지 않고 철도를 이용하여 빠른 시간에 대량으로 동아시아로 이동시킬 수 있게 된다. 이렇게 되면 영국 해군이 더 이상 러시아를 억제할 수 없는 상황이 발생한다.

시베리아 횡단철도 건설은 단순히 러시아 국내 문제로 끝날 사안이 아니었다. 그것은 영국이 해군력으로 유지해온 유럽 열강 사이의 주도권에 지각변동을 일으키는 사건이 될 것이 불 보듯 뻔했다. 인도의 영국 통치에 불안을 주고, 아프가니스탄에서 영러 항쟁을 격화시켜 아시아의 권익과 세력지도를 고쳐 쓸 수 있게 된다. 이런 의미에서 시베리아 횡단철도는 국제 정치정세에 말할 수 없을 정도로 큰 충격을 던졌다(같은 책, 65쪽).

시베리아 횡단철도 건설 계획을 접한 일본 군부는 경악했다. 일본은 흑해와 중앙아시아를 통한 러시아의 남진정책이 영국에 의해 봉쇄되자, 동아시아 지역을 통해 남진정책을 추진하겠다는 의사표시로 해석했다.

이 철도가 완성될 경우 군사 전략상의 혁명적 변화와 함께 물류혁명이 일어난다. 그동안 유럽 쪽 러시아에서 연해주 등 동아시아 러시아 영토까지는 선박을 이용할 경우 아무리 빨라도 두 달 이상 걸렸다. 게다가 영국이 세계 곳곳의 제해권을 장악하고 있어 전시에는 러시아 함대 이동이나 병력 수송에 대한 적절한 통제와 방어가 가능했다.

시베리아 횡단철도가 개통되면 사정이 크게 달라진다. 러시아는 영국 해군의 방해를 받지 않고 최단 시간에 유럽 주둔 군대를 블라디보스토크 일대로 이동할 수 있게 된다. 일본 군부는 "우크라이나 초원에서 풀을 뜯던 기병대가 시베리아 횡단철도 열차에 실려 3주 후면 헤이룽강 물을 마실 수 있게 되었다"면서 경악했다.

그보다 더 심각하고 중대한 문제가 있었다. 종착역 블라디보스토크는 겨울이면 4개월 정도 얼어붙어 항구 기능을 상실한다. 블라디보스토크항이 결빙되면 러시아는 자국 함정을 나가사키에 보내 그곳 앞바다에 정박시켰다. 연중 4개월은 항구가 폐쇄되는 난제를 해결하는 방법은 단 한 가지였다. 연중무휴로 사용 가능한 부동항의 확보다.

일본은 러시아가 시베리아 횡단철도의 종착역으로 연계하여 태평양 진출을 시도할 가능성이 높은 부동항으로는 랴오둥반도의 남단에 위치한 뤼순(旅順)·다롄(大連)항, 그리고 부산항을 꼽았다.

시베리아 횡단철도 종착역이 부산이 되면?

1889년 12월 14일, 일본 육군의 최고 실력자 야마가타 아리토모(山縣有朋)를 총리로 하는 내각이 출범했다. 1890년 11월 29일, 일본 역사상 최초로 제1회 제국의회가 개원되었다. 야마가타 총리는 의회 시정 연설에서 유명한 주권선(主權線)·이익선(利益線) 개념을 선언했다. 즉 제국주의 시대에 주권국가는 다른 나라의 침해를 허용하지 않는 국경으로서의 '주권선'을 지키는 것만으로는 불충분하다. 우리 주권선의 안위와 긴밀하게 관련을 맺는 구역인 '이익선'까지 보호해야 한다고 연설했다(같은 책, 70~71쪽).

여기서 주권선이란 일본 국토를 뜻한다. 또 주권선 바깥쪽에 설정된 이익선이란 적성국의 지배하에 들어가면 일본의 안전을 위협하게 될 지역을 의미했다. 야마가타는 『외교정략론』에서 "우리나라 이익선의 초점은 조선"이라고 선언했다. 그의 예측은 다음과 같은 구도로 짜여졌다.

"시베리아 철도가 완성되면 러시아 세력이 동아시아에 대대적으로 침투하는 것을 막을 방법이 없게 된다. 그렇다면 과연 일본은 안전할 것인가?"

사무라이로 구성된 메이지정부 지도층은 러시아의 조선 침투를 일본의 안전과 직결된 문제로 바라보았다. 야마가타 총리가 '이익선'이라고 선언한 한반도에 대한 시각을 한마디로 요약하면 "수단과 방법을 총동원하여 일본에 적대하는 세력이 한반도를 차지하지 못하도록 하는 것"이었다.

일본 지도부가 보기에 조선은 "자력으로 독립을 유지할 수 있는 능력이 없는 나라"였다. 스스로 독립을 지킬 수 없으니, 그대로 놔두면 러시아의 식민지로 전락하는 것은 시간문제다. 이렇게 되면 한반도는 일본의 심장(혹은 복부)을 노리는 예리한 창이나 비수가 되어 일본의 안보에 현저한 위협이 된다.

이 상황을 방치하면 러시아의 일본 침략을 자초하게 된다. 방법은 무엇인가. 야마가타 아리토모의 구상은 조선을 중국으로부터 완전히 분리시켜 자주독립국으로 만든다. 그다음 단계로, 유럽의 한 강국이 조선을 차지하지 못하게 하는 것이다. 즉 조선을 중국의 영향력으로부터 떼어놓은 다음, 러시아가 조선을 차지하는 것을 막는다는 전략이다(가토 요코, 『그럼에도 일본은 전쟁을 선택했다』, 서해문집, 2018, 110~111쪽).

만약 일본의 국력이 부족하여 한반도를 통째로 차지하기 어려울 경우, 북위 39도선(혹은 38도선) 등 적절한 선을 기점으로 한반도를 분할하여 절반이라도 차지한다. 적어도 한반도 남부에 일본에 적대하지 않거나 중립적인 정부가 들어서도록 공작한다. 이것이 일본이 틈만 나면 외쳤던 "조선은 자주독립국" 논리, 야마가타 총리가 말한 주권선·이익선 개념의 본질이었다.

일본 지도부의 한반도관(觀)

중국에게 "조선에서 손을 떼고 물러나라"고 요구한다고 해서, 그들이 순순히 응할 멍청이는 아니다. 일본 지도부가 설정한 '조선의 자주독립'은 외교적 수사만으로는 달성될 수 없는, 전쟁 수단을 동원해야만 성취 가능한 목표였다.

야마가타 총리는 의회에 「군사의견서」를 제출했다. 이 자료에서 야마가타는 "시베리아철도가 완성되면 러시아는 필연적으로 부동항을 조선 땅에서 구하게 될 것이니 이 철도 준공일이 러시아가 조선 침략을 시작하는 날이다. 러시아의 철도 건설은 아시아에서 일대 파란을 불러일으킬 것이니, 이 위기에 대응하여 군비 증강을 서둘러야 한다"고 주장했다(최문형, 앞의 책, 『한국을 둘러싼 제국주의 열강의 각축』, 85쪽).

일본 지도부의 인식은 간단했다. 제국주의 열강으로부터 일본의 독립을 유지하기 위해서는 조선의 보호가 필수불가결하다. 조선을 보호하기 위해서는 청나라와의 전쟁을 통해 조선에서 손을 떼게 해야 한다. 청일전쟁을 위해 육해군 증강을 위한 경비가 세출의 대부분을 차지하더라도 선택의 여지가 없다. 야마가타 총리의 「군사의견서」는 이것이 핵심 포인트였다.

일본은 1885년부터 청과 본격적인 전쟁준비에 돌입했다. 1887년 6월 19일, 러시아 황제는 시베리아철도 계획을 승인했다. 그 직후 프랑스 금융계는 러시아에 500억 프랑에 달하는 시베리아 횡단철도 건설 차관을 제공했다. 이로써 '계획' 혹은 '설(說)'로만 떠돌았던 시베리아 횡단철도 건설이 급물살을 타기 시작했다.

일본 지도부는 일본의 주권선과 이익선을 수호하기 위해 러시아와의 한판 승부는 피할 수 없다고 보았다. 시베리아 철도가 완성되면 러시아가 유럽 쪽에서 동아시아 지역으로 손쉽게 병력과 병참물자 수송이 가능해진다. 이렇게 되면 일본으로서는 힘겨운 전쟁이 될 수밖에 없다. 어차피 치러야 할 전쟁이라면 러시아가 시베리아 횡단철도를 완공하기 전에 하루라도 개전 시기를 앞당기는 것이 일본에 유리했다.

일본 군부는 러시아와의 일전에 앞서, 조선을 압제하고 있는 청과의 전쟁이 불가피하다고 판단했다. 때마침 주일 영국공사가 일본을 자극했다. "시베리아 철도가 완성되어 러시아가 자유롭게 태평양 연안에 접근하기 전에 일본은 청국과의 문제를 먼저 해결할 필요가 있다"고 조언한 것이다.

일본은 1889년 청과의 전쟁에 대비하여 육군력 증강을 완료했다. 해군력도 6개년 함선 건조계획을 성공적으로 추진했다. 일본이 전력투구하여 군사력 증강을 추진하던 1891년 4월 27일, 러시아의 제위 후계자 니콜라이 알렉산드로비치 로마노프 황태자(훗날 니콜라이 2세)가 일본 나가사키에 도착했다. 블라디보스토크에서 열리는 시베리아 횡단열차 기공식에 참석하는 길에 일본을 친선 방문한 것이다.

5월 11일, 니콜라이 황태자는 마차를 타고 사가현 오쓰(大津) 시가를 통과했다. 이때 경호를 담당하고 있던 쓰다 산조(津田三藏)라는 사가현 경찰서 소속 순사가 니콜라이 황태자 암살을 시도했다. 니콜라이 황태자는 쓰다가 휘두른 검에 머리를 맞아 오른쪽 머리 두 곳에 상처를 입었다. 황태자의 안면에서 피가 분수처럼 솟구쳤지만 생명에는 지장이 없었다.

일본에 대해 지울 수 없는 증오와 복수심을 갖게 된 니콜라이 황태자는 머리에 붕대를 맨 채 블라디보스토크로 향했다. 1891년 5월 19일, 시베리아 횡단철도의 동부 종착역에서 기공식이 거행되었다. 전 세계 외교관들은 시베리아 횡단철도가 완성되는 날, 극동에서 힘의 역학 관계가 크게 변화될 것이라는 점을 즉각 깨달았다.

일본보다 먼저 근대식 함대 건설한 청나라

동아시아에서 근대식 해군력 건설에 가장 먼저 나선 나라는 중국이었다. 청은 1875년 북양(北洋) · 남양(南洋) · 복건(福建) · 광동(廣東)수사(함대) 등 4개의 함대를 창설했다. 1881년부터 본격화된 청나라의 근대식 함대 건설은 1885년, 독일의 불칸 스테틴(AG Vulcan Stettin) 조선소에서 건조한 진원(鎭遠) · 정원(定遠) · 제원(濟遠) 등 세 척의 철갑 전함을 도입하면서 본격화되었다.

정원·진원 두 함정은 자매함으로, 함수 부분에 30센티미터 두께의 강철 장갑을 설치하여 어지간한 포탄에 맞아도 관통하지 못하고 튕겨 나갔다. 두 전함의 배수량은 각각 7,335톤, 속력은 14.5노트, 주포는 구경 12인치(30.5센티미터)포 4문, 6인치(15센티미터)포 2문, 7.5센티미터 포 4문을 탑재한 거함이었다.

1887년에는 순양함 치원(致遠)·정원(靖遠)·경원(經遠)·내원(來遠) 등 4척을 더 도입했다. 청은 막대한 재원을 투자하여 독일과 영국에서 건조한 세계적 수준의 중대형 전함 25척 등 총 78척, 총 배수량 8만 3,900톤의 세력을 건설했다. 이 가운데 성능이 뛰어난 전함과 순양함을 북양함대에 우선 배치했다.

1891년 딩루창 제독 휘하의 북양함대는 전함 2척, 순양함 7척, 수뢰정(torpedo boat) 6척으로 구성된 근대식 증기선 함대를 보유하게 되었다. 리훙장은 북양함대를 위해 뤼순·톈진을 중심으로 발해만에 삼각 방어 체제를 구축했다. 북양육해군의 핵심 근거지는 뤼순이었다.

정치 군사적 요충지인 뤼순의 가치를 가장 먼저 발견한 사람은 리훙장이었다. 그는 1881년 10월 뤼순 해군기지 건설에 착수, 1890년 도크와 공창 등 군항 시설을 완성했다. 또 독일 장교 한네켄(von Hanneken)에게 뤼순 일대의 요새화 작업을 맡겼다. 한네켄은 뤼순커우(旅順口) 일대에 10개의 포대를 근대식 축성술로 축조하고, 각종 포를 배치하여 요새화했다. 이로써 뤼순은 만주 최대의 군사 거점이 되었다.

뤼순항과 그 일대의 방어시설을 심층 조사한 일본군 장교는 "1개 중대로 1개 사단에 대항할 수 있는 곳"이라고 평했다. 일본군은 뤼순항

〈그림14〉 조선의 장군, 『런던뉴스Illustrated London News』, 1894

을 '아시아의 콘스탄티노플'이라 부를 정도로 전략적 요충으로 생각했다(제노네 볼피첼리, 『구한말 러시아 외교관의 눈으로 본 청일전쟁』, 살림출판사, 2009, 253~254쪽).

근대식 함대를 먼저 건설한 쪽은 청나라였지만, 이후 10년 동안 청은 해군에 대한 신규 투자가 끊겨 답보 상태를 면치 못했다. 함대의 추가 건설과 유지 예산은 서태후의 환갑을 기념하기 위해 드넓은 호수가 있는 호화 정원인 이화원(頤和園) 공사에 전용되었다.

이화원은 건륭제가 건설한 여름 궁전인데 1860년 제2차 아편전쟁 때 영국-프랑스 연합군의 공격에 의해 파괴 약탈당했다. 서태후는 중국인들의 유토피아 지상 낙원을 현실에 재현하기 위해 2,400만 냥의 해군 예산을 전용하여 아낌없이 돈을 퍼부었다.

청나라의 민족 모순

이처럼 함대 운영 예산이 황실을 위해 전용된 이유는 청나라 특유의 뿌리 깊은 민족 모순 덕분이다. 청나라의 군사력을 지휘하는 인물은 한족(漢族)이다. 그 대표 인물이 북양대신 리훙장이다. 청나라의 군사력이 강해지면 강해질수록 전체 인구의 절대다수를 차지하는 한족의 위상이 강화되고 황족인 만주족에게 위협이 된다. 이런 이유 때문에 황실은 적당한 선에서 군사력 증강을 억제해야 했다.

1891년부터 북양함대에 대한 재정 지원이 급격히 줄었다. 심지어 함대의 포탄 구입비까지 서태후의 호화 생활에 전용되었다. 그 결과, 청일전쟁 발발 직전 북양함대 주력 전함인 정원·진원함의 30센티미터 주포 포탄을 세 발밖에 준비하지 못해 어려움을 겪었다.

막대한 예산을 퍼부어 건설한 북양함대의 유지 운영비가 바닥나 무용지물이나 다름없는 상황이 되고 있을 때 일본은 해군력 건설을 위해 전력투구했다. 근대식 함대 건설을 위해 천황이 전함 건조 기금을 내놓자, 전 공무원들도 월급의 몇 퍼센트를 기금으로 바쳤다. 이것도 모자라 1,700만 엔의 해군 공채를 발행했고, 부산 앞바다의 절영도를 조차하여 석탄 저장소를 건설했다. 또 중국해와 조선 서해에서의 작전을 위해 나가사키의 사세보(佐世保)에 군항을 건설했다.

1888년을 기점으로 일본과 청의 해군력은 역전되기 시작했다. 당시 일본은 국내에서 1급 철갑전함을 건조할 능력이 없어 대부분 영국에서 구입했다. 해외에서 자국 군함을 건조하는 과정에 일본 기술진이 참여하여 경험을 쌓은 후 자국 조선소에서 순양함과 전함을 건조하기 시작했다.

이런 노력을 통해 일본은 1894년 청일전쟁 발발 직전 55척, 총톤수 6만 톤의 해군력 건설에 성공했다. 시간에 쫓긴 일본은 북양함대 주력 전함인 정원·진원의 절반 정도밖에 안 되는 3,000~4,000톤 급을 주력으로 도입했다. 함정 톤수가 절반에 불과하다 보니 탑재하는 포의 구경도 절반으로 줄었다.

일본은 함포 구경의 열세를 함정 스피드와 포탄 발사 속도로 극복한다는 전략을 세웠다. 그 결과 청의 북양함대는 1문도 보유하지 못한 최신예 속사포를 일본 함대는 155문이나 보유했다. 1894년 시점에서 청의 북양함대는 일본 해군에 비해 주력함의 평균 시속이 1노트 떨어지고, 평균 선령도 2년 정도 낡았으며, 함포의 발사속도는 4~6배 늦는 등 열세에 놓이게 되었다(고지마 신지·마루야마 마쓰유키, 『중국근현대사』, 지식산업사, 1998, 46쪽).

이토 내각은 1892년 8월부터 1896년 9월까지 존속했다. 이 기간 내내 일본은 중국·러시아를 겨냥한 군비 확장에 전력투구했다. 1890년까지 일본 국가발전전략의 핵심이 '개혁'이었다면, 1890년 이후에는 무력을 포함하여 국가의 모든 가용 수단을 총동원하여 '대외팽창'으로 전환되었다.

이제 고종과 민 왕후의 외교 전략을 정리할 때가 되었다. "러시아라는 곰을 동아시아의 목장으로 유인하라"는 독일 정부의 지령을 받은 묄렌도르프의 공작에 놀아난 국왕 부처는 러시아와의 수교, 두 차례에 걸친 조러 밀약으로 영국 해군의 거문도 점령을 불러왔고, 러시아의 시베리아 횡단철도 건설을 부추겼다.

이에 경악한 일본은 군비확장을 통해 전쟁으로 향했다. 결국 1894년의 청일전쟁, 그로부터 10년 후인 1904년의 러일전쟁, 뒤이은 을사보호조약과 대한제국 멸망, 식민지로의 전락은 고종의 '러시아 끌어들이기'라는 불장난 외교가 가져온 참혹한 대재앙이었다.

8

청일전쟁과 동아시아 대변혁

청일전쟁이 발발한 1894년은 우리 근대사에서 결정적 전환점을 이루는 중요한 해다. 수천 년 중국 중심의 천하 질서에 종지부를 찍고, 동아시아의 힘의 역학 관계가 일본 중심의 국제질서로 재편된 획기적인 모멘텀이었기 때문이다.

모테기 도시오(茂木敏夫) 도쿄여대 교수는 "중화세계는 중국이 일청전쟁에서 패배하여 최후의 조공국이었던 조선을 상실하면서 사실상 소멸했다. 중국도 그때부턴 다른 나라들과 마찬가지로 '여러 나라 중의 하나'라는 사실을 현실로 받아들여야 했다"고 말했다.

모테기 교수의 말처럼 청일전쟁은 중화제국의 해체를 알리는 조종(弔鐘)이었고, 조선·일본·중국의 근대화 방향을 결정지은 동양 역사상 획기적인 전쟁이었다.

또 아시아에서 각축을 벌이던 영국과 러시아 등 제국주의 열강 간의 영토분할 경쟁을 촉발시킨 세계사적 의의를 지닌 전쟁이었다. 강성학은 이를 두고 "용과 사무라이가 한반도를 걸고 피 터지게 싸운 혈투"라고 표현했다(강성학 편저, 『용과 사무라이의 결투-중(청)일전쟁의 국제정치와 군사 전략』, 리북, 2006, 5쪽).

청일전쟁은 10년 후 벌어진 러일전쟁의 서막이자, 일본이 50년에 걸쳐 대전쟁의 회오리에 빨려 들어가는 전초전이었다. 청일·러일전쟁을 통해 일본은 세계열강 대열에 올랐다. 또 '압박받는 나라'에서 '압박하는 나라'로 전환되었다는 점에서 일본 근대사에 획을 긋는 전쟁이었다. 일본에게는 제2차 세계대전에 필적할 만한, 의미 있는 전쟁이었다(후지무라 미치오, 『청일전쟁』, 도서출판 소화, 1997, 7쪽).

청일전쟁의 진정한 원인 제공자는?

그렇다면 청일전쟁의 원인 제공자는 누구였을까? 반일 종족주의에 중독되어 있는 한국의 국사학계나 정치인 · 언론인, 필부필부(匹夫匹婦)들 주장처럼 대륙 침공에 혈안이던 일본 군국주의자들인가? 아니면 농민 봉기를 제압하기 위해 조선에 군대를 보낸 청나라인가?

우리는 늘 '남 탓'에 익숙한 민족이다. 여차하면 남에게 모든 죄를 뒤집어씌운 다음, 자신들은 면죄부를 찾아내 희희낙락한다. 캐나다 출신 선교사이자 한국학 학자 게일(James Scarth Gale)은 구한말 조선에는 자신들의 불행이 외국과의 개항에서 비롯되었다는 인식이 사회 저변에 깊이 깔려 있었다고 지적한다.

즉 외국인이 들어오기 전에는 아무런 근심 없이 편안하게 지내던 황금시대였는데, 개항과 더불어 외국인들이 모든 불행을 가져옴으로써 말세로 변했다고 외세의 침략을 강력 비난했다. 이것이 당시 한국 사회를 지배했던 반외세 감정의 배경이었다(구대열, 「다모클레스의 칼—러일전쟁에 대한 한국의 인식과 대응」, 『러일전쟁과 동북아의 변화』, 선인, 2006, 24.53쪽).

이용익이 발행한 「제국신문」은 외국인들을 악마로 표현하고, 외국 군대와 군함이 모두 가슴속에 살의를 품고 한반도 해역으로 모여든다고 보도했다. 이런 시각은 당시 국제 정세를 지극히 주관적으로 바라보는 데서 비롯된 착시 현상이다.

청일전쟁의 진정한 원인 제공자는 고종이고, 고종의 청군 파병 요청을 막지 못한 조정 대신들이 공범이다. 이것이 숨길 수 없는 역사적 사실(historical fact)이다. 그 한심하고 부끄러운 과정을 추적해본다.

1880~1890년대 영·미·일 등 해양세력은 한반도를 통해 태평양으로 진출하려는 러시아를 공동의 적으로 설정했다. 영·미·일 해양세력은 수단 방법을 총동원하여 대륙 세력인 러시아의 태평양 진출을 봉쇄하기 위해 제국주의 연합을 결성했다.

이처럼 긴박한 국제 정세가 전개되고 있을 때 고종과 민 왕후는 조러 수교, 제1·2차 조러 밀약을 통해 해양 세력의 적으로 설정된 러시아를 한반도로 끌어들이는 외교 전략을 추진했다. 조선을 이익선으로 설정한 일본은 자국의 안전을 담보하기 위해 조선을 자신들의 영향권으로 편입시키고자 했다.

러시아의 동아시아 진출을 봉쇄해야 했던 영국과 미국은 이러한 일본을 적극 후원했다. 고종과 민 왕후는 한반도를 둘러싸고 고난도 외교가 진행 중인 사실을 이해할 식견이 없었다. 오랑캐들의 나라 청이란 외세를 견제하기 위해 러시아라는 또 다른 외세를 끌어들여 왕권과 종묘사직을 보호하려던 고종의 '균세 외교'는, 겉으로 보면 그럴듯하게 보였다. 하지만 국가안보를 총체적으로 파탄 내고 실패를 향해 질주하는 결과를 가져올 수밖에 없었다.

메이지유신으로 근대화의 기본 틀을 다진 일본은 중국 중심의 동아시아 질서를 일본 중심으로 재편한다는 국가적 과제가 눈앞에 닥쳤다. 이를 위한 급선무는 '조선 문제 해결'이었다.

"조선은 강국 사이에서 농락당하는 장난감 공"

영국 외무차관 커즌(George N. Curzon)은 1894년 청일전쟁을 전후한 시기에 『극동문제(Problems of The Far East)』를 집필했다(오비나타 스미오, 「청일전쟁 전후 일본 정치에서의 동아시아 질서 구상」, 『청일전쟁기 한중일 삼국의 상호전략』, 동북아역사재단, 2009, 171~175쪽 참조). 그는 인도 차관으로 재임했던 1892년 9월, 일본을 방문하여 이토 히로부미를 면담한 아시아 전문가다. '조선 정치의 미래, 조선의 불규칙한 정치항의 위치'라는 부제가 달린 『극동문제』는 일본과 청이 전쟁에 돌입한 후에 작성되었다.

커즌은 이 자료에서 "조선에 관한 여러 문제 중 가장 중요한 이슈는 여러 강국 사이에서 농락당하는 장난감 공의 정치상 미래 운명"이라고 지적했다. 즉 조선은 여러 강국의 이해관계에 따라 보호받든지, 아첨하든지, 능욕당하든지, 총애를 받든지 한다는 것이다.

커즌은 조선은 '독립국'이면서 한편으로 '속국'이라는 정치상 가장 불규칙한 상태에 놓여 있다고 분석했다. 이런 희한한 상태의 나라는 세계 어디에서도 비슷한 사례를 찾아보기 힘들다고 보았다. 이어 그는 조선과 같이 양질의 항구를 많이 보유하고 있는 나라가 다른 나라의 손에 떨어질 경우 아시아·태평양에서 영국의 통상 무역이 큰 지장을 받을 것이며, 러시아에 의한 정치적·경제적 방해는 무시할 수 없을 것으로 전망했다.

커즌의 분석처럼 정치상 불규칙한 상태에 놓여 있던 조선은 1876년 개항 이후 수없는 농민 봉기와 폭동·반란·쿠데타·정변으로 인해 심각한 사회불안이 야기되었다. 정신적 의지처를 잃은 백성들은 자연스럽게 미신이나 종교의 세계로 빠져들었다.

극한의 혼돈이 계속되는 사회, 특히 그 사회가 후진적이라면 어김없이 신흥종교가 극성을 부린다. 메시아가 나타나 천지개벽을 하여 새로운 세상이 도래하며, 이때 그 종교를 믿는 사람들은 구원을 받는다는 레퍼토리도 전 세계 어디나 비슷하다. 조선 후기, 마른 들판에 불길처럼 번진 신흥종교는 '동학'이었다.

『동학의 정치사상』의 저자 임형진은 동학은 내세보다 현실에 충실한 종교라고 분석한다. 동학은 또 지난 100여 년간 봉건사회의 모순을 지양하기 위해 여러 차례 개혁운동을 벌여온 집단이라고 주장한다. 나아가 그는 동학의 민중운동사는 한국 민중운동사이며, 근대 우리 민족의 수난과 저항, 새로운 도약의 밑거름이 되었다고 설명한다.

동학의 시천주(侍天主) 사상은 신(한울님)과 인간은 동일한 존재라는 믿음이다. 이 교리가 인간 평등의 원리로 발전하여 양반-중인-상놈-노비의 엄격한 신분 구조에 억눌려 살았던 하층민들에게 복음으로 다가갔다. 동학에 입도했던 김구는 『백범일지』에서 "상놈 된 한이 골수에 사무친 나로서는 동학의 평등주의가 더할 수 없이 고마웠다"면서 동학의 평등주의에서 자신의 이상향을 발견했다고 밝혔다.

동학은 자체 교리에 인간의 존엄성에 대한 각성, 민본사상·계급타파·남녀평등 등 민주주의적 요소가 다수 발견된다. 구한말 동학은 전통적인 양반지배 사회질서에 대한 부정, 새로 전파된 서학에 대한 저항이라는 소용돌이 위에 서 있는 민초들의 정신적 기둥이었다.

동학은 조선 말기에 정치·사회적으로 직면해 있던 복잡다단한 문제를 민중 차원에서 개혁하고, 점점 압박해오는 외국의 압력으로부터 민족적 이익을 지키려는 조선 사회의 염원을 반영한 사상이었다. 한편에선 고난을 피하고자 하는 유토피아적 종교로서의 성격도 가지고 있었다.

민란의 시대

조선 후기 백성의 삶은 앞서 소개한 대로 '홉스적 자연 상태'였다. 관리들의 가렴주구로 백성들 삶의 기반이 허물어진 데다가, 조선 후기에는 해마다 흉년이 겹쳤다. 백성은 생존을 위해 자녀를 식량과 바꾸는 참극을 피할 수 없었다. 생존의 위기 상황에서 관리들의 가혹한 착취가 반복되자 백성은 목숨 걸고 지배층에 저항했다.

고종 초기에 발생한 봉기는 몰락한 양반이 주동이 되어 일어난 무장 민란이었다. 이것이 진압되자, 이번에는 기층 농민이 주동이 된 민란이 전국으로 번졌다.

1890~1894년 4년 동안 25건의 반란이 일어났다(조경달, 최덕수 옮김, 앞의 책, 『근대 조선과 일본』, 125쪽). 이러한 민란이 동아시아 역사의 물줄기를 바꾸는 기폭제가 된 동학 농민 봉기로 대폭발을 일으키게 된다.

1893년 4~5월, 충북 보은에서 3만여 명의 동학교인이 참여하는 대규모 집회가 열렸다. 이때 고종은 조선 관군이 아닌, 청에 지원군을 요청하여 동학교도를 진압하라는 충격적인 의견을 내놓았다. 고종의 위험천만한 구상은 여러 대신의 강력한 반대로 시행되지 못했다. 하지만 다음

해엔 사정이 달라진다.

1894년 2월 15일, 전라도 고부에서 농민 봉기가 일어났다. 주동자는 전봉준이었다. 이때 일어난 봉기는 고부 군수 조병갑의 학정에 항거하기 위한 것으로, 조선 후기 지방 곳곳에서 발생했던 전형적인 민란이었다. 동학과는 아무런 연관성도 없었다.

이처럼 평범했던 민란을 동학 대봉기로 발화시킨 주범은 민란 진압을 위해 파견되었던 안핵사 이용태였다. 그는 고부 관아를 습격한 난민 가운데 동학교도가 다수 포함되어 있다는 사실을 발견했다. 이용태는 민란 참여 여부와 관계없이 동학교도를 잡아다 고문하는 등 탄압을 가했다. 이렇게 되자 동학 지도자인 손화중과 김개남이 봉기에 가세하면서 종교적 색채를 띠게 되었다.

재차 봉기한 동학 농민군은 백산에서 지방군에게 대승을 거두었다. 홍계훈을 지휘관으로 하여 중앙에서 전라도로 파견된 조선의 정예 관군도 장성과 황토현에서 농민군에게 대패했고, 농민군은 전주성마저 점령했다. 동학 농민군의 전주성 점령은 전술 전략에 무지한 패착이었다. 드넓은 지역에서 게릴라전을 벌여야 할 농민군이 스스로 전주성에 들어가 관군에게 포위됨으로써 지리멸렬 해체되었다.

정리하면 전봉준의 최초 봉기는 순수한 농민 봉기였다. 하지만 이용태의 탐학 행위에 저항하기 위해 동학이 뒤늦게 합류한다. 게다가 동학 교주인 최시형과 동학의 주류인 충청도 세력(북접)은 이 봉기에 참여도 호응도 하지 않았다. 오로지 전라도 세력(남접)만 참여한 거사였다.

북접 지도자들은 고부에서 민란이 발생하고, 이것이 동학과 연계되자 불쾌감을 느꼈다. 전봉준은 동학 교주 최시형에게 완전 무시당했다. 전봉준 농민군과 동학이 합세하여 관군과 전투를 치르고 있을 때 최시형은 전봉준에게 밀사를 보내 거병이 잘못된 일임을 준엄하게 꾸짖고 해산을 지시했다. 전봉준이 교주의 비폭력 노선을 따르지 않자 전봉준에게 경고문도 보냈다.

최시형은 공식 문서를 여섯 차례나 내려 남접의 봉기와 관군과의 전투를 만류했다. 전봉준이 동학 교주의 경고를 무시하고 군사행동을 벌이자 북접 지도부는 "전봉준을 비롯한 남접 지도자들은 국가의 역적이요 사문난적"으로 규정하고 '벌남기(伐南旗)'를 내려 남접을 공격하라고 명했다.

동학이 봉건제도를 개혁한 혁명?

문재인 정부는 동학난을 "봉건제도를 개혁한 혁명"이라고 자리매김했다. 과연 동학의 봉기를 '혁명'으로 정의할 수 있는지에 대해서는 다양한 이견이 존재한다. 혁명은커녕 동학 농민 봉기가 외세를 끌어들여 청일전쟁을 야기한 결정적 단서가 되었기 때문이다.

전쟁 준비를 끝낸 일본은 청나라와 전쟁을 일으킬 구실을 찾기 위해 혈안이 되어 있었다. 이 와중에 발생한 동학 봉기는 일본 입장에서 보면 천우신조나 다름없었다.

일본을 청일전쟁으로 몰고 간 또 하나의 중대 변수가 있다. 1891년 착공된 러시아의 시베리아철도 건설이었다. 이 철도가 완공되는 날 러시아는 동아시아, 그중에서도 가장 만만한 조선의 지배를 노리고 노도처럼 밀려들 것이 불을 보듯 뻔했다.

조선으로 향하는 러시아의 움직임에 브레이크를 걸기 위해서는 러시전봉준 봉기 ⟶ 동학농민운동으로 비화 ⟶ 청나라 원병 파병 ⟶ 일본군 조선 파병 ⟶ 청일전쟁 ⟶ 러일전쟁 ⟶ 을사보호조약 ⟶ 대한제국 망국

아와의 전쟁은 피할 수 없었다. 러시아와의 전쟁에 앞서 청나라와 전쟁을 벌여 조선과 청의 종속 관계를 끊어야 했다. 그 후 영향력을 조선에 확대하여 조선을 보호국으로 만들어 러시아의 조선 침투를 막아야 했다. 정황을 정리하면 위와 같은 도식이 그려진다.

반일 종족주의자나 좌익, 전체주의 추종세력들이 그토록 혐오하는 외세를 이 땅에 초대한 결정적 주인공은 동학 농민운동이다. 이것은 아무리 부인하고 싶어도, 도저히 부인할 수 없는 역사적 사실이다. 조선이 일본의 식민지로 향하는 첫 시발이 동학 농민운동이라는 사실에서 여러 가지 팩트(fact)들이 새롭게 정리되고 재조명받아야 한다.

1894년 5월, 동학 농민군이 백산과 황토현, 장성 황룡촌에서 신무기로 무장한 조선 중앙군을 격파했다. 조선의 정예 관군이 일개 농민 반란군에게 짓밟히는 무기력 상태가 되자 고종은 청나라에 원병을 요청하는 SOS를 날렸다.

일본과 청나라는 1885년 톈진조약을 체결했다. 일본은 임오군란 직후인 1882년 8월 30일, 조선과 제물포조약을 통해 조선주재 일본공사관 및 영사관 경비 목적으로 약간의 병력을 조선에 주둔시킬 수 있는 권리를 얻었다. 이러한 국제조약이 엄연히 작동하고 있는 상황에서 청군 파병 요청이 실현될 경우 일본군도 덩달아 조선에 상륙하리란 것쯤

은 젖먹이 어린이 빼고는 다 아는 사실이었다. 이런 위험성 때문에 조정 대신들은 고종이 청군 파병안을 꺼냈을 때 "일본군은 물론, 러시아군마저 불러들여 서울이 외국군으로 가득 차게 될 것"이라면서 격렬하게 반대했다.

고종, "청국 파병 요청하라" 어명 내려

그러나 조선은 국왕의 판단으로 국사를 결정하는 전제군주 국가였다. 고종은 "앞으로의 일을 알 수 없으니 서둘러 청군 파병을 요청하여, 청군에게 동학당 소탕을 의뢰하라"는 어명을 내렸다. 5월 31일, 전주 함락 소식이 전해져 조정이 패닉 상태에 빠지자 조정은 고종의 명에 따라 위안스카이와 교섭했다. 하지만 청 조정으로부터 출병 동의를 얻어내는 과정이 순탄치는 않았다.

고종이 동학난 사태를 우려하여 위안스카이에게 청군의 조선 파병 및 동학난 진압을 요청하자 위안스카이는 톈진조약 규정을 앞세워 난색을 표명했다. 고종이 거듭 도움을 요청하자 그는 6월 1일, 톈진의 직예총독 리훙장에게 관련 내용을 보고했다.

황현의 『매천야록』에 따르면 고종은 조정 대신들에게 청군 파병 요청 사실을 철저히 숨기다가 위안스카이가 청군 파병에 대한 긍정적 신호를 보내자 민영준을 불러 관련 사실을 알렸다. 민영준은 큰 충격을 받았다. 톈진조약과 제물포조약에 따르면 청군 파병은 곧 일본군의 조선 파병을 부르는 수순이 된다. 민영준은 고종에게 "국제법을 빌미로 외국 군대가 차례로 움직이면 이리를 막으려다가 호랑이를 불러들이는 꼴이 될 것이니 어찌하면 좋습니까"라고 읍소했다.

고종은 망연자실하여 청군 파병 요청을 중지시킬 것을 지시했다. 민영준이 급히 위안스카이를 만나 고종의 뜻을 전했다. 기가 찬 위안스카이는 "제가 이미 요청했습니다. 당신 나라의 임금과 신하는 어찌 일처리하는 것이 이토록 답답합니까"라고 가슴을 쳤다고 황현은 전하고 있다.

황현의 기록에 따르면 고종은 청군을 조선 땅에 불러들여 동학을 진압할 경우 어떤 외교 대란이 발생할 것인지 전혀 인식하지 못했던 것으로 보인다. 이 정도 지도자를 개명 군주니, 자주적 근대화를 추진한 인물이니 미화 찬양하는 사람들이 적지 않은 것이 작금의 현실이다.

고종의 청군 파병 요청 과정

고종의 요청에 의한 청군 파병 관련 상황을 정리해본다. 6월 1일, 위안스카이는 조선 국왕이 자신에게 비공식으로 청군 원병과 민란 진압을 요청한 사실을 리훙장에게 보고했다. 이때 일본은 조선과 청나라 곳곳에 침투해 있는 첩보망을 통해 조선 조정이 청에 원병 파병을 요청한 사실을 탐지했다. 극비 정보는 즉시 일본 외무성에 보고되었다.

1894년 6월 3일, 고종은 역사적인 조치를 취했다. 봉기한 동학 농민군을 진압하기 위해 청에 원병을 파병해달라고 정식으로 요청한 것이다. 공문 내용은 이러했다.

"전라도에 있는 태안과 고부 등 고을은 백성의 습관이 흉악하고 성격이 음흉하여 평소부터 다스리기 어렵다고 칭하여왔습니다. 몇 달 전에 동학교 도적의 무리가 무리를 지어 만여 인이 모여들어 현성(縣城) 10여 곳을 함락시켰고 (중략) 임오년과 갑신년에 우리나라에서 두 차례의 내란이 있었는데 모두 중국의 병사들이 대신 진압하였습니다.

이에 원병을 청하는 문안을 보내오니 총리께서 북양대신께 전보를 보내시어, 약간의 군대를 파견하여 조선으로 와서 속히 대신 토벌하게 하여주시기 바랍니다. 아울러 우리나라의 병사들이 중국의 군대를 따라 군무를 익힐 수 있게 하여 장차 스스로 지킬 수 있는 능력을 키울 수 있게 해주시기 바랍니다. 또한 사나운 도적의 무리를 진압한 후에는 즉시 철군하옵기를 바랍니다."(『이문충공전서李文忠公全書·전고電稿』 권15, 33~34쪽; 곽위동, 「동학 농민군의 기의와 중·한일 삼국의 외교 각축」, 『동학농민혁명의 동아시아사적 의미』, 서경문화사, 2002, 89쪽)

6월 4일, 위안스카이는 조선 조정이 공문을 통해 청군의 원병 파병 및 반란 진압을 요청한 사실을 직속상관인 리훙장에게 타전했다. 청의 직예총독 리훙장은 관련 내용을 총리아문에 알렸다.

청 황제의 비준을 거쳐 6월 6일 오후 6시, 네스청(聶士成)이 청군 선발대 910명을 이끌고 톈진을 출발했다. 리훙장은 주일 청국공사 왕훵자오(汪鳳藻)에게 훈령을 내려 톈진조약에 따라 청군의 조선 파병 사실을 일본에 통지했다. 청군 선두부대는 6월 9일 백석포에 상륙, 아산에 진주했다. 6월 12일에는 후발부대 1,055명이 상륙하는 등 6월 25일까지 충남 아산에 청군 2,465명이 상륙했다(시준메이, 「청일전쟁시 조선투입 청군의 동원과 조선 내에서의 전투상황」, 김기혁 외 지음, 『청일전쟁의 재조명』, 한림대학교 아시아문화연구소, 1996, 134쪽).

6월 28일, 조선 주둔 청군 지휘관 네스청은 병력을 이끌고 태인·고부로 이동하여 동학 농민군 토벌 작전을 벌였다. 동학 농민군은 전주성에 포위되어 있다가 관군이 퇴로를 열어주자 모두 해산 귀가한 상황이어서 청군은 할 일이 없었다. 6월 말 동학당 봉기가 평정됨으로써 조선 국왕의 동학군 봉기진압 요청이라는 청군의 파병 목적은 달성되었다.

일본 군부, 출병 준비

일본 군부 입장에서 볼 때 조선 농민들의 봉기는 천우신조나 다름없었다. 청나라에 전쟁을 도발할 수 있는 절호의 기회가 마련되었기 때문이다. 가와카미 소로쿠(川上操六) 육군참모본부 차장은 즉시 휘하의 정보 장교들을 조선에 파견하여 정보 수집에 나섰다.

1894년 5월 20일, 이지키 고스케(伊知地幸介) 소좌가 부산에 파견되어 농민군 동향을 파악한 후 5월 30일 귀임했다. 그 직후부터 일본 군부에서 조선 출병론이 뜨겁게 일기 시작했다. 일본 육군참모총장은 "조선에 있는 우리 신민을 보호하고 제국의 권세를 유지하기 위해 우리는 출병해야 한다"면서 내각에 조선 출병을 요청했다(다보하시 기요시, 김종학 옮김, 앞의 책, 『근대 일선관계의 연구下』, 274쪽).

일본 육군참모본부는 내각의 결정 여부와 관계없이 조선 출병을 위한 조치에 착수했다. 6월 1일부터 '육군 대연습'을 명목으로 일본우선(郵船)회사의 선박이 징발되었다. 한편에서는 낭인(浪人) 집단을 조선에 침투시켰다. 낭인들에게는 농민군 수뇌부와 접촉하여 봉기를 부추기는 작업에 돌입하라는 비밀 임무가 부여되었다. 일본 군부의 지원으로 조선에 진출한 낭인 조직은 '의협의 혁명군'을 자처한 천우협(天佑俠)이었다.

하필 이 무렵 일본 정가는 새로 출범한 이토 히로부미 내각과 의회가 충돌하여 소용돌이가 몰아쳤다. 5월 15일, 일본 중의원(제4의회) 개회와 동시에 야당 세력은 군비확장 정책으로 인한 민생 파탄과 불평등조약 개정 교섭을 둘러싼 외교 실패를 이유로 이토 내각에 대한 탄핵상주안

〈그림15〉 군용 전신선을 설치하는 일본 공병, 『런던뉴스Illustrated London News』, 1894

을 제출했다.

동학 농민군이 전주성을 공격 점령한 5월 31일, 중의원은 이토 내각에 대한 탄핵상주안을 가결했다. 이토 내각은 총사직하거나 해산해야 하는 정치적 위기에 몰렸다. 뭔가 획기적인 돌파구가 필요한 상황에서 조선에서 '농민 봉기'라는 불꽃이 튀었다.

조선 사태는 일본 정부가 원했던 시나리오대로 전개되었다. 6월 2일 일본 외무성은 주한 일본 대리공사 스기무라 후카시(杉村濬)로부터 조선 조정이 위안스카이에게 청군 파병을 요청하려 한다는 비밀 보고를 받았다.

이 보고가 도착한 즉시 이토 총리는 비밀 회의를 소집했다. 이 회의에서 일본 정부는 중의원 해산을 결의하고 조선에 일본군 파병을 결정했다. 조선 조정이 청에 파병을 정식 요청하기 하루 전에 일본은 군대를 조선에 파병하기로 결정한 것이다.

6월 5일 오후 4시 45분, 일본 정부는 본국에 체류하고 있던 오토리 게이스케(大鳥圭介) 주한 일본공사에게 외무성 소속 호위 순사 20명, 육전대 488명과 함께 군함을 타고 조선으로 출항하라고 명했다. 이날 일본 참모 본부는 전시 최고군사지휘기관인 대본영(大本營, The imperial headquater)을 설치했다(같은 책, 281쪽). 동시에 육군 제5사단에 동원령을 내려 혼성여단을 편성했다.

관련법규에 따르면 대본영은 전시 또는 사변(事變) 중에 설치하는 기

〈표7〉 청일 파병 관련 일지

일시	내용
5월31일	日 의회, 이토 히로부미 내각 불신임안 가결
6월 1일	日 참모본부, '육군 대연습'명목으로 일본 우선(郵船)회사 선박 징발
6월 2일	日 외무성, 주조선 대리공사 스기무라 후카시의 급전(急電)을 통해 조선 조정이 청(淸)에 파병 요청 움직임 감지
	수상 이토 히로부미, 日 내각회의 열어 의회 해산, 일본군 조선 출병 결정
6월 3일	조선 정부, 淸에 파병 요청
6월 4일	위안스카이, 청국군 조선 파병 요청서 본국에 제출
6월 5일	淸 정부, '조선 파병' 사실 조선에 통보
	오시마 요시마사가 지휘하는 日 전투 병력 조선 파병 위해 요코스카 출발
	日, 전시(戰時) 최고 지휘기관인 대본영(大本營) 설치
6월 6일	청국 총병 녜스청, 선발대 이끌고 조선 향발
	日 주재 청국 공사 왕횡자오, 톈진조약에 따라 청군의 조선 파병 사실 일본에 통지

관으로서, 선전포고를 한 후에야 설치가 가능하도록 되어 있었다. 청일 전쟁과 관련한 선전포고는 두 달 후인 1894년 8월 1일에 발표됐다. 전시가 아님에도 불구하고 대본영을 개설한 것은 사실상 위법이었다. 하지만 일본인 어느 누구도 대본영 설치와 관련된 위법성을 시비하지 않았다.

일본군 파병 목적은 '청군과 대전쟁'

가와카미 참모차장은 일본군이 조선에 파병될 경우 필연적으로 청군과 충돌이 발생할 것으로 판단했다. 따라서 파병 목적을 ① 이번 기회에 임오군란 · 갑신정변 당시의 패배를 단숨에 만회한다, ② 조선에서 청군과의 충돌을 본격적인 대전쟁으로 확전시킨다는 두 가지로 결정했다.

가와카미 참모차장은 이 목적을 달성하기 위해 특단의 조치를 취했다. 단 한 차례의 공격으로 조선 주둔 청군에 압승을 거두기 위해서는 그들보다 서너 배 정도의 병력이 필요했다. 그는 누구와 상의도 없이 청나라가 조선으로 군대를 출발시키기도 전에 선수를 쳐서 8,000명의 혼성여단 병력을 파병했다.

6월 7일 스기무라 대리공사로부터 일본군 출병 통고를 받은 조선 정부는 즉시 스기무라에게 엄중 항의하는 동시에, 주일 조선공사 김사철에게 훈령하여 일본 정부에 군대 철병을 요구했다. 조선 정부가 항의하든 말든 오토리 주한 공사와 500여 명의 일본군은 6월 9일 오후 4시, 인천에 입항했다.

조선 정부는 6월 9일, 오토리 공사가 인천에 도착하자 민상호와 미국인 외무고문 르젠드르(Charles William Le Gendre)를 인천에 급파했다. 이들은 오토리 공사가 데리고 온 해군 육전대의 서울 침입을 저지하려 했으나 실패했다(박종근, 박영재 옮김, 『청일전쟁과 조선』, 일조각, 1989, 18쪽).

오토리 공사는 6월 10일 새벽, 일본 경찰관과 해군 육전대의 삼엄한 호위를 받아 서울을 향해 출발했다. 조선 조정은 외아문 협판(차관) 이용식을 서울 외항인 양화진으로 보내 오토리 공사에게 호위병 철수를 요구했다. 오토리 공사는 이 요구를 거들떠보지도 않고 당일 오후 6시 45분, 해군 육전대의 호위 아래 서울 일본공사관에 도착했다.

6월 8일, 이치노에 대대는 우지나항에서 조선을 향해 출항, 12일 인천에 상륙했다. 이렇게 하여 조선의 수도 서울과 그 관문인 인천의 요지가 일본군에 의해 제압당했다. 이어 6월 15일, 2,700명의 일본군 후속부대가 인천에 입항했다.

일본군의 한반도 상륙으로 인해 조선에는 관군과 동학 농민군, 일본군과 청군 등 네 종류의 군사력이 대치하는 상황이 되었다. 여차하면 어디선가 불꽃이 튈 수밖에 없는, 일촉즉발의 전운이 감돌기 시작했다.

일본군 경복궁 점령, 조선군 무장해제시켜

일본 군부는 당초 일본군이 조선에 상륙하면 임오군란 · 갑신정변 때의 전례에 따라 청군이 공격해올 것으로 예상했다. 하지만 청군은 아산에 틀어박혀 움직이지 않았고, 전주성을 점령했던 농민군은 관군이 퇴로를 열어주자 자진 해산했다. 서울은 기이할 정도로 평온한 상태였다. 이렇게 되면 일본은 전쟁을 일으킬 구실이 없게 된다.

난감해진 일본 정부는 개전 구실을 만들기 위한 작전에 돌입했다. 그 결과 6월 17일, 청에 '동학 농민군의 공동 토벌 및 조선 내정 공동 개혁'

을 요청하는 공문을 보냈다. 청은 6월 21일, 일본의 제안을 거절하는 답변서를 보냈다. 이유는 일본은 강화도조약에서 "조선은 자주독립국"이라고 명문화했는데, 그런 자주독립국의 내정을 일본과 청나라가 개혁하는 것은 모순이라는 지적이었다.

무쓰 무네미쓰(陸奥宗光) 일본 외상은 6월 22일, "청나라는 이제 조선에서 손을 떼라. 이제부터 조선 내정 개혁은 일본이 알아서 하겠다"는 '제1차 절교서'를 청에 보냈다. 이와 동시에 일본군 주력부대가 서울 곳곳에서 대포를 발사하고, 시가행진을 하는 등 무력시위를 벌였다.

7월 16일, 일본은 30년 숙원이었던 불평등조약을 평등한 내용으로 바꾸는 영일 신조약(영일항해통상조약)을 체결했다. 일본과 청이 조선에서 대치하고 있는 민감한 시기에 영국은 일본에게 선심 쓰듯 조약을 개정해준 것이다. 그 외교적 의미는 중대했다. 영국이 일본에게 "청일전쟁과 관련하여 영국은 입 다물고 있을 것이니 소신껏 싸우라"는 선물을 안겨준 것이다. 이로써 일본은 전쟁으로 향하는 길목에 놓여 있던 모든 장애물을 깨끗이 제거하는 데 성공했다.

7월 19일, 청의 외교 책임자 위안스카이는 서울에서 베이징으로 돌아가는 러시아 무관의 중국인 하인으로 위장하여 서울을 탈출했다. 다음 날(7월 20일) 대본영은 서울에 주둔한 오시마 요시마사(大島義昌) 제9혼성여단장에게 "아산에 주둔 중인 적을 격파하라"는 명령을 내렸다. 드디어 개전 사이렌을 울린 것이다.

바로 이날, 주한 일본공사관은 고종에게 "조선은 자주독립국이니 조청 종속관계를 파기하고, 그 결과를 7월 22일 밤 12시까지 회답하라"는 최후통첩을 보냈다. 오토리 공사는 이 공문의 말미에 "회답이 지연될 경우 본 공사는 스스로 결의하는 바가 있을 것"이라는 의미심장한 문구를 담았다.

7월 22일 밤 12시, 최후통첩 시한 만료와 동시에 일본군 제9혼성여단 병력은 경복궁 점령 작전에 돌입했다. 간단하게 조선의 궁궐 수비대를 무력화시킨 일본군은 경복궁을 점령하고 고종을 체포하여 격리시켰다. 또 왕궁을 수비하던 조선군을 무장해제한 후 경회루에 지휘본부를 설치했다. 일본군 작전일지에는 경복궁 점령 작전을 '조선왕궁에 대한 위협적 운동'이라고 기록했다.

국왕을 무력화시킨 일본은 민씨 척족 세력을 제거하고 친일 정권을 출범시켰다. 대원군은 자의 반 타의 반으로 일본군에게 업혀 나와 또다시 권력의 전면에 나섰다. 며느리 민 왕후와 그 일족에 대한 증오심, 일본의 힘에 의지해서라도 내정개혁을 성공시켜 나라를 일으켜야 한다는 사명감, 불타는 권력욕이 대원군을 움직이게 만든 것이다.

이로써 대원군은 원했든 원치 않았든 일본의 동아시아 침략 과정에서 최초로 성립한 친일 괴뢰 내각의 수반에 올랐다. 족보상으로 따지면 후일 만주국 황제 푸이(溥儀), 중국 국민당 난징(南京)정부의 왕징웨이(汪精衛)의 대선배가 된 것이다.

이제 전쟁 돌입을 위해 남은 절차는 일본군이 청군을 공격할 수 있도록 국제법적 요건을 갖추는 작업이었다. 7월 25일, 주한 일본공사는 괴뢰정부 수반인 대원군을 겁박하여 '청군 구축 의뢰서'를 받아냈다. 내용은 "조선에 불법 주둔하고 있는 청군을 무력을 사용하여 몰아내달라"는 것이었다.

이날 새벽, 서해 풍도 앞바다에서 일본 연합함대가 청군 증원 병력을 호송하던 청국 북양함대 소속 군함을 공격하여 청일전쟁이 발발했다. 서전(緖戰)인 풍도해전에서 일본 해군은 압도적인 승리를 거두었다. 7월 28일에는 성환에서 일본 육군과 청군이 격돌하여 일본군이 승리했다.

8월 1일, 일본과 청은 각각 상대국을 향해 선전포고를 했다. 일본은 이어 벌어진 평양전투, 압록강 하구에서 벌어진 황해해전에서 연전연승했다.

8월 17일, '조선보호국화' 정책 결정

막상 개전이 되었음에도 불구하고 일본 정부는 조선에 대한 장기적 정

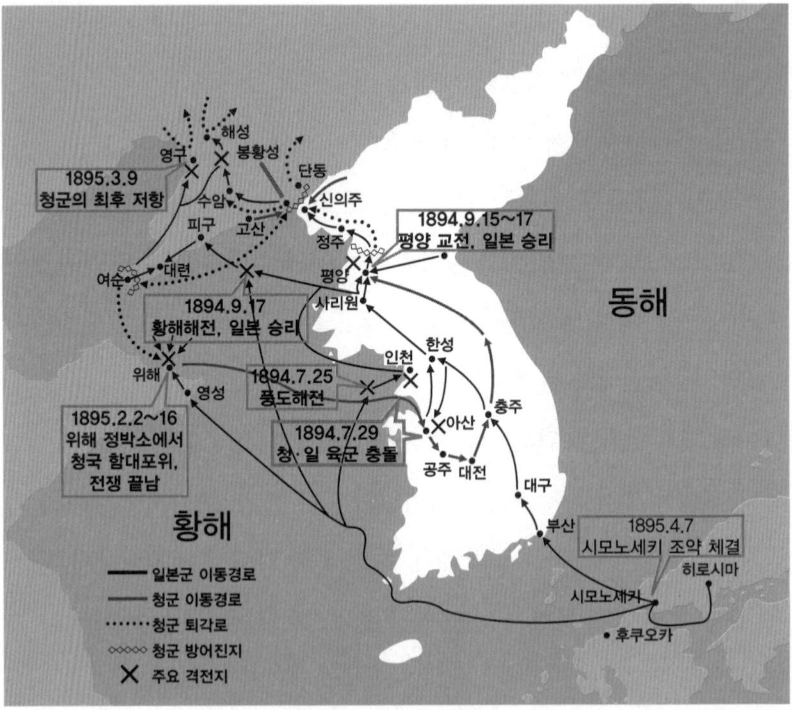

〈지도4〉 청일전쟁 지도

책 목표가 마련되어 있지 않았다. 때문에 막연히 "조선의 독립을 확립한다"는 입장만 되풀이할 수밖에 없었다. 일본의 대(對)조선 정책을 보다 확실히 정리하기 위해 8월 17일 일본 내각회의가 소집되었다. 이날 회의에서 일본 정부는 청일전쟁을 통해 조선에서 추구할 정책 목표를 다음과 같이 정리했다.

첫째, 러시아의 남하에 대처하는 데 필요한 전략적 시설을 한반도 내에 설치·확보한다.

둘째, 강화도조약 체결 이래 구축된 조일 간의 불평등조약 체제를 강화한다.

셋째, 본원적 자본축적에 필요한 각종 이권을 획득한다.

넷째, 조선을 일본의 보호국으로 만든다.

조선 보호국화 아이디어는 서울주재 일본영사 우치다 사다츠지(內田定槌)가 1894년 6월 26일 처음 제안했다. 그의 아이디어는 다음과 같이 정리된다.

① 무력을 동원하여 조선이 일본과 보호조약을 체결하도록 만든다.

② 내정개혁 특약을 맺어 일본제국 정부가 조약상의 권리로 조선의 내치외교에 간섭할 수 있도록 한다.

③ 청일 양국의 교전을 통해 조선을 보호국으로 삼기 위한 조약 체결의 장애를 제거한다.

이러한 우치다 영사의 제안을 무쓰 외상이 수용하여 8월 17일, 일본 정부는 한반도에 대한 정책 목표를 '조선의 보호국화'로 결정했다.

토사구팽당한 대원군

일본과 청나라는 조선 땅에서, 조선 사람의 의지와는 전혀 관계없이 전쟁을 시작했다. 막상 전쟁이 발발하자 조선 지도부 인사들은 대국인 청나라가 소국 일본을 압도하여 궁극적인 승리를 거둘 것을 믿어 의심치 않았다. 조선의 관리들은 국제 정세와 세상 물정에 어두워 영국이 일본을 적극 후원하고 있다는 사실 등을 이해할 수 있는 지적 능력이나 정보력이 결여되어 있었다. 그 결과 중화사상에 젖어 지극히 주관적인 관점으로 청나라의 승리를 예측했다.

대원군은 일본군에 의해 친일 괴뢰정부의 수뇌로 옹립된 인물이다. 그런데 믿었던 대원군이 사고를 쳤다. 일본의 엄중한 감시망을 뚫고 주한 러시아공사 베베르와 회견한 것이다. 게다가 대원군은 베베르 공사에게 "러시아가 청일전쟁에 개입하여 영향력을 행사해달라"고 요구하는 사건이 벌어졌다.

이 사실을 보고받은 무쓰 외상은 경악했다. 대원군이 더 이상 일본 정부를 곤혹스럽게 하는 일을 벌이도록 해서는 안 된다고 판단한 일본 정부는 특단의 조치를 취했다. 8월 26일, 일본은 대원군을 겁박하여 조선 조정과 일종의 군사동맹인 '대일본·대조선 양국 맹약'(이하 '양국 맹약')을 조인했다.

9월 15일 평양성 전투에서 일본군은 초반 고전하던 끝에 대승을 거두었다. 청군의 승리를 믿어 의심치 않았던 대원군 이하 조선 조정대신은 멘탈 붕괴 상태가 되었다. 그도 그럴 것이 국왕 고종을 비롯하여 최고 권력자 대원군은 비밀리에 평양에 주둔하고 있던 청군 사령관에게 "하루빨리 일본군을 축출하여 조선 독립을 유지해달라"고 요청하는 비밀 서한을 보냈기 때문이다.

불운하게도 이 비밀 서한은 평양을 점령한 일본군에게 고스란히 노획되었다. 그 결과 대원군은 11월 21일 어전회의에서 섭정권을 박탈당하고 권력 핵심에서 제거되었다. 일본은 대원군을 실컷 이용하고 불과 4개월 만에 토사구팽(兎死狗烹)한 다음 고종에게 권력을 환원시켰다.

조선의 정치는 또다시 전근대적 왕실 정치로 회귀했지만, 고종은 아무런 실권도 없는 허수아비 군주였다. 모든 권한은 일본의 조종에 의해 움직이는 친일 내각이 쥐고 있었다.

일본의 취약점–장기전 불가능

1894년 7월 25일 풍도 해전으로 시작된 청일전쟁에서 근대식 무기체계로 무장하고, 고도로 훈련된 일본군은 전근대적 무기와 중세적 전술로 맞선 청의 육해군에게 압도적인 승리를 거두었다. 특히 사상 최대의 증기선 철갑함대 간의 격돌이었던 황해해전에서의 승리, 웨이하이웨이(威海衛) 전투에서의 승리는 일본 육해군의 전력이 만만치 않은 수준임을 전 세계에 선전하는 계기가 되었다.

반면에 청나라는 인구와 국토, 경제력 등 모든 면에서 일본과는 비교가 안 될 정도의 대국이라는 긍지와 자부심이 하늘을 찌를 기세였다. 한 시절 세계를 호령했던 '천자(天子)의 나라' 청은 일본과의 전쟁에서 힘 한번 써보지 못하고 패퇴했다.

풍도해전 직후인 1894년 7월 28일, 영국의 경제지 「이코노미스트(The Economist)」는 일본과의 첫 교전은 중국에 쓰라린 패배를 안길 것이며, 중국은 첫 전투에서 아무리 혹독한 피해를 입어도 포기하지 않을 것이라고 보도했다. 이 잡지는 "몇만 명의 손실 정도는 중국에게는 아무것도 아니다. 수백만이라도 크게 달라지지 않을 것이다. 중국의 군대는 그 풍부한 인구에 의존하고 있기 때문"이라고 보도했다.

평양전투에서 일본군이 승리한 후인 1894년 9월 24일자 「이코노미스트」는 일본군이 중국군을 압도할 것이며, 일본이 승리할 것으로 예견했다. 일본인들의 장비와 조직이 정밀하고, 함대의 상태도 최상이었기 때문이다. 영국 측은 청나라 군대가 장비와 인력만 채운 오합지졸이란 사실을 꿰뚫어 보고 있었다. 청나라의 문제는 '기술'이나 '장비'가 아니라, 옛 제도를 고수하고 전통을 답습하는 중체서용(中體西用), 동도서기(東道西器)의 관습이라는 사실을 그들은 손금 들여다보듯이 파악하고 있었다.

시모노세키 강화조약의 결과 청은 일본에 전쟁 배상금 2억 3,150만 냥(엔화로 3억 6,700만 엔)을 제공해야 했다. 또 타이완과 랴오둥반도를 식민지로 할양했고, 웨이하이웨이 해전에서 살아남은 군함을 일본에게 넘겨주었다. 일본군이 노획한 군함·무기·탄약·군수품을 금액으로 환산하면 최소 1억 냥이 넘었다. 게다가 베이징 일대를 지키던 북양육해군이 와해되어 러시아의 남하, 일본의 북상에 대응할 수 있는 능력을 상실했다.

일본은 청일전쟁에서 승리하면서 조선을 청나라의 속국 지위에서 분리시키는 데 성공했다. 일본은 조선을 안보상 중요한 지역으로 보았는데, 영국 「이코노미스트」는 조선을 "얻는 것 없이 귀찮은 상속물"이라고 표현했다. 조선이 지정학적·정치적으로 중요할지 몰라도 경제적으로는 아무것도 건질 게 없고 부담만 되는 지역이란 시각을 가지고 있었기 때문이다.

영국과 두 차례의 아편전쟁, 프랑스와의 청불전쟁에서 패한 데 이어 동아시아의 소국이라고 깔보았던 일본에게마저 속수무책으로 패한 청나라는 맹수들에게 던져진 고깃덩이 신세가 되었다.

청일전쟁 당시 일본은 명백한 취약점을 안고 있었다. 일본은 경제 발전 수준에 한계가 있어 장기전을 수행하기 어려웠다. 이를 정확하게 꿰뚫어 본 인물이 청국 해관 총세무사인 영국인 로버트 하트였다. 그는 청

〈표8〉 청일전쟁 전후 일본을 이끈 원로 그룹

이름	출신	생몰연도	원로호칭 수여일	비고
이토 히로부미 (伊藤博文)	조슈	1841-1909	1889년 11월 1일	최초의 원로, 일본 초대, 3대, 7대, 10대 총리 역임
구로다 기요타카 (黒田清隆)	사쓰마	1840-1900	1889년 11월 1일	2대 총리 역임
야마가타 아리토모 (山縣有朋)	조슈	1838-1922	1891년 5월 6일	3대, 9대 총리 역임
마쓰카타 마사요시 (松方正義)	사쓰마	1835-1924	1898년 1월 12일	4대, 6대 총리 역임
이노우에 가오루 (井上馨)	조슈	1836-1915	1904년 2월 18일	총리 경력 없음
사이고 쓰구미치 (西郷従道)	사쓰마	1843-1902	1892년(추정)	사이고 다카모리의 동생. 총리 경력 없음
오야마 이와오 (大山巌)	사쓰마	1842-1916	1912년 8월 13일	총리 경력 없음
가쓰라 다로 (桂太郎)	죠슈	1848-1913	1912년 8월 13일	11대, 13대, 15대 총리 역임
사이온지 긴모치 (西園寺公望)	왕실 출신	1849-1940	1912년 12월 21일	마지막 원로, 12대, 14대 총리 역임

나라가 총경제력과 인구에서 절대 우위에 있기 때문에 전쟁을 지구전으로 끌고 가면 최종적으로 청이 승리할 것으로 예상했다.

일본군은 자신들의 약점을 잘 알고 있었다. 때문에 속전속결을 주요 전략으로 채택했다. 만약 청의 지도부가 어떻게 하든 전쟁을 장기전·지구전으로 끌고 갔다면 승패가 뒤바뀌었을 가능성도 배제할 수 없다. 하지만 청 조정은 열강의 조정과 중재를 통해 문제를 해결하려다 허송세월했다.

전쟁의 승패는 평화 시에 준비를 얼마나 잘했으며, 실제 전쟁 수행 과정에서 얼마나 전략적 원칙을 잘 준수했느냐에 달려 있다. 랄프 파월

〈표9〉 청의 역대 황제

	묘호	이름	연호	재위기간
1대	태조(清太祖)	아이신기오로 누르하치	천명(天命)	1616-1626
2대	태종(清太宗)	아이신기오로 홍타이지	숭덕(崇德)	1626-1643
3대	세조(清世祖)	애신각라복림	순치(順治)	1643-1661
4대	성조(清聖祖)	애신각라현엽	강희(康熙)	1661-1722
5대	세종(清世宗)	애신각라윤진	옹정(雍正)	1722-1735
6대	고종(清高宗)	애신각라홍력	건륭(乾隆)	1735-1795
7대	인종(清仁宗)	애신각라옹염	가경(嘉慶)	1795-1820
8대	선종(清宣宗)	애신각라민녕	도광(道光)	1820-1850
9대	문종(清文宗)	애신각라혁저	함풍(咸豊)	1850-1861
10대	목종(清穆宗)	애신각라재순	동치(同治)	1861-1875
11대	덕종(清德宗)	애신각라재첨	광서(光緒)	1875-1908
12대	공종(清恭宗)	애신각라부의	선통(宣統)	1908-1912

(Ralph Powell)의 분석에 따르면 청군의 결정적인 약점은 지휘관들이 근대 전쟁의 기본 전략전술이나 무기의 사용법에서 개탄스러울 정도로 무지하고 무능했다는 점이다.

청의 패배 원인은 전투지휘관 문제에 그치지 않았다. 클라우제비츠는 전쟁을 "국민들 내면에 담겨 있는 근원적 폭력과 적대감, 전장을 지배하는 우연과 확률, 그리고 수단으로서 정치의 종속성이 지배하는 현상"으로 정의했다. 전쟁에서 승리하기 위해서는, ① 승리를 위해 결연한 의지로 헌신하는 국민, ② 우연과 같은 전쟁의 마찰적 요소를 극복할 수 있는 군의 전쟁 수행 능력, ③ 전쟁을 감수해야 하는 명료한 정치적 목표를 제시하고 효과적으로 자원을 동원하고 관리할 수 있는 정부가 있어야 한다.

클라우제비츠는 국민과 군대, 정부가 경이로운 삼위일체를 이루었을 때 승리의 환희를 누릴 수 있다고 분석했다. 이것이 유명한 클라우제비츠의 삼위일체론이다. 이 이론에 입각하여 평가·분석할 때 청은 군사적 차원뿐만 아니라, 정치적·사회적 차원 등 모든 분야에서 심각한 결함을 안고 있었다(강성학 편저, 앞의 책, 『용과 사무라이의 결투-중(청)일전쟁의 국제정치와 군사전략』, 82쪽).

양국 지도부의 리더십 차이

우선 양국 정치 지도자들의 리더십을 비교해본다. 메이지유신을 이끈 일본의 원로들은 세계 어느 나라와 비교해도 뒤지지 않는 지성과 학식, 세계관을 보유한 인재였다. 이들이 실권을 장악하여 국가를 이끌었고, 현역에서 은퇴한 뒤에도 국정 전반에서 강력한 영향력을 행사했다.

반면, 청국 지도부는 황실은 만주족이 장악하고 있었으나, 군권을 비롯한 실권은 한족이 쥐고 있는 이원화 체제였다. 한 시절 중국 역사상 최고의 황금기로 평가되는 강희·옹정·건륭제의 리더십이 빛났던 청나라였다. 하지만 청조 후반기에 가서는 황제들의 리더십이 엉망으로 타락했다.

청조 후반에는 함풍제(咸豊帝, 재위 1850~61)의 후궁 서태후가 반세기 동안 리더십이 검증되지 않은 소년을 연이어 황제에 올려놓고 자신이 섭정을 하면서 무소불위의 권력을 휘둘렀다.

만주족과 한족의 대립

일본과의 전쟁에서 승리하려면 군사력 강화가 급선무였다. 하지만 청나라의 군권은 한족이 쥐고 있었다. 군사력이 강해지면 한족 집단이 만주족 황실에 도전할 위험성이 높아진다. 이러한 민족 모순이 저변에 깔려 있었기 때문에 청나라 황실은 군사력 근대화에 번번이 제동을 걸었다.

일본은 국력을 총동원하여 총력전 체제로 청과 전쟁을 치렀다. 반면에 청은 리훙장 휘하의 북양육해군만이 대부분의 전투를 치렀다. 북양육군은 태평천국의 난을 진압하면서 실전 경험을 많이 쌓았다. 하지만 그것은 정규군 간의 본격적인 근대전이 아니라, 농민 반란군을 토벌한 치안유지 성격의 전투였다. 때문에 근대적인 정규전을 치르기에는 심각한 하자가 있는 '검증되지 않은' 군대였다.

조선에 파병되었던 청군 병력은 대부분이 시중 무뢰배들이었다. 평양 전투에 투입된 청군 병력 중 절반 정도를 차지했던 워루이쿠이(魏女貴) 부대는 군기가 문란하고 부패가 심각한 오합지졸의 불량배 집단이었다.

워루이쿠이의 주업은 고리대금업이었고 군 지휘관은 부업이었다. 그는 고리대금업의 달인답게 부대 운영비와 병사들의 급료·식대 등을 빼돌려 자기가 운영하는 고리대금업의 운영자금으로 전용했다. 평양전투 과정에서 군비로 내려온 은화 8만 냥을 빼돌렸다가 군심(軍心)이 흉흉해지자 먼저 달아났다.

전쟁 준비가 부족한 상태에서 전쟁에 휘말린 청은 황급히 외국 상사를 통해 무기 조달에 나섰다. 여기저기서 급하게 병력과 무기를 동원하다 보니 병사들은 총·칼·방패 등으로 무장하는 등 무기체계가 통일되지 못했다. 소총도 영국·프랑스·미국 등지에서 사용하던 중고를 수입한 결과 소총과 탄환의 구경이 서로 달라 무용지물이 되기 일쑤였다. 수송마저 제때 이뤄지지 않아 어떤 부대엔 총은 있으나 탄약이 없고, 다른 부대엔 탄환이 도착했으나 총은 보급되지 않는 등 일대 소동이 벌어졌다.

청나라 육해군 장병들은 진법이 무엇인지도 모른 채 전선에 투입되어 허무하게 패전을 거듭했다. 식량은 중간에서 지휘관들이 가로채 병사들은 굶주렸고, 무기에는 이끼와 먼지가 가득했다.

병사들은 전투에 집중하지 못하고 주린 배를 채우기 위해 노략질할 생각을 먼저 했다. 적을 만나면 싸워 이길 생각은 뒷전으로 미룬 채 사지를 떨었다. 조금이라도 상황이 위태로우면 전선을 이탈하여 떼강도로 돌변해 민가를 약탈했다.

일본군은 오래전부터 맹훈련을 거듭해온 정예 병력이었다. 1870년 보불전쟁에서 프러시아는 몰트케(Helmuth von Moltke) 장군의 지휘하에 놀라운 기동력으로 프랑스를 격파했다. 당시 프러시아는 신체 건강한 장병을 소집하여 국민군을 조직해서 전쟁에서 승리했다. 보불전쟁 후

세계 각국은 프러시아 군제를 받아들여 국민군 건설에 나섰다.

일본도 프러시아 제도를 받아들여 남자의 경우 스무 살이 되면 군 복무를 의무화했다. 기간은 현역으로 3년(해군 4년)을 근무한 후 예비군 4년(해군 3년), 국방의용군으로 5년간 복무하도록 제도화했다. 덕분에 일본군은 비교할 수 없을 정도로 병사의 자질이 뛰어났다.

병사의 질, 무기 수준에서 일본이 앞서

일본군은 국산 무기인 무라타(村田) 소총으로 무장했다. 이 소총은 사쓰마번 출신의 육군 소장 무라타 쓰네요시(村田經芳)가 1880년에 발명한 것이다. 이 소총을 개량하여 1889년 연발식 소총이 개발되었다.

무라타 연발소총은 후에 이를 원형으로 한 38식 소총이 개발되기 전까지 전 세계에서 명중률과 정밀도가 가장 우수한 군용 소총으로 꼽혔다. 후에 99식 소총으로 개량되어 중일전쟁과 태평양전쟁 때 일본군의 주력 소총으로 사용되었다.

일본군은 전쟁 상대국 관련 정보수집에서도 놀라울 정도로 치밀한 준비를 했다. 일본은 15년 전부터 육군참모본부 소속 첩자를 중국에 보내 군사작전용 지도를 작성했다. 일본군 지휘관은 배낭 속에 청나라 지역별 지도를 가지고 다녔다. 해당 부대가 어느 지역에 진출하면 그 지방 지도를 꺼내 보면서 작전을 펼쳤다. 청군은 자기 나라였음에도 지도가 없어 원활한 작전을 펼치지 못했다.

일본과 중국은 1860년을 전후로 서양 각국과 통상조약을 체결하고 경쟁적으로 근대화에 나섰다. 서양 제도를 받아들여 학교를 설치하고, 서양의 전문가·교수를 초빙하여 근대식 교육을 실시했다. 청나라는 베이징에 동문관(同文館), 상하이에 광방언관(廣方言館), 광저우(廣州)에 서학관(西學館)을 설치하고 서양 교사를 초빙하여 교육했다.

하지만 이 제도를 지속적으로 유지하지 못했다. 함풍제의 동생 공친왕이 서양 전문가를 초빙하여 근대식 군대를 양성하고, 무기 전문가를 초빙하여 강남제조소에서 증기선과 기계를 제조했다. 이렇게 되자 일부 대신은 "대국이 서양 오랑캐에게 배우는 것이 수치스럽지도 않은가" 하고 방해 공작을 하는 바람에 서양 문물을 받아들이는 교육기관이 폐지되었다. 외국에 유학 보냈던 학생도 서구 문물에 휩쓸려 중국 사상을 다 잃는다면서 전원 중도 소환했다.

반면에 일본 정부는 돈을 아끼지 않고 다양한 인재를 외국에 유학 보냈다. 1870년, 천황은 수십 명의 유학생을 선발하여 서양에 보내 유명 교수들에게 교육을 받도록 했다. 그 후 해마다 많은 인재가 해외 유학을 떠났다. 또 서양 전문가를 각 관청의 고문으로 초빙하여 근대화를 추진했다.

해외에서 유학을 마치고 돌아오면 학문과 재주에 따라 관직에 임명했다. 독일 유학을 다녀온 일본 육군 대장 야마가타 아리토모는 독일의 명장(名將) 몰트케의 제자였다. 적극적으로 해외 유학을 보낸 결과 서양 학문에 능통한 자가 단시일에 100만 명에 이르렀다.

9

일본은 무엇 때문에 청일전쟁을 했나?

청일전쟁의 폭발에 불씨를 제공한 것은 동학 농민 봉기다. 고종이 청나라에 농민 봉기 진압을 위한 원병을 요청했고, 이것이 일본군을 끌어들이는 역할을 했다. 그런데 국내의 국사학계는 물론 정치권에서 조선 멸망의 직접적인 도화선이 된 동학을 '봉건 잔재를 무너뜨린 혁명'이라 미화 찬양하고 붕붕 띄웠다. 그 결과 동학의 위상과 역할이 너무 확대 과장되어 무엇이 사실이고, 무엇이 거짓인지 구분하기 힘든 상황이 되었다.

전봉준은 동학 접주였나?

우선 '녹두장군'으로 이름을 떨친 전봉준에 대한 진실을 추적해본다. 전봉준은 동학교도였는가에 대해 이견이 제기되었기 때문이다.

『전봉준평전』의 저자 신복룡은 전봉준의 동학교도설(혹은 동학 접주설)을 강력 부정한다. 전봉준이 동학에 입교한 사실은 어떤 사료로도 입증되지 않으며, 후세 사가들의 곡필에 의해 동학교도로 규정되었다는 것이다.

신복룡은 동학 봉기의 성격을 "종교의 표피를 쓴 민란"이라고 정의한다. 전봉준이 동학교도, 혹은 동학접주가 아니라는 신복룡의 주장이 타당하다면 '동학혁명'이라는 명칭은 어떤 변고를 겪게 될까? '혁명'으로 과장된 용어는 영웅과 자신의 동일시를 통해 위광효과(identification)를 얻으려는 동학교단 측과, 학문적 수련이 철저하지 못한 몇몇 학자들의 일방적인 해석 아니었을까?

두 번째는 전주화약(和約)의 진실이다. 동학을 설명하는 자료들을 보면 전주화약에 대해 "농민군은 외세의 출병 구실을 없애고 민족적 위기를 극복하기 위해 폐정개혁안을 제시, 이를 받아들이면 해산할 용의가 있음을 밝혔다. 정부 측이 이에 응하여 6월 10일 정부군과 농민군 사이에 화약이 체결되었다"고 기술하고 있다. 이러한 서술 내용은 역사적 사실과 전혀 부합하지 않는다.

전봉준은 병법에 대해서는 문외한이었다. 그가 만약 병법이나 용병에 능한 인물이었다면, 양식이 풍부한 전라도 곳곳을 누비면서 게릴라전을 벌여 관군을 지치게 만들었을 것이다. 병법에 문외한이었기에 전봉준은 농민군을 끌고 전주성을 점령했다.

겉모습만 보면 전주성 점령은 농민군의 승리로 해석될 수도 있다. 하지만 전술 전략 차원에서 보면 농민군의 전주성 점령은 치명적인 실수였다. 관군은 계속 동학 농민군의 뒤만 쫓는 등 아무런 수고도 하지 않았다. 그런데도 농민군은 전주성에 스스로 기어들어가 관군에게 포위를 자초했고, 그 결과 자멸의 길로 들어섰다. 전주성 전투와 전주화약의 역사적 사실들을 정리해본다.

전주성 전투는 동학 농민군의 승리가 아니라, 관군의 일방적인 승리였다. 전주성 전투에서 농민군이 관군을 제압한 것처럼 기술한 내용은 역사적 사실과는 반대되는 허구의 창작이다. 농민군은 포위망을 뚫기 위해 두 차례 성문을 열고 나가 성 밖에서 무모한 전투를 벌이다 대패하여 궤멸 일보 직전에 몰렸다.

상황이 이렇다 보니 동학 농민군이 관군에게 휴전 조건으로 뭔가를 요구할 상황은 전혀 아니었다. 식량과 말 먹이가 바닥난 농민군은 몰살 일보 직전 상황으로 몰렸다. 농민군을 전주성에 몰아넣고 단단히 포위망을 구축한 관군 지휘관 홍계훈이 동학 농민군에게 머리를 굽혀가며 화약 따위를 요청해야 할 이유가 무엇인가? 따라서 당연히 홍계훈은 농민군에게 폐정개혁이나 탐관오리 처벌을 약속한 사실이 없다.

하지만 아무리 약한 쥐도 죽을 상황이 되면 목숨 걸고 고양이에게 달려드는 법이다. 포위 와중에 초토사 홍계훈은 조정으로부터 '비도(匪徒)의 해산 및 귀가'를 훈령받았다. 홍계훈은 농민군들이 악에 바쳐 결사항전하지 못하도록 포위망을 풀어 빨리 귀가하여 해산하도록 유도했다. 다시 말하면, 농민군과 관군 사이에 전주화약 같은 것은 애초에 존재하지 않았다.

폐정개혁 12개조도 완벽한 허구

조정과 농민군 대표가 각 읍에 집강소를 설치하고 폐정개혁을 위한 12개조를 공포한 것은 전주에서 농민군이 해산하고 난 뒤에 발생한 일이다. 그런데 국사학자들이 주장하고 있는 폐정개혁 12개조에는 노비제도 혁파, 천민에 대한 차별 금지, 토지균등 등 반봉건적 · 평등주의적 개혁조항이 나열되어 있다. 가히 충격적인 이 조항들이 사실이라면, 동학은 봉건체제 변혁을 추구한 '혁명'이 분명하다.

하지만 폐정개혁 12개조는 어떠한 동학 관련 자료나 사료에서도 발견되지 않는다. 일종의 신기루가 나타난 것이다. 그렇다면 폐정개혁 12개조는 느닷없이 하늘에서 떨어졌다는 말인가?

그것은 실재했던 '역사적 사실'이 아니다. 사실을 밝히면, 일부 국사학자들이 주장하는 폐정개혁 12조는 일제 후기인 1940년 오지영이란 사람이 지은 『역사소설 동학사(東學史)』에 처음 등장한 내용이다. 소설가가 "동학이 이렇게 되었으면 좋았을 것을…" 하면서 꾸며낸 '허구'였다는 뜻이다.

동학 농민 봉기의 '반봉건' 부분도 사실과는 아무런 관계가 없는 엉터리 주장이라는 의견이 제기되었다. 국사편찬위원장을 역임한 유영익이 그 주인공이다. 유영익은 전봉준의 재판기록과 일본영사관 심문기록 등을 낱낱이 분석했다. 그 결과 전봉준은 농민항쟁을 통해 체제 변혁을 추구한 사실이 없다는 점을 밝히는 『동학농민 봉기와 갑오경장』이란 저서를 1998년에 발간했다.

유영익의 연구에 따르면 전봉준은 '반봉건 혁명'을 한 것이 아니다. 그는 단지 농민들을 괴롭히는 악질 수령, 탐관오리, 보부상의 작폐, 부세의 남징(濫徵)을 국왕이 바로잡아달라는 요구를 했을 뿐이다. 전봉준은 농민군을 이끌고 서울로 진격하여 국왕을 현혹하는 권세가를 멸하고, 기강과 명분을 바로잡고, 성인의 가르침을 떨치는 유교적 질서 아래의 개혁을 원했다. 이런 역사적 사실이 학문적 고증을 통해 상세하게 밝혀졌다. 그럼에도 불구하고 어떤 근거로 동학이 "체제 변혁을 시도한 진정한 혁명"이라고 우겨댈 수 있단 말인가?

더 충격적인 사실이 기다리고 있다. 탐관오리를 징치하고, 일본군을 이 땅에서 내쫓기 위해 봉기했던 동학이다. 그런데 몇 년 후에는 동학이 친일행위로 지탄받는 일진회의 기둥이 되었다. 동학이 일진회로 전이되는 굴곡진 역사 과정을 추적해본다.

전주성에서 탈출한 동학 농민군이 귀가 해산하면서 한동안 잠잠했다. 조선 사회가 또다시 격랑에 휩싸인다. 일본군이 경복궁을 점령하여 고종을 포로로 잡은 사실이 알려졌기 때문이다. 1894년 8월부터 전라도와 충청도 일대에서 전봉준·김개남·손화중·손병희 등의 지도하에 동학 농민군이 반일 봉기를 일으켰다.

동학의 지도부는 2대 교주 최시형을 중심으로 한 북접이다. 이들은 1894년 봄의 제1차 봉기 때는 전혀 호응하지 않았다. 오히려 봉기한 전봉준 일파를 사문난적으로 규정하고 토벌까지 하려 했다.

1894년 8월부터 남접은 2차 동학 봉기를 일으키고 북접에 여러 차례 함께 투쟁할 것을 요구했다. 최시형은 마지못해 손병희에게 대통령기(大統領旗)와 벌남기를 내려주고 봉기에 참여했다. 하지만 적극적인 가담이었다고 보기는 어렵다. 일부 북접 지도자들이 가세하여 면목을 세워준 정도였다.

전사자 1 대 3만 6,000의 비참한 싸움

이때 동학의 제3대 교주이자, 훗날 민족지도자의 한 사람으로 떠오른 북접의 손병희가 중군 통령, 친일파의 거두 역할을 하게 되는 이용희가 손병희 부대의 우익부대장으로 참전했다. 손병희는 논산에서 전봉준과 만나 '벌남기'를 찢고 '척왜양창의기(斥倭洋倡義旗)'를 내걸고 연합전선을 폈다.

두 번째 봉기한 동학 농민군이 일본군과 격돌한 것은 1894년 11월부터다. 1차 봉기가 조선의 부패한 탐관오리 징벌, 즉 '반봉건'이 목적이었다면, 2차 봉기는 외세와 맞서 싸우는 '반제(反帝)·반일(反日)·반외세'가 주목적이었다.

동학 농민군은 11월 20일부터 12월까지 공주 우금치 일대에서 일본군과 조선 관군 연합군에게 패해 거의 몰살당했다. 우금치에서의 격돌은 전투라기보다는 조일 연합군에 의한 대학살이란 표현이 적절할 정도로 농민군의 궤멸이었다. 칼과 창, 낫과 죽창, 화승총과 부적으로 무장한 중세 농민군과 스나이더 소총, 개틀링 기관포, 대포로 무장한 근대식 군대의 대결에서 동학 농민군은 충격적인 패배를 당해 와해되었다.

1894년 12월 우금치를 비롯한 일련의 전투에서 동학 농민군은 3만 6,000여 명의 전사자를 기록했다. 조선 관군에 대한 전사자는 기록이 없어 이들의 피해는 알 길이 없으나, 일본군 전사자는 단 1명. 도쿠시마현 출신의 상등병 스기노 도라키치(杉野虎吉)가 그 주인공이다.

무슨 까닭인지 일본 군부는 스기노 상등병의 전사 장소 및 시기를 바꾸었다. 그가 1894년 12월 동학 농민군과의 싸움에서 전사한 것이 아니라, 그보다 5개월 전 성환에서 청군과 전투 중 사망한 것으로 기록하여 야스쿠니 신사에 안치해놓았다.

동학 농민군의 2차 봉기는 절절한 애국충정에도 불구하고, 애초부터 승패는 자명했다. 근대식 병기로 무장한 일본군 병사 1명이 농민군 200~300명을 대적할 정도로 전력 차가 현격했기 때문이다. 전사자 1 대 3만 6,000의 비참한 싸움을 '혁명'이라고 칭송할 수 있는지 상식 있는 독자들의 이성적 판단이 필요한 부분이다.

어쨌거나 청일전쟁의 주요 전투마다 일본군은 연전연승했다. 일본은 무력을 동원한 전쟁에서는 압승을 거두었지만, 외교전에서는 참패했다. 시모노세키강화조약 직후 러시아·프랑스·독일이 제기한 삼국간섭으로 완패를 기록했다. 러시아의 강력한 압박에 밀린 일본은 힘 한번 제대로 써보지 못하고 군인들이 피 흘려 확보한 랴오둥반도를 청에 돌려주는 치욕을 경험했다.

외교의 노래

일본 정부가 랴오둥반도 환부(還付)를 결정하자 청일전쟁에 참전했던 100여 명의 장교와 사병들이 할복자살로 항의했다. 언론의 빗발치는 비난, 대중들의 분노가 폭발하면서 일본 정부는 궁지에 몰렸다.

일본은 삼국간섭을 통해 국제사회에서는 오직 힘, 즉 국력만이 정의이며 국가 생존과 구원은 군사력을 통해서만 확보될 수 있다는 처절한 교훈을 체득하게 된다.

이 무렵 일본 사회에서 '외교의 노래'가 유행했다. 그 가사 내용이 의미심장하여 소개한다(강성학, 『시베리아 횡단열차와 사무라이』, 고려대학교 출판부, 2000, 144쪽)

서쪽에는 영국이 있고, 북쪽에는 러시아가 있다네
동포여 조심하라! 겉으로 그들은 조약을 맺는다네
그러나 그들의 가슴 속에 무엇이 있는지
우리는 알 수 없다네
국제법이 있는 것은 사실이라네

그러나 때가 오면 기억하라
강자가 약자를 먹어 치운다는 것을

비슷한 시기, 조선에서는 동학 농민 봉기 실패 이후 '새야 새야 파랑새야'란 노래가 유행했다. 그 노래 가사와 일본에서 유행했던 '외교의 노래' 가사에 담긴 의미와 현실 인식 수준을 비교해보시기 바란다.

새야 새야 파랑새야
녹두밭에 앉지 마라
녹두꽃이 떨어지면
청포장수 울고 간다

또다시 러시아와 손잡은 고종과 민 왕후

일본이 청일전쟁에서 승리하고도 외교전에서 참패하는 모습을 비상한 눈으로 지켜본 이는 고종과 민 왕후였다. 당시 일본의 조선 보호국화가 눈앞의 현실로 닥쳐온 상황이었다. 이 와중에 러시아의 말 한마디에 일본이 반항 한 번 못 하고 전략적 요충지인 랴오둥반도를 반납하는 모습을 지켜본 고종과 민 왕후는 큰 충격을 받았다.

러시아의 존재감은 강렬하게 빛났고, 일본의 국가적 위상은 여지없이 짓밟혔다. 고종과 민 왕후의 상상력은 일본의 압제를 물리쳐 조선의 왕권을 지켜줄 수호천사는 역시 러시아밖에 없다는 쪽으로 발전했다. 특히 왕비 민씨는 러시아를 "무소불위의 힘을 가진 나라"로, 일본은 재기 불능의 시체로 생각을 정리했다. 러시아와 손잡으면 일본의 조선 보호국화는 실현 불가능할 것으로 예단했다. 명민한 민 왕후가 이런 찬스를 놓칠 리가 없었다.

민 왕후는 재빨리 주한 러시아공사 베베르에게 밀정을 보냈다. 고종도 김옥균을 상하이에서 암살한 홍종우를 블라디보스토크에 밀파하여 러시아 군대의 지원을 요청했다. 조선으로부터 지원 요청을 받은 러시아 육군 중장 운테르베르게르는 "민 왕후는 조선의 안녕은 러시아의 후원과 우호에 달려 있다고 확신했다. 그녀의 삶이 끝날 때까지 그런 생각을 실행했다"고 밝혔다.

1885년, 1886년 러시아와 두 차례 밀약을 추진하다가 영국군의 거문도 점령, 폐위 위기에 몰렸던 고종과 민 왕후였다. 이들은 조러 밀약사건에서 교훈을 얻지 못했는지, 또다시 위험천만한 모험에 나섰다. 영국이 거문도를 점령해가면서까지 경계를 당부했던 러시아를 또다시 한반도로 초대한 것이다.

고종과 민 왕후로부터 지원 요청을 접수한 러시아는 쌍수를 들어 환영했다. 청일전쟁 직후 러시아 세력이 급속히 침투하면서 이제 한반도에서 일본의 영향력을 견제하는 세력은 청에서 러시아로 대체되었다. 조선 조정은 삼국간섭으로 위신이 추락한 일본을 철저히 무시했다.

일본이 국가의 명운을 걸고 일으킨 청일전쟁의 궁극적인 목적은 무엇이었을까? 타이완의 식민지 확보? 랴오둥반도 할양? 전쟁 배상금?

그보다 더 중요한 전쟁 목적이 있었다. 일본의 이익선 확보, 즉 한반도에서 중국 세력을 몰아내고 조선을 보호국으로 만드는 것이었다. 그런데 러시아가 주도한 삼국간섭으로 일본이 비틀거리는 사이, 고종과 민 왕후는 재빨리 러시아를 끌어들여 일본을 물리친다는 인아거일(引俄

拒日)의 칼을 빼들었다.

청일전쟁 직후 고종과 민 왕후의 친러시아 행보는 한반도에서 본격적인 러일 대립이라는 중대 사태를 야기했다. 러시아공사 베베르의 지원사격을 받은 고종과 민 왕후는 친러파 중심으로 국정을 운영하면서 노골적인 배일정책을 추진했다.

날이 갈수록 한반도에서 러시아의 영향력은 급증했고, 조선에 대한 일본의 통제력은 현저히 낮아졌다. 청일전쟁을 통해 얻으려 했던 일본의 목표는 이제 조선에서 러시아를 축출하는, 보다 더 심각하고 거대한 군사력이 수반되어야만 달성될 수 있는 난감한 상태로 굴러갔다.

대체 뭣 때문에 전쟁을 했나?

외교적 언변으로 무장한 베베르 공사는 "러시아는 조선의 독립을 방해하지 않고, 내정에 간섭하지 않는다. 러시아에게 보호를 요청하면 지극히 안전하다. 러시아는 군주전제 국가이므로 조선 군주의 권리를 충분히 보호한다"는 감언이설로 민 왕후와 고종을 안심시켰다. 이들은 왕권을 보호해준다는 러시아의 약속을 굳게 믿었다.

하지만 고종은 일본에서 유행했던 '외교의 노래'가 주는 경고를 이해하지도, 인식하지도 못했다. 국제법이 존재하는 것은 사실이다. 외교관이 말로는 무슨 약속을 못 하겠는가. 하지만 때가 오면 "강자가 약자를 먹어 치운다는 사실"을 그들은 알았을까?

큰 희생을 무릅쓰고 전쟁을 하여 조선에서 청국을 쫓아냈더니 러시아가 그 자리에 들어앉았다. 이쯤 되자 일본 지도부는 "대체 무엇을 위해 전쟁을 했나?" 하며 공황 상태에 빠졌다. 침착성을 상실한 일본은 무사집단 특유의 대응 조치를 준비한다.

일본 정부는 외교 전문가인 이노우에 가오루 주한 일본공사를 소환하고 육군 중장 출신의 미우라 고로(三浦梧楼)를 후임 공사로 임명했다. 외교에 문외한인 군 출신을 조선 공사로 보낸 이유는 러시아를 끌어들여 일본 세력을 내치려는 고종과 민 왕후에게 '모종의 교훈'을 주기 위해서였다.

1895년 9월 17일, 고종과 민 왕후에게는 눈엣가시 같았던 이노우에 가오루가 귀국하자 그 즉시 고종은 일본이 주도한 갑오개혁으로 설치된 신제도와 신군대의 파괴에 착수했다. 특히 일본 장교에 의해 조련된 훈련대가 첫 희생양으로 선정되었다. 훈련대 해산 임무를 수행하기 위해 고종은 심복이었던 홍계훈을 훈련대장으로 임명했다.

민 왕후를 최초로 만난 서양인은 1883년 1월 초, 주한 미국전권공사 푸트(Lucius Q. Foote)와 함께 입국한 그의 부인 로스 푸트(Rose F. Foote) 여사였다. 그녀가 민 왕후를 만났을 때 왕비는 32세였다. 푸트 여사의 눈에 비친 왕후는 뛰어난 침착성(masterful poise), 언제나 무엇인가를 탐색해내려는 듯한 눈빛(searching eyes)을 지닌 '총명한 여인'이었다.

영국왕실지리협회 최초의 여성회원으로서 조선을 여행한 후 『조선과 그 이웃 나라들』을 발간한 비숍(Isabella Bird Bishop) 여사는 왕후가 시해되기 직전인 1895년 왕후와 만난 인상기를 "당시 왕후는 40세가 넘은 여인으로 몸이 가늘고 미인이었다. 검고 윤이 나는 머리카락에다 피부는 진주가루를 사용해서 창백했다. 눈은 차갑고 날카로웠으며 그것은 그녀가 훌륭한 지성의 소유자임을 나타내주는 것이었다"라고 기록했다.

민 왕후에 대한 가장 디테일한 기록을 남긴 이는 릴리어스 호턴 언더우드(Lillas Horton Underwood) 여사다. 미국 북장로교 선교부가 광혜원의 제2대 부인과 과장으로 파송한 여성 의료 선교사다. 민 왕후는 릴리어스에게 옷가지와 미술품 등을 하사했는데, 그중 일부는 미국 시카고 필드 박물관에 소장되어 있다(엘리자베스 언더우드, 변창욱 옮김, 『언더우드 후손이 쓴 한국의 선교역사, 1884~1934』, 도서출판 케노시스, 2013, 97쪽).

일본의 두 가지 선택지

서울에서 언더우드 선교사와 결혼한 그녀는 민 왕후의 시의(侍醫)로 활동했다. 민 왕후에 대한 인상에 대해 "왕후는 좀 창백하고 마른 얼굴에 생김새가 날카롭고 사람을 꿰뚫어 보는 듯한 총명한 눈을 갖고 있다. 첫눈에 아름답다는 인상을 받지는 못했지만 그 얼굴에서 힘과 지성 그리고 강한 개성을 읽을 수 있었다. …그녀는 미묘하면서도 유능한 외교관이었다. 대화 중에 자신을 반대하는 자들의 허점을 찌르는 재치를 계속 발휘했다"는 관찰기를 남겼다.

요약하자면 왕후는 총명하고 훌륭한 지성의 소유자이며, 유능한 외교관으로서 조선의 외교를 주도했다. 그런데, '유능한 외교관'이라는 평을 들었던 민 왕후가 무슨 이유 때문에 세계의 패권국을 마다하고, 패권 도전국과 계속 손잡고 그들을 조선의 안방으로 끌어들여 패권국의 눈 밖에 나는 모험을 하게 되었을까?

외세는 민 왕후와 대원군의 갈등을 절묘하게 이용했다. 민 왕후는 러시아를 끌어들여(引俄) 여진족 오랑캐가 세운 청나라의 압제에서 벗어나려 했다. 청일전쟁 직전부터는 러시아에 더욱 접근하여 일본을 견제하는 선봉에 섰다. 그때마다 청과 일본은 대원군을 내세워 민 왕후를 견제했다. 이것이 대원군과 민 왕후 대결의 큰 줄기다. 민 왕후는 외세 가운데 일본 견제에 누구보다 입장이 확고했지만, 제국주의 러시아의 침략성에 대한 경계는 소홀했다.

그토록 경계했던 러시아가 또다시 조선에 확고한 발판을 마련하자 일본은 난감한 상황에 빠졌다. 러시아와 전쟁을 할 준비가 되어 있지 못한 상황에서 일본이 취할 수 있는 선택지는 두 가지였다.

제1안, 협상을 통해 러시아의 조선 지배 저지.

제2안, 비상수단을 동원하여 러시아와의 연결 고리인 민 왕후 제거.

두 가지 선택지 중 일본은 제1안은 현실 가능성이 없다고 보고 제2안을 선택했다. 미우라는 조선 공사로 임명되자 조선 문제에 정통한 전문가를 물색했다. 그 결과 소설가 겸 정치인 시바 시로(柴四郎), 조선 낭인 다케다 한시(武田範治), 스키나리 히카루(月成光) 등 세 명을 조선에 부임할 때 막료로 데리고 왔다(이종각, 『미야모토 소위, 명성황후를 찌르다』, 메디치미디어, 2015, 24쪽).

시바 시로는 칼이나 휘두르는 그저 그런 칼잡이가 아니다. 미국에 유학하여 하버드대와 펜실베이니아대학에서 경제학 박사 학위를 받았고, 1892년 중의원 의원에 당선되는 등 일본 최고의 지성인이었다. 그는 서울에서 일본어 신문을 발간하는 한성신문사를 통해 칼잡이를 동원했다. 한성신보사는 겉모습은 신문사지만, 일본 외무성 기밀비와 주한 일본공사관 보조금으로 운영되는 첩보기관이었다.

민 왕후는 1884년 중반부터 조정의 대외 문제를 좌우하다시피 했다.

조선 정책을 추진하던 일본인들은 고종을 왕비의 손바닥에서 놀아나는 손오공 정도로 낮게 평가했다.

미우라 공사도 민 왕후에 대해 "여성으로서는 드물게 재능을 갖춘 호걸과 같은 인물"이라면서 "사실상의 조선 국왕은 민 왕후"라고 평했다. 그의 회고록에 따르면 미우라는 가끔 궁정에 들어갔지만 왕비와 대화할 수는 없었다고 한다. 그런데 국왕을 알현하는 자리에서 국왕의 의자 뒤에서 무언가 소리가 나는 것을 들었다. 왕비가 국왕 의자 뒤의 발을 열고 국왕에게 무언가 지시하는 모습을 보면서 "사실상의 조선 국왕은 왕비"라고 기록하고 있다.

왕후 시해당하다

고종이 민 왕후의 코치를 받아가며 외국 공사와 대화하는 모습은 「고종실록」을 비롯한 우리 사료에는 등장하지 않는다. 하지만 미우라 공사의 관찰기와 비슷한 내용은 이노우에 가오루 주한 공사의 알현 장면에서도 발견된다. 이노우에 공사는 고종과 면담할 때 늘 내알현(內謁見)을 했다. 신하를 배제한 채 국왕과 직접 대화했고, 알현 시간은 5시간 이상이었다.

이노우에의 고종 알현기는 미우라 공사가 남긴 기록과 거의 비슷하다. 즉 자신이 이태왕(고종)을 알현할 때 왕후가 이태왕 뒤쪽의 발 뒤에 숨어 왕과 신하들과의 정사를 논하는 데는 물론, 외국 사신을 접견하는 경우에도 발 뒤에서 작은 목소리로 왕에게 이런저런 의견을 제시했다. 그녀는 정치상의 기밀은 말할 것도 없고 국사에 관한 만반의 일을 자세하게 알고 있어 이태왕을 괴뢰로 만들고, 자신의 의사대로 정치를 지배했다는 내용이다.

국운을 건 전쟁까지 치른 일본은 전쟁 목적이 파탄 나자 평정심을 잃었다. 그 결과 조선에 러시아를 끌어들인 주인공에게 가혹한 교훈을 주는 작전이 개시되었다. 1895년 10월 8일 새벽. 수십 명의 일본 자객과 현역 군인인 일본의 조선주둔군, 거류지 담당 영사경찰관들이 출동했다.

경복궁을 점령한 일본인들은 왕후의 침실인 곤녕합까지 난입한다. 일본군 소위 미야모토 다케타로(宮本竹太郞), 특무조장(부사관) 마키 도라쿠마(牧虎熊), 낭인 나카무라 다테오(中村楯雄)가 민 왕후를 발견했다. 이들은 왕후를 마룻바닥에 내동댕이친 다음 가슴을 발로 짓밟은 후 미야모토 소위가 칼로 찔러 시해했고, 나카무라가 확인 사살을 했다.

왕후의 시신은 건청궁 동쪽 녹원 숲속으로 옮겨져 장작더미 위에 올려놓고 석유를 뿌린 다음 소각했다. 타다 남은 유골은 근처 연못인 향원지에 던져버렸다. 이것이 을미사변이다. 황현은 『매천야록』에서 "왕후는 기민하고 권모술수가 많았는데 정치에 간여한 20년 동안 점차 망국에 이르게 하더니 마침내 천고에 없던 변을 당했다"고 썼다.

러시아와 일본, 국운을 건 대결

일본의 유명한 문필가 도쿠토미 소호(德富蘇峰)가 창간하여 일본에서 가장 영향력이 컸던 「고쿠민신문(國民新聞)」은 1896년 1월 3일, "중국을 물리친 후 혼자 힘으로 조선을 장악하지 못하고, 일이 생길 때마다 한 발씩 후퇴한다. 청일전쟁에서 얻은 것이 무엇인가! 조선에서 일본의 지위는 다시금 톈진조약 시대로 되돌아가려 하고 있다"라고 비장한 기사를 썼다. 이것이 청일전쟁 직후 일본의 분위기였다.

한 나라의 왕궁에 쳐들어가 왕후를 시해하는 살인 범죄 사건은 국제적으로 평지풍파를 일으켰다. 최문형은 『명성황후 시해의 진실을 밝힌다』라는 저서에서 민 왕후 시해사건은 개인 차원이나 낭인들의 우발적인 사건이 아니라, 러시아와 일본의 국익을 건 대결이었다고 분석한다.

일본이 국운을 건 총력전 끝에 조선에서 청나라를 물리쳐놓았더니, 고종과 민 왕후는 삼국간섭의 틈을 이용하여 러시아를 끌어들였다. 조선은 러시아 판으로 돌변하여 청나라의 역할을 러시아가 대신하는 상황이 되었다. 이 와중에 일본이 러시아에게 정중히 "조선에서 손을 떼고 물러나달라"고 요구한다 해서 러시아가 순순히 물러나겠는가.

일본의 국가 의지를 실현하려면 전쟁밖에 없다. 하지만 러시아는 영국과 '그레이트 게임'을 벌이고 있는 열강 세력이었다. 이제 겨우 근대의 문턱에 올라선 일본의 국력으로 러시아와 전쟁은 불가능했다. 그렇다고 러시아 천지로 돌변할 것이 뻔한 조선 사태를 손 놓고 구경만 할 수는 없었다. 일본은 러시아와 전면전에 돌입할 수 없는 상황에서 조선 지도부에게 '확실한 방법'으로 경고를 한 것이 을미사변이었다.

일본이 강력한 도전을 해오자 러시아는 적절한 응전을 준비했다. 베베르와 그의 후임으로 부임한 스페에르(Alexis de Speyer) 공사는 왕비를 참혹하게 잃고 친일파에게 인질로 잡혀 있다시피 한 고종을 러시아공사관으로 탈출시키기 위해 150명의 러시아군을 상륙시켰다. 그중 100명은 러시아공사관을 경비하고, 50명은 완전무장하여 고종을 모셔오는 호위병으로 동원했다.

1896년 2월 11일 새벽, 고종은 왕세자와 함께 궁녀 복장으로 변장하고 두 대의 궁녀용 가마에 몸을 숨겼다. 고종이 탄 가마는 러시아 병사들의 호위를 받아 서울 정동에 위치한 러시아공사관으로 탈출했다. 이른바 아관파천이 단행된 것이다.

고종의 경복궁 탈출 소식을 들은 수천 명의 군중이 러시아공사관으로 몰려와 만세를 부르며 환호했다. 무사히 러시아공사관에 도착한 고종은 가장 먼저 총리대신 김홍집을 비롯하여 내부대신 유길준, 농상공부대신 정병하, 군부대신 조희연 등 네 명의 대신을 을미사적(乙未四賊)으로 규정하고 그들과 친일 내각 대신들을 체포하라는 어명을 내렸다. 김홍집과 정병하는 체포되었고, 탁지부대신 어윤중은 군중에게 타살되었으며, 나머지 10여 명의 대신들은 일본의 도움으로 서울을 탈출, 일본으로 망명했다.

총리대신 김홍집을 살해한 고종

김홍집과 정병하를 체포했다는 보고를 받은 고종은 경무청 밖에서 목을 치라고 명령했다. 조선인 순사 수십 명이 두 사람을 가운데 앉힌 다음 가슴과 등을 칼로 내리치고 난자했다. 잠시 후 러시아공사관에서 말을 타고 온 조선 순사가 숨이 끊어진 두 사람의 시체를 종로로 끌고 갔다. 시신을 지키던 순사들이 철수하자 사방에서 몰려든 군중들은 두 대신의 사지를 찢고 시체의 다리 부분을 새끼줄로 묶어 끌고 다녔다. 그 바람에 광화문과 종로 일대에 피비린내가 진동했다.

군중들은 시신에 '대역부도 김홍집'이라 쓴 장지를 붙였다. 길에 가득 차 있던 보부상들이 시체를 향해 큰 돌을 던지고, 발로 짓이겨 온전한 곳이 한군데도 없었다(국사편찬위원회, 『주한일본공사관기록』 권9). 『고종실록』은 김홍집의 살해를 "하늘의 이치가 매우 밝아서 역적의 우두머리는 처단되었다"라고 기록했다(1896년 2월 11일).

『한말풍운비사』의 저자 윤호정의 증언에 따르면 민중들은 김홍집의 시체 살점을 베어 먹고, 성기를 잘랐으며, 시체에 불을 붙이고, 돌로 머리를 깨버렸다. 뇌가 노출되자 그것마저 짓이겨 뇌가 납작하게 되었다고 한다.

김홍집의 가족도 비참한 최후를 맞았다. 연좌를 통한 처벌이 내려질 것을 예상한 그의 부인은 아들을 강보에 싸서 죽인 후 목을 매어 자결했다.

『매천야록』의 저자 황현은 "김홍집은 비록 왜와 화친을 주장해 죄를 지었다고 할 수 있으나 국사에 사심 없이 마음을 바친 정치가였다. 그는 난세를 구제할 만한 재주가 있었다. 그가 죽자 모두 탄식하기를 '이제 조선엔 개화할 수 있는 인물이 없다'고 그의 죽음을 크게 애석해했다"고 아쉬워했다.

『한국통사』의 저자 박은식은 "설사 김홍집이 죽을죄를 저질렀다고 하더라도 나라의 대신이니 법에 의해 다스려야 했다"면서 "국왕이 일개 경관을 시켜 칙령을 입으로 전하고, 도로 상에서 짐승을 도륙하듯 학살하다니 형률을 그르친 것이 지나치게 심했다"고 형 집행의 부당성을 질타했다.

고종은 갑신정변을 계기로 급진적 개혁파를 도륙한 데 이어, 아관파천으로 인해 온건 개화파마저 씨를 말려버렸다. 조선에서 개화파는 왕권에 의해 전멸당했다.

졸지에 조선 국왕이 러시아공사관으로 탈출하자 일본 정부는 큰 충격에 빠졌다. 고무라 주타로(小村壽太郞) 외상은 "만사는 끝장났다. 조선에서 우리 세력은 천 길 낭떠러지에 떨어지고 말았다"고 허탈해했다.

고종은 "모든 대신들은 베베르 공사와 협의하여 국사를 처리하라"는 어명을 내렸다. 베베르는 아관파천 기간 자신이 했던 역할에 대해 "본인은 왕의 권위와 자유의사에 조금도 상처를 주지 않으면서 예의를 갖추고 매일 밤 늦게까지 계속된 고종과의 좌담에서 이런저런 정책에 대해 충언을 드렸다"고 밝혔다.

375일에 걸친 고종의 아관파천은 본인 의지라기보다는, 주한 러시아 공사 스페에르와 베베르가 치밀하게 계획한 작전이었다. 목적은 확실하고 뚜렷했다. 조선 국왕을 러시아공사관에 보호함으로써 일본의 개입을 차단했다. 이후 러시아는 한반도 문제에 적극 개입하여 명분과 실리를 동시에 챙겼다. 조선이 러시아 세상으로 변한 것이다.

러시아 교관들이 조선 군대 훈련시켜

고종은 아관파천 중인 1896년 5월 말, 민영환을 러시아 황제 니콜라이 2세 대관식에 전권대표로 파견했다. 민영환은 러시아 요원들의 보호를 받아 모스크바로 가서 니콜라이 2세를 알현했다. 이날 민영환은 러시아 황제에게 "일본의 불법적 행위를 꾸짖고 나라의 독립을 침해하지 못하도록 모든 조약규정 위반을 즉시 중지하도록 권고해주시길 바란다"는 고종의 친서를 전달했다.

이어 그는 외무대신 로바노프(Aleksey Borisovich, Knyaz Lobanov-Rostovsky), 재무대신 비테(Sergey Yulyevich, Graf Witte)와 회견하여 러시아 군대를 조선에 파병하여 조선 국왕을 보호해줄 것과 러시아 군사고문단의 조선 파견을 요청했다.

러시아는 자국 군대를 조선에 파병하여 조선 국왕을 보호할 경우 영국을 비롯한 열강들이 좌시하지 않을 것을 우려했다. 그 결과 러시아는 군사고문단 파견만 수락했다. 두 달 후인 7월 29일, 러시아 참모본부 소속의 푸차타(D.V. Putiata) 대령을 단장으로 하는 총 14명의 제1차 군사교관단(장교 2명, 하사관 10명, 군의관 1명, 악장 1명)이 조선에 파견되었다.

이들은 조선 궁성호위대를 러시아식으로 훈련시켰다. 그 결과 조선 군대는 일본군→청군→일본군→미군→러시아군 훈련방식으로 바뀌는 우여곡절과 평지풍파를 겪게 되었다. 당시 서울에는 5개 대대, 4,000명 병력이 있었다. 하지만 대한제국 군대는 한마디로 핫바지 군대, 유령 군대나 다름없었다.

30대의 젊은 대대장이 부대에 출근할 때는 영감 행세를 했고, 병력 중 대부분은 식비를 횡령하기 위해 인원 숫자만 부풀려놓았다. 대부분은 군인 신분을 떳떳치 못하게 여겨 외출할 때는 사복으로 갈아입었다.

〈그림16〉 서울의 러시아 공사관을 보호하기 위해 파병된 러시아 수병, 『그래픽 The Graphic』, 1897

베베르의 수기 『1898년 전후의 대한제국』에 따르면 대대장·중대장·소대장들은 수령한 부대원들의 급식비를 착복하고 한 달에 한 번 고기뼈 국물만 급식해주었다. 하지만 동일한 수령액으로 러시아 교관단에 배속된 시위대는 매일 고깃국을 먹을 수 있게 하고도 여유가 있었다고 한다.

제1차 교관단의 성과가 성공적으로 평가되자 러시아 정부는 제2차 군사교관단 21명(장교 3명, 하사관 10명, 사관학교 교관·병기병·군악대 지휘자 각 1명, 군악대원 3명, 위생병 2명)을 파견했다. 러시아는 조선군 6만 명을 러시아 방식으로 양성하고, 러시아식 훈련을 받은 군대를 러시아군 지휘체계 아래 두려고 계획했다.

이 계획은 1897년 6월 17일자 푸차타의 비밀 보고서에 "조선은 6만 명의 상비군을 보유해야 국내 질서가 안정될 것이다. 고종은 유럽식으로 군사교육을 받은 3만 명의 정병이면 충분하다고 말하지만 현실에 맞지 않다. 6만 정병 양성은 조선의 영토나 국민 수로 보아 외국의 의심을 사지 않을 것"이라고 기록되어 있다.

일본 정부는 러시아가 군사교관단을 파견하여 조선군을 훈련시키는 등 대한제국을 군사 요새로 삼겠다는 뜻을 노골화하자 1896년 6월에 체결한 러일 '모스크바 의정서' 위반이라며 강력 항의했다. 일본은 항의로만 그치지 않고 러시아의 남하를 지켜보고 있던 영국과 접촉했다.

경운궁(덕수궁)으로 환궁한 고종

1년여 러시아공사관에서 국정을 수행했던 고종은 1897년 2월 20일, 경운궁(덕수궁)으로 환궁했다. 러시아 교관에 의해 훈련받은 제1경비대(후에 근위대로 변경)가 러시아공사관에서 경운궁까지 도로 양쪽에 무장을 하고 도열했다. 이때 러시아 교관단은 고종의 요청으로 어가(御駕) 옆에서 호위하여 경운궁까지 함께 행진했다.

고종을 경호해온 제1경비대는 6월 9일 고종과 주한 외교관, 외국인들이 지켜보는 앞에서 러시아식으로 사열식을 거행했다. 국왕은 러시아 교관단의 노고를 치하하고 20달러씩 하사금을 내려주었다. 조선 장교에게는 시계를 하사했다.

그렇다면 고종은 정식 왕궁인 경복궁을 놔두고 왜 경운궁으로 환궁했을까? 우선 경복궁은 왕비 민씨가 끔찍하게 살해된 트라우마를 지울 수 없는 곳이었다. 그보다 더 중요한 이유는 경운궁 주변에 미국·러시아·영국 공사관이 위치하고 있었기 때문이다. 임오군란이나 갑신정변·을미사변 같은 변란이 발생할 경우 고종은 외국 공관의 보호를 요청하기 쉬운 곳을 거처로 택했다.

고종은 1894년 갑오개혁으로 국왕의 지위를 대군주로 승격시킨 데 이어, 1897년 10월 12일, 원구단에서 대한제국을 선포하고 황제에 즉위하여 자신의 지위를 높였다. 태조 이성계가 조선을 개국한 지 505년 만에 나라 이름이 대한제국으로 바뀌었고, 청나라 연호를 폐기하고, 광무(光武)라는 독자 연호를 사용했다.

국내의 일부 학자들은 고종의 대한제국 선포 및 황제 즉위가 자주외교의 발로라고 주장한다. 이태진은 대한제국이 18세기 영조·정조 이래의 민국 정치 이념을 계승해 일본의 천황대권을 규정한 메이지헌법과 제국의회에 비견되는 대한국(大韓國) 국제(國制) 및 중추원을 기반으로 수립된 근대 국민국가라고 주장했다(이태진, 『고종시대의 재조명』, 태학사,

2000, 74~81쪽).

다른 몇몇 학자들도 이런 주장을 사실로 인식하고 있다. 하지만, 그 내막을 들여다보면 대한제국 선포 및 황제 즉위는 자주외교와는 크게 다르다는 사실이 곳곳에서 발견된다. 고종이 느닷없이 대한제국을 선포하고 황제 즉위식을 거행한 진짜 이유는 무엇이었을까?

대한제국 선포와 고종의 황제 즉위, 즉 칭제건원(稱帝建元) 결심에 대해 당시 주한 러시아공사 스페에르의 보고에 따르면 "세계 어느 나라도 고종을 황제로 승인하지 않을 것"이라며 반대했다. 하지만 고종은 "대원군과 대비의 음모 때문에 황제 즉위식이 부득이하다. 영국에 체류하고 있는 대원군의 손자(이준용)를 왕으로 옹립시켜 자신을 퇴위시키려는 가능성을 차단하기 위해" 황제 즉위를 강행했다(1897년 10월 28일 스페에르 대리공사가 본국 외무부에 보낸 비밀 전문). 이에 대해 스페에르는 "국호의 변경 목적을 전혀 이해할 수 없으며, 대신들도 만족할 만한 설명을 하지 못하고 있다"고 썼다.

대한제국 선포가 자주독립의 실현?

국민국가란 그 정치체제가 군주제든 공화제든, 민주적이든 전제적이든 간에 국가를 담당하는 주체가 '국민'이어야 한다. 인민들이 참정권을 가져야 한다는 집합개념으로 민권을 얻어내려 했던 독립협회 운동이 국민국가의 핵심이라 볼 수 있다.

하지만 고종은 민권을 요구한 독립협회를 탄압하고 러시아 차르의 길을 걸었다. 이러한 점으로 미루어 볼 때 고종이 영조·정조의 정치 이념을 계승한 계몽 전제군주였다는 이태진 등의 주장은 역사적 정당성과 근거를 인정받을 수 있을까?

더 의미심장하게 주목해야 할 점은 환구단에서의 제천행사(天祭)다. 제천행사는 삼국시대 이후 꾸준히 시행되어왔다. 그런데 조선시대 들어 명 황제로부터 책봉을 받으면서 환구단에 국왕이 친히 거동하여 거행하는 제천행사는 중지되었다. 고종 이전의 국왕은 모두 25명이었는데, 이 중 천제를 거행한 국왕은 세조가 유일했다.

환구단 천제 부활을 시도한 국왕은 광해군이었다. 그는 명나라와 맺고 있던 기존의 책봉-조공 관계를 뛰어넘어 조선 내부에서 국왕의 권위를 창출하고자 했다. 하지만 광해군의 계획은 대신들의 반대에 부딪쳤다. 대신들은 천제란 천자만이 시행할 수 있는 의식인데, 제후의 지위에 있는 조선 국왕이 이를 시행하는 것은 천자를 핍박하는 행위라며 극력 반대했다. 천제 부활을 시도했던 광해군은 1623년 인조반정으로 폐위되었다. 이후 어느 국왕도 감히 천제 부활을 거론하지 못했다.

조선의 자발적인 환구단 천제 폐지는 조선 국왕의 위상과 직결되는 중요한 문제를 야기했다. 천제는 국왕의 정통성을 하늘로부터 직접 부여받는다는 의미가 내포되어 있는 행사다. 조선 국왕은 천제를 지내지 않기 때문에 조선 국왕의 정통성은 '하늘의 뜻'을 대변하는 지상 유일의 에이전트인 중화(명나라)의 천자를 통해서만 가능하다는 인식이 지배했다(계승범, 앞의 책, 『정지된 시간-조선의 대보단과 근대의 문턱』, 229쪽). 조선왕조를 지배하던 양반 엘리트들은 실제로 그렇게 믿었다.

고종의 환구단 천제 거행은 조선 국왕이 스스로 칭제하고 하늘에 제사를 올리겠다는 의지의 표현이었다. 윤치호는 청과 일본이 조선을 존중하지 않는 상황에서 황제 칭호만 취할 경우 저들의 비웃음만 살 것이라고 비판했다.

유림에서도 반대 의견이 제기되었다. 이항로의 제자로서 의병을 일으킨 유인석도 "이미 대명(大明)의 황제가 있으니 천하에 두 황제가 있을 수 없다"면서 고종의 칭제에 반대했다.

그렇다면 세조 이후 400년이 넘도록 전례가 없던 천제를 위한 환구단을 세우는 데 동원한 명분과 논리는 무엇이었을까? 고종은 러시아공사관으로 피신한 지 1년여 만에 경복궁이 아닌 경운궁으로 귀환했다. 얼마 후 고종은 조선이 자주독립국임을 선포하기 위해 환구단에 나가 하늘에 제사를 드린 후 황제의 용상에 올랐다. 그다음 날 대한(大韓)이라는 국호를 선포했다.

황제 즉위식을 환구단에서 거행한 것은 이제 조선은 황제, 곧 천자의 나라임을, 따라서 스스로 하늘에 제사하고 독자적인 연호를 쓰는 독립국이요, 황제국임을 선포하는 의식이었다.

그런데 환구단은 청나라를 모방한 것이고, 위치는 중국 사신들을 접대하던 숙소인 남별궁(南別宮) 자리였다. 이태진은 남별궁을 헐고 그 자리에 환구단을 세운 것과, 모화관의 영은문을 허물고 그 자리에 독립문을 세운 것이 명실상부한 독립국으로서의 출발을 표시하기 위한 행위라고 해석했다(이태진, 앞의 책, 『고종시대의 재조명』, 370~373쪽).

청일전쟁을 통해 조선에서 청나라 세력이 퇴거되었다. 그런데 조선 지도부는 1637년 삼전도 항복 이후 청나라를 오랑캐로 볼 뿐 '중화'로 인정하지 않았다. 진정한 중화의 나라는 명나라뿐이라고 믿었다. 청일전쟁에서 패하여 조선에서 퇴거된 존재는 만주족이 세운 청나라였을 뿐, 중화로서의 중국은 아니었다.

중화 황통이 한(漢)·당(唐)·송(宋)·명(明)을 거쳐 조선으로!

청일전쟁에 의해 청나라가 한반도에서 패퇴하기 전까지 조선의 어느 누구도 청 황제의 조칙을 받들기 위해 조선 국왕이 '5배 3고두'의 예를 행하던 영은문과 남별궁을 허물자는 주장을 한 사람은 없었다. 영은문과 남별궁을 헐고 그 자리에 독립문과 환구단을 세운 것은 '중국'으로부터의 독립이 아니라, 오랑캐의 나라 '청'으로부터의 단절 및 독립을 상징하는 행위였다.

조선의 양반 지배세력은 대한제국을 선포하는 순간에도 '명'으로 대표되는 중화로부터의 이탈을 생각하지 않았다. 이태진 같은 학자가 주장하듯 환구단 건립은 명실상부한 독립의 상징이 아니었다. 칭제의 논리가 "중화의 황통이 한(漢)·당(唐)·송(宋)·명(明)을 거쳐 조선으로 계승 간직되었으니 고종은 마땅히 칭제할 자격이 있다"는 것이었기 때문이다(계승범, 앞의 책, 『정지된 시간 - 조선의 대보단과 근대의 문턱』, 239쪽).

당시는 청일전쟁으로 청나라가 조선에서 퇴거되고 독립협회가 활발하게 활동하고 있을 때였다. 근대화가 조정의 주류를 이루고 있던 시기에 고종은 느닷없이 조선이 청나라의 영향력에서 벗어나 중화 황명의 적통을 계승했다면서 제국을 선포하고 황제에 올랐다. 청나라가 퇴거되었으니 명나라의 중화 적통을 조선이 계승한다는 사실을 선포하는 의식이 칭제건원의 참뜻이었던 것이다.

고종은 1897년 10월 3일 "칭제 건의를 받아들여 허락한다"는 윤음을 내렸다. 이어 『대명집례(大明集禮)』와 『대명회전(大明會典)』에 의거하여 황제 격식에 맞도록 모든 의전을 교체하기 시작했다. 대한제국 황제는 명나라 황통을 잇는 모양새를 완벽하게 갖춘 것이다(같은 책, 241쪽).

이런 사실을 일찌감치 파악하고 있던 구한말 지식인 윤치호는 "세상에 이보다 더 수치스러운 황제 칭호가 있을까"라고 자신의 일기에 썼다.

대한제국이 추진한 광무개혁의 슬로건은 '옛것을 근본으로 새것을 추구한다'는 구본신참(舊本新參)이었다. 그렇다면 현실적으로 어떤 '옛것'을 제국의 근본으로 삼겠다는 뜻이었을까? 조선후기 내내 이 나라 지도부를 지배한 이데올로기는 존명의리였다. 바로 그 존명의리가 '옛것'의 핵심이었다.

조선의 국왕과 지배 엘리트는 대한제국을 건설하는 순간까지도 중화(명)로부터의 완전 독립, 즉 정신적 독립은 꿈도 꾸지 못했다. 오히려 대한제국의 건립이나 환구단 설립, 칭제건원도 조선이 한·당·송·명의 중화문물을 계승한 적자였기에 가능하다는 황당한 논리를 앞세웠다.

더 중요한 문제가 있다. 고종은 근대 국민국가 건설의 시대에 제국을 선포하고 황제에 즉위했다. 그리고 러시아 차르의 복장을 황제 정복으로 착용했다. 이것이 뜻하는 것은 무엇이었을까?

1899년 8월 17일 공포된 대한국(大韓國) 국제(國制), 즉 대한제국의 헌법에 따르면 제2조부터 제9조까지 황제에 관한 대권만 규정되어 있을 뿐 국민의 권리에 대한 규정은 없다. 내용을 보자.

제1조는 대한제국은 자주독립국을 규정하고 있다. 제2조는 대한제국은 전제정치이고, 제3조는 황제가 무한한 군권(君權)을 향유한다, 제4조는 신민(臣民)은 대황제의 군권을 침손하지 못한다, 제5조는 황제가 육해군을 통솔한다, 제6조는 황제가 법률을 제정 집행한다는 점, 제7조는 황제가 행정부를 관할한다는 점, 제8조는 문무관 임명권, 제9조는 조약체결 및 선전포고권 등을 규정하고 있다.

한마디로, 대한제국 황제는 육해군 통수권, 입법권, 행정권, 관리임명권, 조약체결권, 사신임면권 등 모든 권한을 독점한 전제군주였다. 고종은 민국 정치 이념을 계승한 계몽 군주가 아니라, 러시아의 전제군주제를 따라 배워야 할 이상적 모델로 본 것이다(허동현, 「대한제국의 모델로서의 러시아」, 정성화 외, 앞의 책, 『러일전쟁과 동북아의 변화』, 155~156쪽).

황제가 육해군을 직접 통수하는 체제에 따라 군부 외에 별도로 원수부를 설치했고, 황제가 직접 서울과 지방의 모든 군대를 지휘하게 되었다. 1900년 6월에는 원수부 내에 육군헌병대를 설치하여 전국 군대의 헌병 업무를 관할했다(이민원, 「19세기 말 조선의 위기와 고종의 대응-대한제국 선포와 국가체제 정비를 중심으로」, 이희주 편, 『고종시대 정치리더십 연구』, 한국학중앙연구원 출판부, 2017, 34쪽).

고종은 오래전부터 오매불망 원했던 절대 전제권을 불과 한 달여 만에 법적으로 확보했다. 황제 1인 독재국가를 헌법으로 보장받은 것이다. 세계가 근대화를 통해 입헌군주제, 삼권 분립으로 권력 분점을 통한 견제와 균형의 정치로 향할 때 조선은 왕도정치에서 사림으로, 사림에서 노론으로, 노론에서 가족(세도정치), 가족에서 일인 독재로 권력이 집중되는 반(反)시대적 행보를 거듭했다(박종인, 앞의 책, 『대한민국 징비록』, 345쪽).

대한제국 선포는 친러 정책의 산물

고종은 대한제국 국호 변경과 황제 즉위 등 칭제건원 과정에서 오매불망 니콜라이 2세의 황제 승인을 기다렸다. 고종은 혹시라도 러시아가 이를 거부할지 몰라 노심초사했다. 그 결과 "승인을 하지 않더라도 곧바로 거부하지 말고, 현재의 호칭(대군주)으로 대해주기를 바란다"고 재삼 요청했다.

니콜라이 2세는 1897년 12월 20일, 서양 열강 중 가장 먼저 고종에게 전문을 보내 칭제건원을 승인하고 축하했다. 이 전문을 받은 고종은 뛸 듯이 기뻐했다고 사료들은 전하고 있다.

이런 역사적 사실들을 종합하면 대한제국 선포와 황제 즉위를 자주독립국의 표상이라고 주장하기 힘들다. 그것은 중화문명의 정통성이 명나라를 거쳐 조선으로 이어졌음을 상징하는 논리 구조였다.

한마디로 고종의 황제 즉위 및 대한제국 선포는 독자적이고 자주적인 결정의 결과물이 아니었다. 그것은 러시아공사관에 자신의 목숨을 의탁할 정도로 우호적인 친러 정책을 수행한 대가로 고종이 러시아 황제로부터 "대한제국 공포와 고종의 황제 칭제를 인정한다"는 약속을 받았기에 가능했다(A. 말로제모프, 석화정 옮김, 앞의 책, 『러시아의 동아시아 정책』, 159~160쪽). 1899년 영국의 「이코노미스트」는 "조선은 대한제국이 되긴 했지만 자주적으로 독립해 나가긴 힘들고, 주변국들에 의해 운명이 휘둘리고 말 나라"라고 냉정하게 평가했다(최성락, 『100년 전 영국 언론은 조선을 어떻게 봤을까?』, 페이퍼로드, 2019, 159쪽).

이 무렵 대한제국을 놓고 각축을 벌이던 일본과 러시아는 상호 충돌 자제를 위해 많은 고민을 한다. 일본은 아직 러시아와 전쟁을 할 수 있는 군비가 갖춰지지 않았고, 러시아는 시베리아 횡단철도 건설이 진행 중이었기 때문이다.

1896년 5월 4일, 일본과 러시아는 베베르-고무라 각서(서울각서)를 체결하여 800명 수준의 양국 군대 조선 주둔에 합의했다. 그동안 러시

〈그림17〉 덕수궁 대안문을 나오는 조선의 국왕. 왕은 행차 때 백성에게 용안을 보이지 않도록 베일을 썼다, 『스피어The Sphere』, 1903

아는 한반도에 한 명의 경비병조차 발붙일 수 없었는데, 아관파천을 계기로 일본과 동일한 병력을 한반도에 주둔하는 권리를 확보했다.

베베르를 대신하여 주한 러시아공사로 부임한 스페에르는 부산 앞바다 절영도에 러시아 해군 석탄기지 건설과 목재·광산·철도회사를 추진했다. 또 조선 조정의 모든 미국인 고문관을 해임하고 러시아인 고문관을 채용하도록 압력을 행사했다.

스페에르는 본국 정부에 "서재필의 독립협회는 반러 활동을 전개하는 일본과 영국 공사관의 괴뢰"라고 보고했다. 고종이 독립협회의 의회 설립 기도를 무산시킨 이면에는 러시아 측의 암묵적인 작용이 있었음을 시사하는 내용이다.

'닭 쫓던 개' 신세 된 고종

청일전쟁 이후 계속 대립하던 개화파와 수구파는 고종을 러시아공사관에서 경운궁으로 환궁시켜 대한제국을 선포하는 데까지는 이해가 합치했다. 하지만 그 후 정치제도와 정치발전에 관한 문제에서는 입장을 달리했다. 열강들이 자국의 이해관계에 따라 개화파 혹은 수구파를 지원하여 한국 정치에 간섭하면서 혼란이 가중되었다. 결국 수구파가 이 투쟁에서 승리하여 독립협회 등 개화파는 정치 일선에서 퇴출되었다(구대열, 앞의 논문, 「다모클레스의 칼—러일전쟁에 대한 한국의 인식과 대응」, 『러일전쟁과 동북아의 변화』, 125쪽).

1897년 8월에는 13명의 러시아 장교가 추가로 한국에 파견되었다. 10월에는 러시아의 재무성 관세징수국 사무관리관 알렉세에프(K.A. Alexeiv)가 조선의 재정고문 및 총세무사에 임명되었다.

이 무렵 조선이 일사천리로 친러 정책을 추진하는 모습을 지켜본 주한 미국공사 알렌은 "러시아의 영향력이 워낙 막강하여 조선 문제는 다 끝났다"고 탄식했다. 앞에서 설명한 바와 같이 러시아 군사교관단은 러시아군의 지휘를 받는 조러 연합군 결성을 시도했다.

이 와중에 러시아에서 흥미로운 정책 변화가 모색되었다. 러시아의 한반도 진출은 재무상 비테 주도하에 추진된 정책이었다. 그런데 만주 진출을 우선하는 외무대신 무라비요프(Mikhail Nikolayevich, Graf Muravyov)와 육군대신 반놉스키(P.S. Vannovskii)가 득세하면서 러시아는 한반도 진출 정책을 미루고 만주 우선 정책으로 선회했다.

1897년 12월 18일, 러시아는 삼국간섭을 통해 일본이 청에 반환했던 랴오둥반도의 입구인 뤼순과 다롄항을 조차하여 동아시아에서 부동항을 확보하는 데 성공했다. 이어 하얼빈을 중심으로 하여 만저우리(滿洲里)와 쑤이펀허(綏芬河)를 잇는 동청철도 건설권을 획득했다. 그리고 하얼빈에서 다롄에 이르는 남만주철도 부설권도 얻어냈다. 일본에게 랴오둥반도를 반환하라고 압력을 넣었던 러시아가 그 땅을 통째로 차지한 것이다.

러시아가 만주 일대에 철도를 건설한 이유는 철도를 통해 돈을 벌기 위해서가 아니라, 만주지역에 이해관계를 엮기 위해서였다. 다시 말하면 만주지역을 차지하려는 야심을 충족시키기 위해 다른 지역의 철도 건설비보다 1킬로미터 당 3배나 더 많은 비용을 들여 2,000킬로미터가 넘는 철도를 만주 일대에 건설한 것이다(최성락, 앞의 책, 『100년 전 영국 언론은 조선을 어떻게 봤을까?』, 171쪽).

1898년 5월 4일, 한반도에 대한 관심이 식은 니콜라이 2세는 대한제국에 파견되었던 군사교관단과 재정고문의 철수를 명했다. 이로써 러시아에 크게 의지했던 고종은 '닭 쫓던 개' 신세가 되었다. 러시아 군사교관단이 철수하자 대한제국의 군사 조직은 일본 수중으로 넘어갔다. 일본에서 군사교육을 받은 20명의 한국 장교들이 교관으로 임명되었다.

10

대한제국의 운명을 바꾼 러일전쟁

일본군은 청일전쟁이 발발한 1894년부터 태평양전쟁에서 패전한 1945년까지 50년간 만주 · 중국대륙 · 시베리아 · 동남아 · 태평양군도에 이르기까지 아시아 · 태평양 일대를 누비며 정복전쟁을 치렀다.

청일전쟁은 아시아에서 각축을 벌이던 황인종 사이의 전쟁이었다. 이 전쟁으로 인해 전통의 동아시아 맹주 지위가 중국에서 일본으로 넘어갔다.

반면에 러일전쟁은 근대사에서 아시아 국가가 서양 열강과 싸워 이긴 최초의 전쟁이었다. 러일전쟁은 또 승자와 패자의 역사와 운명을 극적으로 바꿔놓았다. 일본은 전쟁에서 승리하여 1945년까지 동북아 일대의 주도권을 장악했고, 국가적 자긍심은 하늘을 찔렀다. 반면 패배한 러시아는 혁명을 불러와 공산주의라는 악성종양을 전 세계에 퍼뜨리는 존재로 전락했다.

당시 일본은 인구·군사력·경제력·산업력 등에서 러시아에 현저히 뒤져 있었다. 러일전쟁 발발 1년 전인 1903년, 러시아 인구는 일본보다 세 배 많았다. 철과 철강 생산은 육십 배, 국방비도 일본의 세 배나 많이 사용했다. 병력 수는 일본보다 여섯배나 많은 113만 대군을 보유하고 있었다. 이밖에도 예비군과 국민군이 350만 명이었다. 총체적 국력에서 일본은 러시아의 10분의 1에 불과한 약소국이어서 러일전쟁은 '다윗과 골리앗의 싸움'으로 비유되었다.

전쟁이 시작되기 전, 주중 영국대사를 포함한 대다수 관찰자들은 러시아의 승리를 믿었다. 그런데 일본은 기적같이 승리했다. 무슨 이유 때문에 일본은 러시아와 국운을 걸고 도박과도 같은 전쟁을 결정해야 했을까?

일본의 한반도 전략 구상

일본을 러일전쟁의 소용돌이로 몰아간 것은 대륙진출이라는 오랜 숙원 때문이다. 하지만 러일전쟁에는 그보다 더 중요하고 핵심적인 요인이 작동하고 있었다. 고종과 민 왕후의 '조선에 러시아 끌어들이기' 외교, 이것이 러일전쟁의 결정적 원인이었다.

그 뿌리를 추적하면 고종과 민 왕후가 추진한 조러 수교(1884), 제1, 2차 조러 밀약(1885, 1886)이 나타난다. 러시아는 조선과 수교하고, 조선과의 밀약을 통해 한반도로 남진 통로를 뚫으려 시도하자 영국은 거문도 점령(1885)으로 거칠게 대응했다.

영국 해군의 거문도 점령은 러시아에 총체적인 전략 변화를 요구했다. 시베리아 횡단철도 건설에 나선 것이다. 이 철도가 건설되면 러시아는 극동 지역의 종착역을 겨울에도 얼지 않는 항구, 즉 부산이나 마산으로 연결할 것이 불을 보듯 뻔했다.

일본 지도부는 "부산항에 러시아 깃발이 휘날리는 날이 러시아의 일본 침략이 시작되는 날"이라면서 이를 극복하기 위한 대책 마련에 고심한다. 방법은 하나, 러시아와의 전쟁이었다. 한반도를 노리고 달려드는 러시아를 꺾은 다음 자신들이 이 지역을 보호국화한다는 것이 일본의 한반도 전략 구상이었다.

청일전쟁을 종결짓기 위해 시모노세키조약이 체결된 1895년부터, 러일전쟁이 발발한 1904년까지 10년의 간격이 있었다. 이 10년 세월은 국가 개혁을 통해 근대 국민국가로 발돋움할 수 있는 절호의 기회였다. 조선의 국가 지도부가 이 시기를 국운을 걸고 유용하게 사용했다면 조선의 미래는 긍정적으로 변했을 것이고, 극동과 세계의 역사도 상당히 변했을 것이다.

불행하게도 고종을 비롯한 조선 지도부는 그 소중한 세월을 외세의 힘을 빌어 국가 자존을 지키려고 발버둥쳤다. 당시 여론 형성의 주력군이었던 양반 성리학자들의 시대 인식도 '고장난 시계'나 마찬가지였다. 유생 집단은 조선조 말기의 정치 현상은 주자성리학적 정치 이념의 타락이라고 생각했다. 특히 개화를 일본화, 만악(萬惡)의 근원, 일본의 역사적 침략성과 관련지어 국가 멸망과 민족의 노예적 예속을 초래하는 길로 인식했다(박성수, 『독립운동사 연구』, 창작과비평사, 1980, 116~119쪽).

구한말 위정척사의 대표로 꼽히는 인물이 최익현이다. 최익현도 국내외적으로 산적한 문제를 극복하기 위해서는 개혁이 필요하다고 인정했다. 그가 말하는 개혁의 이상향은 서구화·근대화가 아니라 유교적 왕도 정치로의 복귀였다.

최익현이 주장한 개혁은 첫째, 고종을 둘러싸고 있는 간신배 5~6명을 처형하고 둘째, 양심적인 인물을 내각에 임명하여 모든 권한을 부여하면 수개월 내에 괄목할 만한 개혁을 이룰 수 있다고 믿었다. 그가 말한 간신배란 서구화·근대화를 주장하는 개화파였다.

최익현이 주장한 대외관계는 주변국은 조선(대한제국)을 집어삼키려는 강도들이므로, 국제회의를 소집하여 열강들 간에 조선의 독립을 보장하는 협상을 해야 한다는 것이었다. 불행하게도 그들이 살았던 시기는 힘센 나라가 약한 나라를 잡아먹는 것이 정의였던 깡패 제국주의 시대였다.

이 살벌한 제국주의 시대의 작동원리에 백치 수준이었던 최익현 같은 인물들이 지도부를 구성하여 주자성리학적 왕도정치로의 복귀를 주장한 것이다. 이쯤 되면 이 나라가 어느 방향으로 나아갔을지는 물어보지 않아도 다 안다.

먹지도 마시지도 않고 러시아와 전쟁 준비한 일본

이 무렵 세계의 수도는 런던이었다. 쾌락을 추구하는 사람들은 파리를 찾고, 예술을 사랑하는 사람들은 로마를 찾았다. 그러나 돈 · 과학 · 권력은 런던에 있었다. 귀한 난초, 외교적 비밀, 최신예 어뢰의 청사진, 그리고 주식 매매에 관한 뉴스는 모두 런던에 있었다(콘스탄틴 플레샤코프, 표완수 · 황의방 옮김, 『짜르의 마지막 함대』, 중심, 2003, 75쪽).

세계 과학의 수도가 런던이던 시절, 조선은 미신과 질병의 지옥이었다. 비숍 여사는 자신의 저서 『조선과 그 이웃 나라들』에서 조선은 귀신을 위해 매년 250만 달러를 허비한다고 기록했다. 1896년 조선의 수출액이 473만 달러, 수입액 654만 달러였을 때 일이다. 조선 사람들은 매년 수출액의 53퍼센트를 귀신을 먹이고 달래기 위해 지출했다.

1904년 러일전쟁이 발발하자 미국 작가 잭 런던(Jack London)은 인천에 상륙하여 압록강으로 행군하는 일본군을 종군 취재했다. 잭 런던은 취재 과정에서 만난 조선 사람과 조선의 풍경, 인상기를 기록하여 『조선사람 엿보기-1904년 러일전쟁 종군기』라는 책자를 발간했다.

이 책에서 잭 런던은 조선의 가장 중요한 간선도로인 서울-의주 간 도로에 대해 "비가 조금만 와도 진흙으로 가득 찬 강으로 변한다"고 기록했다. 또 "양반들은 모두가 도둑이다. 백성은 그들이 자기 것을 으레 빼앗아가는 것으로 알고 있었다. 백성은 지배계급이 도둑놈이라는 사실 외에는 아는 바가 없다"고 질타했다(잭 런던, 윤미기 옮김, 『조선사람 엿보기-1904년 러일전쟁 종군기』, 한울, 1995, 37~38쪽, 131쪽).

일본은 러시아와의 전쟁을 피할 수 없다고 보고 국력을 총동원하여 군비 강화에 나섰다. 일본은 전 국민이 허리띠 졸라매고 러시아와의 전쟁을 준비했다. 청일전쟁이 끝나고 2년 후인 1897년, 일본은 국가 총세출의 55퍼센트를 군사비에 투입했다. 시바 료타로는 자신의 작품 『언덕 위의 구름』에서 일본은 러시아와의 전쟁을 위해 "먹지도 마시지도 않고 함대를 건설했다"고 토로할 정도였다.

일본은 청일전쟁 배상금으로 육군 사단을 7개에서 13개로 확대했고, 최신예 일등급 전함과 순양함을 구입했다. 청나라로부터 받은 배상금의 46퍼센트가 군함 건조비로 영국에 지출되었다. 결과적으로 청일전쟁의 달콤한 열매를 수확한 것은 영국이었다.

일본에서 제작된 영화 〈203고지〉는 러일전쟁 직전 만주 일대에서 활약하던 일본 밀정 두 명이 총살당하는 장면으로 시작된다. 일본은 러시아와의 전쟁에 대비하여 수많은 밀정을 만주와 시베리아 일대에 파견했다.

러시아와 전쟁을 원했던 군국주의 단체 흑룡회(黑龍會)는 야쓰다(安田)상사의 재정 지원을 받아 만주에서 후방 교란 및 스파이 활동을 전개했다. 이들은 만주 일대와 극동 시베리아 지역의 상세 지도를 제작하고, 연해주·흑룡강·동부 바이칼 지역에 수백 명의 첩보원을 파견하여 전쟁 관련 정보를 수집했다. 러시아 육해군을 연구하는 수백 명의 비밀결사 및 그들을 돕는 비밀공작원 조직들이 있었다.

반면, 러시아 참모본부에서 일본에 대한 군사정보 수집 임무를 담당한 소속 장교는 단 한 명뿐이었다. 러시아 정부는 1897년 너무나 손쉽게 만주의 관문인 뤼순·다롄항을 확보하고, 철도 부설 등 만주의 이권을 차지했다.

러시아가 만주 우선정책으로 전환하면서 대한제국에 대한 관심이 줄어들자 러시아에 의지하여 일본의 압력에서 벗어나려 했던 고종은 큰 곤경에 처하게 되었다.

두 차례나 한반도 분단을 획책한 일본과 러시아

1902년, 고종은 느닷없이 평양부(平壤府)를 서경(西京)으로 승격시키고 양경(兩京) 체제를 구축한다고 발표했다. 이를 위해 평양에 제2의 수도인 서경을 건설하라는 어명을 내렸다.

명에 따라 6월 3일 정전(국왕이 정령을 반포하고, 외국 사신을 맞는 궁전)인 태극전(太極殿), 편전(국왕이 평상시에 거처하면서 정사를 보는 궁전)인 지덕전(至德殿), 동궁전인 중화전(重華殿)과 정문인 황건문(皇建門) 건립 공사가 시작되었고, 궁궐 명칭은 풍경궁(豐慶宮)으로 명명되었다. 고종은 행궁 건설 비용으로 50만 냥을 평양에 내려보냈고, 자신의 즉위 40주년을 맞아 새로 제작한 초상화(御眞)를 이곳에 봉안했다.

얼마 후 러일전쟁이 발발하여 평양에 진주한 일본군이 서경 일대를 점령하면서 공사는 중단되어 미완의 궁궐이 되었다. 풍경궁은 1907년 일본에 의해 근대식 병원인 자혜의원으로 전용되었다. 현재는 김일성종합대학 부속 평양의학대학이 들어서 있다.

서경 건설 어명을 내린 1902년은 고종의 즉위 40주년(1903년)을 기념하기 위한 각종 행사가 기획·준비되던 해였다. 이 무렵 대한제국은 재정 파탄으로 관리·군인·경찰을 비롯하여 외국에서 초빙해 온 고문관들의 월급조차 지급할 수 없는 심각한 위기 상황이었다. 재정 위기를 겪고 있는 와중에 막대한 자금이 투입되는 제2의 수도를 평양에 건설한 이유는 무엇이었을까?

고종이 러시아공사관으로 도피하여 정무를 보고 있던 1896년, 상트페테르부르크에서 니콜라이 2세 대관식이 열렸다. 이때 일본 특명전권공사로 대관식에 참석했던 야마가타 아리토모는 6월 9일 러시아 외상 로바노프와 '야마가타-로바노프 의정서'를 체결했다. 이때 야마가타는 러시아와 일본이 39도선(혹은 38도선)을 경계로 한반도를 분할하여 북쪽은 러시아, 남쪽은 일본이 권익을 인정받는 분할 점령안을 제안했다.

일본이 이 제안을 하게 된 이유는 고종의 아관파천으로 한반도에 대한 러시아의 영향력이 강화되고 있었기 때문이다. 일본은 국력이나 국제 정세 정황으로 볼 때 단시일 내에 한반도에서 러일 양국의 파워 밸런스를 역전시키기는 어렵다고 보았다. 따라서 군사력을 강화하여 러시아 세력을 한반도에서 완전히 쫓아낼 때까지 한반도의 절반만이라도 일본의 영향 아래에 두기 위해 분할안을 제안한 것이다.

한반도를 통째로 차지할 계획을 세우고 있던 러시아 외상 로바노프는 이 제안을 거절했다. 그냥 놔두면 한반도는 저절로 러시아 영토가 될 것이 분명한데, 무엇 때문에 남쪽 절반을 일본에게 떼어준단 말인가?

그로부터 1년 후 러시아에서 만주 우선론자들이 득세하면서 러시아의 동아시아 정책은 만주 경영으로 바뀌었다. 한반도에 대한 관심이 식은 러시아는 1900년 7월, 일본에 "한반도에서 양국의 세력범위를 확정하자"고 제안했다. 만주를 우선 경영하되, 한반도는 절반이라도 발을 담그자는 뜻에서 4년 전 일본이 제안했던 안건을 이번에는 러시아가 들고 나왔다.

일본 정부는 이 제안을 수용하려 했다. 하지만 동아동문회(東亞同文會)를 비롯한 군국주의 지지 세력은 "일본이 한반도 전체를 독차지해야 한다"면서 결사반대했다. 국내 여론이 악화되자 일본 정부는 러시아의 제안을 거절했다. 만약 러일 양국이 1896년 혹은 1900년에 한반도 분할 제안에 합의했다면, 한반도는 39도선 혹은 38도선으로 분할되어 러시아와 일본의 보호령으로 전락했을 가능성을 배제할 수 없다.

러일 양국이 두 차례 검토했던 한반도 분할론은 1945년 8월 15일 미군과 소련군이 38선을 분기점으로 북쪽은 소련, 남쪽은 미군이 일본군의 무장해제를 담당하는 '맥아더 연합군사령관 일반명령 1호'로 부활했다.

러시아와 일본이 한반도 분할을 획책하고 있다는 소식을 접한 고종은 비상이 걸렸다. 고종은 한반도가 분할될 경우 러시아에 의지하여 북부 지방에서라도 왕권을 유지하기 위해 서경 건설에 나선 것이다(이윤상,「대한제국기 국가와 국왕의 위상 제고사업」,『진단학보』95(2003), 90쪽 참조).

즉위 40주년 행사 준비에 모든 것을 바친 고종

고종의 즉위 40주년 기념을 위한 이벤트는 서경 건설로 그치지 않았다. 고종은 즉위 40주년 기념행사 때 각국 특별사절단을 초청하기 위해 1900년부터 경운궁(덕수궁) 내에 서양식 석조전 건설에 돌입했다. 이 건물은 대한제국 재정고문을 맡았던 영국인 총세무사 브라운(John M. Brown)이 주도했고, 설계는 영국인 하딩(John R.Harding)이 담당했다.

경희궁에 지을 예정이었던 석조전이 경운궁 현재의 자리에 들어선 이유는 바로 옆에 영국공사관이 위치하고 있었기 때문이다. 습관성 외국공사관 도피증세를 보인 고종이었기에 여차하면 영국공사관으로 피신하기 위해 경운궁과 영국공사관 사이에 생양문(生陽門)을 설치했다.

공사감독은 민 왕후 시해사건을 현장에서 목격했던 러시아인 사바틴을 비롯하여 일본인 오가와 요우키치(小川陽吉), 한국인 심의석이 맡았고, 시공은 오쿠라(大倉組) 토목회사가 담당했다.

전체를 돌로 지은 서양식 건물은 대한제국을 문명국가로 인정받기 위한 고종의 필사적인 노력의 일환이었을 것이다. 하지만 이 무렵 대한제국의 재정 상황은 외국의 차관으로 하루하루를 연명하는 위기 상황이었다. 이런 형편에 황실의 위엄을 과시하기 위해 각종 행사를 준비하는 데 전력투구한 것이다.

영국인 기술자들에 의해 영국식으로 진행되던 석조전 건설은 1905년 을사보호조약 체결로 대한제국의 외교권이 일본으로 넘어가면서 일본 주도로 바뀌었다. 공사에 착수한 지 10년 만인 1909년 완공된 이 건물은 대한제국이 멸망한 직후 일본 천황가 산하로 편입된 이왕가에 인계되었다.

고종 황제가 심혈을 기울여 준비했던 것이 즉위 40주년 경축행사다. '어극 40년 칭경(稱慶)예식'으로 명명된 이 행사는 1902년 10월에 각국 사절을 초청한 가운데 국제행사로 성대히 열기로 계획되어 있었다. 불행하게도 이 무렵 콜레라가 창궐하는 바람에 행사는 다음 해 4월 30일로 연기되었다.

보다 성대한 잔치를 준비하기 위해 1903년 초부터 모든 준비가 다시 시작되었다. 지방군 1,500명을 서울로 불러올려 의장대로 훈련시켰고, 각 지역 광대들을 서울로 불러 모아 연습을 시켰다. 고종은 일본으로부터 VIP용 인력거 100대를 수입했다. 칭경(稱慶)예식 행사가 끝나면 관리들에게 기념품으로 하사하기로 했다.

이것으로도 성이 차지 않았는지 고종은 왕궁에서 칭경식 행사장까지 이동하기 위해 미국에서 포드자동차를 한 대 수입하라고 어명을 내렸다. 탁지부 대신은 알렌 주한 미국공사에게 협조를 요청했다. 알렌은 미국의 자동차 딜러에게 부탁하여 포드의 2인승 오픈카 '모델 A' 한 대를 인천으로 보냈다. 국내에는 이 승용차를 운전할 수 있는 사람이 없어 일본인 기사를 고용하여 운전을 맡겼다.

양무호 도입 내막

성대한 즉위 40주년을 준비하기 위해 거금 100만 원이 눈 녹듯 사라졌다. 1902년 대한제국의 국가 예산이 759만 원이었다. 잔치 준비에 1년 예산의 13퍼센트가 투입된 것이다. 1903년 1월 서울 주재 외국 공사관 모임은 "대한제국의 재정 형편으로 볼 때 칭경식은 무모한 짓"이라는 결론을 내렸다(박종인의 땅의 역사, '러일이 대포를 꺼낼 때 고종은 파티를 벌였다', 「조선일보」, 2019년 11월 5일).

고종은 한술 더 떠 미쓰이물산을 통해 한국 최초의 근대식 증기선 군함 양무호(揚武號)를 도입했다. '나라의 무력을 키운다'는 뜻을 가진 양무호는 길이 105미터, 3,424톤 급으로, 갑판에는 80밀리미터 함포 4문, 5밀리미터 함포 4문 등 8문을 장착하고 있었다. 이 배는 1881년 영국의 딕슨 사가 건조하여 사용하던 팰라스호(Pallas)라는 화물선이었다. 청일전쟁이 발발한 1894년 일본 미쓰이물산이 25만 엔에 구입, 카치다테마루(勝立丸)로 명명하고 석탄 운반선으로 사용했다.

대한제국은 건조한 지 22년이나 지난 고물 석탄 운반선을 일화 55만 엔(당시 환율로 22만 5,000달러, 대한제국 화폐로 110만 원)에, 3년 분할상환 조건으로 매입했다. 양무호 도입 가격은 1903년 대한제국 정부 연간 총예산(1076만 원)의 10.2퍼센트에 해당하는 거액이었다. 일본 정부는 이 고물 배에다 쓰다 남은 포 몇 문을 장착한 다음 군함으로 속여 거금을 받고 대한제국에 떠넘긴 것이다.

미쓰이물산 중역 회의록에 따르면 "이 배는 워낙 커서 유지비가 많이 들기 때문에 석탄선으로 쓰기에는 채산성이 맞지 않아 대한제국 정부에 판매한다"고 기록되어 있다. 하루에 43톤의 석탄을 잡아먹는 등 유지비가 너무 많이 들어 골치를 썩였던 것이다. 대한제국은 일본이 25만 엔에 구입하여 9년간 사용하다가 사고가 나서 처박아 두었던 고물 화물선을 55만 엔의 거금을 주고 매입했다.

주한 러시아 외교관은 "고종이 일본의 국제무기거래 사기극에 속았다"고 본국 정부에 보고했다. 이 내용이 독일 신문에도 크게 보도되면서 국제적인 비난이 일었다. 황성신문은 "한 명의 수병도 없는 상황에서 군함을 사들여 재정을 낭비했다"(1903년 6월 1일자)고 비판했다.

양무호는 말이 군함일 뿐, 워낙 낡고 속도가 느려 훈련함으로도 사용이 곤란했다. 운영비만 엄청나게 잡아먹는 고철 덩어리나 다름없었다. 게다가 원료인 석탄 구입자금이 없어 항구에 세워놓기 일쑤였다. 탑재된 80밀리 함포는 서양 열강의 장갑순양함이나 전함의 선체에 상처 하나 내기도 힘들었다. 고종이 대체 이런 고물 선박을 하필 이 시기에 구입한 진짜 이유는 무엇이었을까?

1903년 1월 25일 군부대신 신기선과 미쓰이물산을 대리한 하기와라 모리이치(荻原守一) 임시대리공사가 맺은 계약 부속 명세서에서 그 비밀의 단서가 발견된다. 이 명세서에는 "무기(軍器)는 적당히 완비할 것, 식당에는 미려(美麗)한 서양 요리 기구 30인분, 사령관 이하 함장 사관 25인 침구는 화려한 서양 물품으로 완비할 것, 각 구경 대포 실탄 외에 예포(禮砲) 연습용 공탄(공포탄)과 소총 탄환도 적당히 준비할 것. 접객실을 특설하여 대한국 황실 경절 때 봉축에 사용"이란 내용이 명기되어 있었다.

만약 양무호가 군함 용도로 쓰일 목적이었다면 미려한 서양 요리 기구와 화려한 서양식 침구, 접객실이 왜 필요했을까? 대한제국 연간 예산의 10.2퍼센트를 투입하여 도입한 '순양함 양무호'의 실상은 국방·안보·군사용이 아니라, 고종 즉위 40주년 기념식을 위한 의전용 예포를 발사하기 위한 목적이었다. 당시 주한 미국공사 알렌은 "이 배는 어극

〈그림18〉 제물포 해변에 접근한 일본군, 『런던뉴스Illustrated London News』, 1904

40년 칭경예식을 위해 발주한 것"이라고 본국 정부에 보고했다.

한 차례 연기 끝에 1903년 4월 30일 열기로 야심차게 준비했던 칭경예식 메인 행사는 고종의 아들 이은(후에 영친왕)이 천연두에 걸리는 바람에 9월 26일로 연기되었다. 이마저 콜레라로 인해 또 무기 연기되었고, 다음 해 2월 러일전쟁이 발발하는 바람에 끝내 시행되지 못했다.

러일전쟁이 발발하여 랴오둥반도 일대에서 피비린내 진동하는 전투가 벌어지던 1904년 2월 29일, 고종이 집무·기거하는 황궁인 경운궁에서 화재가 발생했다. 삽시간에 함녕전을 비롯하여 중화전, 즉조당 등 주요 전각들이 잿더미가 되었다. 이때 고종의 거처에 비밀리에 보관 중이던 금고가 불에 타면서 거액의 일본 지폐가 재로 변했으며, 궁중에 보관해왔던 전래의 서류와 금은보화·그림 등도 모두 불에 탔다.

대신들은 국왕의 처소를 다른 곳으로 옮길 것을 건의했다. 황제가 집무할 수 있는 곳은 경복궁, 창덕궁, 창경궁 등 널려 있었다. 이 총체적 국가 위기 상황에도 불구하고 고종은 "비록 나라 형편이 곤궁하지만 궁궐을 반드시 중건하라"고 어명을 내렸다. 극심한 재정난에도 불구하고 2년에 걸친 대공사 끝에 경운궁 중건 공사가 완료되었다. 경운궁 공사를 위해 투입된 비용은 795만 냥. 1906년 국가 예산의 20퍼센트가 황제의 궁궐 짓는 데 소비되었다. 그것도 대한제국의 운명을 가르는 러일전쟁이 벌어지고 있는 와중에…….

열강들의 중국 뜯어먹기

청일전쟁에서 중국이 일본에게 연전연패당하면서 이빨 빠진 고양이 신세라는 사실이 드러나자 서양 열강이 중국으로 몰려들었다. 아프리카 분할 경쟁을 끝낸 열강들이 관심을 동아시아로 돌린 것이다.

가장 먼저 행동을 개시한 나라는 후발 제국주의 국가 독일이었다. 독일은 1897년 11월, 산둥반도에서 발생한 독일 선교사 피살 사건을 계기로 칭다오(青島)와 자우저우(膠州)만을 점령했다. 1898년 3월 독일은 청나라로부터 자오저우만을 99년간 조차했고, 산둥반도 일대에 철도부설권·광산채굴권 등을 확보했다.

독일이 발 빠르게 중국에서 이권을 차지하자 다른 열강들도 아귀다툼을 벌이면서 중국은 난도질당하기 시작했다. 러시아는 1897년 청일전쟁 직후 일본이 반납했던 랴오둥반도의 뤼순·다롄항을 25년간 조차하고 하얼빈과 동청철도(Chinese Eastern Railway)의 남만주 지선(南滿線)

부설권을 차지했다.

프랑스는 1898년 4월 광저우만 조차, 윈난(雲南)철도 부설권을 요구했으나 중국이 이를 거절하자 광저우만을 점령했다. 영국도 1898년 6월, 홍콩 섬 맞은편 주룽(九龍)반도를 99년간 조차했고, 7월에는 일

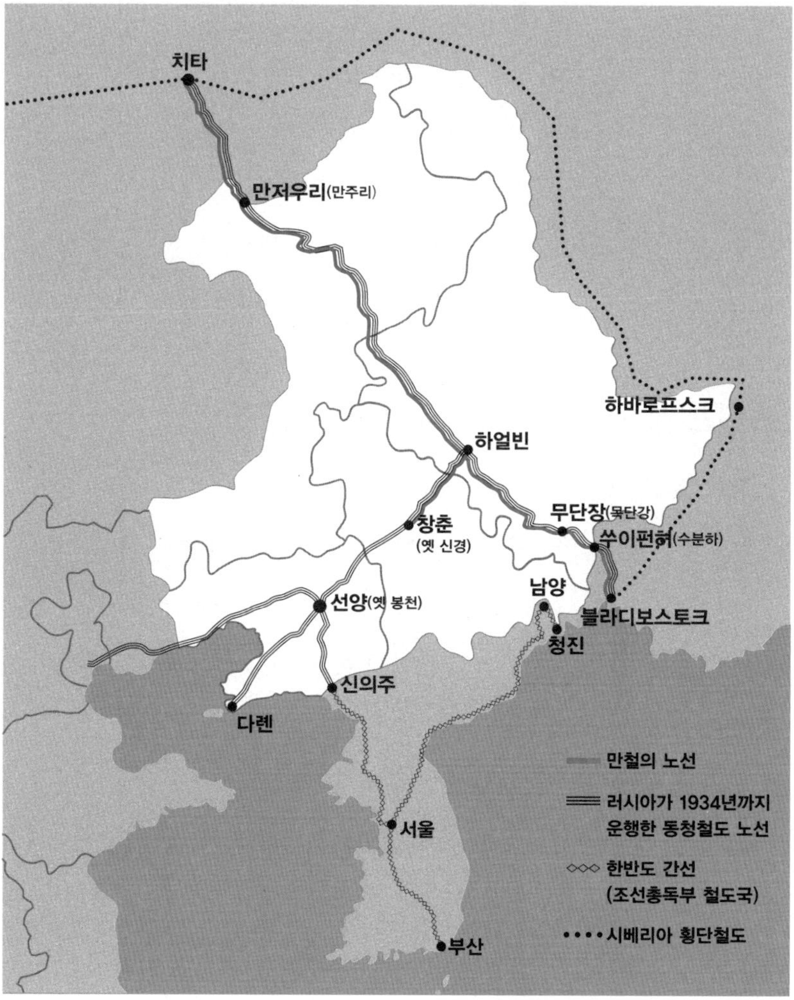

〈지도5〉 해방 전 동북아 철도 간선

본이 점령했던 웨이하이웨이와 류공다오(劉公島)를 포함한 전 항만을 25년간 조차했다.

1898년 하와이와 필리핀을 병합하여 신흥 제국주의 국가로 부상한 미국도 중국 분할 경쟁에 뛰어들었다. 하지만 미국보다 한발 앞서 중국에서 각종 이권을 획득한 열강들은 자신들이 차지한 지역에서 배타적이고 독점적인 권리를 행사하고 있었다. 후발국 미국이 끼어들 공간이 없게 되자 미국은 '문호개방 정책(Open Door Policy)'을 선언했다.

1899년 존 헤이(John Milton Hay) 미 국무장관은 열강들이 중국 영토를 자국 이권 확보를 위해 분할하여 배타적·독점적 권리를 행사하지 말고, 중국의 모든 지역에서 모든 나라 국민들에게 상업 및 공업 활동의 기회를 보장하자고 주창했다. 중국의 문호를 개방한 다음, 모든 나라들이 동등하게 교류 통상하여 국제분쟁을 방지하자는 미국의 제안은 자유무역주의를 주창해온 영국의 지지를 받았다.

서양 열강들이 노도처럼 밀려와 이권을 뜯어가자 청나라의 개혁파 지식인 캉유웨이(康有爲)는 광서제에게 하루빨리 개혁을 하여 자강을 이루어야 한다는 상소를 올렸다. 이에 자극받은 광서제는 1898년 6월, 변법자강(變法自強)을 선포하고 개혁에 돌입했다. 캉유웨이와 량치차오(梁啓超)가 중심이 되어 과거제도 폐지, 새로운 교육기관 설립, 정부행정 쇄신, 법전 개정, 군대 혁신을 추진했다.

광서제의 급진적인 개혁은 기득권자들의 저항과 반동을 몰고 왔다. 불과 100일이 못 되어 서태후를 비롯한 수구파가 쿠데타를 일으켜 황제를 궁에 유폐시켰다. 캉유웨이와 량치차오는 일본으로 탈출했고 개혁 정책들은 폐기되었다.

변법자강 운동에 제동이 걸리고 개혁이 좌절되자 1899년 3월, 산둥성 일대에서 의화단(義和團)이 봉기했다. 의화단은 산둥 지방에서 원나라 때부터 맥을 이어오던 백련교 계통의 비밀결사 조직이다. 이들은 청나라 백성들의 삶을 위협하는 모든 위기가 기독교를 앞세운 제국주의의 침략 때문이라면서 이를 갈았다.

최초의 의화단 봉기가 일어난 산둥성은 청일전쟁 배상금을 다 갚을 때까지 일본이 3년간 군사 점령을 한 지역이다. 또 독일과 영국이 광범위한 이권을 차지한 지역이었다. 의화단은 '부청멸양(扶淸滅洋)'을 내세우고 곳곳에서 외국인 선교사와 상인을 살해하고, 서양 자본으로 지은 공장·교회·철교·철도·전선 등을 불지르고 파괴했다.

20만으로 불어난 의화단은 1900년 6월 베이징에 난입하여 공사관 거리를 봉쇄했다. 이 과정에서 일본공사관 서기관, 케틀러 독일공사를 비롯하여 선교사·신부·상인 등 다수의 외국인이 희생되었다.

의화단의 난 이용하여 만주 침공한 러시아

실력 행사에 나선 영국·프랑스·미국·러시아·이탈리아·일본·독일·오스트리아 등 8개국은 군함 47척과 2만 명 병력으로 연합군을 편성하여 톈진에 상륙했다. 연합군 병력 가운데 절반 이상이 일본군이었다. 연합군은 톈진을 탈환했고, 8월 14일 베이징에 돌입하여 반란을 진압했다. 의화단 병력은 20만이 넘었으나 통솔자가 없고 무기도 전근대적인 것뿐인 오합지졸이어서 근대식 무기로 무장한 연합군에게 손쉽게 제압당했다.

의화단 편에 서서 서양 세력에 선전 포고했던 서태후는 광서제와 함께 시안(西安)으로 달아났다. 연합군 지휘관은 보복으로 사흘간 병사들에게 약탈을 허락하면서 베이징은 지옥의 도시로 변했다. 공사가 살해당한 독일군의 약탈이 가장 심했고, 미군과 일본군은 비교적 엄정한 군기를 유지했다.

1901년 9월 7일, 8개국 연합군이 베이징을 점령한 가운데 청나라는 의화단의 난을 진압한 열강국과 베이징의정서(신축조약)를 체결했다. 청나라는 배상금 6,750만 파운드(백은 4억 5천만 냥)를 지불해야 했고, 다구(大沽) 포대 해체, 베이징 동쪽 교외의 민간거주지를 외교관 지역으로 설정하고 각국 군대를 주둔시켜 관리하는 것을 허용했다. 또 베이징에서 산하이관(山海關) 사이의 철도 옆 주요지점 12곳에 각국 군대 주둔도 허용했다.

의화단 봉기가 만주까지 번지면서 러시아가 부설한 동청철도가 파괴되고, 철도를 수비하던 러시아군과 의화단이 충돌했다. 1900년 7월, 러시아는 의화단과 마적들로부터 철도를 보호한다는 구실로 18만 대군을 파병하여 만주 전역을 점령했다. 러시아가 만주를 점령함으로써 동아시아에서 가장 큰 세력으로 급부상했다. 의화단의 난이 동아시아 정치 지형을 완전히 바꿔놓은 것이다.

러시아가 만주를 침공하자 일본에 비상이 걸렸다. 일본 내에서는 두 파로 의견이 갈렸다. 이토 히로부미, 이노우에 가오루, 야마가타 아리토모 등은 러시아의 만주 점령을 인정하는 조건으로 일본의 조선 점령을 인정받기 위해 러시아와의 제휴를 주장했다. 즉 "만주는 러시아가 차지하고 조선은 일본이 지배한다"라는 만한(滿韓)교환론이었다.

반면, 가쓰라 다로(桂太郎), 가토 다카아키(加藤高明), 고무라 주타로 등 외무성 당국자들은 러시아의 만주 점령 의도를 의심하면서 영국과의 제휴를 주장했다. 격론 끝에 일본 정부는 "러시아의 만주 단독 지배를 인정하지 않는다. 영국과 협조하에 조선 지배와, 중국 분할에 참가한다"는 입장을 정리했다.

하지만 영국과 제휴가 가능할 것인지가 최대의 관건이었다. 영국은 1805년 트라팔가 해전에서 넬슨 제독이 프랑스·스페인 연합함대를 격파하고 세계의 바다를 장악했다. 10년 후에는 웰링턴 장군이 워털루에서 나폴레옹 군대를 힘겹게 격파하고 세계 최강자로 군림했다.

영국은 막대한 부와 광활한 식민지, 확실하고 충분한 패권적 무력을 보유하고 있었기에 유럽 대륙에 집착하거나, 자질구레한 분쟁에 개입할 필요가 없었다. 때문에 어느 나라와도 동맹을 맺지 않고 고고한 외교 전략을 구사하기 위해 '명예로운 고립(splendid isolation)' 정책을 취하고 있었다.

"프랑스와 합스부르그 왕가가 지지든 볶든, 그것은 그들이 알아서 해결할 문제다. 우리는 품위 있고 빛나는 고립주의 외교 전략을 통해, 유럽 대륙의 균형자 역할을 수행한다."

이것이 '명예로운 고립' 정책의 핵심이었다. 이 무렵 영국 수상이었던 파머스턴 경(Lord Palmerston)은 "국제정치에선 영원한 동지도 영원한 적도 없다. 오직 영원한 국가이익만이 있을 뿐"이라는 명언을 남겼다.

'명예로운 고립' 깨고 영일동맹 체결

러시아가 의화단의 난을 이용하여 만주 일대를 점령하자 영국 외교팀이 바빠졌다. 러시아의 행동을 방치할 경우 만주와 한반도가 통째로 러

〈표10〉 미카사호 제원

배수량	15,140t
전장	131.7m
선폭	23.2m
흘수	8.3m
추진	15,000마력
속력	18.0노트
승조원	860명
무장	주포 40구경 30.5㎝ 연장포 2기 4문 부포 40구경 15.2㎝ 단장포 14문 대수뢰정포 40구경 7.6㎝ 단장포 20문 47㎜ 단장포 16문 어뢰발사관 450㎜ 발사관 4문
장갑	크루프강 장갑: 현측 9인치(229㎜), 갑판 3인치(76㎜)

시아에 넘어갈 수도 있었다. 영국은 의화단 사건을 통해 일본군이 '팍스 브리태니커'를 위한 극동의 헌병 역할을 훌륭히 수행할 자격이 있음을 확인했다. 영국은 동아시아에서 러시아의 대항마 역할을 일본에게 맡기기로 결정한다.

1902년 1월 30일, 런던에서 주영 일본공사 하야시 다다스(林董)와 영국 외무대신 랜스다운(Henry Charles Keith Petty-Fitzmaurice, 5th Marquess of Lansdowne)이 제1차 영일동맹(Anglo-Japanese Alliance)을 체결했다. 영국이 100여 년 지속해온 '명예로운 고립' 정책을 폐기하고, 러시아와 전쟁을 각오하고 일본과 손잡은 것이다.

"러시아로 하여금 광대한 불모의 땅 추운 황무지를 지배하게 하라. 그들이 동방의 따뜻한 해역에 정착하도록 허용되어서는 안 된다."

이것이 영일동맹의 기본 정신이었다. 영일동맹은 사실상의 군사 동맹이자, 일본이 러시아와의 전쟁을 결심하게 만든 결정적인 계기였다.

영국은 일본이 러시아 남진을 견제하는 역할을 훌륭히 수행할 경우, 그 대가로 일본이 대한제국에서 특수한 권익을 갖는다는 사실을 분명히 했다. 일본과 군사협력 관계를 맺은 영국은 일본 국채를 매입해주어 전쟁 비용을 마련해주었다. 또 영국제 최신예 전함을 일본에 판매했다. 대표적인 전함이 1905년 쓰시마 해전에서 도고 헤이하치로(東鄕平八郎) 제독이 승선했던 일본 연합함대의 기함 미카사(三笠)호였다. 영국 비커스(Vickers)사가 건조한 이 전함은 성능이 너무 뛰어나 영국 의회가 이 전함의 일본 판매를 문제를 삼았으나 영국 해군이 이를 묵인하여 일본에 인도되었다.

영국과 미국이 일본을 부추겨 러시아와 전쟁에 나서도록 유도한 진짜 이유가 있었다. 영미 양국은 러시아가 만주와 한반도 등 동아시아 지역을 독점하지 못하도록 견제해야 했다. 자국 군대를 동원해 이를 실행하기에는 비용이 너무 많이 들었고, 거리도 멀었다. 현실적으로 자신들의 임무를 동아시아에서 대리할 적임자는 일본이라는 데 의견이 일치했다.

일본도 러시아 못지않게 야심만만한 나라였다. 때문에 두 나라를 충돌시켜 전쟁으로 몰고 가면 러일 양국을 동시에 약화시키거나, 적어도 한 나라를 절벽에서 떨어뜨릴 수 있다고 판단했다. 영미에게 있어 러일전쟁은 일본을 이용한 깔끔한 '이이제이' 전략이었던 셈이다.

일본도 영미의 흉계를 이해하지 못할 정도로 어리숙한 나라는 아니었다. 하지만 급피치를 올려 진행되고 있는 시베리아 횡단철도가 문제였다. 이 철도가 완공되는 날, 일본은 러시아의 치명적인 위협에 놓이게 될 것이니, 일본은 '독이 든 성배(聖杯)'임을 알면서도 러시아와 전쟁에 나설 수밖에 없었다.

영미의 지지를 확보한 일본은 광범위한 첩보망을 가동하여 분석했다. 그 결과 극동 지역의 러시아군은 전쟁 준비 상태가 예상보다 허술하다는 점을 파악했다. 이왕 전쟁을 할 바에야 시베리아 철도가 완공되기 전이 일본에게는 유리했다. 이것이 일본이 조속한 개전에 착수한 이유다.

고종은 즉위 40주년 축하행사 준비에 정신이 팔려 국제 정세의 향방을 도무지 이해하지 못했다. 영일동맹이 체결되자 고종은 영국이 일본의 한반도 정책을 온건하게 수행하도록 감시자 역할을 하는 것으로 판단, 영국에 우호적인 태도를 보였다. 하지만 얻은 것은 아무것도 없었다.

러시아의 용암포 점령 사건

러시아는 청나라와 베이징의정서를 조인한 후에도 철도 보호를 명목으로 만주를 점령하고 군대를 주둔시켰다. 열강들이 반발하자 러시아는 1902년 4월 8일 청나라와 협약을 체결하여 자국군을 6개월마다 단계적으로 만주에서 철병하겠다고 공약했다.

제1차 철병은 1902년 10월 8일 협약대로 진행되었다. 1903년 4월 8일이 기한인 제2차 철병은 협약 이행을 거부하고 무단장(牧丹江) 남부와 지린성(吉林省) 전역을 재점령했다. 게다가 대한제국 영토인 압록강 변에서 나무 재배를 시작했고, 삼림재배소 경호를 이유로 군대를 파견했다.

서울에서 고종 황제의 즉위 40주년 칭경식이 예정되어 있던 무렵인 1903년 4월 21일, 러시아군이 압록강 하구의 용암포를 점령했다. 이들은 용암포를 니콜라이항으로 명명하고 군사기지를 설치했다. 러시아는 대한제국에 용암포 조차를 요구했다. 러시아는 한때 용암포를 기점으로 압록강과 두만강에 이르는 한만 국경 1,300킬로미터에 만리장성 비슷한 방책선을 두르고 요새를 구축하기 위한 계획을 추진했다(노주석, 앞의 책, 『제정러시아 외교문서로 읽는 대한제국 비사(祕史)』, 54~56쪽).

러시아군의 용암포 점령은 1885년 영국 함대의 거문도 점령사건을 방불케 할 정도로 열강의 이목을 집중시켰다. 영·미·일은 러시아군의 용암포 점령에 강력 반대하면서 고종에게 "근처에 있는 의주를 서양 열강에 개항하라"고 압력을 행사했다. 영·미·일이 손잡고 한반도로 진출한 러시아를 견제하고 나선 것이다.

주한 프랑스공사대리 퐁트네(Vicomte de Fontenay)의 보고에 따르면 고종은 서울주재 영일 대표에게 러시아에 용암포 조차를 허가하지 말라고 3개월 동안 강요당했다. 고종이 이를 반대할 경우 폐위당할 수도 있는 강압적 상황이었다.

러시아가 대한제국 북부 지역의 영토를 점령하는 등 심상치 않게 움직이자 야마가타 아리토모, 이토 히로부미, 가쓰라 다로, 고무라 주타로 외상 등이 원로회의를 소집했다. 회의에서 일본은 만한 교환론을 채택했다. 일본은 대한제국에 대한 권리를 인정받고, 러시아는 만주에서 차지한 지역에 대한 권리를 인정한다는 입장이었다.

러시아 정부는 ①일본의 대한제국 통할권은 인정하되, ②만주에 대한 군사 점령을 계속하여 만주 병합을 시도한다. ③만주 문제는 한반도 문제와 별개로 취급한다는 것이었다. 그들은 1900년에 일본에 제안했던 방식과 비슷하게 한반도의 북위 39도선 이북은 중립화하고, 그 이남은 일본이 차지하자는 의견을 내놓았다.

전쟁 피하려고 노력한 러시아

제3차 철병 기간인 1903년 10월 8일이 지나도 러시아군이 만주에서 철군하지 않았다. 일본 조야에서 '개전 불가피론'이 나오는 가운데 일·러 양국은 10월부터 12월까지 협상을 계속했다. 하지만 '만주 문제'를 협상 테이블에 올리지 않기로 한 러시아와, 만한 교환론을 주장하는 일본의 주장이 첨예하게 대립했다. 일본은 러시아가 미완성 상태의 시베리아 횡단철도를 이용하여 유럽지역에서 일부 병력을 연해주 군관구로 이동시켰다는 충격적인 첩보를 입수했다.

이 무렵 러시아 내부에서는 한반도 문제와 관련하여 강온파가 대립했다. 기르스·로바노프 등 역대 외상을 비롯하여 비테 재무상, 쿠로파트킨 육군상 등은 온건파였다. 반면에 베조브라조프(A. M. Bezobrazov) 극동특별위원장, 아바자 극동특별위원회 사무총장, 플라베 내무상, 알렉세예프 극동 총독, 두바소프 태평양함대 사령관 등은 한반도 무력점령을 위해 일본과 일전불사를 주장했다.

러시아 육군상을 역임했던 쿠로파트킨 장군은 1903년 니콜라이 2세에게 만주에 대한 「특별보고서」를 제출했다. 이 보고서는 러시아가 만주를 병합할 경우 일본과의 충돌을 피할 수 없다면서 전쟁을 피하기 위해 뤼순을 청에 반환하고 만주 북부에 대한 약간의 권리보상을 받으면서 동청철도의 남쪽 부분을 매각할 것을 제안했다.

시베리아 횡단철도가 완공되기 전까지는 일본과의 전쟁을 원치 않았던 니콜라이 2세는 "일본과의 충돌을 피하기 위해 어떤 양보도 감수하겠다"고 밝혔다. 하지만 전쟁을 피할 수는 없었다.

1903년 12월, 시중에는 "동학교도들이 일본인들을 내쫓기 위해 다시 봉기할 것"이라는 소문이 파다하게 돌았다. 만약 일본군이 이를 진압하기 위해 상륙하면 대한제국군이 봉기에 가담할 것이며, 무장 세력들은 대한제국의 독립을 위협하는 일본공사관과, 그 동맹국인 영국공사관을 습격할 것이라는 믿거나 말거나 한 이야기였다.

흉흉한 소문이 돌자 영국 정부는 공사관 보호 명목으로 순양함 시리어스호에 해병대원을 승선시켜 제물포에 파견했다. 미국·프랑스·이탈리아·독일·일본도 경쟁적으로 군함을 제물포에 파견했다. 러시아도 1903년 12월 17일, 순양함 바랴그호를 제물포로 보냈다. 이것으로 안심이 안 되었는지 두 척의 순양함을 추가 파견했다.

러시아와의 협상이 교착 상태에 빠지자 일본 지도부는 극비 회의를 열어 한반도 문제 해결을 위해서는 '최후의 수단(즉 전쟁)'도 불사한다는 의견을 채택했다. 회의 직후인 1903년 12월, 일본 정부는 '군자(軍資) 보충을 위한 임시 지출 실행의 건' '경부철도 속성의 건' 등 4건의 긴급 칙령을 공포했다.

전운 감돌자 또 미관파천·영관파천 시도한 고종

일본이 러시아와 전쟁 준비에 나서자 러시아 황제 니콜라이 2세도 극동 지역에 동원령을 내렸다. 1904년 1월 8일, 러시아는 만주에 계엄을 선포했다. 1904년 1월 18일엔 바랴그호의 루든예프 함장은 두 척의 순양함을 뤼순항으로 귀항시키고 소형 포함 카레이츠호와 동청철도 소속 여객선 순가리호로 대체했다.

러일 협상이 결렬되어 전운이 감돌자 고종은 또다시 미국공사관에 '망명'을 요청한다. 알렌은 고종의 망명 요구를 거절했다고 본국 정부에 보고했다. 미관파천에 실패한 고종은 전시에 어느 쪽도 편들지 않는 국외중립(國外中立) 선언을 추진했다. 이를 제안하고 추진한 인물은 프랑스 교사 마르텔((Etienne Martel), 벨기에 고문 델코안뉴(M. Delcoigne) 등이었다.

국외중립 선언은 왕궁 내부에까지 침투해 있는 일본 첩보망을 따돌리기 위해 극비리에 추진되었다. 고종의 어명을 받은 특사가 비밀리에 출국하여 1904년 1월 21일, 중국 즈푸(芝罘)에서 국외중립을 선언하고 각국에 이 사실을 알렸다.

대한제국 외부대신 이지용 명의로 각국에 타전된 전시 국외중립 선언은 "러일 간에 발생하고 있는 미묘한 관계를 평화적으로 해결하기 위해 한국 정부는 그 두 국가와 한국과의 사전 협의가 어떻게 되든지를 불문하고 엄정 중립을 지킬 확고한 결심을 하였음을 황제폐하의 어명을 받들어 선언하는 바이다"란 내용이었다.

대한제국이 전시 국외중립 선언을 통고하자 주한 독일공사는 1월 22일, 프랑스 공사는 25일, 이탈리아 공사는 29일 각각 이를 접수했다고 회신했다. 이것은 단순히 공문 접수 사실을 밝힌 것일 뿐, 공식적으로 지지 입장을 밝힌 나라는 하나도 없었다.

미국은 회답조차 하지 않았다. 당시 미국 대통령 루스벨트(Theodore Roosevelt)는 대표적인 친일 정치인이었다. 그는 대통령에 당선되기 전부터 "한국에 대한 일본의 통제가 한국인의 악정(惡政), 청의 간섭, 러시아의 관료적 독선보다 더 유리하다"면서 "나는 일본이 한국을 차지하는 것을 보고 싶다"고 발언했다.

영국 정부도 외교 관례에 따라 국외중립 공문을 수교했다. 고종은 이것을 호의적인 승인(보장)이라고 자의적으로 해석했다. 그는 영국 공사관에 감사를 표시하면서 "중립 선언이 효력을 발휘할 수 있도록" 영국의 충고와 지원을 요청했다.

이어 고종은 러일전쟁으로 인해 자신의 신변에 위험이 생길 경우 영국공사관으로 피신할 수 있는지를 조던(J. N. Jordan) 공사에게 타진했다. 1896년 아관파천처럼 영관파천(英館播遷)을 실행하여 영국에 의지하고, 영국을 새로운 '아버지 나라'로 끌어들이려는 의도였다.

기대와는 달리 영국 정부는 고종의 제안을 단호히 거절했다. 조던 공사는 "러일 사이에 전쟁이 발발할 경우 한국 정부는 서울을 먼저 점령하는 측의 지배하에 들어가게 될 것이다. 한국은 이들의 지시에 따라 움직일 것이 분명하므로 한국의 중립선언은 의미가 없다"고 혹평했다.

고종은 대한제국 정부의 국외중립 선언이 국제적 승인을 얻지 못하자 서울 지역만이라도 중립을 유지하기 위해 '경성(京城)중립안'을 꺼내들었다. 고종은 현상건을 주한 프랑스공사에게 보내 경성중립안을 제안했다.

고종, 러시아공사관에 개전 관련 극비정보 전달

이 무렵 서울 외교가에는 주한 프랑스공사관 내에 고종과 그의 측근들이 묵을 온돌방을 만들었다는 소문이 파다했다. 때를 맞춰 무장한 프랑스 해군 39명과 장교 2명이 입국했다. 고종이 프랑스공사관에 '망명'을 요청했는지는 정확히 밝혀지지 않았다.

고종의 전시 국외중립 선언 이전에 이미 일본군은 마산포와 제물포에 군수품 창고를 급조하고, 서울 영등포 창고에 군량미를 저장하기 시작했다. 2월 초 마산포에 일본군 1만 2,000명이 상륙했고 군수품과 식량 수송이 개시되었다. 원산에도 민간인 복장을 한 일본 예비군과 군인·군마(軍馬)·군수품·탄약이 수송되었다. 열강들은 이 와중에 통고된 고종의 전시중립 선언을 철저히 무시했다.

1904년 1월 하순부터 극동 지역에 거주하던 일본인의 귀국이 시작됐다. 블라디보스토크에는 귀국하는 일본인 수송을 위한 여객선이 대기하고 있었다.

전쟁이 임박했음을 감지한 러시아 극동총독은 니콜라이 2세에게 총동원령 및 함대 해상배치 칙령을 요청했다. 이 요청에 대해 니콜라이 2세는 "일본이 먼저 전쟁을 시작하는 것이 바람직하다. 일본군이 한반도 남쪽이나 원산 이남에 상륙할 경우 러시아는 방해하지 말라"는 지시를 내렸다. 반면에, 서해안에서 일본 상륙군 수송 군함이나 기타 일본군함이 38선을 넘어 북으로 진격할 경우 "일본군의 발포를 기다리지 말고 즉시 공격하라"는 칙령을 내렸다.

니콜라이 2세의 이 조치는 1896년 일본이 처음 38선(혹은 39도선) 분할안을 제안한 이후 러일 양국은 묵시적으로 각자 영역을 인정하고 있었던 것으로 해석된다(박종효, 「러시아 해군에 항복은 없다. 한 방울 피가 남을 때까지 싸우자!」, 「신동아」, 2004년 2월호, 통권 제533호)

1904년 2월 4일, 뤼순항에 정박해 있던 러시아 태평양함대 소속 28척의 군함이 해상훈련을 위해 출항했다. 이날 일본은 어전회의에서 러시아와의 전쟁을 최종 결정했다. 다음 날 오후 고무라 일본 외상은 주러 일본공사 구리노 신이치로(栗野愼一郎)에게 "일본 정부는 러시아와 협상을 중지하고 자유행동을 취하기로 했다"는 결정문을 람즈도르프(Vladimir Nikolaevich Lamzdorf) 외상에게 전달하라는 전보를 보냈다.

2월 6일, 구리노 주러 일본공사는 훈령에 따라 러시아 정부에 국교단절 공문을 제출했다. 그 즉시 자국 외교관을 상트페테르부르크 공사관에서 스웨덴 스톡홀름으로 철수시켰다. 러시아 외무성도 서울과 도쿄의 러시아공사관에 "철수하여 뤼순으로 귀환하라"고 훈령했다.

당시 대한제국의 통신시설과 우편시설은 일본이 장악하고 있었다. 러시아 외무성의 철수 훈령은 며칠 전 일본이 통신선을 절단하는 바람에 서울주재 러시아공사관에는 전달되지 않았다. 일본은 서울 러시아공사관에서 본국 외무부로 보내는 외교행낭도 배달을 지연시키거나 손상시키곤 했다. 비상이 걸린 러시아는 제물포에서 상하이 노선을 운항 중이던 동청철도 여객선을 이용하여 외교문서를 실어 날랐다.

일본군은 대한제국 곳곳에 첩보거점을 설치하고 정보 수집에 열을 올렸다. 1903년 제물포주재 러시아 부영사 팔야노프스키가 평양 지역을 출장한 후 "평양에 일본 첩보기관이 있으며, 일본인들은 시내의 모든 약국을 운영하면서 무슨 일이 일어나는지 살피고 있다"고 보고했다.

간도의 일본 총영사관에도 비밀 첩보과가 가동되고 있었다. 간도 일대에는 통감부와 헌병사령부 소속 밀정 760명이 활동 중이었는데, 그 중에는 여성도 있었다. 여성들은 대부분 기생이라는 보고도 있었다(1909년 10월 23일 소모프 총영사가 러시아 외무장관에게 보낸 비밀보고).

러시아도 대한제국과 일본에 첩보원을 파견했다. 서울에 상주하며 비밀 첩보 수집 임무를 수행하기 위해 제2시베리아 보병사단 포병여단 소속의 비류코프 대위가 군사무관 부관으로 서울에 파견되었다. 비류코프는 서울의 러시아학교 교사 신분으로 8년간 활동했다.

비류코프는 한국인 학생 10여 명을 러시아의 하사관학교 등에 국비유학생으로 입교시켰다. 러일전쟁이 발발하자 이들을 소집하여 비밀첩보원으로 활용했다. 그는 1916년까지 원산·성진주재 영사로 근무하며 일본군에 대한 첩보를 수집하여 러시아군 사령부에 보고했다(노주석, 앞의 책, 『제정러시아 외교문서로 읽는 대한제국 비사(秘史)』, 66~67쪽).

2월 6일 새벽, 도고 헤이하치로 일본 연합함대 사령관은 "전 함대는 서해로 발진하여 제물포와 뤼순항에 정박해 있는 러시아 군함을 공격하라"는 명령을 내렸다. 곧바로 전함 6척(미카사·아사히·후지·하쓰세·시키시마·야시마), 순양함 14척, 그리고 어뢰정들이 사세보(佐世保)항을 출항했다. 연합함대는 2월 7일, 서해에서 세력을 분리하여 주력 함정은 뤼순항으로, 제4전투함대 소속 순양함 5척과 어뢰정 8척, 상륙군 수송함 3척은 제물포로 항진했다.

러시아 극동총독부는 "일본이 러일 협상 중지하고 외교단절 선언"이라는 긴급 전문을 수령했다. 하지만 일본군의 움직임에 대해서는 전혀 파악하지 못했다. 통신선 단절로 인해 주한 러시아공사관은 어떤 정보도 접할 수 없는 고립무원 상태였다. 이때 고종 황제는 러시아공사관에 전령을 보내 "일본 함대가 압록강 하구로 향하고 있으며, 제물포에 일본군이 상륙할 계획"이라는 극비 정보를 전했다.

일본 연합함대, 뤼순항 기습공격

고종으로부터 충격적인 정보를 입수한 주한 러시아공사 파블로프(Aleksandr Ivanovich Pavlow)는 2월 7일, 바랴그호 함장 루든예프에게 "제물포에 정박 중인 포함 카레이츠호를 뤼순항에 파견하여 극비 정보를 직접 전달하라"고 요청했다.

2월 8일 오후 3시 30분경, 극비 임무를 부여받은 카레이츠호가 제물포항을 출항했다. 카레이츠호가 팔미도를 통과할 무렵, 때마침 들이닥친 일본 함대와 조우했다. 제독 기를 게양한 일본 순양함 아사마(浅間)호 옆을 통과하게 된 카레이츠호 함장은 해군의 국제 예절에 따라 함상 경례를 했다.

아사마호는 답례 대신 좌현으로 선회했고, 어뢰정들이 외해로 빠져나가는 길목을 차단했다. 좁은 수로에서 항로를 차단당한 카레이츠호는 중립국항인 제물포로 돌아가기 위해 선수를 돌렸다.

오후 4시 30분경, 카레이츠호가 정박지에 거의 도착할 무렵, 일본 어뢰정 세 척이 카레이츠호를 향해 어뢰를 발사했다. 두 발의 어뢰는 목표물을 빗나갔고, 세 번째 어뢰는 카레이츠호 2,000미터 전방에서 폭발했다. 카레이츠호는 함포 두 발을 응사했다. 이것이 러일전쟁 첫 교전으로 기록되었다.

오후 4시 55분, 바랴그호 함미(艦尾)쪽에 정박한 카레이츠호는 바랴그호 함장 루든예프 대령에게 상황을 보고했다. 이때 카레이츠호를 추격해 온 일본 군함들이 바랴그호 근처에 닻을 내렸다. 양국 군함이 상호 대치한 가운데 일본군 수송선 세 척이 일본군 3,000명과 군마 등을 제물포항에 상륙시켰다.

2월 8일 랴오둥반도 끝부분에 위치한 뤼순항에는 러시아 태평양함대 소속 전함 7척(체사레비치·레트비잔·페레스베트·폴타바·페트로파블로프스크·세바스토폴·포베다), 장갑순양함 1척(바얀), 방호순양함 8척, 포함 6척, 구축함 18척이 배치되어 있었다.

2월 9일 00시20분경, 선전포고도 없는 상태에서 일본 연합함대 소속 어뢰정들은 뤼순항 외항에 정박한 러시아 함정들을 향해 16발의 어뢰를 발사했다. 일본군의 기습 어뢰공격으로 전함 레트비잔과 체사레비치, 순양함 팔라다호가 피격 당해 크고 작은 피해를 입었다. 날이 밝자 러시아 극동총독 알렉세예프 제독은 상트페테르부르크의 니콜라이 2세 황제에게 다음과 같이 전쟁 발발 소식을 타전했다.

"황제 폐하께 엎드려 보고드림. 2월 8일에서 9일로 넘어가는 밤 자정, 일본 어뢰정들이 뤼순 기지 외항에 정박 중이던 아군 전대(戰隊)에 기습 공격을 가해옴. 전함 레트비잔호와 체사레비치호, 순양함 팔라다호가 피격되었으며, 피해 규모를 조사 중임."

제물포해전에서 장렬하게 싸운 바랴그호

제물포에는 러시아 함정 2척 외에 탈보트호(영국), 파스칼호(프랑스), 엘바호(이탈리아), 빅스버그호(미국)가 정박 중이었다. 2월 9일 오전 7시 30분. 일본 제4전투함대의 우리우 사령관은 외항에 정박 중인 외국 군함 함장들에게 일본이 러시아와 전쟁상태에 돌입했음을 알리고 "러시아 군함은 정오까지 제물포항을 떠나라. 출항하지 않으면 오후 4시 이후 공격할 것이다. 외국 군함들은 피해를 입지 않도록 정박지를 옮겨달라"는 통고서를 보냈다.

전투를 각오한 바랴그호 함장은 오전 11시 20분, 제물포 정박지에서 출항했다. 일본은 5척의 순양함과 어뢰정 8척이 팔미도 수로에서 공해로 나가는 해로를 차단하고 전투 준비를 하고 있었다. 러시아 함대는 2척, 일본은 13척. 승패는 자명했다.

전력상 절대 우위에 있는 우리우 제독은 항복을 권했다. 루든예프 함장은 이를 거부하고 전투 깃발을 게양한 다음 항해를 계속했다. 11시 45분, 일본의 철갑순양함 아사마가 바랴그호를 향해 발포하면서 제물포해전이 시작되었다. 교전 도중 바랴그호가 발사한 포탄이 아사마호 함교에 명중하여 함장이 현장에서 전사했다. 양쪽 군함의 요란한 함포 사격 포성이 서울까지 들릴 정도였다.

집중 공격의 대상이 된 바랴그호는 포화를 뚫고 공해로 탈출하기 위해 필사적으로 대응했다. 하지만 명중탄을 너무 많이 맞아 곳곳이 부서지고 침수되어 배가 좌측으로 기울었다. 루든예프 함장도 부상을 입어 피투성이가 되었다. 간신히 사태를 수습한 루든예프 함장은 전투 개시 한 시간 만인 12시 45분, 제물포로 후퇴했다.

제물포항에 정박 중이던 프랑스 해군 소속 파스칼호의 세네스 함장은 바랴그호 상황에 대해 "갑판은 피바다였으며 사방에 시체와 사지가 찢어져 널려 있고, 함정은 어느 한 곳도 파손되지 않은 데가 없었다. 포탄을 맞은 함교는 벌집이 되어 매달려 있었다. 후미에서는 하염없이 연기가 피어올랐고 함정은 점점 왼쪽으로 기울어가고 있었다"고 기록했다(박종효, 「러시아 해군에 항복은 없다. 한 방울 피가 남을 때까지 싸우자!」, 앞의 책, 「신동아」, 2004년 2월호, 통권 제533호).

바랴그호는 230여 명이 전사하거나 부상을 당했고, 일본 측도 거의 비슷한 인명피해가 발생했다. 피해가 너무 심각해 전투 재개가 불가능한 상황이 되자 루든예프 함장은 부상자를 다른 군함으로 옮긴 후 선미의 배수판을 열고 자침시켰다. 바랴그호는 러일전쟁 후 일본군이 인양하여 수리한 다음 소우야(宗谷)라는 이름으로 일본 해군에 편입시켰다가 제1차 세계대전 당시 러시아군에게 반환되었다.

피해를 입지 않은 카레이츠호는 일본군에게 노획되는 것을 막기 위해 자폭시켰고, 여객선 순가리호는 동청철도 제물포지사장과 합의한 후 불을 질러 침수시켰다. 이로써 제물포항에 있던 러시아 소속 세 척의 함정은 제물포 앞바다에 수장되었다. 러시아 황제 니콜라이 2세는 2월 9일, 일본에 선전포고를 함으로써 러일전쟁이 발발했다.

러시아공사관 철수에 망연자실한 고종

러시아 황제는 적에게 야간 기습을 허용한 책임을 물어 러시아 태평양 함대 사령관 스타크 제독을 파면했다. 신임 사령관에는 러시아 최고의 전략가이자 해양학 전문가, 러시아 제국 과학아카데미의 회원이자 톨스토이가 '뛰어난 도살 기계'라고 칭찬했던 스테판 오시포비치 마카로프(Admiral Makarov) 중장이 부임했다.

마카로프 제독은 귀족들이 지도부를 구성하고 있는 러시아 해군에서는 예외적으로 평민 출신이었다. 그가 저술한 『전략론』은 세계의 명저로 꼽혀 일본 해군장교들도 꼭 읽어야 할 책으로 평가되었다.

2월 10일 일본은 주한 러시아공사관에 선전포고문을 전달했다. 2월 12일 오전 8시 30분, 파블로프 주한 러시아공사를 비롯한 공사관원과 무장해제 당한 경비병, 러시아 정교회 신부 등 러시아인은 한국에서 철

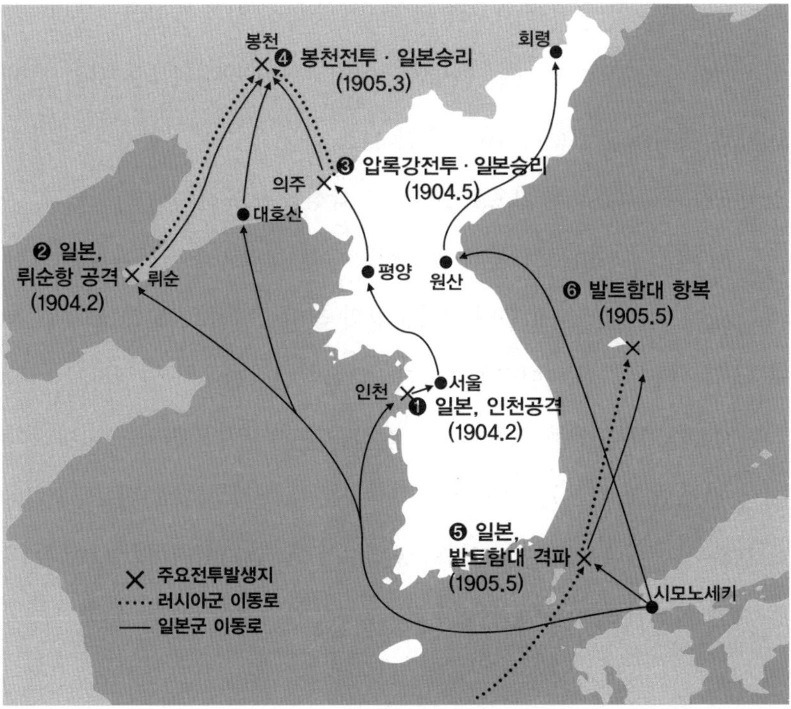

〈지도6〉 러일전쟁 상황 지도

수하기 위해 서울역으로 나갔다. 연도에 일본 헌병대가 도열한 가운데 러시아공사 일행이 서울역에 도착하자 일본 군악대가 이별의 노래를 연주했다.

고종 황제는 유일한 의지처였던 러시아공사관 철수 소식에 망연자실했다. 고종은 파블로프 공사에게 밀사를 보내 "짐은 이미 일본군의 포로 상태이며, 모든 권력을 빼앗겼다. 곧 상황이 변해 러시아가 승리할 것을 믿는다. 앞으로도 대한제국은 러시아군에 적극 협조하겠다"고 메시지를 전했다.

일본의 해군력 건설은 러시아 해군보다 출발이 훨씬 늦었다. 일본은 청일전쟁이 종료된 다음 해인 1896년, 러시아와의 전쟁에 대비하여 건함 10개년 계획에 돌입했다. 10년 동안 세계 일급 수준의 전함 6척, 장갑순양함 6척(6·6함대)을 중심으로 103척의 함정을 보유하기로 결정했다.

일본 해군상 야마모토 곤베에(山本權兵衛)는 1903년 러시아와 치열한 경합 끝에 아르헨티나로부터 장갑순양함 리바다비아호, 모레노호 두 척을 구입했다. 이 배는 아르헨티나가 칠레와 긴장관계가 발생하자 이탈리아 안살드사에 주문했던 일등급 장갑순양함이었다. 선체는 이탈리아에서 건조했고, 함포는 영국의 암스트롱사가 제작한 10인치(25.4센티미터)포를 장착했다. 227킬로그램의 포탄을 1만 8,000미터까지 날려 보내는 세계 최장거리 함포였다.

뤼순항에 틀어박힌 러시아 태평양함대

배가 거의 완성될 무렵 칠레와 긴장이 해소되면서 아르헨티나는 이 배의 쓸모가 없어졌다. 이 사실이 알려지자 전쟁을 앞둔 러시아와 일본이 치열한 경쟁을 벌였다. 일본과 동맹조약을 체결한 영국은 아르헨티나에 압력을 넣어 일본에 이 배를 판매하도록 공작했다. 완성된 두 척의 배가 이탈리아 조선소에서 일본으로 항해할 때 러시아는 이 배가 일본에 도착하기 전에 파괴하기 위해 추격했다.

영국이 이 배에 타고 있던 암스트롱사 직원 보호를 명목으로 호위 지원에 나서자 러시아 함대는 영국과의 충돌을 피하기 위해 철수했다. 무사히 일본에 도착한 두 척의 순양함은 카스가(春日)호, 닛신(日進)호로 명명되었다.

카스가·닛신은 제1함대 소속으로 뤼순항 포위작전에 투입되었다. 두 순양함에 탑재된 주포는 일본 연합함대 함포들 중 사거리가 가장 길었다. 그 결과 뤼순요새의 사거리 바깥에서 함포를 발사하여 일본군의 사기진작에 결정적인 역할을 했다.

이런 노력 끝에 러일전쟁 개전 직전 일본은 전함 6척, 장갑순양함 8척, 경순양함 16척, 구축함 20척, 어뢰정 58척을 보유하게 되었다. 이때 비로소 일본은 세계 5대 해군국의 말석을 차지하게 되었다.

6·6함대 건설에도 불구하고 러일전쟁 개전 당시 일본군은 한 세트의 함대만을 보유하고 있었다. 반면에 러시아는 극동(뤼순·블라디보스토크의 태평양함대), 본국(발트함대)에 함대를 보유하고 있었다.

러시아 태평양함대와 일본 연합함대는 세력이 거의 비슷했다. 만약 러시아의 본국 함대가 태평양함대와 합류한 상태에서 해전이 벌어지면 일본은 도저히 승산이 없었다. 일본은 러시아의 두 함대가 멀리 떨어져 있을 때 뤼순항의 태평양함대를 먼저 격멸하고, 나중에 발트함대와 격전을 벌이는 각개격파 전략을 실행하기로 했다.

전쟁이 발발하자 뤼순에 배치되어 있던 러시아 태평양함대는 항구에 틀어박혀 세력 온존작전을 벌였다. 아무리 유인해도 러시아 함정들은 꼼짝하지 않았다. 일본군은 러시아 함대를 육지에서 대포로 공격하여 항구 밖으로 몰아낸 다음 격침시키기 위해 뤼순요새 점령을 결정했다. 이를 위해 제3군을 조직하고 사령관에 노기 마레스케(乃木希典)를 임명했다.

노기 장군은 뤼순요새 점령은 하루, 늦어도 열흘이면 함락할 것으로 낙관했다. 그러나 이 생각은 근대적 요새의 기능에 대해 무지했던 노기 사령관의 희망사항이었다. 일본군 제3군은 철조망과 콘크리트 보루, 지하참호, 기관총으로 철갑을 두른 뤼순요새를 함락하기까지 1904년 8월 19일부터 1905년 1월 2일까지 6개월의 세월과 6만여 명의 사상자라는, 세계 전사(戰史)상 미증유의 유혈 기록을 양산했다.

지옥을 방불케 한 뤼순 공방전

시바 료타로는 뤼순 공방전에 대해 "가난하고 상식이 결여된 일본 육군이 총검돌격 사상으로 공격하고, 일본보다 열 배 부강한 러시아는 그것을 기계력으로 막으려 한 전투"라고 평했다.

일본 포병은 하루 종일 러시아 진지를 향해 포탄을 날려대는 바람에 탄약고가 바닥났다. 일본군은 단 하루 전투에서 청일전쟁 때 자신들이 소비한 전체 포탄 양이 넘는 포를 발사했다. 일본 육군은 단순 무식하게 기관총과 철조망, 지하참호와 보루로 철옹성을 쌓은 고지를 향해 총검돌격을 감행했다. 러시아 요새 곳곳에는 분당 500발을 발사하는 맥심기관총이 설치되어 있었다.

스테셀 사령관이 지휘하는 러시아군은 방어전의 달인(達人)이었다. 일본군 병사들은 기관총 일제사격에 손 한 번 쓰지 못하고 벌레처럼 살해당했다. 불과 6일 동안의 총검 돌격으로 사상자 1만 5,800명이 발생했지만, 적의 소규모 토치카 하나도 점령하지 못했다. 두 번째 공격도 무모한 돌격으로 사상자 4,900명이 발생했지만 러시아군 요새는 미동조차 하지 않았다. 단 두 차례 공격에서 1개 사단 병력이 눈 녹듯 사라졌다. 사령관 노기 마레스케의 두 아들도 전투에 참여했는데, 장남은 진저우(錦州) 전투에서 러시아 기관총에 맞아 전사했고, 차남은 자신이 지휘한 뤼순 공방전에서 죽었다.

보병의 육탄 돌격으로는 성과를 내기 어렵다고 판단한 대본영은 도쿄만과 아키 요새에 배치된 28인치 유탄포를 실어다 뤼순 공격에 투입했다. 10월 26일, 28인치 유탄포를 앞세워 총공격이 개시됐다. 4일간에 걸친 유탄포 공격은 큰 성과를 발휘했으나 일본군은 전사 1,092명, 부상 2,782명의 피해를 당한 끝에 'P보루'로 명명된 작은 보루 하나를 점령하는 데 그쳤다.

11월 29일부터 30일까지 계속된 203고지 공방전에서 일본군은 8,000명의 사상자에도 불구하고 별다른 성과를 얻지 못했다. 만주군 총사령관 오야마 이와오(大山巖) 장군은 러시아 진지를 돌파하는 땅굴 굴착을 명하고, 만주군 총참모장 고다마 겐타로(兒玉源太郎) 대장을 뤼순으로 보내 작전을 지휘했다.

일본군 내에서는 "뤼순 때문에 나라가 망할 판"이라는 비관적 관측이 나돌았다. 이제 뤼순은 메이지 일본의 존망이 걸린 결전장이 되었다. 근대화를 진행하던 일본은 뤼순요새에서 '근대'가 얼마나 무서운 것인지를 처절하게 체험했다.

대본영은 최후의 현역병 정예사단인 제7사단을 뤼순에 투입했다. 제7사단은 병력이 1만 5,000명이었는데, 불과 며칠 사이에 1,000명으로 줄었다. 12월 4일 오전부터 203고지 공격을 개시한 일본군은 12월 5일 22시, 203고지를 완전 점령했다. 고지 점령 과정에서 일본군은 전사 5,052명, 부상 1만 1,884명의 인명피해를 당했다. 203고지를 점령한 일본군은 고지 위에서 항만에 정박해 있는 러시아 태평양함대에 포격을 가해 격침시켰다. 뤼순항의 러시아 함정들은 전멸당했다.

6개월 만에 뤼순요새 함락

일본군이 뤼순요새 점령에 성공한 것은 러시아를 상대로 첩보 공작을 진행했던 아카시 모토지로(明石元二郎) 대좌 덕분이다. 그는 영국의 전설적인 첩보원 시드니 라일리(Sidney Reilly)를 뤼순요새에 침투시켰다. 라일리는 러시아군 배치 동향과 요새 도면을 확보하여 일본군에게 넘겨주었다. 이 정보를 바탕으로 일본군은 천신만고 끝에 뤼순요새 점령에 성공한 것이다.

외국인 종군기자는 "뤼순 포위전은 시작부터 끝까지 일본 군사력의 비극"이라고 썼다. 일본군 지휘부가 휘하 병사들을 기관총탄이 우박처럼 쏟아지는 곳으로 돌격시켜 인명피해가 속출했기 때문이다. 노기 장군도 "그렇게 많은 인명과 시간을 완벽하지 못한 계획에 낭비해야 한다는 사실에, 현재 본인이 느끼고 있는 유일한 감정은 수치심과 괴로움뿐"이라고 한탄했다.

1905년 1월 1일, 일본군의 끈질긴 공격으로 병력과 물자가 고갈된 러시아군은 더 이상 요새 방어가 불가능하다고 판단했다. 스테셀 사령관은 노기 장군에게 요새 양도에 관한 교섭을 위한 사절을 보냈다. 노기는 1월 2일 이른 아침, 항복 교섭에 동의하는 서신을 스테셀 장군에게 보냈다. 그날 19시, 스테셀 사령관은 항복문서에 서명했다. 일본군이 뤼순요새를 공격한 지 6개월 11일째 되는 날이었다.

일본 병사는 러시아 병사의 보루에 올라가 술을 나눠 마셨다. 취한 김에 양국군 병사가 어깨동무를 하고 뤼순 시가지까지 진출하여 시내 술집에서 술을 마시기도 했다. 항복한 러시아 수비대원은 일본군 포로가 되었고 보루와 탄약, 군수물자는 일본군에게 양도되었다. 러시아 요새 수비대는 비록 항복했지만, 13만에 달하는 일본군 주력부대와 주력함대를 6개월 이상 한 곳에 묶어두는 데 성공했다.

6개월에 걸친 격전에 투입된 일본군 병력 13만 명 가운데 사상자가 5만 9,000명이었다(후지와라 아키라, 서영식 옮김, 『일본군사사(日本軍事史) 上』, 2013, 제이앤씨, 154쪽). 투입된 병력의 45퍼센트가 피해를 입었다. 반면 러시아군 수비대 병력은 4만 5,000명. 그중 사상자는 1만 8,000여 명이었다.

메이지 천황은 스테셀 장군과 그의 휘하에서 마지막까지 장엄하게 싸운 러시아 병사들의 용맹을 칭송하며 노기 마레스케(乃木希典) 제3군 사령관에게 "스테셀 사령관이 조국을 위해 바친 공로를 헤아려 무사(武士)의 명예를 유지할 수 있게 해주기를 바라노라"라는 전보를 보냈다. 이로 인해 스테셀 사령관과 수행원들의 착검이 허용됐다. 아무리 전쟁이어도 쌍방이 이 정도의 기사도 정신은 남아 있었다. 스테셀 사령관은 뤼순요새에 병사와 포탄, 자재와 식량이 충분했음에도 적에게 항복했다는 이유로 후에 러시아 군법회의에 회부되어 사형 선고를 받았다.

6만여 명의 희생자를 낸 끝에 일본군이 '난공불락의 요새' 뤼순을 함락하자 일본 열도는 환희에 불타올랐다. 국제적 파장도 엄청났다. 영국의 전사 연구가 찰스 풀러(J.F.C. Fuller)는 저서 『서양전사』에서 1905년 1월 일본군의 뤼순 함락을 1453년 이슬람의 콘스탄티노플 함락과 함께 역사상 중요한 사건으로 꼽았다.

뤼순요새가 일본군에게 점령당하여 일본의 승전 가능성이 높아지자 전쟁 경비 조달을 위한 일본 정부의 국채 모집이 수월해졌다. 반면 러시아는 국제적 위신의 추락은 물론, 국내 통치에도 큰 혼란이 발생했다.

레닌은 "뤼순의 항복은 차르 체제 항복의 서막이었다"고 토로했다. 뤼순 함락 20일 후인 1905년 1월 22일 상트페테르부르크에서 '피의 일요일' 사건이 벌어졌다.

고종, 11년간 7차례나 외국 공관 도피 시도

러시아에서 '피의 일요일' 사건이 터지기 사흘 전인 1월 19일, 알렌 공사는 또다시 고종으로부터 미관파천 요청을 받는다. 깜짝 놀란 알렌은 "황제가 공사관 담을 넘더라도 내쫓겠다"고 본국 정부에 보고했다. 고종은 11년에 걸쳐 5개국 공관으로 7차례나 백성들과 나라와 종묘사직을 내팽개치고 파천을 시도했다. 그중 1회는 성공, 6회는 실패로 끝났다. 그럼에도 불구하고 일부 학자들은 고종의 외국 공사관으로의 피신 혹은 도주를 '고종의 망명정부 구성'이라고 주장한다(김종욱, 「고종의 항일투쟁사 그리고 수난사」, 황태연 외, 『일제종족주의』, 넥센미디어, 2019, 301~375쪽). 코미디를 방불케 하는 아전인수 역사 해석이다.

일부 학자들은 대원군과 민 왕후의 권력투쟁, 그 틈에서 우왕좌왕하는 나약한 군주, 즉 고종 암군설(暗君說)·암약설(暗弱說)은 왕비 시해에 가담한 일본 언론인 기쿠치 겐조(菊池謙讓) 같은 침략자들이 날조한 것이라고 비판한다. 김종욱(경희대 후마니타스칼리지 외래교수)은 『일제종족주의』라는 책에 게재한 「고종의 항일투쟁사 그리고 수난사」라는 글에서 식민지 근대화론자들이 펼치는 고종 죽이기는 식민사관이며, 고종은 일제에 의해 독살당할 때까지 끝까지 맞서 싸웠던 항일 군주라고 주장한다.

고종은 왕궁을 탈출하여 러시아공사관에서 1년 넘도록 국정을 운영

〈표11〉 고종의 외국 공관 피난 시도 일지

일시	장소	내용
1882년 8월	일본공사관(日館播遷)	하나부사 요시모토(花房義質) 주한 일본공사에게 "조선 난병들이 또다시 난동을 부릴 경우 일본공사관으로 피신하겠다" 요청
1894년 6월	미국공사관(美館播遷)	일본군이 조선에 출동하여 청일전쟁 위기가 고조되자 실(J.M.B. Sill) 주한 미국공사에게 "만약의 사태가 발생할 경우 미국공사관으로 피신할 것이니 준비해 달라" 요청
1894년 6월	영국공사관(英館播遷)	미국공사관과 파천 협상 진행하는 사이, 주한 영국총영사 가드너(C.T. Gardner)에게 영관파천 요청
1896년 2월	러시아공사관(俄館播遷)	고종, 궁녀복으로 변장하고, 궁녀 가마 타고, 러시아 병사의 호위와 주한 러시아 공사 스페에르(Alexis de Speyer)와 베베르(Karl Ivanovich Weber)의 후원으로 러시아 공사관으로 탈출
1897년 12월	미국공사관(美館播遷)	원구단에 천제 올리고 황제에 등극한 지 두 달 후인 12월 24일, 미국공사관에 미관파천 요청
1904년 2월	영국공사관(英館播遷)	대한제국의 전시 중립 선언 공문을 영국공사관이 수교하자 고종은 "영국이 대한제국의 중립을 보장한 것"으로 착각, 자신의 신변에 위험이 생길 경우 영국 공사관으로 피신 의사를 조던(J.N. Jordan) 주한 영국공사에게 타진
1905년 1월	미국공사관(美館播遷)	러일전쟁이 한창이던 1905년 1월 19일, 알렌 공사 고종의 미관파천 요청 받아. 알렌은 "황제가 공사관 담을 넘더라도 내쫓겠다"고 본국 정부에 보고

한 아관파천(俄館播遷)의 실행자다. 김종욱은 위의 글에서 1896년 2월 고종이 러시아공사관으로 '파천(播遷)'한 행위를 "아관망명을 통해 임시정부를 수립하려는 계획"이라고 주장했다. 고종이 도성을 떠난 적이 없으며, 러시아 공사관으로 이전한 후 가장 먼저 친일내각 해산을 지시했

으니 '파천'이 아니라 '망명'이 옳다는 것이다.

그는 아관파천을 "러시아공사관으로 목숨 걸고 떠난 망명"이라고 해석하고, 고종을 "불멸의 충의(忠義)를 보여준 군주"라고 주장했다. 참으로 미안한 얘기지만 고종은 1896년 2월에만 아관파천을 단행한 것이 아니다. 고종이 외국 공관으로 피난을 시도한 상황을 정리하면 〈표11〉과 같다.

1904년, 러일전쟁의 전운이 감돌자 영국 총영사에게 영관파천(英館播遷)을 의뢰했다가 일언지하에 거절당했다(구대열, 앞의 논문, 「다모클레스의 칼—러일전쟁에 대한 한국의 인식과 대응」, 『러일전쟁과 동북아의 변화』, 38쪽). 이런 사실들이 역사에 낱낱이 기록되어 있다.

최후의 결전, 봉천 대회전

일본의 전쟁 방침은 단기간에 화려한 성과를 올린 후 기회를 포착하여 강화를 유도하는 것이었다. 때문에 결전장에 적보다 빠른 시간 내에, 적보다 많은 병력을 집결시켜 공세를 펴부었다.

러시아군을 지휘한 쿠로파트킨 사령관의 전략은 "후퇴하며 적의 전력 소모를 강요하고, 마지막 단계에서 최후의 승리를 거두는 것"이었다. 러시아군은 본국에서 원군과 전쟁물자가 충분히 수송될 때까지 접전을 벌이며 후퇴를 거듭했다. 이 전술을 통해 일본군 병참물자와 병력을 소모시키고, 적군을 내륙 깊숙이 끌어들여 보급선을 길게 늘어지도록 했다.

러시아군은 랴오양(遼陽)에서 적당히 전투하다가 전술 교과서대로 완벽에 가까운 후퇴전을 수행하여 봉천(瀋陽)으로 물러났다. 일본군은 병력 소모와 11일간의 격전으로 인한 피로감으로 러시아군을 추격하지 못했다. 랴오양에서 일본군은 승리했다고 하기에는 전리품이 놀랄 정도로 적었다. 외신들은 "일본군은 랴오양에서 승리한 것이 아니라 땅을 얻었을 뿐"이라고 평했다.

랴오양 전투가 종료되었을 때 일본군은 다음 작전을 위한 포탄이 바닥났다. 포탄을 생산하는 도쿄와 오사카 포병공창의 제조 능력은 하루 300발에 불과했다. 1개 포병 중대가 신속하게 발사할 경우 7분 30초면 소모되는 수량이었다. 예상을 훨씬 웃도는 소모전이 계속되자 육군성은 9월 15일 전 세계 무기 회사에 포탄을 긴급 발주했다.

보급이 빈약한 일본군은 전투할 때마다 눈에 띄게 허약해졌다. 보급 부족으로 일선 병사의 식사량을 절반으로 줄인 대본영은 "보급 부족은 용맹성으로 커버하라"는 전문을 보냈다.

러일전쟁을 일으킬 당시 일본 지도부는 어느 누구도 승리를 장담하지 못했다. 일본이 뤼순요새를 함락하여 항구에 틀어박혀 있던 함대를 격멸시켰지만, 봉천에는 쿠로파트킨의 주력부대가 버티고 있었다.

더 이상 전쟁이 계속되면 일본은 재정적으로 파산한다. 일본 지도부는 어떻게 하든 강화 협상을 성사시키기 위해 군부에 '의미심장한 승리'를 요구했다. 벼랑 끝에 몰린 일본군은 봉천에서 증원을 기다리는 러시아군을 상대로 마지막 총력전을 준비했다.

봉천 대회전에 투입된 병력은 러시아군 36만 명, 일본군 24만 명. 포의 숫자는 러시아 1,200문, 일본 990문이었다. 어마어마한 병력과 화포가 100킬로미터에 이르는 전선을 형성하고 세계 전사(戰史)상 최대의 대회전에 돌입했다.

병력과 화력에서 열세인 일본군의 작전은 적보다 적은 병력으로 대군을 포위한다는, 거의 곡예에 가까운 구상이었다. 먼저 제1군(구로키 군)이 적의 왼쪽 날개를 공격한다. 적이 왼쪽 날개로 병력을 집중하는 사이에 제3군(노기 마레스케 군)이 오른쪽 날개를 친다. 적이 중앙의 병력을 오른쪽으로 이동하는 혼란을 틈타 주력부대가 중앙을 돌파하여 적을 포위한다는 일본군의 전략전술은 멋지게 성공했다.

1905년 3월 1일부터 열흘간 계속된 봉천 대회전에서 일본군은 소총탄 2,000만 발, 러시아는 그 4배인 8,000만 발을 소비했다. 포탄은 일본군이 35만 발, 러시아는 54만 발을 소비했다. 3월 9일 중앙 전선을 돌파한 일본군에 의해 퇴로가 차단당할 것을 우려한 쿠로파트킨은 하얼빈 방면으로 후퇴를 명했다. 무질서한 패퇴가 아니라, 주력부대를 온존시켜 마지막 단계에서 최후의 승리를 거두기 위한 나름의 후퇴 전략이었다.

봉천 대회전에서 일본군은 사상자 7만, 러시아군은 포로를 포함하여 9만에 달했다. 일본은 패하지는 않았지만, 그렇다고 승리라고 말하기도 어려운 전투였다. 어쨌거나 일본군은 3월 10일, 무인지경이 된 봉천을 점령했다. 일본은 이 날을 일본의 육군 기념일로 지정했다.

쓰시마 해전에서 압승 거둔 일본

일본 해군상 야마모토 곤베에는 러일전쟁을 준비 중인 일본 연합함대의 지휘관으로 도고 헤이하치로 중장을 임명했다. 도고 헤이하치로 제독은 청일전쟁 때 나니와호 함장으로 풍도해전에 참여했다. 청일전쟁의 첫 전투였던 풍도해전에서 도고는 청나라 병력수송선 고승호를 격침시켜 900여 명의 청군을 수장(水葬)한 인물이다.

도고 제독은 18세 때 사쓰마 해군에 입대하여 영국 유학을 다녀왔다.

그는 철저하게 영국 해군 전통을 몸에 익혔다. 그는 완고하며 무엇보다 말수가 적은 사람으로 유명했다. 도고는 해군 내에서 탄탄한 입지를 누리고 있었으나 일본에서 가장 뛰어난 제독이라고 보기는 어려웠다. 일본 천황이 "이 중요한 자리에 왜 도고를 사령관에 임명했는가" 하고 묻자 해군상은 "그가 운이 가장 좋은 군인이기 때문"이라고 답했다(맥스 부트, 송대범·한태역 옮김, 『전쟁이 만든 신세계』, 플래닛미디어, 373쪽).

1905년 5월 27일과 28일 이틀간의 쓰시마 해전에서 일본 연합함대는 지구를 반 바퀴 돌아온 러시아 발트함대 함선 38척 가운데 19척을 격침시키고, 항복한 전함 2척을 포함하여 7척을 나포했다. 본래의 목적지인 블라디보스토크에 무사히 도착한 함정은 순양함 알마스, 어뢰정 브라비와 그로즈니호 등 세 척에 불과했다. 나머지 함정들은 필리핀·상하이 등 중립국 항구로 도피했다.

인명손실도 엄청나 러시아 해군은 4,830명이 전사하고 사령관 로제스트벤스키 제독을 비롯하여 5,909명이 포로로 잡혔다. 일본은 어뢰정 3척을 잃었고, 117명이 전사, 583명이 부상을 당했다(같은 책, 387~388쪽).

동해를 통과하는 러시아 선박은 지금도 대한해협을 지날 때 꽃다발을 바다에 던져 쓰시마 해전 당시 수장(水葬)된 러시아 해군 장교와 수병들의 넋을 기린다. 일본 해군은 쓰시마 해전의 승전을 기념하여 5월 27일을 해군 기념일로 제정했다.

일본 연합함대가 뤼순에 배치되었던 러시아 태평양함대에 이어, 발트함대의 주력함 거의 대부분을 수장시킴으로써 80여 년 계속된 영국과 러시아의 '그레이트 게임'은 종료되었다. 러시아는 일본과의 해전에서 거의 모든 해군력을 상실함으로써, 영국 해군에 도전할 수 있는 힘을 상실했기 때문이다. 러일전쟁에서 패한 러시아는 내부 반란에 휩싸였고, 1917년 인류 역사상 최초로 공산주의자들이 혁명을 일으켜 권력을 장악했다.

속도·무기·인력 면에서 일본 함대 우세

러시아 학자 콘스탄틴 플레샤코프(Konstantin Pleshakov)가 쓴 『차르의 마지막 함대』에 따르면 1904년 세계 최대의 함대 보유국인 영국에는 해군 제독이 69명, 프랑스 53명, 독일 9명이었다. 반면에 러시아에는 100명의 제독이 있었다. 하지만 러시아 제독 다수는 함정을 지휘한 경험이 전혀 없었다. 제독 중 3분의 1 이상은 10년 넘게 바다 구경도 못 해본 사람들이었다(콘스탄틴 플레샤코프, 표완수 · 황의방 옮김, 앞의 책, 『짜르의 마지막 함대』, 53~54쪽).

미 외교관계위원회의 국가안보분야 선임연구원이자 「LA타임스」의 외교문제 칼럼니스트인 맥스 부트(Max Boot)는 자신의 저서 『전쟁이 만든 신세계(Made in war)』에서 러시아 해군은 일본 함대에 비해 속도·무기·우수 인력 면에서 결정적으로 불리했다고 분석했다. 맥스 부트의 양국 함대 비교를 요약하면 다음과 같이 정리된다(맥스 부트, 송대범·한태역 옮김, 앞의 책, 『전쟁이 만든 신세계』, 374~375쪽).

함대의 속도

해전에서 속도가 우월한 자는 전장의 주도권을 쥐고 전투의 완급 조절이 가능하다. 러시아 해군은 잡동사니 군함으로 구성되어 최신 전함은 일본 해군의 어떤 전함 못지않게 속도가 빨랐다. 반면에 낡은 군함은 형편없는 저속이었다. 러시아 함대는 속도가 느린 배로 인해 작전 수행에 큰 제약을 받았다. 일본 함대는 러시아 함대보다 적어도 3~4노트 더 빠르게 이동할 수 있었다.

무기

러시아 해군은 철갑을 관통한 후 폭발하는 철갑탄에 의존했는데, 실제 전투에서 다수의 불발탄이 발생했다. 반면에 일본 과학자들은 시모세(下瀨) 화약을 개발했다. 이 화약을 사용한 포탄은 두꺼운 철갑은 관통하지 못했지만, 폭발력이 러시아 포탄보다 네 배나 강하고 파편과 가스, 화염으로 인해 적함을 불바다로 만들었다.

우수 인력

일본군은 다수가 지원병인 반면 러시아군은 징집병이었다. 지원병이 징집병보다 동기가 더 확실했다. 러시아 해군 장교들은 멋진 개인 전용 그릇에 음식을 담아 식사를 하고, 비싼 와인을 마셨다. 사병들은 썩은 비스킷과 부패한 고기를 먹었다. 수병들은 사회주의자들의 혁명 구호에 도취되어 황제에 대한 미몽에서 깨어났다. 반면에 일본 장교는 사병과 같이 소박한 음식을 먹고 한데 어울렸다. 일본의 수병은 무사도(武士道)라는 의식과 신도(神道)라는 종교에 세뇌되어 천황에게 광신적으로 충성했다.

이순신 전술 전략 연구한 일본 해군

콘스탄틴 플레샤노프는 도고 제독이 발트함대에 승리한 이유는 우세한 함포와 포탄 때문으로 분석했다. 일본 함대는 폭발력 · 발사 빈도 · 발사량에서 러시아군을 압도했다는 것이다. 일본군 포탄은 폭발력이 러시아군 포탄의 4배가량 되었다. 일본군 포탄은 러시아 함선의 장갑을 꿰뚫을 수는 없었지만 함정에 수많은 화재를 일으켜 장갑 안에 있는 모든 것을 파괴했다(콘스탄틴 플레샤코프, 표완수 · 황의방 옮김, 앞의 책, 『짜르의 마지막 함대』, 438쪽).

선전포고가 있기 전 몇 달 동안 러시아 해군 전함의 함장들은 탄약 부족으로 함포사격 훈련을 제대로 시행하지 못했다. 쿠로파트킨 사령관은 해전에서 실패한 가장 중요한 원인이 "전쟁 준비가 되어 있지 않았기 때문"이라고 토로했다.

국운이 걸린 쓰시마 해전에서 압승을 거둔 도고 헤이하치로 제독을 비롯한 일본 해군 지도부는 근대식 해군 창설 초기부터 이순신의 전술 전략을 깊이 연구했고, 이순신 제독에게 깊은 존경심을 가졌다. 시바 료타로는 이순신의 전술 전략이 메이지 시대에 창설된 근대 일본 해군의 전통이 되었음을 밝히고 있다.

도고 제독이 쓰시마 해전 당시 발트함대를 궤멸시킨 승전 비결은 정(丁)자 전법(일명 T자 진법)을 통해 초전 단계에서 적 지휘부를 섬멸한 것이었다. 일본군사학회를 비롯한 일본의 저명한 역사 잡지들은 도고 제독이 수행한 징자 전법은 이순신 제독의 학익진(鶴翼陣)을 모방한 것이라고 설명한다.

러일전쟁 때 해군 종군기자로서 도고 제독을 그림자처럼 따랐던 후시이 다카오가 지은 『이순신 각서』에는 도고 제독이 "영국의 넬슨은 군신(軍神)이라고 할 만한 인물이 못된다. 해군 역사상 군신이라고 할 제독이 있다면 오직 이순신 장군뿐이다. 이순신 장군과 비교한다면 나는 일개 하사관도 못된다. 나는 천왕 폐하의 부름을 받고, 온 국민의 정성 어린 지원으로 단 한 번의 싸움을 이겨냈다. 나를 이순신 장군에 비교하는 것은 이순신 장군에 대한 모독"이라는 말을 남겼다고 전한다.

러일전쟁에서 일본군이 승리한 이유

러일전쟁에 참전한 러시아군이 수세로 몰리게 된 몇 가지 요인이 있었다. 첫째는 보급상의 한계였다.

당시 러시아는 시베리아 횡단철도를 통해 유럽에서 극동 지역으로 병력과 군수물자를 수송했다. 하지만 철도가 단선인 데다가, 곳곳이 미

〈그림19〉 교량을 건설하는 일본 공병대, 『런던뉴스Illustrated London News』, 1904

개통 상태였다. 전쟁 발발 직전 유럽지역에서 뤼순요새로 4개의 보병중대, 2개 포병중대와 1,700톤의 실탄을 수송하는 데 무려 한 달이 걸렸다. 때문에 일본군뿐만 아니라 러시아군도 수송 수단의 한계로 극심한 군수물자 부족에 시달렸다.

러시아군이 100만 명의 육군을 만주에 집결시키고 기관총을 비롯한 근대식 화포를 보급 받아 재정비를 완료한 것은 1905년 8월 무렵이었다. 쿠로파트킨은 1905년 8월부터 전쟁을 지속하기 위한 준비를 계속했고, 사기도 충천해 있었다고 한다. 그는 자신의 회고록에서 "러시아 역사상 1905년 8월 만주에 집결된 100만 명 군대처럼 강력한 군대는 없었다"고 쓸 정도였다(알렉세이 니콜라예비치 쿠로파트킨, 심국웅 옮김, 『러일전쟁』, 한국외국어대학교 출판부, 2007, 96~97쪽).

러시아군이 결정적인 작전을 개시할 수 있는 모든 준비가 완료됐을 때 일본은 병력과 자원이 완전 고갈되었다. 러시아는 극동부대가 증원 및 보급으로 증강되어 있는 상황에서 포츠머스 강화조약에 참여하여 전쟁을 끝냈다.

두 번째 이유는 사회적 분위기였다. 쿠로파트킨 장군은 일본이 러일전쟁에서 승리한 이유는 애국심, 장군부터 일개 병사에 이르기까지 모두가 느끼고 있던 군에 대한 존경심과 명예심 때문이었다고 분석한다. 쿠로파트킨의 일본 국민성에 대한 회고를 소개한다(같은 책, 86~87쪽).

"우리나라가 전쟁을 원치 않을 때 일본 국민은 무기를 잡는 첫 번째 소식에 쇄도했다. 많은 일본인 어머니들은 능력검사에서 자기 자식이 병약하다는 이유로 거절당하자 자살하기도 했다. 또 많은 수의 장교들은 전쟁에 나가기 전에 조국을 위해 죽겠다는 표시로 그들 자신의 장례를 치렀다.

전쟁 초기에는 포로가 된 장교들 중 많은 수가 자살했으며, 이름 있는 가문의 청년들은 군에 입대하기 위해 서로 앞을 다투었고, 조국에 헌신할 수 없는 자들은 국가의 공익을 위해 돈을 헌납했다. …그들은 승리를 거둘 때까지 진격하기 위해 전사자 시신이 참호를 메웠다. 반면에 우리 군대는 혁명 선전에 물들어 있었으며, 게다가 아무도 좋아하지 않는 인기 없는 전쟁에서 열정도 없이 싸워야만 했다."

개전 직전 러시아 사회의 분위기는 언제 무슨 일이 터질지 모르는 혁명 전야였다. 러일전쟁이 발발하자 니콜라이 2세 정부에 적대적인 세력들은 일선으로 떠나는 군인들에게 "항복하라. 전투에서 승리를 거둘 생각을 하지 말라"고 선동했다.

러시아 종군기자들은 자국군 전투에 대해 그릇된 보도를 일삼았고, 적군의 작전에 대해서는 터무니없이 과장된 소식을 보내 국민의 신뢰를 무너뜨렸다. 언론은 병력을 지휘하는 장교에 대한 신뢰를 더럽히고, 장교의 권위를 약화시켰으며, 국민들에게는 두려움이 싹트게 했다.

이러한 사회 분위기 탓에 초반 전투에서 일본군에게 주도권을 빼앗기자 러시아 군인 상당수가 총을 내던지고 "내가 왜 이 전쟁에서 황제를 위해 몸 바쳐 싸워야 하는가?"라며 반항했다. 쿠로파트킨 장군은 "우리 군대는 군인 정신이 부족했고, 전쟁 반대 선동의 영향을 받아 사기가 크게 저하됐다"고 지적했다.

세 번째는 일본은 러시아의 반체제·반정부 세력을 지원하여 전쟁 수행 의지를 꺾는 데 성공했다는 점이다. 뤼순요새 방어군이 항복한 직후인 1905년 1월 22일, 상트페테르부르크의 겨울궁전 앞에서 '피의 일요일' 학살사건이 벌어졌다. 8시간 노동, 국회 소집, 시민적 자유 등의 요구를 내걸고 평화 시위를 벌이던 군중에게 군대가 사격을 가해 1,000여 명의 시위대가 목숨을 잃고 2,000여 명이 다쳤다.

이 사태로 많은 공장들이 파업에 들어갔고, 거의 모든 대학과 학교들이 폐쇄되었다. 농민도 폭동에 가담하여 곳곳에서 테러·스트라이크·폭동이 이어졌다. 훗날 이 폭동과 테러가 일본의 공작이었다는 사실이 밝혀졌다.

러시아혁명 부추긴 일본

일본은 최선을 다해 전쟁 준비를 했지만 국력의 한계로 인해 러시아군에 비해 많은 부분에서 뒤져 있었다. 1904년 2월 어전회의에서 러시아와 개전을 결정했을 때 이토 히로부미는 일본이 패전할까 걱정되어 너무 울어서 눈이 퉁퉁 부었다. 전쟁자금을 준비하는 재무성뿐만 아니라, 육해군도 일본이 승리할 것이라는 아무런 전망도 없다는 사실을 잘 알고 있었기 때문이다.

이토 히로부미는 가네코 겐타로(金子堅太郎)를 주미 일본특사로 파견하면서 "만주 벌판에서 일본 육군이 궤멸되고 쓰시마 해협에서 일본 해군이 침몰당해 러시아군이 일본 본토를 공격해오면 왕년에 조슈의 씨름꾼들을 이끌고 막부와 싸웠던 것을 상기하면서 총을 들고 졸병이 되어 러시아 상륙군을 막고 포화 속에서 죽을 생각"이라고 비장하게 말했다.

가네코 겐타로가 육군 작전의 총지휘자인 참모본부 차장 고다마 겐타로를 찾아갔을 때 고다마는 "승부를 비슷비슷한 정도까지는 끌어올렸다. 어떻게든 6 대 4 정도로 올려야 한다. 다시 말해 여섯 번 이기고 네 번 진다. 그러는 사이에 누군가 조정자가 나설 것이다. 그것이 미국이면 바람직하다"고 예측했다. 실제로 러일전쟁은 고다마 겐타로가 예측한 대로 전개되었다.

일본 정부는 러일전쟁을 준비하면서 장기·지구전을 감당할 수 없었다. 때문에 단기 결전 후 강화 전략을 구상했다. 초반 승기를 잡은 후 적절한 시기에 러시아가 강화를 수용할 수 있는 분위기 조성이 필요했다. 이를 위해 러시아의 혁명 세력을 부추겨 폭동 혁명을 일으키는 공작이 치밀하게 진행되었다.

그 어려운 임무는 유럽 사정에 밝은 아카시 모토지로(明石元二郎) 대좌에게 부여되었다. 후쿠오카 출신으로, 육군대학을 우수한 성적으로 졸업한 아카시는 1902년 8월 상트페테르부르크의 주러 일본공사관 무관으로 부임했다. 이때부터 아카시는 천재적인 능력을 발휘하여 러시아 사회 곳곳에 인맥을 형성했다. 아카시는 짧은 기간에 러시아 내부에 강력한 첩보 공작 네트워크를 구축했다.

아카시는 일본 정부로부터 100만 엔의 공작자금을 받았다. 일본 세입이 2억 5,000만 엔이던 시절 100만 엔은 연간 예산의 0.4퍼센트, 현재 한국 화폐단위로 환산하면 5,400억 원 정도의 엄청난 거액이었다. 러일전쟁이 발발하자 일본 외교단은 스웨덴의 스톡홀름으로 거처를 옮겨 '적국에서의 내란 유도 공작'에 착수했다.

아카시는 제정 러시아 안팎의 거물 공산주의자·좌익 운동가·불평분자 등과 광범위하게 접촉했고, 그들에게 아낌없이 자금을 지원하여 신뢰를 얻는 데 성공했다. 아카시가 친교를 맺고 공작을 진행했던 사람은 레닌을 필두로 하여 가폰 신부, 사상가 크로포트킨 공작, 핀란드 독립운동가 실리아쿠스, 민권사회당 수령 플레하노프, 작가 막심 고리키, 자유당 좌경파 스베루 등등 이루 헤아릴 수 없이 많았다.

아카시 모토지로의 공작

사상가 크로포트킨은 러시아의 지리학자 겸 무정부주의자, 혁명가로서 유럽 아나키즘의 지도적 이론가였다. 플레하노프는 '마르크스주의의 아버지'라 불리는 인물이다. 마르크스와 엥겔스의 『공산당 선언』을 러시아어로 번역 소개했고, 1883년 노동해방단을 조직하여 레닌과 함께 활동했다.

러시아혁명의 도화선이 된 1905년 1월 22일, '피의 일요일 사건'도 아카시의 공작 결과다. 이 사건은 러시아의 뤼순요새 수비대가 6개월에 걸친 혈전 끝에 일본군에게 항복한 지 20일 후 발생했다. 사건을 주도한 러시아 성직자 겸 혁명가 가폰 신부는 아카시 대좌의 주요 공작 대상이었다. 러시아 금속노동자들이 동맹파업에 돌입했을 때, 노동자의 생활 개선을 황제에게 직접 청원하기 위해 시위를 지휘한 인물이 가폰 신부다. 이날 시위를 저지하는 군인들의 무차별 사격으로 3,000여 명의 사상자가 발생하면서 러시아는 혁명의 소용돌이에 빠졌다.

아카시의 사후(死後) 발표된 「낙화유수(落花流水)」란 글에 따르면 아카시는 풍부한 공작자금을 바탕으로 러시아의 내부 분열을 위해 스트라이크·사보타주·무장봉기 등을 획책했다. 그의 공작 덕분에 러시아 내에 염전(厭戰) 분위기가 확산되었다.

아카시는 스위스에 망명한 레닌과도 친한 사이가 되었다. 아카시의 자금 지원 제의를 받은 레닌은 "조국을 배신하는 행위"라면서 거절했다.

아카시가 "타타르 사람인 그대가 타타르를 지배하는 로마노프 왕조를 무너뜨리기 위해 일본의 힘을 빌리는 것이 무슨 배신인가"라고 설득하자 받아들였다.

아카시는 레닌에 대해 "그의 안중에는 단지 국가만 있을 뿐 자기 목숨은 없으며, 사리사욕 따위는 조금도 없다. 앞으로 러시아혁명의 대업을 달성하는 자는 레닌일 것"이라고 평했다. 아카시의 활동이 얼마나 눈부셨는지, 이토 히로부미는 "아카시 모토지로 혼자서 일본군 10개 사단의 역할을 해냈다"고 칭찬할 정도였다.

러일전쟁이 끝난 후 아카시는 한국과 악연을 맺게 된다. 1905년 조선에 통감부가 설치되자 조선주차 헌병사령관 겸 경무총감으로 부임했다. 그는 1907년 10월, 항일의병 투쟁을 무자비하게 진압했다. 한일합병 후에는 경무총장이 되어 1914년까지 조선의 '치안'을 담당했다. 그의 경무총장 재임 시절 '105인 사건'으로 수백 명의 기독교 신자·계몽운동가를 체포했다. 일본의 식민통치 초기의 일본 헌병을 통한 공포통치의 원조가 바로 아카시 모토지로였다.

11

을사오적이 나라 팔아 대한제국이 망했나?

동아시아의 대변혁을 몰고 온 청일전쟁을 촉발시킨 동학 이야기로 돌아가본다. 우금치 전투에서 패하여 무장봉기에 실패한 동학은 조정의 대대적인 탄압을 받아 침체기에 빠졌다. 1897년 교주 최시형은 동학의 도통을 손병희에게 전수했다. 다음 해인 1898년 3월, 원주에 은신해 있던 최시형이 체포되어 서울로 압송되었다. 그는 재판에서 "그릇된 도로 성리학적 가치를 어지럽혔다"는 좌도난정(左道亂正) 죄목으로 교수형 선고를 받고 6월 2일 형이 집행되어 일흔두 살의 파란만장한 생애를 마쳤다.

최시형의 처형으로 동학 재건 임무는 3대 교주 손병희에게 맡겨졌다. 손병희는 동생 손병흠과 함께 평안도·황해도 등 관서지역의 개항장 부근이나, 국경 근처의 상업지역을 중심으로 상업과 무역 활동에 종사하면서 교세 확장에 돌입했다. 이 과정에서 그는 자연스럽게 서구 문명에 대해 눈을 뜨기 시작했다.

윤정란은 『한국전쟁과 기독교』라는 저서에서 서북 지역은 중국과의 무역 등으로 조선의 다른 어느 지역보다 상업 활동이 활발했다고 지적한다. 이는 서북지역이 척박한 농토·정치적 차별 등의 영향으로 관료사회로의 진출이 봉쇄되면서 선택의 여지가 없었기 때문이다. 때문에 이 지역 사람들은 일찍부터 상업에 관심을 두었다. 서북을 대표하는 기업이 대동상회였고, 그 후에 등장한 근대적 기업인이 일제 시절 화신그룹을 일궈낸 박흥식이다.

손병희와 이용구의 동학

동학은 1900~1905년 무렵 북부지역에서 교세가 급속 성장했다. 손병희는 관헌의 추적으로 국내에서 활동이 어렵게 되자 1901년 일본으로 건너갔다. 이때 훗날 친일파의 거두가 된 동학의 2인자 이용구가 손병희를 수행하여 일본에서 함께 활동했다.

동학에서는 포교한 사람의 숫자에 따라 지위가 상승하는 제도를 운영하고 있었다. 40명을 포교하면 해접주(該接主), 300명을 포교하면 수접주(首接主), 1,000명을 포섭하면 대접주(大接主) 지위가 부여된다. 1만 명을 포섭하면 의창대령(義昌大領), 5만 명을 포섭하면 해명대령(海明大領), 15만 명이면 수청대령(水淸大領)이다. 당시 동학에서 수청대령은 이용구 한 명뿐이었고, 그 위에 대도주(大道主), 즉 제3대 교주 손병희가 있었다. 이용구는 신도 15만 명을 거느린, 손병희 다음가는 위치를 차지하고 있던 중요 인물이었다.

손병희는 일본에 체류하는 동안 '이상헌'이라는 가명으로 활동했다. 고급 승용차를 타고 호화로운 생활을 하면서 일본 정계 실력자와 교우했다. 이 과정에서 손병희는 영국과 러시아가 벌이고 있는 '그레이트 게임'의 현실, 약육강식의 제국주의가 판을 치고 있는 국제 정세에 눈을 떴다.

그는 일본 체류 과정에서 동학의 실패는 국제적 안목의 부재로 인한 당연한 귀결이었다는 사실을 자각했다. 이 와중에 대역죄인으로 몰려 일본에 망명해 온 권동진·오세창·조희연·이진호·조희문·박영효 등 과거 개화파 인사들과 깊은 교분을 나누었다.

오세창은 독립협회 창설 멤버였다. 수구파들은 독립협회가 고종을 폐위시키고 공화제를 추진하려 한다고 모함했다. 고종은 1898년 12월, 군대를 동원하여 만민공동회를 강제 해산하고, 지도자를 체포했으며, 독립협회에 대한 해산명령을 내렸다. 이때 이승만은 국사범으로 체포되어 한성감옥에서 무기징역을 선고받았고, 오세창은 일본으로 망명했다. 조희연은 아관파천, 권동진은 민 왕후 시해사건에 연루되어 망명객이 되었다.

일본에 협력 결심한 손병희

손병희는 일본에서 문명개화의 필요성을 절감하고 소설가 이광수를 비롯한 64명의 조선 청년을 일본에 유학시키는 데 앞장섰다. 이들을 한국의 지도자로 키우기 위한 원대한 구상이었다. 이광수를 비롯한 유학생들은 도쿄의 '도카이의숙(東海義塾)'이라는 어학학교에서 일본어를 배운 후 다이세이(大成)중학교에 입학했다. 손병희는 아직도 구시대의 미몽에서 깨어나지 못한 조선의 백성과 지도자들의 의식 개혁을 통해 자주독립의 기운을 일으키고자 했다.

손병희는 일본에서 러일전쟁의 그림자가 다가오고 있는 모습을 보왔다. 그는 러시아와 일본이 전쟁을 하면 일본이 승리할 것이며, 승자인 일본에 협력하는 것이 조선의 앞날에 유리하다고 판단했다. 그는 1903년 일본에 협력할 결심을 하고, 그 뜻을 국내의 동학교도들에게 알렸다.

교토와 나라 일대에서 활동하던 손병희는 1904년 2월, 러일전쟁이 발발하자 일본 정부에 1만 원을 전쟁기금으로 쾌척했다. 요즘 화폐가치로 환산하면 10억 원 정도의 거액이다. 그리고 동학 지도자 40명을 도쿄로 불러 "동학 교단은 이번 전쟁에서 일본이 승리하도록 물심양면으로 일본을 도우라"고 명했다.

귀국한 동학 지도자들은 1904년 4월, 이용구를 중심으로 대동회(大同會)를 조직했다. 이 단체는 중립회(中立會)를 거쳐 진보회(進步會)로 이름을 바꾸었다. 진보회는 일본에서 깨달음을 얻은 개화파 손병희의 문명개화 노선의 결과이다.

동학은 진보회를 중심으로 일사불란하게 행동했다. 당시 정부는 상투를 자르는 단발령을 공표했으나 위정척사 세력을 중심으로 한 양반과 백성들의 광범위한 저항에 직면했다. 진보회는 손병희의 지시에 따라 하루아침에 수만 명에 이르는 회원들이 상투를 자르고, 검정색 옷을 입고 대규모 집회를 열어 개혁·진보·국정쇄신을 외쳤다. 이후 동학은 진보회·단발흑의(斷髮黑衣)로 상징되었다.

진보회는 단발흑의 회원 숫자가 100만 명이라고 주장했다. 하지만 정식 회원은 14만 명 정도로 추산되었다. 정식으로 회비를 내는 회원 수가 이 정도였으니, 회비를 내지 않는 회원들 숫자는 이보다 훨씬 많았을 것이다.

진보회는 손병희의 지시에 따라 러시아와 전쟁에 나선 일본군을 지원했다. 이들은 전쟁에 필요한 병참물자 수송을 위해 3,000명의 수송 인부와 50명의 정찰 인원을 동원했다. 또 황해도·평안도 일대의 회원 26만 명을 동원하여 일본군 군용철도인 경의선 철도건설과 군수품 운반을 도왔다.

비슷한 시기인 1904년 8월, 옛 독립협회 계열 인사들이 주축이 되어 유신회(維新會)라는 단체가 출범했다. 이 조직은 송병준을 통해 일본인들과 연결되었다. 이들은 명칭을 일진회(一進會)로 바꾸고 일본군 지원 아래 활동했다.

손병희, 일진회 설립에 앞장서다

일진회는 진보회가 자기들과 비슷한 성격의 단체라는 점을 감안, 진보회와 합병을 제의했다. 손병희는 이 제안을 받아들여 1904년 12월 '일진회' 라는 이름으로 통합했다. 일진회에는 해산 당한 독립협회가 참여하여 중앙조직을 담당했고, 동학교단은 광범위한 지방조직을 동원하여 하부구조를 형성했다.

손병희는 일진회를 중심으로 일본과 손잡고 러시아에 맞서고자 했다. 당시 국제 정세로 볼 때 손병희의 이 정책은 결코 어리석거나 친일 매국적인 판단이라고 보기는 어렵다. 당시엔 정도의 차이가 있었을 뿐 다수의 개화 지식인이 일본이 선전한 '문명화' 논리를 부정하지 않았기 때문이다. 윤치호·장지연이 그 적절한 사례다.

윤치호는 가장 비열한 일본인도 보드카를 마시는 정교도 러시아인에 비하면 신사라고 할 정도로 친일-반러 입장이었다. 윤치호를 비롯한 일부 개화파는 일본과 러시아는 한국에게는 2개의 악(two devil)이지만, 한국이 그 중 하나를 선택해야 하는 상황이라면 보수 반동적인 러시아보다 일본이 덜 나쁜 존재라고 보았다(구대열, 앞의 논문, 「다모클레스의 칼—러일전쟁에 대한 한국의 인식과 대응」,『러일전쟁과 동북아의 변화』, 55쪽).

장지연은 러일전쟁 직후 일본을 시찰했다. 그는 일본의 산천과 풍토는 조선과 마찬가지이지만, 일본이 러시아를 패퇴시키고 세계 열강 지위를 차지한 이유는 인종이나 정치문명이 한국보다 우월하기 때문이 아니라고 보았다. 그는 일본이 러시아에 승리한 근본 원인은 "개개인이 하나 되어 죽기를 각오하고 싸우며 희생하는 기질이 존재하기 때문"(장지연, 「동유견문 1」, 「황성신문」, 1905년 9월 25일)으로 분석했다.

일본은 대한제국의 중립 선언을 무시하고 제물포를 기지로 활용했고, 대한제국 군대 3,000명을 일본군에 예속시켰다. 조던 영국공사의 기록에 따르면 일본군이 개전 초 서울을 점령했을 때 러시아의 코사크 병사들과는 대조적으로 질서 있게 행동했다. 특히 한국인들의 감정을 건드리지 않도록 주의했다.

일본군은 타국을 점령한 군대에서 흔히 목격되는 행위와는 달리 물건값을 제대로 지불했다. 특히 한국인들이 우려하는 여자들에 대해 조심성을 보임으로써 서울에서 인기를 끌었다. 한국군도 별다른 불쾌감을 표시하지 않고 일본군을 위해 병영을 비워주었다(구대열, 같은 논문, 59쪽).

개전 초기 일본군에 대한 한국인들의 호감은 2월 23일, 대한제국을 겁박하여 일종의 공수(攻守)동맹인 한일의정서를 체결하면서 반일 감정으로 바뀌었다. 이날 체결된 의정서에서 중요한 부분은 제4조 "군사상 필요하다고 생각되면 일본이 대한제국의 어느 지역이라도 점령하여 이

〈그림20〉 조선의 수도에 처음 출현한 서양의 괴물, 자동차, 『그래픽The Graphic』, 1909

용할 수 있다"는 대목이다. 일본군이 군사상 필요하다고 인정하기만 하면, 언제든 주인으로부터 빼앗아 사용할 수 있다는 뜻이다.

이 조약으로 인해 한국의 토지와 제반 시설이 일본군 군용(軍用)으로 접수되었다. 대한제국은 자신들이 선포했던-하지만 열강들로부터 지지받지 못했던-전시 국외중립국 의무를 스스로 위반한 꼴이 되었다.

일본에 목줄 잡힌 대한제국의 경제

일본은 대한제국의 황무지를 개간한다는 슬로건을 앞세워 1904년 1월부터 이른바 '나가모리(長森) 계획'을 추진했다. 이 계획은 한국에서 명백하게 이용·경작하고 있는 토지 이외의 국토를 모두 개간하고 정리·개량·척식(국외의 영토를 개척하여 자국민의 이주나 정착을 돕는 행위)하는 권리와, 그를 이용하고 이익을 거두는 모든 경영권을 50년간 일본 대장성 관방장 나가모리 도키치로(長森藤吉郎)에게 위임한다는 내용이었다.

이렇게 되면 전 국토의 3분의 1에서 3분의 2에 이르는 땅이 일본에 넘어갈 우려가 있었다. 일본이 황무지 개척권을 요구한다는 소식이 알려지자 1904년 7월 이를 반대하기 위해 보안회가 조직되었고, 유생을 중심으로 격렬한 반대 운동·의병 투쟁이 일어났다. 일본은 투쟁을 진압하기 위해 보안회를 강제로 해산했으나 반대 운동이 뜨겁게 계속되자 8월에 황무지 개척권 요구를 철회했다.

1898년 9월 대한제국은 일본과 경부선 철도 부설권 협정을 맺어 일본에 막대한 이권을 제공하게 되었다. 이 협정의 제3항은 "대한제국 정부는 철도에 필요한 역사(驛舍)·창고 등 모든 부지를 제공하며, 제공받은 부지는 철도회사에 귀속된다"고 되어 있다. 제4항은 "역사는 필요한 곳에 건설하며, 그 앞에는 일본인 이외 타 민족의 거주를 금한다"는 조항이 명시되어 있었다.

이 조항으로 인해 철도 부설과 동시에 부산에서 서울까지 철도 연변의 대부분이 일본인 거류지로 변했다. 거류지에는 일본법이 적용되고 일본 경찰과 군대가 주둔했다. 철도 건설과 관련한 이권이 이처럼 강력하고 광범위했기 때문에 베베르 주한 러시아공사는 서울~의주 간 경의선 철도 부설권을 일본에 내주면 절대 안 된다고 경고했다. 경의선 부설권마저 일본이 가져갈 경우 일본은 철도를 건설하여 한·만(韓滿) 국경과 한·러 국경 지역에 군대를 진격시킬 우려가 있었기 때문이다.

1902년 일본의 민간은행인 다이이치(第一)은행은 주권국가인 대한제국 정부로부터 사전 허가나 양해 없이 자국 정부의 불법적 특허를 얻어 1902년 5월부터 한국 내에서 은행권을 발행했다. 은행권 발행 지역이 부산에서 목포·인천·서울로 확대되자 이에 반대하는 운동이 거세게 일었다. 하지만 군함을 동원한 일본의 무력시위로 저항운동은 좌절되었다.

일본은 경부선 철도 건설에 소요되는 막대한 경비를 새 은행권으로 지출하도록 만들었다. 철도 건설을 통한 경제 예속화 작업이 본격화된 것이다. 당시 대한제국에 거주하는 일본인은 2만 명이 넘었다. 일본인 한 사람은 한국인 가정부·사무실 서기·잡부·납품상인 등 평균 5명을 고용했다. 대한제국 연간 무역액의 72퍼센트를 일본이 차지(노주석, 앞의 책, 『제정러시아 외교문서로 읽는 대한제국 비사(祕史)』, 23~24쪽)할 정도로 경제는 일본에 목줄을 잡혔다.

철도건설, 나가모리 계획, 저급한 일본인들의 안하무인의 행동 등으로 인해 한국인들의 반일 감정이 폭발했다. 일본은 고종이 배후에서 자금을 지원하여 반일 운동을 부추기고 있다고 파악했다. 한국인과 일본군의 충돌 가능성이 제기되자 일본 군부는 남산에 포대를 설치하고, 4대문에 일본군을 배치하는 등 강압정책으로 돌아서면서 서울은 일본군의 계엄 상태하에 놓이게 되었다.

대한제국을 일본의 보호국으로 만들어라

1904년 5월 31일, 일본은 내각 회의를 열어 '제국에 대한 방침'과 '대한(對韓) 시설 강령'을 결정했다. 이날 일본 정부는 한국은 도저히 독립을 유지할 수 없음이 명백하다면서 한국의 보호국화 절차를 밟기 시작했다.

뤼순에서 러일 양국이 국운을 건 뤼순 공방전을 시작한 지 사흘 후인 1904년 8월 22일, 일본군이 서울의 치안을 장악한 가운데 한일 양국은 제1차 한일협약(한일 외국인 고문 용빙에 관한 협정서)을 체결했다. 이 협약에 따라 대한제국 정부가 고용한 외국인 고문이 대거 해고되고, 그 자리에 일본인 재정 고문과 외교 고문이 임명되었다.

10월 17일 일본 대장성 주세국장 출신인 메가타 다네타로(目賀田種太郎)가 대한제국 재무고문에, 12월 27일엔 주미 일본공사관 고문을 지냈던 미국인 스티븐스(Durham Stevens)가 외교 고문에 임명됐다. 한국 정부의 재정권과 외교권을 일본에 종속시키고 본격적인 고문정치가 시작된 것이다.

봉천 대회전에서의 신승(1905년 3월), 쓰시마 해전에서의 압승(1905년 5월)으로 거칠 것이 없어진 일본은 대한제국의 보호국화를 위한 본격적인 준비에 돌입했다. 1905년 7월 27일, 일본 총리 가쓰라 다로와 미 육군장관 태프트(William Howard Taft)는 도쿄에서 태프트-가쓰라 밀약을 체결했다. 이 밀약을 통해 미국은 필리핀을, 일본은 대한제국을 차지하는 것을 상호 묵인하기로 합의했다.

같은 해 8월 12일, 일본은 영국과 제2차 영일동맹을 체결했다. 영국은 일본이 한국에서 가지는 정치·경제·군사상의 이익을 보장하며, 일본은 영국의 인도 지배 및 국경지역에서의 이익을 옹호하는 조치를 취한다는 내용이었다. 영일 양국은 제1차 동맹과는 달리 제2차 동맹에서는 '한국의 독립'과 '영토 보전' 조항을 삭제했다. 영국은 일본이 러시아를 봉쇄하는 역할을 훌륭히 수행하자 더 이상 러시아가 대한제국을 넘보지 못하도록 한국의 지배권을 일본에게 넘긴 것이다.

1905년 9월 5일, 미국의 포츠머스에서 일본과 러시아가 강화조약을 체결했다. 일본이 러일전쟁에서 사상자 22만 명(청일전쟁의 20배), 전쟁 비용 20억 엔(청일전쟁의 10배)이라는 막대한 희생을 무릅쓰고 얻어낸 것이 포츠머스 강화조약이다. 일본은 강화조약 체결 과정에서 배상금을 단 한 푼도 받지 못했다. 러시아는 전투에서 계속 패했지만 패전국은 아니라고 주장하며 배상금 지급을 완강히 거부했다.

당시 러시아는 완성된 시베리아 횡단철도를 통해 하얼빈에 완전 무장한 100만 대군을 집결해놓고 있었다. 국력이 고갈되어 더 이상 전쟁 지속이 불가능했던 일본은 러시아의 강경한 태도에 눌려 배상금 요구를 철회하면서 포츠머스 강화조약이 체결되었다.

포츠머스 강화조약의 비밀

러시아는 포츠머스 강화조약 체결 과정에서 대한제국의 운명에 관해서도 유리한 조항을 삽입하는 데 성공했다. 일본이 대한제국의 주권을 변경할 경우 대한제국 정부의 동의를 받아야 하며, 관계 열강인 러시아와 합의해야 한다고 못을 박은 것이다. 러시아는 포츠머스 강화조약에서 한국의 독립이 훼손되는 것에 동의하지 않았다. 일본도 이를 인정할 수밖에 없었다.

그 결과 포츠머스 조약의 제2조는 대한제국 문제와 관련하여 '러시아 제국 정부는 일본이 대한제국에서 정치·군사·경제적으로 우월한 이익을 가지고 있음을 인정하며, 일본 제국 정부가 한국에서 필요하다고 생각되는 지도·보호·감리 조치를 취하는 것을 방해하거나 간섭하지 않는다. 한국에서 러시아 국민은 타 열강의 국민처럼 최혜국 국민으로서 그들과 대등하게 대우받는다는 데 합의한다'고 타협할 수밖에 없었다.

어쨌든 일본은 러일전쟁에서 승리하여 한반도와 남만주에서 러시아의 영향력을 완전히 배제하고 남사할린까지 장악했다. 이때부터 일본에서는 "20억 엔의 자재와 20만 명의 영령으로 획득한 만주의 권익을 지켜라"라는 슬로건이 등장했다.

러시아는 포츠머스 강화조약에도 불구하고 한반도 문제에서 완전히 손을 떼고 싶은 생각은 없었다. 1905년 10월 4일 열린 특별회의에서 러시아는 "대한제국의 독립은 상실되지 않았으며, 이전처럼 러시아 정부는 대한제국의 독립을 인정할 수 있다. 일본 정부가 대한제국 내 주둔군 정원을 조약문에 표시하기를 끝내 거부했기 때문에 남우수리 지방에 충분한 군대를 보유하여 이에 대처해야 한다"고 결정했다.

강화조약에서 미봉된 한국의 '보호' 문제는 복잡한 외교 갈등을 야기했다. 러시아는 한국에 대한 일본의 보호권은 수용했으나 한국의 독립을 인정했다. 따라서 일본은 한국을 병합하기 위해 1907년과 1910년, 러시아와 두 차례 협약을 체결한 후에야 병합을 단행할 수 있었다.

일본이 러시아를 축출하고 보호국화 작업이 강력하게 전개되자 동학의 2인자 이용구의 행보가 심상치 않게 돌아갔다. 1905년 11월, 이용구는 일진회 명의로 대한제국이 일본의 보호를 받아야 한다는 '일진회 선언서'를 발표했고, 12월 자신이 일진회 회장에 올랐다. 손병희가 일진회 지회 해산을 명하자 이에 대항하여 동학교도들을 일진회 산하로 끌어들이려다 출교 처분을 당했다. 그는 시천교를 설립하여 스스로 교조에 올랐다.

이용구가 노골적인 친일 행위로 돌아서자, 손병희는 천도교를 세워 일진회와 결별했다. 이로써 손병희는 일진회의 노골적인 합방 찬성 친일 행위와는 일정한 선을 그었다.

일본 외무성과 주한 일본공사관은 일진회에 과거 동학 계열 사람들이 대거 참여한 것을 문제 삼아 의심의 눈초리를 거두지 않았다. 이때 우치다 료헤이(內田良平) 등 대륙 낭인들이 일진회를 적극 후원했다.

1909년 12월, 일진회는 대한제국 정부를 폐지하고 일본 정부가 직접 정치할 것, 통감부를 폐지할 것 등을 주장하는 '일진회 합방청원서'를 발표했다. 이용구는 그의 소원대로 한일합병이 성사된 후 조선총독부로부터 은사금 10만 엔을 받았다.

토끼 사냥이 끝나면 사냥개를 삶는 법이다. 한일합병 직후인 1910년 9월, 조선총독부는 더 이상 쓸모가 없어진 일진회의 해산명령을 내렸다. 매국행위로 위기에 처한 이용구는 일본으로 도주하여 그곳에 뼈를 묻었다.

이완용, 초대 주미 외교관 발탁

대한제국의 멸망, 매국노, 을사오적을 언급할 때 빠지지 않고 등장하는 인물, 일진회 대표 이용구와 더불어 매국 분야에서 쌍벽을 이루는 인물이 이완용이다. 그의 이름 앞에는 늘 친일파, 민족반역자라는 수식어가 따라붙는다. 이완용은 매국행위로 이름을 더럽힌 인물로 알려졌지만, 일세를 풍미한 천하의 명필(名筆)이요, 독립협회 회장으로서 독립문 건립과 독립신문 창간에 공헌한 개화파의 대표 인물이기도 하다.

이완용은 25세 되던 1882년, 나라에 경사가 있을 때 실시하는 특별 과거(증광별시)에 급제했다. 1886년 4월 규장각 대교(정7품)로 벼슬 생활을 시작한 이완용은 학문과 덕망이 높은 문과 출신자만이 임명될 수 있는 청요직(淸要職)을 섭렵하며 고종과 민 왕후의 총애를 받았다.

1887년 7월 20일, 고종은 이완용을 미국주재 참찬관으로 임명했다. 30세의 젊은 관리가 초대 주미 외교팀으로 선정된 이유는 이완용이 육영공원에서 길모어·헐버트·벙커 등 미국인 교사에게 영어를 배워 영어로 의사소통이 가능했기 때문이다.

초대 주미 외교팀은 박정양을 수장으로 이완용·이하영·이상재·이채연 등 총 11명이었다. 이들 일행을 미국까지 안내한 인물은 조선 최초의 의료선교사이자, 후에 주한 미국공사를 역임한 알렌(Horace N. Allen)이었다.

갑신정변 이후 고종과 민 왕후는 자력으로 청나라 세력을 배척할 수 없자 제3국 세력에 의존하여 청의 압력을 견제한다는 외친내소(外親內疎) 정책을 추진했다. 여기서 제3국으로 떠오른 나라가 미국이었다. 고종은 알렌에게 "미국은 우리의 대형(大兄)처럼 생각된다" "미국은 조선의 우방이므로 우리가 곤경에 빠지면 강력하고도 사심 없는 말을 해줄 수 있는 유일한 국가"라고 추켜세울 정도로 크게 기대했다. 이러한 기대를 현실화하기 위해 청의 압력에도 불구하고 초대 주미공사단을 파견했다.

이완용 일행은 1887 10월 2일, 제물포에서 미국 군함 오마하호에 승선하여 나가사키와 하와이를 거쳐 같은 해 11월 18일 샌프란시스코에 도착했다. 기차로 대륙을 횡단, 11월 27일 워싱턴에 도착했다. 주미공사단은 백악관에서 클리블랜드(Stephen Grover Cleveland) 대통령에게 국서를 봉정하고 워싱턴에 공사관을 개설했다.

고종이 주미공사단을 파견한 이유가 있었다. 부산·인천·원산 세 항구의 관세를 저당 잡히고 미국 은행에서 200만 달러의 차관을 조달하여, 이 자금으로 20만 명의 미군을 청병(請兵)하여 청의 압력을 제거하고자 했다. 이 계획은 미국 정부의 강력한 압력으로 차관 조달에 제동이 걸리면서 물거품이 되었다.

교육제도 혁신, 독립협회 회장 이완용

주미 외교팀의 활동은 청의 거센 반발을 초래했다. 청의 압력에 굴복한 고종은 3개월 만에 박정양 공사를 소환하고, 이완용을 서리공사로 임명했다. 이완용은 미국의 거대한 영토, 3권 분립의 민주공화제, 강력한 군대와 시장경제, 신분차별이 없는 평등사회, 주권재민과 언론 · 철도와 교통 · 교육제도 등에 깊은 감명을 받았다. 특히 미국이 국민교육을 통해 부국강병에 성공하고 있는 모습을 목격하고 근대적 교육제도 도입에 큰 역할을 했다. 그는 또 미국 주재 외교관 활동을 하면서 만국공법(국제법)이 서구 열강을 위해 봉사하는 도구란 점을 깊이 인식했다.

고종은 1895년 5월 10일, 일본의 영향력으로 출범했던 친일 색채의 김홍집 내각을 해산하고 초대 주미전권공사 박정양을 수반으로 하는 새 내각을 출범시켰다. 이때 38세의 이완용이 학부대신(교육부장관)에 발탁되면서 관직 생활 최초로 대신 반열에 올랐다.

박정양 내각 출범은 알렌과 러시아 세력의 합작품이었다. 고종이 알렌에게 내각 인사 추천을 의뢰하자, 자신과 함께 초대 주미공사관에서 일했던 박정양·이완용·이채연 등을 추천했다. 이 무렵 이완용을 비롯한 주미 외교관 출신 인사들은 외국 공사관이 밀집해 있던 정동을 근거지로 '정동구락부'를 결성하여 친미·친러·배일 정책을 추진했다.

청일전쟁 직후인 1895년 10월 8일, 일본이 인아거일(引俄拒日) 정책의 핵심 몸통인 민 왕후를 시해했다. 이완용을 필두로 한 정동구락부 인사들은 친일파에게 볼모로 잡혀 있는 고종을 경복궁에서 탈출시키기 위해 '춘생문 사건'을 일으켰다. 주모자는 이완용과 알렌 미국공사, 베베르 러시아공사였다. 이 계획이 사전에 밀고되어 주모자들이 체포되었고, 이완용은 미국공사관으로 피신했다.

고종은 1896년 2월 아관파천에 성공한 후 내각 개편을 단행, 이완용은 외부대신(외무부장관)으로서 학부대신과 농상공부대신 서리를 겸직하게 된다. 이완용은 교육을 통한 국가 근대화를 추진하기 위해 각종 교육제도의 혁신을 추진했다. 근대 문물제도 수용과 외교활동에 필요한 인재 양성을 위해 1895년 일어학교(인천)와 불어(佛語)학교, 1896년에 러시아어(俄語)학교, 1897년 중국어(漢語)학교, 1898년에는 독일어(德語)학교를 설립했다.

이완용은 서재필이 「독립신문」을 창간할 때 적극 지원했다. 주목할 점은 이완용을 비롯한 정동파 인사들이 독립협회 결성에 주도적 역할을 했다는 점이다. 이완용은 독립협회 초대 위원장, 부회장을 지냈다. 정동파 인사들은 서재필과 함께 영은문 터에 독립문을 건립하여 조선의 자주독립을 내외에 알렸다.

1896년 11월 21일 독립문 기공식 당시 이완용은 독립협회 위원장으로서 "독립을 하면 나라가 미국과 같이 부강한 나라가 될 것이요, 조선 인민이 합심을 못하여 서로 싸우고 해하려고 할 지경이면 구라파에 있는 폴란드 모양으로 모두 찢겨 남의 종이 될 터이라. 세계사에 두 본보기가 있으니 미국같이 독립이 되어 세계에 제일 부강한 나라가 되든지 폴란드같이 망하든지 좌우간에 사람하기에 있는지라. 조선 사람들은 미국같이 되기를 바라노라"라고 연설했다(「독립신문」, 1896년 11월 24일). 1898년 2월에는 이완용은 독립협회 회장을 맡았다.

이완용을 칭찬한 독립신문

이완용은 미국 체류 당시 목격했던 서구 문물을 우리 사회에 도입하기 위해 철도와 전차시설, 전신 전화사업, 광산 등을 서구 열강과 공동으로 개발하기 위해 노력했다. 당시 조선의 경제사정이 극도로 어려웠으니 어느 외국 자본이 선뜻 투자를 하겠다고 나섰겠는가.

이 무렵 외세는 조선의 이권을 탈취하기 위해 많은 압력을 행사했는데, 이완용은 외세의 부당한 이권 탈취에 적극 저항했다. 이런 모습은 「독립신문」에 다음과 같이 기록되어 있다.

"옛말에 옷은 입어보아야 알고 사람은 지내보아야 안다는 말이 있다. 수 개월 전 이완용 씨가 외부대신으로 있을 때 외국 사신 한 사람이 정부에 무슨 권리를 자기 나라 사람에게 달라 하여 그때 내각에 있는 대신 중에도 그 권리를 외국 사람에게 주자는 의론이 있었다. 이완용 씨가 혼자 대한 인민을 위해 주지 못하겠다고 정정당당히 말한 고로, 그 외국 공사가 이완용 씨를 좋아하지 않아 매우 불편한 일이 많이 있었다. 이완용 씨는 죽는 것을 무서워하지 않고 나라 위해 옳은 일을 할 양으로 그 외국 공사의 책망과 외부(외무부) 안에 있는 대신들의 성냄을 받아가면서라도 자기 할 일은 그 일을 방어하는 것이라 하다가 필경 자기 경영대로 안 되었으나…."(「독립신문」, 1897년 11월 11일)

러시아는 고종의 아관파천으로 조선에서의 입지가 강화되자 조선에 대한 내정간섭을 노골화하기 시작했다. 그들은 자국 군대를 동원해 왕궁을 호위하고, 친러시아 색채가 농후한 조병식, 심상훈 등을 요직에 기용하라고 압력을 넣었다.

정동파 인사들은 러시아의 간섭에서 벗어나기 위해 1897 2월 20일, 고종을 경운궁으로 환궁시키고 반러(反露)운동을 전개했다. 이완용은 러시아가 요구한 함경도 영흥·길주·삼수·단천의 금광 및 석탄채굴권 양도를 거부했다. 러시아 군사교관 초빙 문제가 제기되자 "무관을 러시아에서 초빙하는 일은 조선의 흥망이 달려 있는 문제다. 나의 생사는 논할 가치가 없지만, 조선은 한번 죽으면 다시 소생할 수 없다. 내 몸이 죽어서 이 일을 방지할 수 있다면 그렇게 하겠다"라면서 강력 반대했다.

반러(反露)운동 전개하다 실각

이완용이 친미-반러 태도를 확고히 하자 주한 러시아공사 베베르는 고종에게 압력을 가하여 1897년 7월 20일, 이완용은 외부대신 자리에서 학부대신으로 밀려났다. 9월 1일에는 평양 관찰사로 좌천시켜 중앙 정계에서 축출했다.

알렌은 "이완용의 퇴임은 조선의 진보에 중대한 손실일 뿐 아니라 미국 측의 이해에도 불리하다"면서 "그는 강력하고 일관성 있는 인물로서 두려움 없이 임무를 수행하며, 필요한 경우 '아니오'라는 말로 용감하게 맞설 수 있다. 이러한 자질은 조선의 다른 정치가들이 거의 구비하지 못한 것이다. 그가 비운 자리를 채울 수 있는 적절한 인물은 없는 것 같다"는 평을 남겼다.

독립신문도 "이완용이 애국애민(愛國愛民)하는 마음만 가지고 나라를 붙잡고 백성을 구원하며 나라 권리를 외국에 뺏기지 않으려다 미워하는 사람을 많이 만들어 그와 같은 결과가 되었다. 독립협회 회원들과 그의 친구들은 섭섭할지라도 그 지방 인민들에게는 다행한 일"이라면서 "대한에 이완용만 한 정치가는 없다"고 보도했다(「독립신문」, 1897년 1월 23일, 3월 25일, 9월 4일).

이완용은 이때부터 권력의 길에서 멀어졌다. 독립협회 활동도 뜸해졌고, 1898년 3월 11일 전라북도 관찰사로 밀려나면서 독립협회와도 손을 뗐다. 1901년 2월 17일, 궁내부 특진관(왕실 관련 사무를 담당하는 관리)에 임명된 다음 날 부친상을 당해 정계에서 사라졌다.

이 무렵 한반도를 둘러싼 국제 정세는 긴박하게 돌아갔다. 러시아는 1900년 의화단 사건을 계기로 만주를 점령하고, 일본과 관계 개선을 통해 만주의 기득권을 유지하는 정책으로 선회했다. 이를 위해 서울에 주재했던 러시아 군사·재정 고문과 스페에르 공사를 철수시켰다.

미국은 스페인과의 전쟁에서 승리하여 필리핀을 획득한 후 친일정책으로 돌아섰다. 미국은 자신들이 보유하고 있던 경인·경부철도 부설권을 일본에게 양도했다. 영국은 1902년 일본과 영일동맹을 체결, 일본에 결정적인 힘을 실어주었다. 만주를 점령한 러시아의 대항마로 일본을 앞세운 영·미의 친일 정책이 본격 가동되기 시작했다.

이완용이 다시 권력의 중심부에 등장한 때는 7년 후인 1904년 11월 9일이다. 그는 궁내부 특진관을 거쳐 학부대신에 임명되었다. 이완용이 다시 중앙 정계에 등장한 시기는 일본군이 뤼순요새 점령을 위해 대혈전을 치를 때였다. 국내에서는 황제의 전제권이 강화되어 모든 정사가 황제 중심으로 진행되고 있었다.

포츠머스 강화조약으로 한반도에서 확고한 우월적 지위를 인정받은 일본은 대한제국을 보호국화하기 위해 이토 히로부미를 천황 특사로 대한제국에 파견했다. 11월 10일 경운궁에서 고종을 알현한 이토는 "동양 평화와 한국의 안전을 위해 한일 두 나라는 친선과 협조를 강화해야 한다. 한국이 일본의 보호를 받아도 한국 황실의 안녕과 존엄은 조금도 훼손되지 않을 것"이라는 일본 천황의 친서를 전달했다.

을사보호조약 체결 강요한 일본

11월 15일 오후 3시 30분, 이토는 고종을 알현하여 4개조로 된 보호조약 초안을 내놓고 외교권을 일본에 이양할 것을 요구했다. 외국과의 조약 체결은 해당국 공사가 한국 외교부와 교섭하고, 외교부는 내각과 협의한 후 황제의 재가를 받아 조인하는 것이 정상적인 프로토콜이다.

이토는 외교관례를 무시하고 황제에게 조약 체결을 요구했다. 이날 이토는 "동양 평화를 영구히 유지하기 위해서는 항상 화근이 되는 한국의 대외관계를 일본이 맡는 것이 불가피하다. 일본의 목적은 오직 동양 평화와 한국 황실의 안녕과 존엄 유지에 있을 뿐 다른 뜻은 없다. 내정은 자치에 맡기니 황제 폐하께서 계속 한국을 다스릴 수 있다"고 회유했다.

고종은 "외교권 이양을 거절하는 것은 아니다. 조약 내용은 어떻게 규정해도 말하지 않겠으나 형식만이라도 남겨주면 좋겠다"고 거듭 요청했다. 이토는 "이 조약은 일본 정부가 확정한 것이므로 변경할 수 없다. 동의도 거절도 자유지만, 만약 거절할 경우 한국은 조약을 성립시키는 것보다 훨씬 더 곤란한 처지에 빠질 수 있음을 각오해야 한다"고 위협했다.

난감해진 고종은 "외부대신과 하야시 곤스케(林權助) 공사 사이에 교섭이 끝나면 의정부 회의에서 토의 결정하겠다"면서 책임을 내각에 떠넘겼다.

11월 16일 오후 4시, 이토 히로부미는 한국 정부 각료와 원로대신을 자신의 숙소인 손탁호텔로 초청했다. 말이 초청이지, 소집이나 마찬가지였다. 이날 이토는 두 가지 메시지를 대한제국의 대신들에게 전했다.

첫째, 대한제국 정부가 보호조약을 거부하면 일본이 보고만 있지는 않을 것이다.

둘째, 이번 조약안은 내용을 변경할 수 없다. 다만, 자구나 표현 등 사소한 문제는 쌍방이 협의할 여지가 있다.

다음 날인 11월 17일 오전 11시, 참정대신 한규설, 내부대신 이지용, 법부대신 이하영, 학부대신 이완용, 농상공부대신 권중현, 군부대신 이근택, 탁지부대신 민영기, 외부대신 박제순 등 한국 측 대신 8명이 일본 공사관에 모였다. 하야시 공사가 보호조약 체결에 관한 의견을 묻자 권중현 농상공부대신이 "중추원에서 여론을 널리 수집한 후 논의하는 것이 옳다"고 발언했다.

하야시 공사는 "당신네 나라는 전제국가인데 어찌하여 입헌정치 흉내를 내 대중 의견을 묻겠다는 것인가. 황제의 지시 한마디로 충분하지 않은가" 하고 반박했다. 어떤 의견도 나오지 않자 하야시는 한국 대신들과 함께 입궐하여 고종의 알현을 요청했다. 고종은 몸이 불편하다는 이유로 하야시 공사의 알현을 거절하고 대신들과 어전회의를 열었다.

이날 어전회의에서 고종은 "이등박문 대사가 이번 조약 조문에 문구를 더하거나 고치려 하면 협상의 길이 있지만, 거절하면 이웃 나라 간의 좋은 관계를 보존할 수 없을 것이라고 말했다. 이것으로 미루어보면 조약 문구를 변통(변경)하는 것이 가능할 듯하다"고 발언했다.

"을사조약 체결하라" 명령한 고종

이완용이 외교권을 돌려받는 시기를 분명히 할 것, 통감의 권한을 외교에 한정하여 월권 소지를 없애는 것이 좋겠다는 의견을 냈다. 권중현은 황실의 안녕과 존엄에 조금도 손상을 주어서는 안 된다는 조문을 추가하는 것이 좋겠다고 말했다.

고종은 "조금 전 나의 뜻을 말했으니 잘 처리하는 것이 좋겠다"면서 "일본 측과 협상하여 처리하라"는 어명을 내렸다. 어전회의에서 고종은 을사보호조약 체결을 명령했다. 어전회의가 끝나 대신들이 휴게실로 오자 하야시 공사가 회의 결과를 물었다.

한규설이 "황제 폐하는 협상하여 잘 처리하라는 뜻으로 지시했으나, 우리 여덟 사람은 반대 의견을 거듭 말씀드렸다"고 말했다. 하야시 공사는 "당신네 나라는 전제국이니 황제 폐하의 지시가 있었다면 조약이 순조롭게 체결되어야 한다. 여덟 대신들이 폐하의 명을 거역하는가. 이런 대신들은 조정에 둘 수 없다. 특히 참정대신(한규설)과 외부대신(박제순)을 갈아버려야겠다"고 발언했다.

11월 17일 오후 8시경 하야시 공사로부터 보고를 받은 이토 히로부미 특사가 조선주둔군 사령관 하세가와 요시미치(長谷川好道)와 일본군 헌병사령관 등과 함께 입궐했다. 대궐 안팎을 중무장한 일본군이 삼중으로 포위하고 총검을 번득이며 공포 분위기를 조성했다.

이토 히로부미 특사가 고종에게 알현을 요청했으나 고종은 "대신들에게 협상하여 잘 처리할 것을 허락했으니 대사가 타협의 방도를 강구해주기 바란다"면서 이토에게 권한을 넘겼다. 그 결과 이토는 대신들과 최종 협상에 돌입했다.

잠시 후 고종이 대신들에게 사람을 보내 "조약문 중 보태거나 깎을 것은 법부대신이 일본 대사·공사와 교섭해서 처리하는 것이 좋겠다"고 지시했다. 그리하여 조약문 수정작업이 진행되었다. 이하영이 제1조의 '일본 정부가 외국에 대한 관계 및 사무를 감리 지휘한다'라는 조항 가운데 "모두 자기 뜻대로"라는 표현의 삭제를 요구했다. 이토는 이 요구를 수용했다.

이완용이 제3조의 '통감 권한을 외교 문제에만 국한시켜 내정은 간섭하지 않는다'는 내용을 명기할 것을 요구했다. 이토는 이 요구를 거부하고 '외교에 관한 사항을 감리하기 위해 경성에 주재하고'라는 문구를 삽입하는 데 동의했다. 통감의 '내정간섭 불가'를 명문화하려던 이완용의 의도는 이토에 의해 거부되었다.

권중현이 "황실의 안녕과 존엄 유지를 보장한다"는 조항의 삽입을 제의하자 이토는 관련 내용을 담은 제5조를 신설했다. 덕분에 보호조약은 일본이 준비했던 4개 조항에서 5개 조항으로 늘어났다.

이토가 직접 붓을 들어 문안수정을 마쳤고, 이 내용을 가지고 가서 고종의 재가를 받았다. 외부대신 박제순과 일본공사 하야시 사이에 공식으로 조약이 체결된 시각은 11월 18일 오전 1시였다. 조약 체결 직후 고종은 이토 특사에게 "새 협약의 성립은 두 나라를 위해 축하할 일이다. 짐은 신병으로 피로하지만, 당신은 밤늦도록 수교했으니 얼마나 피곤하겠소"라는 위로의 칙어를 내렸다.

제2차 한일협약이라 불리는 을사보호조약의 서두에서 한일 양국 정부는 "두 제국을 결합하는 공동의 이익을 공고히 하기 위해 한국이 부강해졌다고 인정할 때까지" 외교권을 일본 정부에 넘긴다고 규정했다. 이 조약으로 대한제국 외교권을 장악한 일본은 서울에 통감부를 설치하고 보호국 통치를 본격화했다.

11월 18일 아침, 보호조약 체결 소식이 전해지자 서울 장안은 비분과 탄식으로 들끓었다. 상가는 항의를 위해 철시했다. 곳곳에서 박제순·이완용·이지용·권중현·이근택을 을사오적으로 지목하고 "역적들을 처단하라"는 상소가 쏟아졌다. 이상설은 "황제는 사직을 위해 순국하라"는 상소를 올렸다.

여러 대신 중에서도 학부대신 이완용이 아니라 주무대신 박제순이 비난의 표적이 되었다. 대부분의 상소문은 "폐하가 종묘사직을 지키기 위해 목숨을 바치겠다고 맹세했는데, 역적들이 임금의 뜻을 어기고 조약을 체결했으니 임금을 욕보인 신하를 처단하라"는 내용이 주를 이루었다.

상소를 올린 사람들은 11월 17일 어전회의에서 고종이 조약 체결을 명령한 사실을 알 수 없었다. 이들이 관련 사실을 알았다 해도 전제군주 황제에게 책임을 추궁할 수 있었겠는가. 시골 유생을 비롯한 전·현직 관리들은 고종을 비난하고 욕할 수 없으니 현직 대신들에게 책임을 뒤집어씌워 그들을 '만고의 역적', 나라를 팔아먹은 '희대의 악당'으로 만들어버렸다.

영국인 베델(Ernest Thomas Bethell)이 창간한 「대한매일신보」를 비롯한 언론들도 사실을 확인하지도 않고 상소문 내용을 제보 받아 제멋대로 "황제는 끝까지 반대했으나 을사오적들이 굴복하여 보호조약을 체결했다"고 가짜 뉴스를 보도했다. 그 결과 "고종이 을사보호조약에 반대했다"는 거룩한 신화가 날조되었고, 이것이 오늘날까지 전해져 역사적 사실(historical fact)로 굳어져버렸다.

오늘날 애국심이 지나친 일부 학자들은 고종이 을사보호조약을 반대했고, 비준도 하지 않았으니 이 조약은 무효라고 주장한다. 하지만 "고종이 반대하고 비준하지 않았다"는 주장은 사실이 아니다. 을사보호조약 체결은 이완용이나 을사오적이 아니라 고종이 명령을 내렸다. 이것이 누구도 부인할 수 없는 역사적 사실이다.

개화파의 한계

이완용은 한 시절 뛰어난 양반 관료, 친미 개화파 지식인, 한미 외교사의 여명기에 워싱턴에서 활약했던 외교관, 당대의 명필 소릴 들은 빼어난 서예솜씨, 자주독립과 외세 배격의 선각자, 독립협회 회장으로 활동했던 인물이다.

한편에선 누구보다 시류에 민감하고 권력욕과 출세욕도 강했다. 그는 을사보호조약 체결 후 '외세'에 대한 진정한 각성 없이 세력균형의 큰 흐름 속에서 친일의 길을 걸었다. 하지만 아무리 양보를 해도 을사보호조약 체결과 관련한 책임을 이완용에게 물을 수는 없다. 또 대한제국에서 외세가 판을 친 것은 이완용 혼자 그 비난을 떠안을 일도 아니다.

배일·친미주의자였던 이완용이 어떤 과정을 거쳐 친일파의 거두로 탈바꿈했는지 그 이유를 명쾌하게 밝혀주는 자료나 연구 성과는 미미하다. 근대사 연구가들은 이완용의 권력과 돈에 민감한 성격에서 그 실마리를 찾는다. 국제 정세의 흐름과 권력의 향배에 누구보다 민감했던 이완용에게 8년의 공백기는 좌절과 울분의 세월이었을 것이다.

러시아를 격파하고 조선의 지배권을 확고히 다진 일본은 조선 병탄을 위해 쓸모 있는 인물을 찾았다. 이 와중에 이완용을 발탁하여 내세웠다는 것이 『친미 개화파연구』의 저자 한철호의 주장이다. 이완용은 일본이 청러를 차례로 격파하고, 기대했던 미국도 한반도에서 손을 떼자 자주독립을 유지할 가능성이 봉쇄당했다고 판단했다. 이것이 자기 세력 기반이 약했고 민중에 기반을 두지 못하고 위로부터의 개혁을 추진하려 했던 친미 개화파의 한계이자 이완용의 한계였다고 한철호는 분석했다.

이완용은 국제 정세의 흐름을 누구보다 명확하게 파악하고 있었고, 또 8년여 동안 권력에서 멀어져 있었기 때문에 변신의 기회를 기다렸다. 이 사실을 간파한 일본이 이완용을 등용하여 철저히 이용했다. 이완용은 교육을 통해 민중을 깨우쳐 자주독립을 이룰 시간이 없다고 판단, 일본에 의지하여 대한제국에 유리한 쪽으로 가보자는 생각에서 친일파로 돌아선 것으로 보인다.

이런 역사적 사실을 방기한 채 이완용을 비롯한 을사오적을 매국노로 만들어 그들에게 모든 죄를 뒤집어씌우고 전 국민은 면죄부를 받아 희희낙락하는 것은 '반일 종족주의'에 의한 일종의 정신적 질병이나 다름없다.

을사보호조약의 명령자인 고종을 냉정하게 관찰한 사람은 구한말 이 땅에 주재했던 서양 외교관들이다. 한반도에서 활동했던 열강 외교관들은 대한제국 망국의 제1원인으로 고종의 무능한 통치, 부패한 정부를 꼽았다. 무능 부패한 황제와 정부로 인해 독립·자치가 불가능하다고 결론 내린 것이다.

"고종은 통치자 자격이 완전히 결여된 인물"

1896년 10월 주한 영국공사관 총영사로 부임, 1898년 3월 대리공사로 승진하여 한국 내정에 깊숙이 개입했던 조던은 본국 정부에 "조선 조정은 내각 위기가 끊이지 않아 외국 공관들은 정부 각료가 1주일에 한 번씩 갈렸다는 통고를 접수할 틈도 없을 정도였다"고 보고했다.

일본 수상 이토 히로부미는 1895년 주일 영국공사 어네스트 사토와의 대담에서 "한국의 독립은 현실성이 없으며, 한국은 주변의 가장 강력한 국가에 병합하든가 보호 아래 두어야 할 것"이라고 말했다.

러일전쟁 당시 「AP통신」 전쟁특파원으로 활동했고, 서울·선양주재 미국 부영사 및 총영사를 역임했던 윌라드 스트레이트(Willard Straight)는 "한국은 구제가 불가능한 국가다. 고종은 열강 사이의 분열을 이용해 독립을 유지하려는 나약한 거간꾼이고, 양반 계층은 음모를 통해 사적(私的)인 이익을 추구하는 '사익(私益) 집단이다. 이러한 상황에서 한국이 발전하기 위해서는 자치권을 포기하고 대신 일본의 지배를 수용해야 한다"고 망해가는 대한제국을 비판했다.

서울에 주재했던 파블로프 주한 러시아공사는 오래전에 자주적인 통치력을 상실한 고종은 측근에게조차 권위가 없으며, 우유부단한 상태에서 대한제국 지배계급의 어느 한 집단이나 끊임없이 교체되는 명칭만

요란한 독립협회, 황국협회, 만민공동회, 친러파, 친일파, 친미파, 친영파, 친독파로 구성되는 대신들에게 의지하고 있다고 보고했다.

고종 재위 40주년 특사로 서울에 온 베베르의 1903년 보고서는 자못 충격적이다. 그의 관찰에 따르면 대한제국은 고위직 하위직을 막론하고 음모·뇌물수수·매수가 만연돼 공적과 능력에 따라 관직에 임용되지 않고 뇌물의 액수에 의해 임용이 결정되었다. 또 민 왕후 시해 이후 10년 동안 사실상 왕비 역할을 했던 엄비(嚴妃)는 평민 출신으로 양반들의 지지를 얻지 못하자 자기 목적을 이루기 위해 무당의 굿에 의존했다.

베베르가 기록한 「1898년 전후 대한제국」이란 수기에 따르면 한국인의 정치수준은 문제의 핵심을 파악하지 못하며, 사건 처리는 개인적인 친밀감이나 호감으로 한다. 인접국 러시아·일본, 기타 열강의 국제관계와 이들의 정치적인 구도를 이해하지 못하고 자신이 어떤 위치에 있는지도 잘 모른다. 종교·언어·문화·예술 등은 강대국의 종속적인 영향을 받는다. 국가의 경제적 실정을 고려하지 않고 허례허식에 낭비하면서 국고가 비면 외채를 도입하여 경제적 예속을 자초한다고 통렬하게 질타했다(베베르, 「1898년 전후 대한제국」, 노주석, 앞의 책, 『제정러시아 외교문서로 읽는 대한제국 비사(祕史)』, 131~149쪽).

황제의 친아버지인 대원군은 틈만 나면 고종을 암살하려 했다. 대원군은 러시아 외교관들에게 "고종은 천성은 선량하나 나쁜 신하들의 영향을 받고 있다"면서 러시아가 자신의 원한을 풀어줄 것을 요청했다. 이에 맞서 아들 고종은 러시아가 골칫덩이 대원군을 아무르 주나 사할린으로 추방시켜주길 간절히 바랬다.

베베르는 매관매직·미신·가족 사이 암투로 바람 잘 날 없는 대한제국 지도부의 참혹한 모습을 적나라하게 본국 정부에 보고했다. 구대열 이화여대 교수는 「다모클레스의 칼 – 러일전쟁에 대한 한국의 인식과 대응」이란 논문에서 서양 외교관들은 고종을 통치자로서의 자격이 완전히 결여된 인물로 판단했다고 한다. 구한말 의료 선교사 겸 외교관으로 활동했던 알렌은 고종에 대해 "내가 일찍이 구만리를 돌아다녀보고 위아래 4,000년 역사를 보았지만 한국 황제와 같은 사람은 처음 보았다"고 토로했다.

한 나라의 황제가 이 지경이었으니 주요 대신은 끝없는 정변에서 목숨을 부지하기 위해 국가가 어떻게 되든 말든 자신의 안전만을 추구했다. 대신들은 친분 있는 외국인들에게 정변이 발생하면 은신처를 요구하는 사례가 빈번했다. 구대열 교수는 구한말 대신들은 대부분 일본·러시아 등 외세와 연결되어 있어 의식적이든 무의식적이든 외세의 이권 쟁탈과 대립의 앞잡이 노릇을 하게 되었다고 지적한다. 이것이 나라가 망해가던 구한말, 이 나라 국가 지도부의 민낯이었다.

국제연맹 사무차장을 역임하고 『무사도(武士道)』 『일미관계사』 등 다수의 영문 저작을 발표하여 일본을 국제 사회에 알리는 데 크게 공헌하여 일본의 제1급 국제인으로 평가받은 니토베 이나조(新渡戸稲造)는 러일전쟁 후 대한제국을 시찰한 후 「고사국(枯死國) 조선」이라는 글을 썼다. 대한제국을 마른 나무와 같이 죽은 나라라고 표현한 것이다.

베베르의 분석에 따르면 일본은 대한제국의 내정이 혼란하면 점점 더 매수·뇌물·상호 비방이 늘어나고, 국민은 정부를 불신하여 결국 일본의 보호를 요청할 것으로 보았다. 일본은 러시아의 항의나 전쟁을 피하면서 은밀하고 세심하게, 조직적으로 대한제국의 조정과 국민 자산을 잠식했다. 한국인들은 일본의 정책을 눈치 채지 못했고, 러시아는 법적으로 그런 정책을 중지시킬 하등의 권한이 없었다고 베베르는 기록하고 있다(같은 책, 132~149쪽).

일본 통감, 대한제국의 내치 문제도 간섭

대한제국 멸망의 원인은 여러 가지가 있지만, 가장 주된 요인을 꼽는다면 고종과 왕비 민씨의 외교 실패에서 비롯된 것이다. 고종과 민 왕후는 영·미·일 해양세력이 그토록 우려하는 러시아를 지속적으로 한반도로 끌어들여 왕권을 유지하려 한 결과 해양세력 모두를 적으로 돌리는 자해(自害) 외교를 반복했다. 러시아와 손잡고 독립을 유지한다는 고종의 통치는 국제 정세를 완전히 오판하여 나라를 멸망의 구렁텅이로 빠뜨린 시대착오와 과대망상, 그 이상도 이하도 아니었다.

그럼에도 불구하고 좌파 학자들은 고종을 계몽군주니, 일제에 의해 독살당할 때까지 끝까지 맞서 싸웠던 항일 군주라고 주장한다. 심지어 아관파천을 "러시아공사관으로 목숨 걸고 떠난 망명"이라고 제멋대로 해석하고, 고종을 "불멸의 충의(忠義)를 보여준 군주"라면서 식민지근대화론자를 "역사왜곡의 시녀"라고 쓰고 있다(김종욱, 앞의 논문, 「고종의 항일투쟁사 그리고 수난사」, 302~311쪽). 손바닥으로 하늘 가리기다.

일본은 을사보호조약을 통해 대한제국의 대외정책에 대한 감독권을 갖게 되었다. 대한제국은 을사보호조약을 통해 일본에게 외교문제에 관한 권한을 이양했을 뿐, 내정 감독권까지 내준 것은 아니었다. 그런데 일본이 통감을 서울에 주재시켜 외교는 물론, 내정까지 간섭하고 나섰다. 이완용이 을사보호조약 체결 과정에서 우려했던 통감의 '내정간섭'

문제가 현실로 불거진 것이다.

을사보호조약 체결 당시 이토 히로부미 특사는 고종에게 "내정은 자치에 맡기니 황제 폐하께서 계속 한국을 다스릴 수 있다"고 약속했다. 하지만 막상 통감부가 설치되어 이토 특사가 조선통감으로 부임하여 내정 문제까지 간섭하자 고종은 생각이 달라지기 시작했다.

일본이 통감부를 설치하고 내정간섭을 일삼자 고종은 의지할 나라는 러시아밖에 없다고 판단했다. 그 결과 한반도에서 주도권을 상실한 러시아에게 지속적으로 "대한제국의 독립을 유지하려는 우리의 노력을 지원해달라"고 호소했다.

시인 앙리 미쇼(Henri Michaux)의 시구절처럼 "새가 미치건 말건 나무는 관심 없는 법"이다. 러시아는 일본과의 마찰을 피하기 위해 가급적 대한제국과 거리를 두었다. 니콜라이 2세는 외무성에 "고종황제에게 '러일전쟁 패전 이후 혁명세력의 확장으로 더 이상 대한제국을 도와줄 수 없다'는 전문을 보내라"는 칙령을 내렸다.

1906년 러시아 외무상은 대한제국에 부임하는 플란손(George de Planson) 총영사에게 "러시아 정부에 전폭적인 믿음을 보이는 고종이 실현 불가능한 기대를 갖고 러시아에 요구를 해올 때, 일본과의 사이가 악화되지 않도록 어떠한 약속도 자중하라"는 훈령을 내렸다(노주석, 앞의 책, 『제정러시아 외교문서로 읽는 대한제국 비사(祕史)』, 33쪽).

헤이그 밀사 파견 내막

이 무렵 러시아에서는 러일전쟁 패배에 대한 복수를 외치는 세력이 목소리를 높이고 있었다. 하지만 러일전쟁으로 재정이 크게 어려워진 데다가, 공산혁명분자들의 폭동 · 시위가 빈발하여 일본과 전쟁을 벌일 여력이 없었다. 그 결과 일본과 화해가 최선이라고 보았다. 1906년 외상에 임명된 이즈볼스키(Aleksandr Petrovich Graf Izvolsky)가 그 대표다.

일본도 포츠머스 강화조약에서 얻은 특권과 이익을 지키기 위해 러시아와 협력해야 한다는 분위기가 지배적이었다. 하야시 외상은 1906년 1월, 러시아 협상론자인 모토노 이치로(本野一郎)를 주러 일본 대사로 파견했다. 만주의 이권과 대한제국 보호권을 놓고 갈등을 거듭했던 일본과 러시아는 1907년 3월부터 비밀협상을 시작했다. 협상의 가장 큰 걸림돌은 일본이 요구한 한일 관계에서 '더 이상의 진전(further development)'이란 문구의 해석 문제였다.

일본은 이 문구가 병합(annexation)을 의미한다는 사실을 러시아가 승인하라고 요구했다. 반면 러시아는 포츠머스 강화조약에서 인정한 '보호권'의 한계를 넘어서는 정도로만 용인할 수 있다는 입장이었다.

양측 주장이 팽팽히 맞서 협상이 교착상태에 빠지자 러시아는 고종과 대한제국을 이용하여 일본에게 '한 방 먹여' 협상을 유리하게 타결 짓기 위한 비밀작전을 추진했다. 고종을 설득하여 헤이그에서 열리는 만국평화회의에 밀사를 파견하여 일본이 대한제국에서 저지르고 있는 내정간섭 실상을 전 세계에 폭로한다는 계획이었다.

일본과의 마찰을 피하기 위해 대한제국과 일정한 거리를 두고 있던 러시아는 1907년 입장을 바꿔 고종과 비밀 접촉하여 헤이그 밀사 파견 의사를 타진했다. 고종은 이 기회를 이용하여 일본의 내정 간섭 실상을 국제사회에 알리기로 결심한다.

밀사를 파견하려면 만국평화회의 의장국인 러시아의 전폭적인 협조가 필요했다. 고종은 서울의 프랑스어학교 교사로 재직하던 마르텔을 베이징주재 러시아공사에게 보내 "헤이그 회의에 대한제국 대표가 참석할 수 있도록 초청해달라"는 친서를 보냈다.

러시아 정부는 "대한제국의 주권 불가침을 인정하며, 국제회의에서 입장을 밝힐 수 있도록 헤이그 만국평화회의에 대한제국 대표를 초청한다"고 답신했다. 그 즉시 헤이그 평화회의 러시아 대표위원 넬리도프(A. Nelidov)에게 "대한제국 대표단의 헤이그 특사 파견에 관해 모든 협조를 하라"는 훈령을 보냈다.

고종은 니콜라이 2세의 선의만 믿고 밀사 이준을 특파했다. 1907년 4월 서울을 출발한 이준은 블라디보스토크에서 이상설과 합류했고, 상트페테르부르크에서 이위종과 합류했다. 3명의 밀사 일행은 6월 25일, 네덜란드 헤이그에 도착했다. 회의는 6월 15일 44개국 대표단이 참석한 가운데 개회되어 열띤 협상과 토론이 벌어지고 있었다.

저간의 과정을 정밀 분석하면 헤이그 밀사 파견은 고종의 결단이 아니라, 일본을 견제하기 위한 러시아의 치밀한 계획에 의해 추진되었다. 러시아가 일본의 '한국 보호'에 타격을 주기 위해 의도적으로 특사 파견을 유도한 것이다(석화정, 「한국 '보호'문제를 둘러싼 러일의 대립」, 정성화 외, 앞의 책, 『러일전쟁과 동북아의 변화』, 79~86쪽).

일본은 대한제국 내의 곳곳에 침투해 있는 밀정들을 통해 러시아의 초청장 발송, 고종의 밀사 파견 등 모든 움직임을 처음부터 상세히 파악했다. 그리고 때가 오기만을 숨죽여 기다리고 있었다.

사전 통보받은 대로 대한제국 밀사 일행은 만국평화회의 의장에 선출된 러시아 대표 넬리도프를 찾아갔다. 하지만 넬리도프는 이들의 협조 요청을 거부했다. 본국 정부로부터 "한국 특사들의 회의장 입장을 거부하라"는 새 훈령을 받았기 때문이다. 러시아 외무부와 주일 러시아 대사는 고종이 헤이그에 밀사를 파견했다는 정보를 일본 측에 통보했다.

러시아는 왜 갑자기 입장을 바꿔 한국 특사단을 곤경에 빠뜨렸을까? 헤이그 밀사사건을 자세히 들여다보면 자국의 이익을 위해 약소국 운명쯤은 통째로 희생시키는 열강들의 비밀거래가 발견된다.

러일 협상에 실컷 이용만 당한 고종

교착상태에 빠져 좀처럼 풀리지 않을 것 같았던 러일 비밀협상은 헤이그에서 평화회의가 열리는 동안 급속히 해결되었다. 대한제국 특사가 헤이그에 도착하기 전날인 6월 24일, 사실상 가장 중요한 쟁점에 대해 극적으로 합의가 이루어졌다. 러시아 정부는 넬리도프에게 "한국 특사들의 회의장 입장을 거부하라"는 새 훈령을 보냈다(같은 논문, 86~88쪽). 그 결과 대한제국 밀사의 회의장 입장이 거부된 것이다.

러일 양국 비밀협상이 순탄하게 풀리자 일본은 고종의 밀사 파견을 역이용하고 나섰다. 밀사 파견 사실이 해외 언론에 보도되어 평지풍파가 일자 일본 내각과 원로회의는 7월 10일 회의를 소집했다. 이 회의에서 대한제국의 내정도 일본이 장악하기로 결정하고 그 실행을 이토 히로부미 통감에게 일임했다.

고종을 만난 이토 통감은 "일본에 저항하려면 은밀하게 하지 말고 대놓고 하시라. 우리가 적수가 되어드리겠다"고 말했다. 일본은 고종이 일본의 보호권을 무시했다는 명목으로 7월 19일 고종을 강제 퇴위시켰다. 닷새 후 7월 24일, 제3차 한일협약(정미 7조약)을 체결했다. 이 협약의 비

〈그림21〉 퇴위한 고종과 그의 후계자 순종, 『런던뉴스Illustrated London News』, 1907

밀각서에 의해 8월 1일 대한제국 군대가 해산당했다. 이어서 일본인을 관리로 임명하고, 사법권 및 경찰권을 일본이 장악했다.

1907년 8월 27일 24세의 황태자 이척이 황제에 올랐으니, 그가 대한제국의 마지막 황제 순종이다. 순종의 즉위식에 참석했던 소모프 주한 러시아 총영사는 "순종은 카키색 군복을 입고 눈치를 살피면서 말을 꺼렸다. 황제의 인상은 침울하고 창백하며 놀란 듯한 두 눈에 얼굴은 병으로 부어 환자처럼 보였다"고 본국 정부에 보고했다.

제3차 한일협약이 조인된 지 6일 후인 7월 30일, 러시아 외상 이즈볼스키와 모토노 주러 일본대사는 상트페테르부르크에서 제1차 러일협약이라 불리는 협정을 체결했다. 이 협정을 통해 러시아는 일본과 대한제국의 현재 정치 관계를 인정하고, 이 관계가 계속 발전하는 것을 저지하지 않는다고 약속했다.

이 협정의 부속 비밀 협약에서 양국은 하얼빈-지린(吉林)을 분계선으로 만주를 분할하여 각자 세력범위를 정했다. 또 일본은 대한제국, 러시아는 외몽골을 특수이익 지역으로 정했다. 일본과 러시아는 대한제국과 만주·몽골을 서로 나눠 가진 것이다. 이때 비로소 일본은 대한제국 병합에 대한 러시아의 동의를 얻는 데 성공했다.

고종은 러시아의 기만술에 넘어가 헤이그에 밀사를 파견했다. 그 결과 자신은 퇴위 당하고 내정권마저 일본에게 빼앗겼으며, 러시아가 대한제국의 병합을 인정토록 하는 불쏘시개 역할을 훌륭히 수행했다. 러일 양국에 실컷 이용만 당했을 뿐, 고종이 얻은 결실은 아무것도 없었다. 이것이 고종의 헤이그 밀사 파견의 실상이었다.

러일 양국이 대한제국의 운명을 거래하는 비밀 협약을 체결할 무렵, 국내에서는 대한제국 군대 해산에 저항하여 의병이 봉기했다. 조선주차군사령부가 간행한 『조선폭도 토벌지』에 따르면 1910년 8월 말 한국병합 때까지 의병과 일본군의 전투 횟수는 2,819차례, 전투에 참여한 의병은 4만 1,603명이었다. 1906년부터 1911년까지 6년간 일본군은 조선 의병 1만 7,779명을 사살했다.

헤이그 밀사 파견도 무위로 끝나고, 의병 봉기도 실패하자 고종은 니콜라이 2세에게 "러시아로의 정치 망명"을 요구했다. 러시아는 포츠머스 강화조약 준수와 극동질서를 강조하면서 고종의 요구를 거절했다.

식민통치의 어려움

한 나라가 다른 약소국을 식민통치하는 것은 말처럼 쉽지 않다. 다른 나라의 자원을 착취하려면 자원 생산에 필요한 투자가 따라야 하며, 자원을 생산지에서 본국으로 운송하기 위한 철도 · 도로 · 항만 등 교통 인프라를 건설해야 한다. 노동력을 착취하려면, 노동자들을 부려먹기 위한 교육이 필요하고, 이를 위해 대대적인 교육시설이 만들어져야 한다.

일본은 청일전쟁 후 할양받은 타이완을 식민통치하는 과정에서 혹독한 대가를 치렀다. 다른 나라를 식민통치해본 경험이 축적되어 있지 않았기 때문이다. 서영희의 「일제 침략과 대한제국의 종말」이라는 논문에 따르면 일본은 구미 열강의 식민 정책을 모방하여 타이완에서 실시했다.

일본은 타이완 식민통치 과정에서 초기엔 프랑스의 알제리에 대한 동화주의 정책을 시행했으나 참담한 실패로 끝났다. 이번에는 영국의 식민통치 정책을 도입했으나 이 방법마저 실패했다. 타이완은 역사와 풍속이 달라 현행 일본법을 그대로 적용하기도 힘들었다. 그 결과 타이완 총독이 관할구역 내에서 법률의 효력을 지닌 명령을 내릴 수 있다는 1896년 3월 30일 법률 제63호(소위 63법)와 '타이완총독부 조례'를 통해 식민지 경영의 원형을 만들었다.

타이완 식민통치 과정에서 큰 시행착오를 경험한 일본은 대한제국을 보호국화하는 과정에서 치밀한 준비를 했다. 아리가 나가오(有賀長雄) 와세다대 교수는 세계 각국의 각종 보호국 탄생 경위와 배경을 유형별로 분석한 『보호국론』이란 국제법 저서를 출간했다. 이런 국제법 연구를 통해 일본 정부의 식민지 경영 정책 수립을 도왔다. 이 책의 서문에서 아리가는 "한국은 모름지기 일본의 보호국이지 않으면 안 되고, 만주는 마땅히 청국의 위임에 의해 일본이 통치하는 곳이 아니면 안 된다. 이것은 극동문제에 대한 저자의 숙론(宿論)"이라고 밝히고 있다.

을사보호조약으로 조선의 외교권을 장악한 일본은 조선 통치를 위해 통감부를 설치했다. 이 과정에서 통감부를 외무성 소속이 아닌 천황 직속으로 두었고, 문관인 통감이 주차군(駐箚軍)에 대한 명령권을 갖도록 했다. 통감을 내각 산하가 아니라 천황 직속으로 둠으로써 군부통치의 길을 열어놓은 것이다.

이후 조선은 조슈번(長州藩, 야마구치현) 파벌의 영향 하에 들어갔다. 초대 조선 통감 이토 히로부미를 비롯하여 '일본 육군의 아버지'라 불리는 야마가타 아리토모, 민 왕후 살해의 주범 미우라 고로, 한일합방 당시의 일본 총리 가쓰라 다로, 주한 공사를 역임한 이노우에 가오루, 청일전쟁의 첫 군사작전이었던 경복궁을 점령한 일본군 여단장 오시마 요시마사 등이 모두 조슈번 출신이다.

뿐만이 아니다. 초대 조선총독 데라우치 마사타케(寺內正毅), 2대 총독 하세가와 요시미치(長谷川好道)도 조슈번 출신이다. 데라우치는 일본

〈표12〉 역대 조선 통감

대	이름	재임기간
제1대 (한국통감부 의장)	이토 히로부미(伊藤博文)	1906년 2월 23일-1906년 3월 2일
제1대 통감	이토 히로부미	1906년 3월 2일-1909년 6월 14일
제2대 통감	소네 아라스케(曾禰荒助)	1909년 6월 14일-1910년 5월 30일
제3대 통감	데라우치 마사타케 (寺內正毅)	1910년 5월 30일-1910년 8월 29일

육군의 수확물인 조선통치권을 다른 파벌에게 내주고 싶지 않아 조슈번 출신인 하세가와를 후임 총독으로 추천했다. 초대 조선통감 이토 히로부미를 거쳐 데라우치, 하세가와로 조선 통감-총독의 계보가 이어지는 모습을 보면 조선은 영락없는 조슈번의 전리품이었다.

대한제국 병합에 대한 의견 충돌

하지만 대한제국 병합 과정이 순탄치는 않았다. 병합 과정에서 이토 히로부미와 이노우에 가오루 등 문관 출신들과, 야마가타 아리토모, 데라우치 마사타케 등으로 상징되는 군부 의견이 대립했기 때문이다.

일본은 러일전쟁 과정에서 본국 정부 연간 예산의 8배에 달하는 막대한 전비를 국채를 발행하여 해외에서 조달했다. 일본은 청일전쟁에서는 본국 정부 연간 예산의 4배에 달하는 배상금을 받아 러일전쟁을 위한 군비 강화에 사용했다. 일본 지도부는 청일전쟁 사례처럼 강화조약에서 러시아로부터 배상금을 받아 빚을 갚고자 했다. 하지만 러일전쟁 강화 때는 사정이 전혀 달랐다.

당시 러시아는 시베리아 횡단철도를 통해 중무기로 무장한 러시아 100만 대군을 하얼빈 일대에 포진시켜놓고 있었다. 반면, 일본은 더 이상 전쟁이 계속되면 국가가 파산할 정도로 국력이 바닥났다. 러시아는 일패도지(一敗塗地)하여 협상 테이블로 나온 것이 아니라, 공산주의자들의 폭동 반란으로 인한 염전(厭戰)사상, 영·미의 종전 압력에 직면하여 전쟁을 중지한 것이다. 덕분에 일본은 배상금을 한 푼도 못 받았다.

일본은 러일전쟁에서 180만 명의 병력을 동원하여 사상자 22만 명(청일전쟁의 거의 20배), 전쟁비용 20억 엔(청일전쟁의 거의 10배)의 비용을 투입했다. 그 피와 땀을 투자하여 얻어낸 권리는 랴오둥반도 끝머리에 제주도의 약 두 배 넓이인 3,462제곱킬로미터의 관동주(關東州)와, 동청철도 남만주 지선(다롄-창춘 간)과, 그에 부속된 항만·탄광 등의 이권이 전부였다.

러시아로부터 배상금을 한 푼도 못 받아 심각한 재정난에 처한 일본은 대한제국 병합 문제를 놓고 의견이 절반으로 갈렸다. 이토 히로부미를 필두로 한 문관들은 대한제국의 외교권·군사권·내정권을 일본이 장악하고 있으니 병합을 서두를 이유가 없다는 입장이었다. 한국 황실의 적당한 인물을 선정하여 그들에게 자치를 맡기고 때가 무르익을 때까지 여유를 가지고 병합을 추진하자는 신중론 내지 현실론이었다.

반면에 군부는 하루라도 빨리 한국을 병합하여 대륙 진출에 나설 것을 촉구했다. 국수주의자들과 군부는 "조선통감 이토 히로부미는 유약한 인물"이라고 공격하여 1909년 이토를 조선 통감에서 끌어내리는 데 성공했다.

1909년 4월, 가쓰라 총리와 외무대신 고무라는 이토 히로부미와 회동하여 한국 병합에 반대하지 말 것을 요구했고, 이토는 한국 병합에 이의가 없다고 자신의 입장을 밝혔다. 이토의 정치적 입지는 결정적인 타격을 받았다. 이때부터 한국 병합은 급물살을 타기 시작했다. 1909년 7월 6일, 가쓰라 총리와 고무라 외상이 각의에 제출한 '한국 병합에 관한 건'이 천황의 재가를 얻었다.

바로 이 무렵 만주와 한반도를 갈라먹고 웃으면서 헤어졌던 러시아와 일본이 제2차 러일협약을 추진해야 하는 상황이 발생했다. 돌풍을 몰고 온 주역은 미국이었다.

뒤늦게 제국주의 대열에 합류한 미국도 만주에 관심이 컸다. 루스벨트 대통령의 적극적인 주선으로 러시아와 일본이 포츠머스에서 강화조약을 맺는 과정에서 미국의 철도왕 해리만(E. H. Harriman)이 일본을 방문했다. 해리만은 일본이 강화조약을 통해 취득하게 될 동청철도 남만주 지선(滿鐵) 사업을 미일 합작으로 추진할 것을 제안했다. 이 안건은 고무라 외상의 강력한 반대로 백지화되었다.

일본이 1905년 을사보호조약을 체결하고 합방까지 5년의 시간을 끈 이유는 구미 열강, 특히 미국의 압력 때문이다. 미국은 러시아가 의화단의 난을 이용하여 만주에 대군을 파견하여 점령하자 일본 중시 정책으로 맞섰다. 그러한 미국의 의도는 태프트-가쓰라 밀약으로 표출되었다. 미국은 일본이 러시아의 남진을 막아낸 대가로 일본의 한국 점령을 묵인한 것이다.

미국의 만주 이권 개입

그런데 러일전쟁에서 승리한 일본이 만주를 독점하려 하면서 미국이 선포한 '중국에 대한 문호개방 정책'과 충돌했다. 1909년 3월 미국 대통령에 오른 윌리엄 태프트는 태프트 - 가쓰라 밀약 체결의 당사자다. 그는 동아시아에서 전임자 루스벨트의 일본 중시 정책을 계승할 것으로 예상되었다. 예상과 달리 태프트 대통령은 일본의 만주 이권 독점에 정면으로 맞섰다.

이 무렵 선양주재 부영사·총영사, 신설된 국무성 극동과장으로 활동했던 윌라드 스트레이트는 만주를 미국 상품을 수출하고 자본을 투자할 수 있는 "새로운 서부(new west)"로 간주하고, 문호개방 정책을 통해 이를 달성하려 했다.

1907년 청조는 친미파인 탕샤오위(唐紹儀)를 봉천순무로 임명했다. 탕샤오위는 일본이 만주에 세력권을 형성하는 것을 저지하고 주권회복을 위해 미국을 적극 이용했다(정성화, 「윌라드 스트레이트의 뉴프런티어-20세기 초 미국의 만주정책」, 정성화 외, 앞의 책, 『러일전쟁과 동북아의 변화』, 176쪽).

1909년 12월, 녹스(P.C. Knox) 미 국무장관은 러일 간에 완충국을 건설한다는 명목으로 만주철도 중립화 방안을 발표했다. 만주지역의 철도를 중국 소유로 귀속시키고, 영·미·불·러·독·일 등 6개국이 공동출자하여 진저우(錦州)-아이훈(愛琿) 철도 등을 부설하자는 내용이었다.

만주철도 중립화 방안의 핵심은 구미 열강이 공동으로 일본의 만주 이권 독점을 억제하자는 제안이었다. 녹스의 제안은 러시아와 일본의 강력한 반대로 무산되었다. 미국의 만주 진출에 대한 공동전선이 필요하다고 판단한 러일 양국은 1910년 4월부터 교섭을 시작하여 같은 해 7월 4일 제2차 러일 협약을 체결했다.

제2차 러일 협약 비밀조항에서 양국은 "각자의 특수이익 지역 내에서 그 이익을 확보하기 위한 행동을 취할 자유가 있다"고 규정했다. 이 협약 추진 과정에서 이즈볼스키 러시아 외상은 모토노 이치로 주러 공사에게 "러시아는 일본의 한국병합에 반대하지 않는다"는 뜻을 전했다.

대한제국 병합

일본은 만주 문제를 둘러싸고 열강들과 적이 될 경우 보호국 상태에 불과한 대한제국마저 포기하게 될 수도 있다는 점을 우려하여 서둘러 한일합방을 추진했다. 이를 위해 러시아의 동의와 지원이 필요하게 되자

제2차 러일협약을 서둘러 체결한 것이다.

1910년 5월 30일, 데라우치 마사타케 육군대신이 제3대 조선통감으로 임명됐다. 6월 3일, 일본 각의는 한국병합 방침을 심의하고 "조선에는 당분간 헌법을 시행하지 않고 대권에 의해 이를 통치한다"는 등 13개조를 결정했다. 한반도에서 천황의 대권을 통한 통치, 즉 군정 시행을 결정한 것이다. 이렇게 되어 조선 통치와 관련하여 일본 의회는 관여할 수 없게 되었다.

데라우치는 한국 주차군을 서울에 집중시킨 다음 1910년 8월 22일, 한국병합 조약 조인식을 가졌다. 이날 순종은 이완용에게 "짐은 동양평화를 공고히 하기 위해 한일 두 나라의 친밀한 관계를 가지고 피차 통합하여 한 집으로 만드는 것은 호상 만대의 행복을 도모하는 것이 된다고 생각했다"면서 "한국에 대한 통치를 극히 신뢰하는 대일본국 황제폐하에게 넘겨주기로 결정하고 필요한 조문을 규정하여 앞으로 우리 황실의 영원한 안녕과 백성들의 복리를 보장하기 위해 내각총리대신 이완용을 전권위원으로 임명하고 대일본제국 통감 데라우치와 함께 협정하게 하는 것이니 여러 신하들도 짐이 확정적으로 결단을 내린 뜻을 체득하여 집행하라"는 지시를 내렸다.

이완용은 "일본에 홍수가 나서 수재민을 위로하러 간다"는 명목으로 일본 통감부를 방문, 대한제국의 주권을 일본에 넘겨주는 한일합병조약을 체결했다.

외국인들, 일본의 조선통치 긍정적으로 평가

합병조약이 체결된 날은 1910년 8월 22일이었고 양국의 관보(官報)

를 통해 동시 공포되었다. 일본은 대규모 군대를 상륙시켜 서울 시내에 30미터 간격으로 일본군을 배치한 후 한국 측 수석대표인 이완용 내각 총리대신(국무총리)과 일본 측 수석대표인 일본 통감 데라우치가 정식으로 합병조약에 서명했다.

1910년 8월 29일, 순종 황제는 다음과 같은 성명서를 발표하여 일본 황제에게 통치권을 양도하기로 했음을 백성들에게 알렸다.

"짐이 덕이 없는 사람으로서 황제가 된 이후 오늘까지 정사 혁신에 대해 애쓰지 않은 것이 아니다. 그런데 허약한 것이 고질이 되고 영락이 극도에 이르러 짧은 시일 안에 회복시킬 대책을 세울 가망이 없게 되었다. 짐이 결연히 반성하고 결단을 내려 한국의 통치권을 이전부터 친근하게 믿고 의지해 오던 대일본(大日本) 황제 폐하에게 넘겨 밖으로는 동양 평화를 공고히 하고 안으로는 8도의 백성을 보전하게 하는 바이다.

너희들 높고 낮은 관리들과 백성들은 나라의 형세와 현재 조건을 깊이 살펴 소란을 일으키지 말고 자기 직업에 안착하여 일본 제국의 문명한 새 정치에 복종하여 행복을 함께 받도록 하라. 오늘의 조치는 너희들 민중을 잊어서가 아니라 민중을 구원하려는 지극한 뜻에서 나온 것이니, 관리와 백성들은 나의 뜻을 몸으로 느낄 것이다."

총 8조로 구성된 조약 내용 중 제1조는 '한국 황제 폐하는 한국 전체에 관한 일체 통치권을 완전히, 영구히 일본 황제 폐하에게 넘겨준다'는 것이고, 제2조는 '일본국 황제 폐하는 앞 조항에 기재된 "넘겨준다(讓與)"고 지적한 것을 수락하는 동시에, 완전히 한국을 일본 제국에 병합하는 것을 승낙한다'라고 되어 있다.

대한제국은 통치권이 일본에게 넘어가 나라가 멸망했음에도 불구하고 어떠한 반항도 없었고, 거친 저항도 없었다. 실제로 조선 전체는 별다른 일 없이 고요했다. 1910년 8월 27일자 영국의 경제잡지 「이코노미스트」 보도에 따르면 "이번의 병합이 여러 해에 걸친 과정의 마지막 수순일 뿐"이라고 담담하게 보도했다.

이 잡지는 1년 전인 1909년 10월 30일에는 "조선은 차라리 외국으로부터 현대적 행정 시스템의 도움을 받는 것이 조선 국민들의 이익에 도움이 될 것이다"라고 보도했다(최성락, 앞의 책, 『100년 전 영국 언론은 조선을 어떻게 봤을까?』, 12~13쪽). 일본이 한반도를 완전히 지배하면 대한제국 황제는 권력을 남용해서 국민들을 착취하지 못하게 된다. 양반들도 더 이상 백성들을 착취하지 못하게 될 것이다. 합병이 되면 조선이라는 국가는 없어지지만, 조선 국민들은 일본의 지배 하에서 보다 더 잘 살게 될 것으로 바라본 것이다.

일본의 조선 통치에 대해 「이코노미스트」만이 아니라 많은 외국인들이 긍정적으로 평가했다. 당시 외국인들이 쓴 책과 칼럼을 봐도 일본의 조선 통치를 부정적으로 보는 경우는 거의 없다(같은 책, 187쪽). 한일합병에 대해 어떤 나라도 반대 의사를 표시하지 않았다. 그리고 일본은 아시아 대륙에 자기 소유의 영토를 확보하게 되었다.

"조선의 멸망을 보며 춥지도 않은데 전율을 느낀다"

대한제국은 전쟁이나 기타의 방식이 아니라, 정식 조약에 의해 통치권을 '완전히, 영구히' 일본천황에게 넘겨주었다. 태조 이성계의 창업으로 시작된 조선왕조 518년 역사는 막을 내리고, 일본의 식민지로 전락했다. 1910년 8월 29일 경술국치의 날 한반도는 침묵을 지켰고, 일본열도에서는 집집마다 일장기가 펄럭이는 등 온통 축제분위기였다고 한다.

영국 외교관들이 본국 정부에 보고한 내용에 따르면 이날 조선총독부는 만일의 사태에 대비하여 비상을 발령하고 긴장 속에 대기하고 있었다. 그러나 대한제국의 멸망이라는 충격적인 소식에도 불구하고 서울을 비롯한 전국 곳곳에서는 하루 종일 어떤 소요도 없이 조용히 넘어갔다. 저녁 무렵이 되어 "하루 종일 어떤 소요도 없었다"는 보고를 받은 데라우치 총독은 파안대소를 했다고 한다.

병합 후 일본 천황은 순종을 '쇼토쿠노미야(昌慶宮) 이왕(李王)'으로, 고종을 '도쿠주노미야(德壽宮) 이태왕(李太王)', 고종의 형 이희와 고종의 아들 이강을 공(公)으로 책립했다. 이렇게 탄생한 조선의 왕공족(王公族)은 일본 정부로부터 황족 지위에 준하는 대우를 받았다.

왕공족을 관리하기 위해 조선총독부 산하에 이왕직(李王職)이 설치되었으며, 이왕직에는 연간 150만 원에 달하는 세비가 지급되었다. 또 병합에 협조한 고위 관리 76명을 조선귀족으로 봉했다. 일본 황제는 3,000만 원에 달하는 거액의 은사금을 조선귀족·구한국관리·양반 유생 등에게 뿌렸다(이영훈, 『한국경제사 II』, 일조각, 2016, 29쪽).

1905년의 보호조약, 1910년의 병합조약 모두 대한제국의 국제(國制)에 충실하게 전제군주인 황제가 그의 개인적 권리를 처분하는 방식으로 이루어졌다.

1910년 9월 1일, 상하이에서 발간되는 일간신문 「신보(申報)」는 "아아, 한국이 멸망했다"는 기사를 게재했다. 러일전쟁을 미화한 「전운여록(戰雲餘錄)」을 쓴 단카(短歌)의 거장 이시카와 다쿠보쿠(石川啄木)는 9월 9일 '지도 위 조선국에 검게 먹을 칠하며 추풍(秋風)을 듣는다'는 시를 발표했다.

일본 지식인 후쿠자와 유키치는 서울을 사바세계의 지옥, 야만을 넘어 요마악귀(妖魔惡鬼)들이 들끓는 지옥이라고 평했다. 조선 인민은 소와 말, 돼지, 개와 같으며, 이런 나라는 하루라도 빨리 망하는 쪽이 하늘의 뜻에 부합되는 일이며, 조선 백성들을 위해서라도 조선의 멸망은 축하할 일이라고 했다.

청나라 지식인 량치차오(梁啓超)는 "나는 조선의 멸망을 보며 춥지도 않은데 전율을 느낀다"고 토로했다. 그는 일본이 정예를 길러 남의 나라를 망하게 할 수 있는 실력을 가진 것만이 문제가 아니라, 조선이 망하는 길을 취했기 때문에 망한 것이라고 통탄했다. 량치차오는 말한다. 조선을 망하게 한 것은 조선이지 일본이 아니라고. "무릇 조선 사람들은 망하는 것을 스스로 즐겼으니, 또한 무엇을 가엾게 여기겠는가"라고 외쳤다(최형욱 엮고 옮김, 『량치차오, 조선의 망국을 기록하다』, 글항아리, 2016, 103~105쪽).

대한제국은 그렇게 망했다.

어느 길을 선택할 것인가?

구한말 나라가 기울어가고 있을 때 조선(대한제국)은 "만인(萬人)에 의한 만인의 투쟁"이 벌어지는 상태였다. 망해가는 '제국'을 구하기 위한 거룩한 투쟁이 아니라, 제 한 목숨 부지하기 위한 동물적 생존을 위한 보급 투쟁을 벌여야 했던 극한 상황이었다.

이 무렵 한반도에는 근대를 지향했지만 일본의 침략에 저항하지 않은 개화파, 민족적 저항은 했지만 봉건적 성격에 머물렀던 척사파가 존재했다. 그 시절 권력과 부를 소유하고 있던 전체 인구의 약 10퍼센트를 차지했던 양반들이야 그렇다 치고, 권리는 없고 의무만 존재했던 백성들 앞에는 두 가지 선택지가 놓여 있었다.

첫째, 무능·부패하고 미래에 대한 어떤 비전도 제시하지 못한 채 외세에 빌붙어 권력 유지에 급급한 대한제국의 황제와, 백성들을 등쳐먹는 양반 지도부의 가혹한 봉건적 통치를 받을 것인가.

둘째, 비록 이민족이지만 보통교육을 실시하고, 사적인 감정이 아니라 엄격한 법치에 의해 재판을 하고, 전염병이 돌면 근대식 치료를 해주고, 개인의 사유재산을 인정해주는 문명개화한 일본의 근대화된 통치를 받을 것인가.

둘 중 하나를 선택할 수밖에 없는 입장이었다면, 이 책을 읽는 독자 여러분은 어느 편을 택하는 것이 더 자신의 삶에 유리했다고 보시는가?

에필로그:

잘나가던 일본이 패망한 이유

러시아에 영혼 빼앗긴 국왕 고종

고종이 국왕 · 황제 재위 시절 가장 친근하게 의지했던 사람은 러시아 황제 니콜라이 2세였고, 절친 외교관은 주한 러시아공사 베베르였다. 고종은 니콜라이 2세 황제와 기이할 정도로 각별한 관계를 유지했다. 두 사람이 주고받은 친서가 30차례에 이를 정도다.

고종은 니콜라이 2세와 친서는 물론, 러시아 외무부와 비밀문서까지 주고받았던 것으로 보인다. 1904년 5월 16일 서울주재 파블로프 공사가 본국 외무부에 보낸 보고서에 "고종 황제가 소장하고 있는 러시아 외무부와의 연락용 암호 통신문이 덕수궁 화재로 소실되었다. 혹시라도 일본이 훔쳐 보관하고 있을 수도 있으니 미리 방비하라"는 내용이 발견되었다(노주석, 앞의 책, 『제정러시아 외교문서로 읽는 대한제국 비사(祕史)』, 69쪽).

1885년부터 1897년까지 12년간 조선(대한제국)에서 활동했던 러시아 외교관 베베르가 멕시코 주재 공사로 전임되자 고종은 "베베르를 장기간 대한제국에 유입시켜달라"는 친서를 러시아 황제 니콜라이 2세에게 보냈다.

고종은 1902년 자신의 재위 40주년 기념행사를 준비하면서 각별한 관계라고 생각했던 니콜라이 2세 황제에게 대한제국 최고훈장인 금척대훈장을 보냈다. 훈장을 받은 니콜라이 2세는 고종이 크게 믿고 의지했던 베베르를 즉위 40주년 특사로 파견했다. 니콜라이 2세는 금척대훈장에 대한 답례로 고종에게 축하 친서와 러시아 최고 훈장인 다이아몬드로 장식한 성 안드레아 사도 1급 훈장을 보냈다.

즉위 40주년 기념행사가 콜레라 창궐과 재정 위기로 연기되자 고종은 서울에 온 베베르를 대한제국 황제의 자문역으로 붙잡아 두기 위해 니콜라이 2세에게 서울 체류 연장을 요청하는 서한을 보냈다(같은 책, 15~18쪽). 니콜라이 2세는 이에 대해 "뜻밖의 어려움만 발생하지 않는다면 폐하의 제위 경축식이 다시 열리는 내년 4월 17일까지 베베르의 서울 체류에 동의한다"는 친서를 보냈다.

나라가 어떤 처지인지조차 몰랐던 국가 지도부

고종의 즉위 40주년 기념식에 참석할 특사로 임명되어 다시 서울 땅을 밟은 베베르는 기울어가는 대한제국의 모습에 큰 충격을 받았다. 대한제국의 1902~1903년 모습을 베베르는 다음과 같이 기록했다.

"대한제국을 떠난 지 5년 만에 다시 와보니 거리의 남루한 복장은 이전보다 두 배나 많았다. 고종은 무당을 불러 굿을 하는 엄비(嚴妃)를 따라 미신을 신봉하고 있었다. 정치적인 상황은 더욱 악화되어 있었다. 일본인들이 다시 절대적인 영향력을 행사하고 있었다. 한국인은 러시아·

일본 기타 열강의 국제 관계와 저들의 정치적 의도를 제대로 이해하지 못하고 있었으며, 나라가 어떤 처지에 놓였는지 제대로 몰랐다. 강대국에 오랜 종속관계에 놓여 독립심이 박약하고 의타심이 강하다. 고종은 아주 호감을 주는 인품이지만 많이 쇠약해졌으며, 공적과 능력에 따라 관직을 임용하지 않고 뇌물의 액수에 의해 결정했다."(같은 책, 22~23쪽)

러시아로 종신 망명 시도

고종은 375일 동안 러시아공사관에서 집무하는 아관파천을 끝내고 덕수궁으로 환궁한 후에도 오매불망 러시아공사관으로의 피신을 꿈꾸었다. 실제로 1981년 발굴조사 당시 정동 러시아공사관의 종탑 아래에서 밀실과 비밀통로가 발견되었다. 이 비밀통로는 덕수궁까지 연결되어 있었다.

러일전쟁의 전운이 감돌기 시작한 1904년 1월 초, 고종은 또다시 러시아공사관으로 망명하기 위해 러시아공사관에 협조를 요청했다. 파블로프 주한 러시아 공사의 보고에 따르면 "대한제국 황제가 일신상에 위험이 있을 경우 불가피하게 러시아공사관에 피신처를 구하거나, 러시아로 탈출하는 문제에 대해 러시아 측의 협조 가능성을 은밀히 타진해왔다"는 것이다. 고종은 대비(1904년 1월 2일 서거)의 시신을 운구할 때 사당에서 공사관 담장의 샛문을 통해 대궐을 탈출해 러시아공사관으로 들어가겠다고 계획을 밝혔다(1904년 1월 21일 파블로프 서울주재 총영사가 러시아 외무부에 보낸 보고서).

일본과 전쟁 상태에 돌입할지도 모르는 상황에 처한 러시아는 고종의 요구에 어떤 답변도 하지 않고 침묵을 지켰다. 고종이 헤이그 밀사

사건으로 퇴위한 후인 1908년부터 합병 직전인 1910년 사이 고종은 서울주재 러시아 총영사에게 "차라리 해외에 나가 죽어도 좋다"는 말을 여러 차례 했다.

1908년 11월 7일 소모프 총영사의 '고종 황제의 러시아 정치 망명 희망 건'이란 비밀 보고에 따르면 고종은 의병의 도움을 받아 일본 감시요원을 따돌린 후 러시아나 청국 국경까지 탈출, 선박이나 육로로 러시아로 종신 망명할 계획을 세웠다. 만주 이권을 놓고 일본과 우호관계를 유지해야 했던 러시아는 고종이 본국을 탈출하여 러시아 영토로 망명할 경우 불필요한 긴장이 조성되어 자칫하면 제2의 러일전쟁이 일어날지도 모른다고 판단했다. 소모프 총영사는 "가장 바람직한 조치는 극동 정세를 복잡하게 만들 수 있는 고종 황제의 망명계획을 거부하는 것이 좋다"고 타전했다. 그 결과 고종의 종신 망명 계획은 실패로 귀결되었다.

일본에게 천재일우의 기회, 제1차 세계대전

1914년 제1차 세계대전이 발발하여 유럽이 파괴와 살육의 소용돌이에 빠져들었다. 유럽 대륙의 전쟁으로 서양 열강들이 아시아 문제에 손을 쓸 수 없는 상황이 되자 일본은 천재일우의 기회를 맞았다.

일본은 동맹국 영국이 독일과 교전상태에 돌입하자 1914년 9월, 독일에 선전포고를 하고 적도 북쪽의 태평양에 흩어져 있던 독일령 섬들을 점령했다. 이어 칭다오(靑島)를 중심으로 한 산둥(山東)반도의 독일 조차지를 점령했다. 일본군은 독일 조차지보다 훨씬 북쪽의 중국 영토에 상륙하여 조차지 인접지대에 독일 상사들이 투자했던 모든 철도·광산·공장시설들까지 빼앗았다. 이것은 명백히 중국 영토에 대한 불법 점령이었다.

중국 정부가 거세게 항의하자 일본은 1915년 1월 15일 만주와 산둥성, 푸젠성(福建省), 내몽골을 식민지화하기 위해 '21개 요구조항'을 강요했다. 중국은 일본의 요구에 굴복하여 5월 25일, 중국의 이권을 일본에 넘기는 조약을 체결했다. 중국인들은 이 날을 '국치일'이라 불렀다.

후에 밝혀진 바에 따르면 1918년 9월 24일, 중국 정부는 산둥지방에서 독일이 보유하고 있던 모든 이권을 일본이 계승하는 데 동의했다. 또 산둥지방의 각종 철도를 일본과 합작 운영키로 했고, 산둥지방에 새로 건설할 철도를 위해 일본 차관을 얻기로 협약을 맺었다.

일본의 중국 침략 및 이권 탈취는 미국 등 서양 열강들을 자극했다. 미국은 일본을 향해 "중국의 주권을 침해하거나 문호개방 정책에 위반되는 어떤 조약도 인정할 수 없다"고 경고했다.

무소불위의 일본을 견제할 나라는?

일본은 제1차 세계대전 이전까지는 글로벌 패권국인 영국, 떠오르는 신흥 강국 미국과 손잡는 외교정책을 통해 빛나는 성장을 구가했다. 하지만 제1차 세계대전으로 국력이 폭발적으로 성장하자 생각이 달라지기 시작했다. "이제 우리도 제국으로서의 힘이 생겼으니 패권국이 못 될 이유가 없지 않은가" 하는 환상과 착각에 빠져든다.

1917년 러시아에서 볼셰비키 혁명이 일어나 시베리아 일대가 무정부 상태가 되었다. 때를 만난 일본은 바이칼호 동쪽지역, 즉 헤이룽장성(黑龍江省) 지역까지 판도를 넓히기 위해 시베리아에 파병 계획을 세웠다.

문제는 미국이었다. 미국도 이 지역에 큰 관심이 있어 자칫하면 미일 충돌이 벌어질 수 있는 상황이었다. 일본은 미국과의 마찰을 피하기 위해 공동 출병을 제안했다. 윌슨 미국 대통령은 블라디보스토크에 집결한 7만여 명의 체코슬로바키아 군단을 구출하기 위해 1918년 일본과 시베리아 공동 출병을 결정했다.

미국은 시베리아 출병 목표를 체코 군단의 보호로 제한하고, 미일이 각각 7,000명 병력 파병을 제안하여 양국 정부가 합의했다. 일본 군부는 정부 간 합의를 지키지 않았다. 일본은 북만주에 1만 2,000명, 시베리아에 6만 명의 대병력을 투입하여 만주와 시베리아 일대를 점령했다. 분노한 윌슨 대통령은 일본 정부에 엄중 항의하고 일본에 대한 재정과 물자 원조를 중지시켰다.

미국은 1920년 1월, 시베리아 파견군을 철수했으나 일본은 1922년까지 시베리아를 군사 점령했다. 사할린은 1925년까지 점령했다. 미국 정부는 "일본의 시베리아 점령에 따른 어떤 요구나 권한도 인정하지 않는다"는 경고문을 전달했다. 시베리아 출병을 둘러싼 미일 갈등은 워싱턴 회의(1921), 만주사변(1931), 태평양전쟁(1941)이라는 격돌의 전주곡이었다.

제1차 세계대전이 끝났을 때, 일본은 동아시아에서 대적할 상대가 없는 강국으로 부상했다. 일본의 판도는 북쪽으로는 바이칼호 동쪽의 시베리아에서부터 북만주 일대, 중국에서는 산둥과 화중(華中)지역 양쯔강(揚子江) 일대, 남쪽으로는 태평양의 남양군도에 이르기까지 광활한 지역을 장악했다.

그전까지 전 세계를 호령했던 서양 열강들은 제1차 세계대전으로 전승국이나 패전국 가릴 것 없이 결정적인 타격을 입어 재기 불능 상태에 빠졌다. 러시아에서는 공산 혁명이 일어나 혼란이 격화되었다. 따라서 동아시아 전역으로 뻗어나가는 일본을 억제하거나 견제할 세력이 없었다.

일본을 견제할 수 있는 유일한 나라는 러일전쟁 당시까지 일본을 지지했던 미국이었다. 일본이 시베리아와 중국으로 팽창할수록 중국의 주권 옹호, 문호개방을 주장하는 미국과의 갈등과 마찰이라는 새로운 변수와 부딪치게 되었다.

열강으로 급부상한 일본은 산업력이나 군사력에서 다른 서양 열강들에 뒤지지 않았다. 제1차 세계대전 기간 중 일본은 해군력 확장에 전력을 기울였다. 전쟁이 끝날 무렵에는 미국과 비슷한 수준에 올랐다. 크게 놀란 서양 열강들은 1921년 워싱턴에서 군축회의를 열어 일본의 해군력 확장을 제한해야 하는 상황에 이르렀다.

"우리도 패권국 한번 해보자" 작심한 일본

이처럼 강력한 일본을 상대로 몇십 명 규모의 의열단, 몇백 명 규모의 빈약한 무장을 한 김원봉의 조선의용대나, 임시정부의 광복군이 무장투쟁을 벌여 얼마나 의미 있는 성과를 거둘 수 있었을까?

일본은 1890년대 초 선포했던 주권선·이익선 개념을 끝없이 확장했다. 한일병합으로 이익선 영역이었던 대한제국이 일본 영토로 편입되어 주권선에 포함되었다. 이렇게 되자 일본은 이익선을 만주·중국까지 확대했다.

1931년 일본은 만주를 침략했다. 만주를 중국으로부터 분리시킨 다음, 일본의 괴뢰국가 '만주국'을 탄생시켰다. 국제연맹이 일본의 시도에 제동을 걸자 일본은 국제연맹을 탈퇴했다. 일본은 군부가 중심이 되어 패권을 추구하기 위해 미국·영국 중심의 해양세력과 적대하고 독일·이탈리아 등 파시즘 국가들과 추축국 동맹(대륙동맹)을 결성했다. 결국 새로운 패권국인 미국과 영국에 도전했다가 원자폭탄을 맞고 패망하게 된다.

세브란스의 충고, "세계사의 주류 세력과 손 잡아라"

일본이 미국과 적대하는 외교정책으로 돌아섰을 때, 이승만은 줄기차게 미국 중시 외교독립운동을 전개한다. 미국이 앞으로 전개될 태평양 시대를 맞아 세계 패권국이 될 것이란 사실을 이승만에게 일깨워준 사람은 세브란스(Louis H. Severance)다.

우리에게는 막대한 자금을 기부하여 병원을 지어준 사람으로 알려진 세브란스는 록펠러와 함께 스탠더드석유회사를 공동 창업한 인물이다. 스탠더드석유 재무담당 임원(CFO)이자, 교회 장로였던 세브란스는 한국에 파송된 에비슨(Oliver R. Avison) 선교사를 통해 청년 이승만을 알게 되었다.

이승만이 미국에서 공부할 때 미국을 움직이는 인물들을 이승만에게 소개해준 것도 세브란스다. 세계적인 석유회사 경영자였던 세브란스는 이승만에게 문명사의 패러다임과 패권의 전이를 적극 설명했다.

"인류는 석탄 문명에서 석유 문명으로 이행할 것이며, 앞으로 세계 최대의 석유 매장량을 보유한 미국이 패권국이 된다. 미국은 약소국을 식민지로 만들어 배타적 권리를 행사하는 식민주의를 혐오한다. 지구상 모든 나라가 개방·통상·교류를 통해 상호 이익이 되는 세계를 추구하는 나라가 미국이다. 반면에 일본은 대동아공영권 같은 식민지를 확보하여 자신들의 배타적 권익을 주장하는 나라다. 미일은 상이한 체제를 선호하는 특성상 양국의 국가 이익은 태평양에서 충돌하여 전쟁이 벌어질 것이다. 미일 사이에 전쟁이 벌어지면 미국이 일본을 타도하고 승리할 것이 분명하다. 일본이 패망하는 날이 한국이 독립하는 날이다.

일본의 식민지인 한국은 일본의 제국주의 정책 수행을 음으로 양으로 도운 존재다. 따라서 미국이나 연합국 입장에서 보면 적국(敵國)이다. 이렇게 되면 한국의 독립이 곤란해질 수도 있으니 한국의 입장을 이해해주는 친한파를 미국 내에 많이 만들어라. 그들의 도움으로 한국은 일본의 지배에서 벗어나 독립을 이룰 수 있다. 미국이 전쟁을 통해 일본을 패망시키는 날이 한국이 독립하는 날이다."

이것이 세브란스가 청년 이승만에게 설파한 세계정세였다. 세브란스의 조언을 들은 이승만은 고차원적인 외교를 통한 독립운동에 돌입한다. 당시 일본은 미국의 강력한 우방국으로서, 미국 내에 광범위한 친일 인맥이 형성되어 있었다. 이런 사회 분위기에서 한국의 독립을 위해 일본을 아무리 비난·비판해도 그 파장이나 영향력은 미미했다. 특히 테러나 파괴, 암살을 통한 독립 호소 방식은 미국 사회에 혐한(嫌韓) 분위기만을 조성했다. 이승만은 장인환·전명운 두 의사의 스티븐스(Durham Stevens) 암살 사건을 통해 이 문제를 심각하게 체험했다.

이승만의 고차원적 외교독립운동

이승만은 스티븐스 암살에 대한 미국인의 비판 여론을 경험한 데다가, 일본이 기독교인을 탄압한 105인 사건을 계기로 '외교독립노선'이라는 새로운 전기를 마련했다. 이승만은 1913년, 하와이에서 일제의 기독교 탄압을 폭로하는 저서 『한국교회 핍박』을 출간했다. 이승만은 이 책을 통해 일본은 기독교를 탄압하는 '사탄의 나라'라는 여론을 기독교 네트워크를 통해 조성하여 일본을 압박하는 민간 외교에 눈을 뜨게 된다.

이승만의 프린스턴대학 박사학위 논문이 『미국의 영향하의 중립(Neutrality As Influenced by the United States)』이다. 1941년 6월에는 『일본내막기(Japan Inside Out)』를 출간하여 일본이 미국을 공격하여 전쟁이 발발할 것이라고 예언했다. 그로부터 6개월 후 일본은 이승만의 예언대로 진주만의 미 해군기지를 기습하여 태평양전쟁이 발발했다. 이승만의 예언이 실현된 것이다.

이승만은 미국에서 '기독교인친한회' '한미협회'를 설립하여 한국을 지지하는 우호적인 인사들과의 교류를 강화했다. 이승만과 한국을 지지하는 미국 내 오피니언 리더들을 통해 미국 정책당국에 한국 독립을 위한 청원운동을 벌였다. 미국과 손잡는 이승만의 외교독립운동의 결과, 어떤 일들이 벌어졌을까?

우선 태평양전쟁 기간 중 한국인은 일본인처럼 적국민(敵國民)으로 수용되지 않았고, 카이로 회담에서 한국의 독립을 약속받았다. 또 해방 후 미국과 유엔의 지원으로 대한민국이 건국되었고, 6·25 남침을 막아냈으며, 한미상호방위조약을 체결하여 세계사의 주류 세력과 동맹관계를 형성하게 된다.

김일성은 대륙으로 회귀, 이승만은 해양으로 진격

이승만이 등장하기 이전까지 조선(대한제국)의 지도부는 오매불망 세계의 패권세력(영국 · 미국)이 아니라, 패권에 도전하는 세력(러시아)에 줄을 서다 망국의 비운을 겪었다. 이승만이란 선각자가 나타나 미국의 중요성에 눈을 뜨고, 세계 패권국과 손잡는 확고부동한 동맹을 성사시켜 국가안보를 담보하는 국면이 마련되었다.

이로써 김일성이 세운 조선민주주의인민공화국과, 이승만이 세운 대한민국은 문명사적으로 결정적인 단층이 형성되었다. 김일성의 조선은 대륙세력과의 동맹, 이승만의 대한민국은 해양세력과의 동맹을 추구한 결과 남북은 천지개벽의 차이가 발생했다.

김일성이 세계사의 비주류 세력인 소련·중공과 대륙 동맹을 맺은 것은 결과적으로 고종·민 왕후식 폭망 외교의 복제판이 되었다. 반면에 이승만은 세계사의 주류 세력 미국과 한미상호방위조약 통해 해양 동맹을 체결했다. 그 결과 대한민국은 자유민주주의와 자본주의 시장경제를 토대로 한 번영을 이루고, 개인의 자유와 사유재산 보호를 받는 문명국가로 성장하게 되었다.

소련·중공과의 대륙 동맹은 세계사의 비주류 세력, 패권 도전세력과 한 배에 승선함으로써 패망으로 향하는 폭주기관차가 되었다. 그 마지막 종착역은 세습왕조, 폐쇄와 쇄국, 공동체 우선, 천황 전체주의를 대신한 수령 전체주의를 지향하는 실패 국가였다.

반면에 해양 동맹은 세계사의 주류세력과의 합종연횡을 통한 번영부강의 길이다. 그 종착역은 개방·교류·자유·민주·사유재산 보호·천부인권을 누리는 산업화, 민주화된 사회다.

문명사적으로 볼 때 땅(대륙)은 농사(정주·정착)를 장려하지만 바다(해양)는 상업(무역·개방·이동)을 권장한다. 대륙이 광물자원·중앙집권·자급자족·집단주의·전체주의·군국주의·국가주의를 상징한다면, 바다는 변화·다양성·개방·교류·인권·자유를 지향하며 코스모폴리탄의 원천이다.

외교파탄으로 인한 망국의 그림자

문재인 정부는 대한민국 출범 이후 가장 노골적인 반미 · 반일 그리고 친중 · 종북 정권이다. 그러한 이념적 성향을 애써 숨기려 하지도 않는다. 때문에 21세기 중반을 향하고 있는 대한민국에는 외교 파탄으로 인한 망국의 그림자가 또다시 어른거리고 있다.

그 첫 단추는 민족감정이 응어리진 반일 외교로 불꽃이 튀었다. 한일관계는 마주 보고 달리는 기관차처럼 충돌을 향해 질주하고 있다. 문재인 정부의 반일 드라이브 때문이다. 위안부 합의 파기, 대법원의 징용자 배상 판결은 일본의 무역 보복을 불러왔다. 문재인 정부는 한일군사정보보호협정(GSOMIA, 지소미아) 파기라는 극단적 카드로 응수했다.

반면에 중국과는 더 이상 좋아지기 어려울 정도의 '완전 결합체'를 향해 일로 전진하고 있다. 문재인 정부가 중국에 약속했다는 '3불(不)합의'를 보자.

① 미국의 미사일 방어체제(MD)에 가입하지 않는다.
② 사드 추가 배치를 하지 않는다.
③ 한·미·일 군사동맹을 체결하지 않는다.

이 내용은 지금까지 견고하게 유지해왔던 한·미·일 삼각 해양동맹에서 이탈하여 중국과 한몸이 되겠다는 의지의 표현임을 쉽게 알 수 있다.

해양 동맹에서 대륙 동맹으로의 회귀는 자유민주주의에서 이탈하여 군국주의·전체주의로의 전이를 뜻한다.

이에 따라 한국은 전 세계에서 가장 심각한 안보위기 상태에 놓이게 되었다. 한국은 북한의 핵무기와 각종 미사일, 방사포에 대한 방호 체제가 준비되어 있지 않은 취약 국가다. 전 국민이 언제 김정은의 손에 죽을지 아무도 모른다. 국민들은 그저 운명을 하늘에 맡긴 채 북한의 3대 세습 왕, 백두혈통의 천출명장 김정은의 호의에 기대어 하루하루를 연명해야 하는 형편에 처했다.

미국은 평택 주한미군기지 보호, 그리고 동맹국 한국의 안보 보호를 위해 한국에 최신형 미사일 배치를 검토했다. 문재인 정부는 미국의 최신형 중거리 미사일 배치를 전면 거부했다. 왜 그랬을까? 중국과 북한이 미국의 최신형 미사일을 불편해하기 때문이다.

문재인은 정녕 '아Q'가 되고 말 것인가?

문재인 정권은 마오이즘을 숭상하는 주사파 운동권 세력의 결집체다. 이들의 사고체계에선 대한민국은 반동 · 괴뢰들이 미제(美帝)와 일제(日帝)라는 외세를 끌어들여 세운 분단국이다. 애초에 태어나지 말았어야 할 존재다. 그처럼 더러운 존재이니 안보 따위는 어떻게 되든 상관없다. 빨리 망가뜨려 주체의 공화국과 연방제 통일을 한 후 남조선 인민들에게 자주 · 평화 · 민족대단결의 세례를 주어 '김일성민족'으로 재탄생시켜야 한다.

19~20세기 초의 세계 패권국은 영국이요, 패권에 도전하는 나라는 러시아였다. 20세기 중반부터 현재까지 패권국은 미국이요, 그에 도전

하는 나라는 중국이다. 지금 전 지구적 차원에서 미국에 의한 중국 포위 전략이 전개되고 있다. 이른바 미중 신냉전의 와중에 19세기 말과 거의 동일하게 한반도가 그레이트 게임의 '태풍의 눈'이 되었다.

이 와중에 한국 좌익 정권의 계보를 잇는 김대중-노무현-문재인 정권은 한·미·일 해양 삼각동맹을 파기하고 친중·종북 외교로 방향을 틀었다. 이것은 이승만·박정희 두 대통령이 심모원려 끝에 이룩한 한미동맹의 근본적인 파기 행위다. 문명사적 차원에서 보면 해양동맹에서 대륙동맹으로 회귀를 상징한다.

문재인 정부가 중인환시(衆人環視)리에 벌이고 있는 한·미·일 해양동맹에서 이탈 및 중국·북한 추종외교는 선조(임진왜란), 인조(정묘·병자호란), 고종(대한제국 패망)의 뒤를 잇는 자멸 외교의 제4탄에 해당한다. 그것은 루쉰의 소설 주인공 아Q가 말한 '정신승리법' 외교의 완벽한 부활이다.

문재인 정부의 폭망 외교는 구한말 고종과 왕비 민 씨의 나라 말아먹는 '정신승리 외교'와 어찌 그리 닮은꼴인가? 그 결말이 어떻게 되리란 것쯤은 이미 우리 근대사가 그 정답을 명쾌하게 보여주었다. 한국인은 역사에서 교훈을 얻지 못하는, 참으로 무지한 족속인가.

근대사 연표

참고 문헌

근대사 연표

1543년	다네가시마 도키타카(種子島時尭) 영주, 포르투갈인에게 화승총 두 자루 구입(일본 개항)
1543년	백운동서원 개원
1548년	일본, 스페인과 무역 개시
1549년 7월	스페인 신부 프란치스코 자비에르(Francisco Javier) 가고시마 상륙
1569년 4월	오다 노부나가(織田信長), 예수회 선교사들에게 선교의 자유 허용
1580년	일본 최초의 천주교 다이묘 오무라 스미타다(大村純忠), 나가사키를 예수회 교회령으로 기부
1582년 2월	규슈지역의 천주교 다이묘들, 덴쇼(天正)견구(遣歐)소년사절단 유럽 파견
1588년	누르하치, 건주여진 통일
1590년 7월	덴쇼(天正)견구(遣歐)소년사절단 귀국
1592년 4월	고니시 유키나가(小西行長) 선봉대 부산포 상륙(임진왜란 발발)
1593년	일본서 활동하던 예수회 신부 세스피데스 조선 파견하여 종군신부로 활약
1600년 10월	세키가하라 전투에서 도쿠가와 이에야스(德川家康)의 동군 승리
1600년	네덜란드 무역선 리프더(Liefde)호 일본 도착
1600년	영국 동인도회사(East India Company) 설립
1602년	네덜란드, 세계 최초의 주식회사 네덜란드 동인도회사 설립
1609년	네덜란드 동인도회사 대표단 나가사키 방문, 히라도(平戶島)에 상관 설치
1609년	일본 막부, 조선과 외교 · 교역 관계 회복(기유약조), 통신사 파견
1613년	영국 동인도회사 대표단 나가사키 방문
1613년 9월	센다이(仙台)번의 영주 다테 마사무네(伊達政宗), 게이초(慶長)유럽파견 사절단 출발
1613년	일본 막부, 천주교 금지령
1615년	일본, 영국과 무역 시작
1616년	누르하치, 명과 국교 단절하고 아이신 구룬(金國) 건국
1619년	네덜란드, 바타비아(현재의 자카르타)에 총독정청(總督政廳) 설치
1620년 8월	게이초유럽파견 사절단 귀국
1623년	서인(西人)세력 쿠데타 일으켜 광해군 폐위, 인조 정권 출범(인조반정)
1625년	누르하치 선양(瀋陽)으로 천도
1626년 9월	누르하치, 전투 중 부상으로 사망, 아들 홍타이지 왕위에 올라

1627년 1월	후금군 3만 명 조선 침공(정묘호란)
1634년	일본 막부, 나가사키 앞바다에 데지마(出島) 인공 섬 조성, 상관 설치
1635년	일본 막부, 주인선 무역 폐지
1636년	홍타이지, 부족 명칭을 '만주족'으로 개칭하고, 국호 청(淸)으로 변경
1636년 12월	청 태종 홍타이지, 조선 침공(병자호란)
1637년 1월	조선 국왕 인조, 삼전도에서 청 태종에게 항복
1637년 10월	규슈 시마바라(島原)에서 천주교 농민 반란
1638년 2월	일본 막부, 천주교 농민 반란 진압
1639년	일본 막부, 천주교 포교활동 하던 포르투갈 신부와 상인 마카오로 추방
1641년	네덜란드 동인도회사 상관 히라도에서 데지마로 이전
1644년	청, 명나라 멸망시키고 중원의 패권 차지
1703년	충북 괴산군 화양리에 명나라 황제에게 제사 위한 만동묘(萬東廟) 건설
1704년	창덕궁 후원에 대보단(大報壇) 건설하고 명나라 황제에게 제사
1741년	일본 막부, 기독교 관련서적 제외한 서양서적 수입 허용
1745년	일본 막부, 네덜란드어 교습 허용
1851년	사가(佐賀) 번 영주 나베시마 나오마사(鍋島直正), 난가쿠료(蘭學寮) 개교
1852년	나베시마 나오마사, 근대식 용광로(反射爐) 개발하여 고품질 강철 생산
1853년 6월	페리 함대, 우라가항에 입항
1854년 2월	일본 막부, 미일화친조약 체결
1854년	영불 연합군, 러시아와 크림전쟁
1858년 7월	일본 막부, 미일수호통상조약 체결하고 문호 개방
1861년 3월	러시아 함대, 쓰시마 가라사키우라(芋崎浦) 점령
1861년 9월	영국 압력을 받은 러시아 함대, 쓰시마에서 철수
1862년	사쓰마 번, 영국과 사쓰에이(薩英)전쟁
1864년 1월	흥선군 둘째 아들 이명복 즉위(고종)
1863년 5월	조슈번, 미·영·불·네덜란드 연합함대와 바칸(下關)전쟁
1865년	대원군, 명 황제에게 제사지내는 만동묘 철폐, 서원 혁파
1866년 9월	프랑스군 강화도 침공(병인양요)

1866년 7월 제너럴 셔먼호 대동강에서 군민 습격 받아 불타

1867년 11월 도쿠가와 막부, 천황에게 통치권 반납(대정봉환)

1869년 1월 일본과 서계(書契) 사건 발생

1869년 7월 일본 각 번의 토지와 백성 천황에게 반납(판적봉환)

1871년 4월 미군 강화도 침공(신미양요)

1871년 미군 강화도에서 철수하자 대원군, 척화비 건립

1871년 7월 러시아, 청나라 서북 변경지역인 이리(伊犁, Kuldja) 일대 침공

1871년 8월 일본 메이지정부, 261개 번을 현으로 바꾸고 지사를 중앙에서 파견(폐번치현)

1871년 9월 일본, 청과 정식 외교관계 수립

1871년 12월 이와쿠라 사절단 요코하마항 출발

1872년 1월 조선 조정 서계 접수 거부하자 일본 외무성 관리 사다 하쿠보(佐田白茅) 조선 정벌 건의(征韓論)

1873년 8월 일본 외무경 소에지마 다네오미(副島種臣), 연해주 통해 조선 침공 계획 수립

1873년 9월 이와쿠라 사절단 귀국

1873년 12월 고종, 아버지 대원군 내쫓고 친정 개시

1874년 고종, 만동묘 다시 건설

1874년 2월 고종, 청전 유통 금지

1874년 3월 고종, 중간상인(도고) 활동 전면 금지

1874년 5월 일본군 타이완 침공

1874년 6월 고종, 근위부대 창설

1874년 10월 청일베이징전조(淸日北京專條) 체결하고 일본군 타이완 철수

1875년 2월 조선 조정이 일본 서계 접수 계속 거부하자 모리야마 시게루(森山茂), '조선에 대한 무력 행사' 요청

1875년 청, 4개의 함대 창설(북양·남양·복건·광동)

1875년 5월 일본, 러시아와 사할린-쿠릴열도 교환조약 체결

1875년 9월 일본 군함 운요호(雲揚號) 강화도에서 포격전

1876년 2월 조일수호조규(강화도조약) 체결

1876년 5월 수신사 김기수 일본 파견

1880년 7월 제2차 수신사 김홍집 일본 파견, 황준셴으로부터 『조선책략』 받음

1881년 4월 교련병대(별기군) 창설

1882년 5월 리훙장(李鴻章) 주선으로 조미수호통상조약(슈펠트 조약) 체결

1882년 6월 조영수호통상조약(윌리스조약) 체결

1882년 6월 조독수호통상조약(브란트 조약) 체결

1882년 7월 임오군란 쿠데타 발생

1882년 7월 일본 정부, 1,500명의 호위 병력과 함대 조선 파견

1882년 8월 청군, 대원군 체포하여 톈진으로 압송

1882년 8월 일본과 임오군란 수습 위한 제물포 조약 체결

1882년 10월 조청상민수륙무역장정(朝淸商民水陸貿易章程) 체결, 청으로부터 50만 냥 차관 도입

1883년 일본, 청일전쟁 대비하여 함선 건조 6개년계획 돌입

1883년 11월 조영수호통상조약(윌리스 조약) 폐기, 신조영조약(일명 파크스 조약) 체결

1884년 5월 청불전쟁 발발

1884년 5월 조선 주둔 청군 병력 절반 조선에서 철수

1884년 7월 묄렌도르프 주선으로 조러우호통상조약 체결

1884년 12월 제1차 조러 밀약 추진

1884년 12월 갑신정변 쿠데타 발생. 일본군 출동하여 개화당 쿠데타 가담

1884년 12월 청군, 창덕궁 공격하여 개화당·일본군 연합군 제압

1884년 12월 개화당 일파 일본 망명

1885년 1월 일본, 갑신정변 뒤처리 위해 조선과 한성조약 체결

1885년 4월 영국 함대 거문도 점령

1885년 4월 이토 히로부미와 리훙장 톈진조약 체결

1885년 7월 톈진조약에 따라 일본군과 청군 조선에서 철병

1885년 독일계 세창양행, 조선 정부에 2만 파운드 차관 제공

1885년 8월 묄렌도르프 조선 관직에서 해임, 중국으로 돌아가

1885년 11월 위안스카이 주차조선총리교섭통상사의(駐箚朝鮮統理交涉通商事宜)로 조선 부임

1886년 6월 조불수호통상조약 체결

1886년 8월 고종, 제2차 조러 밀약

1886년 8월 위안스카이, 「조선대국론(朝鮮大局論)」 통해 조선이 청 · 러 중 양자택일 압박

1887년 6월 러시아 황제 시베리아 횡단철도 건설계획 승인

1888년 8월 조러육로통상장정 체결

1890년 11월 야마가타 아리토모(山縣有朋) 총리, 일본 의회에서 주권선 · 이익선 개념 선언

1891년 5월 러시아 니콜라이 황태자, 사가현 오쓰(大津) 시에서 암살 위기 모면

1891년 5월 시베리아 횡단철도 기공식

1892년 8월 화교기업 동순태(同順泰)에게 10만 냥 빌려 세창양행 차관 상환

1894년 2월 전라도 고부에서 농민 봉기 발생

1894년 5월 동학 농민군, 백산·황토현·장성 황룡촌에서 조선 관군 격파

1894년 6월 고종, 동학 농민군 진압 위해 청에 원병 파병 요청

1894년 6월 오토리 게이스케(大鳥圭介) 주한 일본공사, 일본 육전대 488명과 함께 조선으로 출발

1894년 6월 청군 선발대 910명 조선으로 출발

1894년 6월 대보단 제례 공식 폐지

1894년 7월 영일 신조약(영일항해통상조약) 체결

1894년 7월 청의 주조선 외교 책임자 위안스카이 서울 탈출

1894년 7월 일본군 경복궁 점령

1894년 7월 풍도 앞바다에서 청일 양군 교전(청일전쟁 발발)

1894년 7월 성환 전투에서 일본군 승리

1894년 8월 일·청 양국 선전포고

1894년 8월 대일본·대조선 양국 맹약 체결

1894년 9월 평양성 전투에서 일본군 승리

1894년 12월 우금치 전투에서 동학 농민군 패배

1895년 10월 을미사변으로 민 왕후 시해

1896년 2월 고종 러시아공사관으로 탈출(아관파천)

1896년 일본, 러일전쟁 대비하여 건함 10개년계획 추진

1896년 5월 러일 베베르-고무라 각서(서울각서) 체결

1896년 6월 야마가타-로바노프 의정서 체결. 일본, 한반도를 39도선(혹은 38도선)을 경계로 분할 제안

1896년 11월 독립문 기공식

1897년 2월 고종, 경운궁(덕수궁)으로 환궁

1897년 10월 러시아인 알렉세에프 조선의 재정고문 및 총세무사 임명

1897년 10월 고종, 대한제국 선포하고 황제 즉위

1897년 12월 러시아, 뤼순과 다롄항 조차

1898년 3월 독일 자오저우만 99년 간 조차

1898년 5월 니콜라이 2세, 군사교관단과 재정고문 대한제국에서 철수

1898년 6월 영국, 주룽(九龍)반도와 웨이하이웨이, 류공다오(劉公島)를 포함한 전 항만 조차

1898년 6월 청나라, 변법자강(變法自強) 선포

1898년 미국, 하와이와 필리핀 병합

1899년 존 헤이 미 국무장관, 중국에 대한 문호개방정책 선언

1899년 3월 산둥성 일대에서 의화단(義和團) 봉기

1899년 8월 대한국 국제(大韓國 國制) 반포

1899년 11월 대한국·대청국 통상조약 체결

1900년 고종, 경운궁(덕수궁) 내에 서양식 석조전 건설 시작

1900년 6월 의화단 베이징 난입, 베이징 공사관 거리 봉쇄

1900년 7월 러시아, 일본에 "한반도에서 양국 세력범위 확정" 제안(한반도 분할 제안)

1900년 7월 러시아, 18만 대군 파병하여 만주 전역 점령

1901년 9월 8개국 연합군 의화단 진압, 베이징의정서(신축조약) 체결

1902년 1월 제1차 영일동맹 체결

1902년 고종, 평양부(平壤府)를 서경(西京)으로 승격

1903년 1월 고종, 양무호 도입

1903년 4월 러시아군 용암포 점령, 니콜라이항으로 명명

1904년 2월 일본, 어전회의에서 러시아와 전쟁 결정

1904년 2월 일본, 러시아 정부에 국교 단절 통보

1904년 2월 일본 연합함대 제물포에서 러시아 함선과 교전

1904년 2월 일본 해군, 뤼순항 기습공격, 제물포해전(러일전쟁 발발)

1904년 2월 일본, 주한 러시아공사관에 선전포고문 전달

1904년 2월 주한 러시아공사관원 및 러시아인 서울 철수

1904년 8월 일본군, 뤼순요새 포위 공격 개시

1904년 8월　제1차 한일협약(한일 외국인 고문 용빙에 관한 협정서) 체결

1904년 6월　일본, 대한제국의 황무지 개척권 요구

1905년 1월　러시아 뤼순요새 방어군 항복

1905년 1월　상트페테르부르크에서 '피의 일요일' 사건 발생

1905년 3월　봉천 대회전서 승리한 일본군 봉천 점령

1905년 5월　쓰시마 해전서 일본 승리

1905년 7월　미일 태프트-가쓰라 밀약 체결

1905년 8월　제2차 영일동맹 체결

1905년 9월　러일, 포츠머스 강화조약 체결(러일전쟁 종료)

1905년 11월　을사보호조약(제2차 한일협약) 체결

1907년 4월　고종, 헤이그에 밀사 파견

1907년 7월　고종 강제 퇴위

1907년 7월　제3차 한일협약(정미 7조약) 체결

1907년 7월　제1차 러일협약 체결

1907년 8월　순종 황제 취임

1909년 7월　일본 천황, '한국병합에 관한 건' 재가

1910년 7월　제2차 러일 협약 체결

1910년 8월　한국병합 조약 조인

1910년 8월　순종, 일본 황제에게 통치권 양도 발표

참고문헌

A.M. 풀리 엮음, 신복룡 · 나홍주 옮김, 『하야시 다다스(林董) 비밀회고록 : 1900~1910년 일본 외교의 내막』, 건국대학교 출판부, 1989

A. 말로제모프, 석화정 옮김, 『러시아의 동아시아 정책』, 지식산업사, 2002

H.B. 드레이크, 신복룡 · 장우영 역주, 『일제시대의 조선 생활상』, 집문당, 2000

H.B. 헐버트, 신복룡 역주, 『대한제국 멸망사』, 집문당, 1999

H.N. 알렌, 신복룡 역주, 『조선견문기』, 집문당, 1999

H. 쥐베르, CH. 마르탱, 유소연 옮김, 『프랑스 군인 쥐베르가 기록한 병인양요』, 살림, 2010

O.N. 데니, 신복룡 · 최수근 역주, 『청한론(淸韓論)』, 집문당, 1999

W.G. 비즐리, 장인석 옮김, 『일본근현대정치사』, 을유문화사, 2010

W.G. 비즐리, 정영진 옮김, 『일본제국주의 1894~1945』, 한국외국어대학교 출판부, 2013

가토 요코(加藤陽子), 윤현명 · 이승혁 옮김, 『그럼에도 일본은 전쟁을 선택했다』, 서해문집, 2018

강동진, 『일제의 한국침략정책사』, 한길사, 1980

강범석, 『왕후 모살』, 솔출판사, 2010

강상규, 『19세기 동아시아의 패러다임 변환과 제국 일본』, 논형, 2007

강성학 편저, 『용과 사무라이의 결투—중(청)일전쟁의 국제정치와 군사전략』, 리북, 2006

강성학, 『시베리아 횡단열차와 사무라이—러일전쟁의 외교와 군사전략』, 고려대학교 출판부 1999

강창일, 『근대 일본의 조선침략과 대아시아주의—우익 낭인의 행동과 사상을 중심으로』, 역사비평사, 2002

계승범(a), 『정지된 시간—조선의 대보단과 근대의 문턱』, 서강대학교 출판부, 2011

계승범(b), 『중종의 시대—조선의 유교사회와 사림운동』, 역사비평사, 2014

고성훈 외, 『민란의 시대』, 가람기획, 2000

고성훈, 「조선후기 '해도기병설(海島起兵說)' 관련 변란의 추이와 성격」, 『조선시대사학보』3, 1997

고지마 신지(小島晋治) · 마루야마 마쓰유키(丸山松幸), 박원호 옮김, 『중국근현대사』, 지식산업사, 1998

교수신문 기획 · 엮음, 이태진 · 김재호 외 9인, 『고종황제 역사청문회』, 푸른역사, 2005

구대열, 『한국국제관계사 연구 2』, 역사비평사, 1995

국방부 군사편찬연구소, 『러일전쟁과 한반도』, 2004

국사편찬위원회 편, 『수신사기록』, 1971

국사편찬위원회 편, 『윤치호일기』, 제5권

국사편찬위원회, 『한국사(10)』, 탐구당, 2019

국사편찬위원회, 『한국사(40)-청일전쟁과 갑오개혁』, 탐구당, 2003

국사편찬위원회, 『한국사(44)-갑오개혁 이후의 사회 · 경제적 변동』, 2013

그레고리 핸더슨, 이종삼 옮김, 『소용돌이의 한국정치』, 한울아카데미, 2013

그렉 브라진스키, 나종남 옮김, 『대한민국 만들기, 1945~1987』, 책과 함께, 2012

금병동, 최혜주 옮김, 『일본인의 조선관』, 논형, 2008

기무라 간(木村幹), 김세덕 옮김, 『대한제국의 패망과 그림자』, 제이앤씨, 2017

기시모토 미오(岸本美緖) · 미야지마 히로시(宮嶋博史), 김현영 · 문순실 옮김, 『조선과 명청』, 너머북스, 2014

기시모토 미오(岸本美緖) · 미야지마 히로시(宮嶋博史), 김현영 · 문순실 옮김, 『조선과 중국 근세 오백년을 가다』, 역사비평사, 2003

김경창, 『동양외교사』, 집문당, 1982

김기수, 「일동기유(日東記遊)」, 국사편찬위원회 편, 『수신사기록』, 1971

김기정, 『미국의 동아시아 개입의 역사적 원형과 20세기 초 한미 관계 연구』, 문학과지성사, 2003

김기혁 외, 『청일전쟁의 재조명』, 한림대학교 아시아문화연구소, 1996

김기혁, 『근대 한·중·일 관계사』, 연세대학교 출판부, 2010

김낙년 편, 『한국의 경제성장 1919-1945』, 서울대학교 출판부, 2006

김낙환, 『아펜젤러 행전 1885~1902』, 청미디어, 2014

김대준, 『고종시대의 국가재정 연구』, 태학사, 2004

김도태, 『서재필 박사 자서전』, 을유문화사, 1974

김도형, 『대한제국기의 정치사상사 연구』, 지식산업사, 1994

김문자, 김승일 옮김, 『명성황후 시해와 일본인』, 태학사, 2011

김민규, 「근대 동아시아 국제질서의 변용과 청일수호조규(1871)」, 『대동문화연구』, 제41집, 2002

김상민, 「마산포 개항의 배경과 경위」, 『경남지역문제연구원 연구총서』, Vol.8, 2003

김삼웅, 『의암 손병희 평전』, 채륜, 2017

김시덕, 『동아시아, 해양과 대륙이 맞서다』, 메디치, 2016

김영범, 『한국 근대민족운동과 의열단』, 창작과 비평사, 1997

김영수, 「세레진 사바찐의 하루」, 『역사비평』, 2010년 여름(통권 91호)

김영수, 『미쩰의 시기-을미사변과 아관파천』, 경인문화사, 2013

김옥균 · 박영효 · 서재필 저, 조일문 · 신복룡 편역, 『갑신정변 회고록』, 건국대학교 출판부, 2006

김용구(a), 『거문도와 블라디보스토크』, 서강대학교 출판부, 2009

김용구(b), 『러시아의 만주 · 한반도 정책사, 17~19세기』, 푸른역사, 2018

김용구(c), 『세계관 충돌과 한말 외교사, 1866~1882』, 문학과 지성사, 2001

김용구(d), 『약탈제국주의와 한반도』, 도서출판 원, 2013

김용삼(a), 『대한민국 건국의 기획자들』, 백년동안, 2015

김용삼(b), 『한강의 기적과 기업가정신』, 프리이코노미스쿨, 2015

김운태, 『일본제국주의의 한국통치』, 박영사, 1998

김원모 옮김, 『알렌의 일기』, 단국대학교 출판부, 1991

김원모, 『개화기 한미교섭관계사』, 단국대학교 출판부, 2003

김윤희 · 이욱 · 홍준화, 『조선의 최후』, 다른세상, 2004

김인영, 『한국의 경제성장-국가주도론과 기업주도론』, 자유기업센터, 1998

김정기, 「청의 조선정책연구(1876-1894)」, 서울대학교 문학박사 학위논문

김정렬 회고록, 『항공의 경종』, 도서출판 대희, 2010

김종학, 『개화당의 기원과 비밀외교』, 일조각, 2017

김학은, 『이승만과 마사리크』, 북앤피플, 2013

김학준, 『서양인들이 관찰한 후기 조선』, 서강대학교 출판부, 2010

김혜정 · 이상찬 · 이계형 · 조성운 · 한명근, 『통감부 설치와 한국 식민지화』, 한국독립운동사편찬위원회, 독립기념관 한국독립운동사연구소, 2009

김효순, 『간도특설대』, 서해문집, 2014

나미키 요리히사(竝木賴壽) · 이오우에 히로마사(井上裕正), 김명수 옮김, 『아편전쟁과 중화제국의 위기』, 논형, 2017

나카무라 사토루(中村哲) · 박섭, 『근대 동아시아 경제의 역사적 구조』, 일조각, 2007

나카츠카 아키라(中塚明) · 이노우에 가쓰오(井上勝生) · 박맹수, 한혜인 옮김, 『동학농민전쟁과 일본-또 하나의 청일전쟁』, 도서출판 모시는 사람들, 2014

노대환, 「민영익의 사상과 활동」, 『동북아(東北亞)』제7집(1998 여름)

노주석, 『제정러시아 외교문서로 읽는 대한제국 비사』, 이담북스, 2009

다나카 메이(田中明), 윤학준 옮김, 『한국정치를 투시한다』, 길안사, 1995

다보하시 기요시(田保橋潔)(a), 김종학 옮김, 『근대 일선관계의 연구(상)』, 일조각, 2013

다보하시 기요시(田保橋潔)(b), 김종학 옮김, 『근대 일선관계의 연구(하)』, 일조각, 2016

대한민국 역사박물관, 『대륙에서 해양으로-1876년 개항』, 대한민국 역사박물관, 2016
도현신, 『영국이 만든 세계』, 모시는 사람들, 2014
동학농민혁명기념사업회 편, 『동학농민혁명의 동아시아사적 의미』, 서경문화사, 2002
루쉰, 김태성 옮김, 『아큐정전』, 열린책들, 2011
루스뚜노프 외 전사연구소 편, 김종현 옮김, 『러일전쟁사』, 건국대학교 출판부, 2009
류대영, 『개화기 조선과 미국 선교사』, 한국기독교역사연구소, 2007
류대영, 『초기 미국 선교사 연구』, 한국기독교역사연구소, 2013
릴리어스 호턴 언더우드, 김철 옮김, 『언더우드 부인의 조선견문록』, 이숲, 2011
릴리어스 호턴 언더우드, 정희원 옮김, 『호러스 언더우드와 함께한 조선』, 아인북스, 2013
마거릿 대처, 김승욱 옮김, 『국가경영』, 경영정신, 2003
마루야마 마사오(丸山政男), 김석근 옮김, 『일본정치사상사 연구』, 통나무, 1995
맥스 부트, 송대범 · 한태역 옮김, 『전쟁이 만든 신세계』, 플래닛미디어, 2007
명성황후 추모사업회 회장 이영숙 편, 『명성황후 시해사건 러시아 비밀문서』, 서림재, 2005
묄렌도르프, 신복룡 · 김운경 역주, 『묄렌도르프自傳(外)』, 집문당, 1999
무쓰 무네미쓰(陸奧宗光), 김승일 옮김, 『건건록』, 범우사, 2013
문소영(a), 『못난 조선-16~18세기 조선 · 일본 비교』, 나남, 2018
문소영(b), 『조선의 못난 개항』, 역사의 아침, 2015
문정창, 『근세 일본의 조선침탈사』, 백문당, 1964
뮈텔, 편집부 역주, 『뮈텔주교일기』, 한국교회사연구소, 1998
민경배, 『알렌의 선교와 근대한미외교』, 연세대학교 출판부, 1991
민영환, 조재곤 편역, 『해천추범(海天秋帆)-1896년 민영환의 세계일주』, 책과함께, 2008
박상섭, 『근대국가와 전쟁』, 나남, 2004
박석윤 · 박석인, 「조선후기 재정의 변화시점에 관한 고찰」, 『동방학지』(60), 1988
박영재, 「청일전쟁과 일본 외교 : 요동반도 할양문제를 중심으로」, 『역사학보』, 53 · 54합집, 1972,
박은숙, 『김옥균 역사의 혁명가 시대의 이단아』, 너머북스, 2011
박제경, 이익성 옮김, 『근세조선정감』, 탐구당, 1981
박종근, 박영재 옮김, 『청일전쟁과 조선-외침과 저항』, 일조각, 1989
박종인, 『대한민국 징비록』, 와이즈맵, 2019

박종효, 「관립아어학교 설립과 교사 비류꼬프의 활동(1896~1916)」, 『한국근현대사연구』45, 2008

박종효(a), 『격변기의 한 · 러 관계사』, 도서출판 선인, 2015

박종효(b), 『한반도 분단론의 기원과 러일전쟁(1904~1905)』, 도서출판 선인

박지향, 『윤치호의 협력일기』, 이숲, 2010

박지향, 『일그러진 근대-100년 전 영국이 평가한 한국과 일본의 근대성』, 푸른역사, 2003

박지향, 『제국주의-신화와 현실』, 서울대학교 출판문화원, 2015

박지향 · 김철 · 김일영 · 이영훈 엮음, 『해방전후사의 재인식1 · 2』, 책세상, 2006

박찬승, 『한국독립운동사』, 역사비평사, 2014

박태원, 『갑오농민전쟁: 계명산천은 밝아오느냐1』, 깊은샘, 1989

박훈, 『메이지유신은 어떻게 가능했는가』, 민음사, 2017

배상열, 『조선을 홀린 무당 진령군』, 추수밭, 2017

배우성, 『조선과 중화』, 돌베개, 2014

배항섭, 「동학 농민군의 외세 인식」, 『청일전쟁 · 동학농민혁명과 21세기 동아시아 미래 전망』, 동학과 청일전쟁 120주년 기념학술회의 자료(2014년 11월 21일)

배항섭, 『19세기 조선의 군사제도 연구』, 국학자료원, 2002

배항준, 「전봉준과 대원군의 '밀약설' 고찰」 『역사비평』, 1997년 겨울호

복거일, 『죽은 자들을 위한 변호-21세기의 친일문제』, 북앤피플, 2012

브루스 커밍스, 김동노 · 이교선 · 이진준 · 한기욱 옮김, 『브루스 커밍스의 한국현대사』, 창비, 2016

사이먼 C. 스미스, 이태숙 · 김종원 옮김, 『영국 제국주의』, 동문선, 2001

샤를 달레, 안응렬 · 최성우 공역, 『한국천주교회사(상)』, 분도출판사, 1979

샤를르 달레, 안응렬 · 최석우 역주, 『한국천주교회사(하)』, 분도출판사, 1980

서울대학교 동양사학연구실 편, 『강좌 중국사V : 중화제국의 동요』, 지식산업사, 1989

서인한, 『대한제국의 군사제도』, 혜안, 2000

서현섭, 『일본인과 천황』, 고려원, 1997

성희엽, 『조용한 혁명-메이지유신과 일본의 건국』, 소명출판, 2016

송기호, 『강 넘고 바다 건너』, 서울대학교 출판문화원, 2016

송기호, 『말 타고 종 부리고』, 서울대학교 출판문화원, 2017

송병기 역, 『국역 윤치호 일기』제1권, 연세대학교 출판부, 2001

시바 료타로(司馬遼太郎) 지음 · 이송희 옮김, 『언덕 위의 구름(1~10)』, 도서출판 명문각, 1992

신명호, 『고종과 메이지의 시대-무엇이 조선과 일본의 운명을 결정했나』, 역사의 아침, 2016

신복룡, 『신복룡 교수의 이방인이 본 조선 다시 읽기』, 풀빛, 2008

신복룡, 『전봉준평전』, 지식산업사, 2006

신승권, 「러일전쟁 전후의 러시아와 한국」, 『한로(韓露)관계 100년사』, 한국사연구협의회, 1984

신용하, 『독립협회연구』, 일조각, 1985

신용하, 『초기 개화사상과 갑신정변 연구』, 지식산업사, 2000

신지현, 「장지연: 언론으로 이끈 민족정신」, 『한국의 인간상』, 신구문화사, 1966

신헌 지음 · 김종학 옮김, 『심행일기』, 푸른역사, 2010

심현용, 『한반도에서 전개된 러일전쟁 연구』, 국방부 군사편찬연구소, 2011

쓰키아시 다쓰히코, 최덕수 옮김, 『조선의 개화사상과 내셔널리즘』, 열린책들, 2014

아손 그렙스트, 김상열 옮김, 『스웨덴 기자 아손, 100년 전 한국을 걷다』, 2016

안드레 군더 프랑크, 이희재 옮김, 『리오리엔트』, 이산, 2003

안승일, 『김홍집과 그 시대』, 연암서가, 2016

안용식, 『대한제국 관료사 연구』, 연세대학교 사회과학연구소, 1996

알렉세이 니콜라예비치 쿠로파트킨, 심국웅 옮김, 『러일전쟁-러시아군사령관 쿠로파트킨 장군 회고록』, 한국외국어대학교 출판부, 2007

야마구치 게이지(山口啓二), 김현영 옮김, 『일본근세의 쇄국과 개국』, 혜안, 2001

야마무로 신이치(山室信一), 정재정 옮김, 『러일전쟁의 세기』, 도서출판 소화, 2010

언더우드, 신복룡 · 최수근 옮김, 『상투의 나라』, 집문당, 1999

에른스트 폰 헤세-바르텍, 정현규 옮김 · 한철호 감수, 『조선, 1894년 여름』, 책과 함께, 2016

엘리자베스 언더우드, 변창욱 옮김, 『언더우드 후손이 쓴 한국의 선교역사 1884~1934』, 도서출판 케노시스, 2013

역사학회 편, 『일본의 침략정책사 연구』, 일조각, 1984

연갑수(a), 『고종대 정치변동 연구』, 일지사, 2008

연갑수(b), 『대원군 집권기 부국강병책 연구』, 서울대학교 출판부, 2001

오가와라 히로유키, 최덕수 · 박한민 옮김, 『이토 히로부미의 한국병합 구상과 조선사회』, 열린책들, 2012

오두환, 『한국근대화폐사』, 한국연구원, 1991

오항녕, 『조선의 힘』, 역사비평사, 2010

와닌 유리 비실리예비치 외 엮음, 이영준 옮김, 『러시아 시선에 비친 근대 한국-을미사변에서 광복까지』, 한국학중앙연구원 출판부, 2016

와다 하루키, 이웅현 옮김, 『러일전쟁-기원과 개전1 · 2』, 한길사, 2019

왕소방(王紹坊), 한인희 옮김, 『중국외교사 1840~1911』, 지영사, 1997

왕현종 외 4인, 『청일전쟁기 한 · 중 · 일 삼국의 상호 전략』, 동북아역사재단, 2009

왕현종, 「1894년 농민전쟁 지도자의 재판 투쟁과 정세인식」, 『청일전쟁 · 동학농민혁명과 21세기 동아시아 미래 전망』, 동학과 청일전쟁 120주년 기념학술회의 자료집(2014년 11월 21일)

왕현종, 『한국 근대국가의 형성과 갑오개혁』, 역사비평사, 2003

왕효주, 신승하 역, 『근대중국과 일본』, 고려대 출판부, 2002

요시다 유카타, 최혜주 옮김, 『일본의 군대』, 논형, 2005

운노 후쿠쥬, 정재정 옮김, 『한국병합사 연구』, 논형, 2008

위톈런(俞天任), 박윤식 옮김, 『대본영의 참모들』, 나남, 2014

윌리엄 길모어, 이복기 옮김, 『서양인 교사 윌리엄 길모어 서울을 걷다』, 살림, 2009

유동준, 『유길준전』, 일조각, 1990

유성룡, 이민수 옮김, 『징비록』, 을유문화사, 1994

유승주, 『조선시대 광업사 연구』, 고려대학교 출판부, 1993

유영렬, 『개화기의 윤치호 연구』, 경인문화사, 2011

유영익, 『갑오경장 연구』, 일조각, 1994

유영익, 『동학농민 봉기와 갑오경장』, 일조각, 1998

유이 마사오미(由井正臣) 지음, 서정완 · 김성희 · 문희수 · 이기은 · 이시현 옮김, 『대일본제국의 시대』, 도서출판 소화, 2016

유자후, 『조선보부상고(攷)』, 정음사, 1948

육군사관학교, 『한국군제사-근세 조선후기 편』, 1977

윤대원, 『데라우치 마사다케 통감의 강제병합 공작과 '한국병합'의 불법성』, 소명출판, 2011

윤덕한, 『이완용평전』, 도서출판 길, 2016

윤상원, 『동아시아의 전쟁과 철도-한국철도의 정치사』, 도서출판 선인, 2017

윤성렬, 『도포 입고 ABC 갓 쓰고 맨손체조』, 학민사, 2004

윤철상 편저, 『동학농민혁명의 역사적 의미』, 사회와 연대, 2003

이광린, 『개화당연구』, 일조각, 1973

이광린, 『한국개화사연구』, 일조각, 1969

이광린, 『한국사강좌 5』 근대편, 일조각, 1986

이광훈, 『조선을 탐한 사무라이』, for book, 2016

이규배, 『누가 일본의 얼굴을 보았는가』, 푸른역사, 1999

이규수, 『개항장 인천과 재조 일본인』, 보고사, 2015

이규수 · 임경석 · 진재교 외, 『근대전환기 동아시아 속의 한국』, 성균관대학교 출판부, 2004

이근관, 「조일수호조규(1876)의 재평가-전통적 동아시아 국제질서의 관점으로부터」, 『서울국제법연구』 11-1, 2004

이노우에 가쿠고로(井上角五郎), 신영길 옮김, 『조선조 망국 전야기』, 지선당, 2008

이덕일, 『한국사 그들이 숨긴 진실』, 역사의 아침, 2009

이덕일, 『근대를 말하다』, 역사의 아침, 2017

이도형, 『망국과 흥국-19세기 말 한국과 일본』, 한국학술정보(주), 2012

이돈화, 『천도교 창건사』, 천도교중앙종리원, 1933

이민원, 『명성왕후 시해와 아관파천』, 국학자료원, 2002

이병천, 「개항기 외국상인의 침입과 한국상인의 대응」, 서울대학교 대학원 경제학과 박사학위 논문, 1985

이사벨라 버드 비숍, 이인화 옮김, 『한국과 그 이웃 나라들』, 살림, 1994

이삼성(a), 『동아시아의 전쟁과 평화1』, 한길사, 2009

이삼성(b), 『동아시아의 전쟁과 평화2』, 한길사, 2017

이상백, 「동학란과 대원군」, 『역사학보(17 · 18)』, 역사학회, 1962

이성무, 『조선시대 당쟁사(1)』, 동방미디어, 2000

이성무, 『한국역사의 이해1 · 2』, 집문당, 1998

이성주, 『러시아 vs 일본 한반도에서 만나다-전쟁국가 일본의 성장』, 생각비행, 2016

이승만, 박기봉 교주, 『독립정신』, 대한민국 사랑회, 2017

이승만 편저, 김용삼 · 김효선 · 류석춘 번역 해제, 『쉽게 풀어쓴 청일전기』, 북앤피플, 2015

이양자, 『조선에서의 원세개』, 신지서원, 2002

이에나가 사부로(家永三郎) 엮음, 연구공간 '수유+너머' 일본근대사상사팀 옮김, 『근대일본사상사』, 소명출판, 2006

이영화, 『조선시대, 조선사람들』, 가람기획, 1998

이영훈 외, 『반일 종족주의』, 미래H, 2019

이영훈, 「대한제국기 황실재정의 기초와 성격」, 『경제사학』51, 2011

이영훈, 「한국사에 있어서 노비제의 추이와 성격」, 『노비 · 농노 · 노예-예속민의 비교사』, 일조각, 1998

이영훈, 『한국경제사Ⅰ·Ⅱ』, 일조각, 2016

이완범, 『한반도 분할의 역사』, 한국학중앙연구원 출판부, 2013

이윤섭, 『일본 100년-문호개방에서 55년 체제까지 일본제국주의 흥망사』, 아이필드, 2016

이이화, 『조선후기의 정치사상과 사회변동』, 한길사, 1994

이정식, 『구한말의 개혁, 독립투사 서재필』, 서울대학교 출판부, 2003

이종각, 『미야모토 소위, 명성황후를 찌르다』, 메디치미디어, 2015

이종찬, 『난학의 세계사』, 난마, 2014

이주한, 『노론 300년 권력의 비밀』, 역사의 아침, 2015

이진명, 『독도, 지리상의 재발견』, 삼인, 2005

이춘근, 『미국에 당당했던 대한민국의 대통령들』 글마당, 2012

이태진, 『고종시대의 재조명』, 태학사, 2000

이헌창, 『한국경제통사』, 도서출판 해남, 2012

이환호, 「중국 태평천국혁명과 동학 농민혁명의 비교연구」, 윤철상 편저, 『동학농민혁명의 역사적 의미』, 사회와 연대, 2003

이훈, 『만주족 이야기』, 너머북스, 2018

이희주, 『고종시대 정치리더십 연구』, 한국학중앙연구원 출판부, 2017

임계순, 『청사(淸史)-만주족이 통치한 중국』, 신서원, 2001

임종국, 『일본군의 조선침략사Ⅰ』, 일월서각, 1988

장 드 팡주·콘스탄틴 테일러, 심재중·황혜조 옮김, 『코리아에서-한국의 일상』, 살림, 2013

장영민, 「동학 농민군의 '전주화약'에 관한 재검토」, 『진산 한기두 박사 회갑기념문집』, 원광대, 1993

잭 런던, 윤미기 옮김, 『잭 런던의 조선사람 엿보기』, 한울, 2011

전택부, 『양화진 선교사 열전』, 홍성사, 2013

전해종, 『한중관계사연구』, 일조각, 1970

정교, 『대한계년사(大韓季年史)上』, 국사편찬위원회, 1971

정병석, 『조선은 왜 무너졌는가』, 시공사, 2016

정성일, 『조선후기 대일무역』, 신서원, 2000

정성화 외, 『러일전쟁과 동북아의 변화』, 선인, 2006

정용화, 『문명의 정치사상: 유길준과 근대한국』, 문학과지성사, 2004

정하미, 「일본의 서양학문의 수용」, 『일본문화연구』(4), 2001

정하미, 「조선통신사의 교토 체제와 조선인가도」, 일본어문학 68집, 2015
제노네 볼피첼리, 유영분 옮김, 『구한말 러시아 외교관의 눈으로 본 청일전쟁』, 살림출판사, 2009
제이콥 로버트 무스, 문무홍 외 옮김, 『1900, 조선에 살다』, 푸른역사, 2008
제임스 S. 게일, 최재형 옮김, 『조선, 그 마지막 10년의 기록 1888~1897』, 책비, 2019
제임스 브래들리, 송정애 옮김, 『임페리얼 크루즈-대한제국 침탈 비밀외교 100일의 기록』, 프리뷰, 2010
제임스 앨런, 김대륜 옮김, 『영국 선원 앨런의 청일전쟁 비망록』, 살림출판사, 2011
조경달, 최덕수 옮김, 『근대조선과 일본-조선의 개항부터 대한제국의 멸망까지』, 열린책들, 2015
조병옥, 『나의 회고록』, 도서출판 선진, 2003
조영준, 「19세기 왕실재정의 위기상황과 전가(轉嫁)실태: 수진궁 재정의 사례분석」, 『경제사학』44, 2008
조용준, 『메이지유신이 조선에 묻다』, 도서출판 도도, 2019
조재곤, 『전쟁과 인간 그리고 '평화'-러일전쟁과 한국사회』, 일조각, 2017
조재곤, 『한국 근대사회와 보부상』, 혜안, 2001
조지 린치, 정진국 옮김, 『제국의 통로』, 글항아리, 2009
주경철, 『문명과 바다』, 산처럼, 2009
주영하 감수, 『19세기 후반의 한 · 영 · 러 관계』, 세종대학교 출판부, 1987
지그프리트 겐테, 『독일인 겐테가 본 신선한 나라 조선, 1901』, 책과 함께, 2007
진순신, 조양욱 옮김, 『청일전쟁』, 세경출판사, 2012
차준회, 「한말군제개편에 대하여」, 『역사학보』22, 1964
최덕규, 『근대 한국과 동아시아 변경 연구』, 경인문화사, 2016
최덕규, 『제정러시아의 한반도정책, 1891~1907』, 경인문화사, 2008
최덕수 외, 『조약으로 본 한국근대사』, 열린책들, 2010
최덕수, 『대한제국과 국제환경』, 선인, 2005
최문형 외 지음(a), 『명성황후 시해사건』, 민음사, 1992
최문형(b), 『러시아의 남하와 일본의 한국 침략』, 지식산업사, 2008
최문형(c), 『명성황후 시해의 진실을 밝힌다』, 지식산업사, 2001
최문형(d), 『열강의 동아시아 정책』, 일조각, 1989
최문형(e), 『제국주의 시대의 열강과 한국』, 민음사, 1990
최문형(f), 『한국을 둘러싼 제국주의 열강의 각축』, 지식산업사, 2006

최병옥, 『개화기의 군사정책연구』, 경인문화사, 2000

최봉서, 『한국인의 사회적 성격(2)』 도서출판 느티나무, 1994

최성락, 『100년 전 영국 언론은 조선을 어떻게 봤을까?』, 페이퍼로드, 2019

최정운, 『한국인의 탄생』, 미지북스, 2017

최형욱 엮고 옮김, 『량치차오, 조선의 망국을 기록하다』, 글항아리, 2016

카터 에커트, 주익종 옮김, 『제국의 후예:고창 김씨가와 한국 자본주의의 식민지 기원 1876~1945』, 푸른역사, 2008

콘스탄틴 플레샤코프, 표완수 · 황의방 옮김, 『짜르의 마지막 함대』, 중심, 2003

프리데릭 A. 매켄지, 신복룡 역주, 『대한제국의 비극』, 집문당, 2010

피터 C. 퍼듀, 공원국 옮김, 도서출판 길, 『중국의 서진』, 2014

하가 토오루(芳賀徹), 손순옥 옮김, 『명치유신과 일본인』, 예하, 1989

하라다 게이이치, 최석완 옮김, 『청일 러일전쟁』, 어문학사, 2013

하영선, 『한국외교사 바로보기』, 한울, 2019

한국18세기학회 엮음, 『18세기 한일문화교류의 양상』, 태학사, 2007

한국사연구회 편, 『새로운 한국사 길잡이(하)』, 지식산업사, 2008

한국역사연구회, 『조선정치사(上)』, 청년사, 1990

한국정신문화연구원 역사연구실, 『청일전쟁을 전후한 한국과 열강』, 한국정신문화연구원, 1984

한국학문헌연구소 편, 『박규수전집(상)』, 아세아문화사, 1978

한상일 역 · 해설, 『서울에 남겨둔 꿈』, 건국대학교 출판부, 1993

한상일, 『1910 일본의 한국병탄』, 기파랑, 2010

한상일, 『아시아연대와 일본 제국주의-대륙낭인과 대륙팽창』, 도서출판 오름, 2002

한상일, 『이토 히로부미와 대한제국』, 까치, 2015

한우근, 『동학과 농민봉기』, 일조각, 1997

한철호, 『미국의 대한정책 1834~1950』, 한림대학교 출판부, 1998

한철호, 『친미개화파연구』, 국학자료원, 1998

허동현, 「19세기 한일 양국의 근대 서구 문물 수용 양태 비교 분석-조사시찰단과 이와쿠라 사절단을 중심으로」, 『동양고전연구』, 2006, vol.24

허우이제(候宜杰), 장지용 옮김, 『원세개』, 지호출판사, 2003

헐버트, 신복룡 역, 『대한제국사 서설』, 탐구당,1973

현광호, 『대한제국과 러시아 그리고 일본』, 선인, 2007

호승(胡繩), 박종일 옮김, 『아편전쟁에서 5 · 4운동까지』, 인간사랑, 2013

혼마 규스케(本間九介), 최혜주 옮김, 『조선잡기(朝鮮雜記)』, 김영사, 2014

홍하상, 『진짜 일본 가짜 일본』, 비전코리아, 2001

황인희, 『대한제국 실록』, 유아이북스, 2018

황태연(a), 『갑오왜란과 아관망명』, 청계, 2017

황태연(b), 『갑진왜란과 국민전쟁』, 청계, 2017

황태연(c), 『백성의 나라 대한제국』, 청계, 2017

황태연 외, 『일제종족주의』, 넥센미디어, 2019

황현(a), 김종익 옮김, 『오하기문(梧下記聞)』, 역사비평사, 1994

황현(b), 허경진 옮김, 『매천야록-지식인의 눈으로 바라본 개화와 망국의 역사』, 서해문집, 2016

후지무라 미치오(藤村道生), 허남린 옮김, 『청일전쟁』, 도서출판 소화, 1997

후지와라 아키라(藤原彰), 서영식 옮김, 『日本軍事史(上)』, 제이앤씨, 2013

지금, 천천히 고종을 읽는 이유

펴낸날 초판 1쇄 2020년 3월 5일
초판 2쇄 2020년 4월 3일

지은이 김용삼
펴낸이 김광숙
펴낸곳 백년동안
출판등록 2014년 3월 25일 제406-2014-000031호

주소 경기도 파주시 광인사길 30
전화 031-941-8988
팩스 070-8884-8988
이메일 on100years@gmail.com

ISBN 979-11-86061-64-0 03910

※ 값은 뒤표지에 있습니다.
※ 잘못 만들어진 책은 구입하신 서점에서 바꾸어 드립니다.

이 도서의 국립중앙도서관 출판시도서목록(CIP)은 서지정보유통지원시스템 홈페이지(http://seoji.nl.go.kr)와 국가자료공동목록시스템(http://www.nl.go.kr/kolisnet)에서 이용하실 수 있습니다.(CIP제어번호: CIP2020007101)